सन्त वाणी

खण्ड-2

नालायिर दिव्य प्रबन्धम्

तमिल भाषा के वैष्णव आऴ्वार् सन्तों का

चतुस्सहस्र दिव्य प्रबन्ध साहित्य

द्वितीय खण्ड

तिरुमऴिशै आऴ्वार् एवं उनकी कृतियाँ

हिन्दी अनुवाद एवं व्याख्या सहित

खण्ड-2

सन्त वाणी

पाँचवीं शती ईसवी और नौवीं शती ईसवी के बीच तमिल भाषा में बारह वैष्णव भागवत संत भक्त कवियों ने कुल 3892 पदों की रचना की थी जिनका संग्रह और सम्पादन नौवीं और दसवीं शती के बीच श्री सम्प्रदाय के सर्वप्रथम वैष्णव आचार्य श्री नाथमुनि ने किया था।

उक्त संत भक्त कवियों को तमिल में आष्वार (भक्ति में निमग्न) कहा जाता है। नाथमुनि द्वारा संपादित यह ग्रन्थ नालायिर दिव्य प्रबन्धम् (चार हज़ार दिव्य प्रबन्ध साहित्य) के नाम से विश्रुत है हालाँकि इस ग्रन्थ में श्री सम्प्रदाय के प्रवर्तक श्री रामानुजाचार्य तथा उनकेसिद्धान्तों की प्रशस्ति में उनके शिष्य बारहवीं शती के तिरुरंगत्तु अमुदनार द्वारा रचित वैष्णव भक्तिपरक ग्रन्थ 'रामानुज नूट्रन्तादि' (रामानुज पर 108 अन्तादि पद) भी बाद में जोड़ा गया जिससे कि समग्र साहित्य में कुल 4000 पद हुए। यह दिव्य प्रबंध साहित्य 'तमिल मरै' अर्थात् 'तमिल वेद' के रूप में स्वीकृत है।

विशिष्टाद्वैत सम्प्रदाय के प्रतिष्ठापक श्री रामानुजाचार्य, श्री वेदान्त देशिक एवं अन्य वैष्णव आचार्यों तथा पुष्टि मार्ग के संस्थापक श्री वल्लभाचार्य के भक्ति मार्गों का मूल आधार तमिल का यही दिव्य प्रबन्धम् है।

इन आष्वार कवियों ने वर्ण-जाति-लिंग भेदों से मुक्त प्रपत्तिपरक नारायण-भक्ति का पथ मानव-मात्र के लिए अनावृत कर दिया था। अतः यह नारायण भक्ति पथ अतीव लोकप्रिय था। इसी प्रपत्तिमयी अर्थात् शरणागतिमूलक भक्ति का मार्ग मध्यकालीन वृन्दावनी हिन्दी सन्त भक्त कवियों ने अपनाया और समग्र भारतवर्ष को अपने मधुर पदों के माध्यम से गहन भक्ति-धारा में निमज्जित कर दिया। इस प्रकार दक्षिण से उत्पन्न भक्ति-धारा ने उत्तर भारत तक पहुँचकर सारे भारतवर्ष को अत्यन्त प्रभावित कर दिया था। इसका प्रमाण है हिन्दी की प्रसिद्ध उक्ति

"भक्ति द्राविड ऊपजी, लाये रामानन्द" ...भक्ति की यह ऐतिहासिक धारा भारतीय आध्यात्मिक एकात्मता का प्रतिमान प्रस्तुत करती है।

इस तथ्य को प्रमाणित करने और समग्र भारतवर्ष में प्रचारित करने का महान लक्ष्य लेकर "संत वाणी" शीर्षक की ग्रन्थ-माला केअन्तर्गत आष्वारों का दिव्य प्रबंध साहित्य (नालायिर दिव्य प्रबन्धम्) हिन्दी में अनेक खण्डों में प्रस्तुत किया जा रहा है।

इस गौरवपूर्ण राष्ट्रीय धर्म का निर्वाह करने का श्रेय इस ग्रन्थ-माला के प्रकाशक वाणी प्रकाशन के श्री अरुण माहेश्वरी को है।

सन्त वाणी

खण्ड-2

नालायिर दिव्य प्रबन्धम्

तमिल भाषा के वैष्णव आष्वार् सन्तों का

चतुस्सहस्त्र दिव्य प्रबन्ध साहित्य

द्वितीय खण्ड

[तिरुमषिशै आष्वार एवं उनकी कृतियाँ

नान्मुखन् तिरुवन्तादि तथा तिरुच्चन्द विरुत्तम्

अर्थात् चतुर्मुख दिव्य अन्तादि तथा दिव्य मधुर वृत्त साहित्य]

हिन्दी अनुवाद एवं व्याख्या सहित

प्रस्तुतकर्ता

डॉ. पी. जयरामन

प्रस्तुति, अनुवाद एवं व्याख्या

वाणी प्रकाशन

वाणी प्रकाशन

4695, 21-ए, दरियागंज, नयी दिल्ली 110 002

शाखा

अशोक राजपथ, पटना 800 004

फ़ोन: +91 11 23273167 फ़ैक्स: +91 11 23275710

www.vaniprakashan.in
vaniprakashan@gmail.com

SANT VANI-2
NALAYIRA DIVYA PRABANDHAM
Presentaion, Translation and Commentary by Dr. P. Jayaraman

ISBN : 978-93-5000-202-5

Ancient Tamil Saint Poetry

प्रथम संस्करण 2012

आवृत्ति 2016

मूल्य : ₹ 795

प्रति खण्ड

$ 24.99

Per Volume

एशियन ऑफसेट, दिल्ली-110 093 में मुद्रित

वाणी प्रकाशन का लोगो मक़बूल फ़िदा हुसेन की कूची से

भूमिका

नालायिर दिव्य प्रबन्धम्

(चतुस्सहस्र दिव्य प्रबन्ध साहित्य)

- द्वितीय खण्ड

चतुस्सहस्र दिव्य प्रबन्ध साहित्य (नालायिर दिव्य प्रबन्धम्) के प्रथम खण्ड में प्रथम तीन आष़्वारों—पोय्कै आष़्वार, भूतत्ताष़्वार् तथा पेयाष़्वार् की कृतियों—प्रथम तिरुवन्तादि, द्वितीय तिरुवन्तादि तथा तृतीय तिरुवन्तादि-का हिन्दी अनुवाद, व्याख्या के साथ प्रस्तुत किया गया था।

अब इस द्वितीय खण्ड में चतुर्थ आष़्वार्—तिरुमषि़शै आष़्वार् के दोनों ग्रन्थों का हिंदी अनुवाद, व्याख्या के साथ प्रस्तुत किया जा रहा है। उक्त ग्रन्थ हैं—नान्मुखन् तिरुवन्तादि जो प्रथम तीन आष़्वारों के अन्तादि ग्रन्थों के बाद का चौथा अन्तादि ग्रन्थ है; और तिरुच्चंद विरुत्तम (दिव्य मधुर वृत्त साहित्य)।

इन दोनों कृतियों तथा सन्त भक्त कवि तिरुमषि़शै आष़्वार् का संक्षिप्त परिचय आगे यथा-स्थान दिया गया है।

इस खण्ड में सम्मिलित कृतियों के प्रस्तुतीकरण की व्यवस्था निम्न प्रकार की गयी है।

1. नान्मुखन् तिरुवन्तादि (चतुर्मुख दिव्य अन्तादि)

इस कृति के 96 पदों और कृति सम्बन्धी एक प्रशस्ति पद का देवनागरी लिप्यंतरण मूल बिन्दु के संक्षिप्त विवरण के साथ; शब्दार्थ अन्वय सहित; विशेष शब्दों का आधार एवं अर्थ; पद का भावार्थ एवं व्याख्या प्रसंगानुसार संस्कृत, तमिल तथा हिन्दी के साहित्यिक एवं दार्शनिक सन्दर्भों के विवेचन के साथ।

2. तिरुच्चन्द विरुत्तम् (दिव्य मधुर वृत्त साहित्य)

इस कृति के 120 पदों और कृति सम्बन्धी दो प्रशस्ति पदों का देवनागरी लिप्यंतरण उनके मूल बिन्दु के संक्षिप्त विवरण के साथ; प्रत्येक पद में प्रयुक्त विशिष्ट शब्दों की व्याख्या; पद का भावार्थ एवं व्याख्या प्रसंगानुसार संस्कृत, तमिल और हिन्दी के साहित्यिक और दर्शनिक सन्दर्भों के विवेचन के साथ।

इन शब्दों के साथ सुधी विद्वानों तथा पाठकों की सेवा में यह द्वितीय खण्ड प्रस्तुत किया जा रहा है। हमें आशा है कि वे हमारे इस प्रयास का स्वागत करेंगे और साथ ही अपनी प्रतिक्रियाओं से भी अवगत कराएँगे ताकि भविष्य में अन्य खण्डों के प्रस्तुतीकण में सहायता हो।

—डॉ. पी. जयरामन

नालायिर दिव्य प्रबन्धम्

चतुस्सहस्त्र दिव्य प्रबन्ध साहित्य अथवा पद-संग्रह

क्र सं.	आष़्वारों के नाम	उनकी कृति/कृतियाँ	पद संख्या
1.	पोय्कै आष़्वार	मुदल् तिरुवन्तादि (प्रथम दिव्य अन्तादि)	100
2.	भूतत्ताष़्वार्	इरण्डाम् तिरुवन्तादि (द्वितीय दिव्य अन्तादि)	100
3.	पेयाष़्वार्	मून्राम् तिरुवन्तादि (तृतीय दिव्य अन्तादि)	100
4.	तिरुमष़िशै आष़्वार	1. नान्मुखन् तिरुवन्तादि (चतुर्मुख दिव्य अन्तादि) या नान्काम् तिरुवन्तादि (चतुर्थ दिव्य अन्तादि)	96
		2. तिरुच्चन्द विरुत्तम् (दिव्य मधुर वृत्त साहित्य)	120
5.	नम्माष़्वार्	1. तिरु वाय् मोष़ि (दिव्य वचन)	1102
		2. तिरु विरुत्तम् (दिव्य-वृत्त)	100
		3. तिरुवाशिरियम् (आशिरियप्पा छन्द में रचित दिव्य ग्रन्थ)	7
		4. पेरिय तिरुवन्तादि (बृहत् दिव्य अन्तादि)	87
6.	मधुर कवि आष़्वार्	कण्णिनुण् शिरुत्ताम्बु (माता यशोदा द्वारा रस्सी से बाँधा गया–इन शब्दों से प्रारम्भ होनेवाला पद-संग्रह)	11
7.	कुलशेखर आष़्वार्	पेरुमाळ् तिरुमोष़ि (भगवद् दिव्य वचन)	105
8.	पेरियाष़्वार्	पेरियाष़्वार् तिरुमोष़ि (पेरियाष़्वार् कृत श्रीवचन)	473
9.	आण्डाळ्	1. तिरुप्पावै (दिव्य पावै व्रत)	30
		2. नाच्चियार् तिरुमोष़ि (दिव्य देवी वचन)	143
10.	तोण्डरडिप्पोडि आष़्वार	1. तिरुमालै (दिव्य माला)	45
		2. तिरुप्पळ्ळि एष़ुच्चि (दिव्य जागरण)	10
11.	तिरुप्पाणाष़्वार्	अमलनादि पिरान् (अमल एवं आदि परब्रह्म)	10
12.	तिरुमंगै आष़्वार्	1. पेरिय तिरुमोष़ि (बृहत् दिव्य वचन)	1084
		2. तिरुक्कुरुन्ताण्डकम् (दिव्य लघु प्रबन्ध काव्य)	20
		3. तिरु नेडुन्ताण्डकम् (दिव्य बृहत् प्रबंध काव्य)	30
		4. तिरुवेष़ुकूट्रिरुक्कै (दिव्य रथबंद छन्द)	1

5. शिरिय तिरुमडल् (लघु दिव्य मडल् *)	40
6. पेरिय तिरुमडल् (बृहत् दिव्य मडल् *)	78
	3892

बारह आष्‍वारों की कृतियों के अलावा इस प्रबन्धम् साहित्य में तिरुवरंगत्तु अमुदनार् द्वारा आचार्य रामानुज की प्रशस्ति में रचित 'रामानुज नूट्रन्तादि' (रामानुज पर 108 अन्तादि पद) भी परम्परागत रीति से जोड़ा जाता है। 108

कुल योग	4,000

* मडल् एक प्रकार का व्रत है जिसमें प्यार में हारा नायक अपनी व्यथा की घोषणा करने और अन्त में सफल होने के लिए ताड़पत्रों के बने अश्व पर सवार होता है।

अनुक्रम

तिरुमषिशै आष्वार् कृत
'नान्मुखन् तिरुवन्तादि'
(चतुर्मुख दिव्य अन्तादि)

तिरुमष़िशै आष़्वार् कृत

'नान्मुखन् तिरुवन्तादि'

(चतुर्मुख दिव्य अन्तादि)

तिरुमषि़शै आष़्वार्

तिरुमषि़शै आष़्वार्, आष़्वारों के क्रम में चौथे हैं। इनका समय पाँचवीं-छठी शती माना जाता है। प्रथम तीन आष़्वारों के बाद इनका नाम लिया जाता है। ये तृतीय सन्त पेयाष़्वार् के शिष्य थे।

तिरुमषि़शै आष़्वार् का जन्म तमिलनाडु के कांचीपुरम् के निकटस्थ तीर्थ तिरुमषि़शै में हुआ। अतः इनका नाम तिरुमषि़शै आष़्वार् हुआ। तिरुमषि़शै क्षेत्र 'महीसार क्षेत्र' अर्थात् पृथ्वी का सार भी कहलाने लगा। तिरुमषि़शै स्थल पुराण में इसकी कथा निम्न प्रकार दी गयी है। वशिष्ठ, भृगु आदि मुनि-महर्षि ब्रह्मा के पास गये और उनसे पूछा कि पृथ्वी में तपस्या करने के लिए उपयुक्त स्थान कौन-सा है। तब ब्रह्मा ने देव-शिल्पी विश्वकर्मा द्वारा एक विशेष तुला बनवाई और उसके एक पलड़े में तिरुमषि़शै को और दूसरे पलड़े में शेष सारी पृथ्वी को रखकर तोलने लगे तो तिरुमषि़शै क्षेत्र का पलड़ा भारी निकला। तब यह सिद्ध हुआ कि तिरुमषि़शै क्षेत्र ही सारी पृथ्वी का सार है। तब से यह महीसार क्षेत्र के नाम से अभिहित हुआ। (यह कथा तिरुच्चंद विरुत्तम् के प्रशस्ति पद 2 में भी दी गयी है।)

कहा जाता है कि बचपन से ही तिरुमषि़शै आष़्वार् योग साधना में लीन रहे और परम तत्त्व का ज्ञान प्राप्त करने के लिए विभिन्न साम्प्रदायिक ग्रन्थों तथा पद्धतियों का अध्ययन करते थे। वे पहले शैव सम्प्रदाय के कट्टर अनुयायी थे। तब उनका 'शिव वाक्य' था। किन्तु बाद में पेयाष़्वार् के प्रभाव से उनका गुरुत्व स्वीकार कर उन्होंने वैष्णव सम्प्रदाय को अपनाया। उन्होंने श्रीरंगम्, तिरुवल्लिकेणि, तिरुवेह्का, श्रीवेंकटाद्रि (तिरुपति), तिरुवल्लूर, कुम्भकोणम् आदि प्रमुख वैष्णव स्थलों की यात्रा की। वे सर्वदा वहाँ के भगवान नारायण की भक्ति साधना में लीन रहा करते थे। वे जहाँ एक ओर भावुकतापूर्ण भक्ति साधना में तन्मय रहते थे वहाँ दूसरी ओर योग साधना द्वारा भगवान नारायण का निरन्तर ध्यान करते हुए समाधि दशा में पहुँच जाते थे। अतः वे 'भक्ति सार' कहलाने लगे।

तिरुमषि़शै आष़्वार् की कृति 'नान्मुखन् तिरुवन्तादि' (चतुर्मुख दिव्य अन्तादि) का परिचय

तिरुमषि़् की पहली कृति 'नान्मुखन् तिरुवन्तादि' के नाम से अभिहित है। इस कृति का प्रारम्भ 'नान्मुखन्, शब्द (नान्मुखन् = चतुर्मुख ब्रह्मा) से होता है। पहले पद की पहली पंक्ति इस प्रकार है—

'नान्मुखनै नारायणन् पडैतान् नान्मुखनुम्'

(परमात्मा नारायण ने चतुर्मुख ब्रह्मा की सृष्टि की...)

अतः यह कृति 'नान्मुखन् तिरुवन्तादि' अर्थात् नान्मुखन् शब्द से प्रारम्भ होनेवाला दिव्य अन्तादि साहित्य कहलाने लगी। इस कृति के दूसरे नाम हैं—नान्काम् तिरुवन्तादि और नालाम् तिरुवन्तादि (अर्थात् चतुर्थ दिव्य अन्तादि)। प्रथम तीन आष़्वारों के तीन अन्तादि ग्रन्थों के बाद आने से यह चतुर्थ अन्तादि ग्रन्थ हुआ।

तिरुमषि़शै आष़्वार् की इस कृति में 96 पद हैं जिनमें आष़्वार् ने अपने गुरु पेयाष़्वार् द्वारा प्रतिपादित भक्ति

तत्त्व के अनुरूप अपने विचारों को प्रस्तुत किया है। उन विचारों का सार इस प्रकार है।

भगवान नारायण आदिदेव हैं; समस्त सृष्टि के कारणभूत हैं; तमाम देवताओं, स्थावर-जंगम पदार्थों एवं जीवराशियों के अन्तर्यामी और अंतरात्मा हैं। इस परमात्मा नारायण के श्रीचरणों का आश्रय ग्रहण करने पर परम पद प्राप्त होगा। भक्ति-प्रवण आष़्वार् ने वेदों, उपनिषदों, इतिहासों, पुराणों आदि द्वारा अपने विचारों को प्रमाणपूर्वक निरूपित किया है। परम भागवत आष़्वार् ने भगवान नारायण के दिव्य स्वरूप, दिव्य गुणों, एवं अर्चावतारों का निरन्तर भक्तिपूर्वक अनुभव करते हुए उनकी अपार कृपाशीलता तथा अनुग्रह प्रवणता से अभिभूत हो मानव-मात्र को भगवान नारायण की भक्ति का सन्देश दिया है। भगवान नारायण के सर्वगत परब्रह्मत्व की स्थापना आष़्वार् का प्रमुख लक्ष्य है।

तिरुमष़िशै आष़्वार् की दूसरी कृति 'तिरुच्चंद विरुत्तम्' (दिव्य मधुर वृत्त साहित्य) का संक्षिप्त परिचय बाद में यथास्थान दिया गया है।

अब हम 'नान्मुखन् तिरुवन्तादि' के दिव्य पदों का हिन्दी अनुवाद व्याख्या के साथ प्रस्तुत करेंगे।

द्वितीय खण्ड

तिरुमषि़शै आषॣवार् की कृति नान्मुखन् तिरुवन्तादि (चतुर्मुख दिव्य अन्तादि) की श्रीराम पिळ्ळै द्वारा प्रस्तुत प्रशस्ति (तनियन्)

नारायणन् पडैतान् नान्मुखनै नान्मुखनुक्कु
एरार् शिवन् पिरन्दान् एन्नुम् शोळ् - शीरार्
मोषि़् शेप्पि वाषळाम नेञ्जमे मोय्पू
मषि़शैप् परनडिये वाषॣत्तु ।।

शब्दार्थ अन्वय सहित

नारायणन् नान्मुखनै पडैत्तान = भगवान नारायण के चतुरानन ब्रह्मा की सृष्टि की।
नान्मुखनुक्कु एर् आर् शिवन् पिरन्दान = उस ब्रह्मा के उत्तम पुत्र के रूप में शिव ने जन्म लिया।
एन्नुम शोळ् शीर् आर् मोषि़ = इस महत्त्वपूर्ण तथ्य को प्रतिपादित करने वाले प्रथम पद से युक्त
'नान्मुखन् तिरुवन्तादि' = शीर्षक के इस दिव्य प्रबन्ध का
शेप्पि वाषळाम् = पाठ कर हम उज्जीवित हों!
नेञ्जमे! = रे मन!
मोय् पू मषि़शै परन् अडिये = विकसित पुष्पों से अलंकृत श्री मषि़शै क्षेत्र में अवतरित
तिरुमषि़शै आषॣवार् के श्रीचरणों का
वाषॣत्तु = स्तवन करो।

विशेष

मोषि़् – भाषा; प्रसंगानुसार 'प्रबन्ध' अर्थ लिया जाता है।
अडि – चरण; पाद

भावार्थ व्याख्या सहित

श्री वेदव्यास भट्ट के नाम से अभिहित श्रीराम पिळ्ळै, परम भागवत तिरुमषि़शै आषॣवार् कृत प्रबन्ध 'नान्मुखन् तिरुवन्तादि' की प्रशस्ति में रचित प्रस्तुत पद में अपने मन को श्रीमषि़शै क्षेत्र में अवतरित आषॣवार् के श्रीचरणों का स्तवन करने का सन्देश देते हैं। साथ ही यह भी समझाते हैं कि वह आषॣवार् की उक्त कृति का पाठ कर उज्जीवित हो।

देवाधिदेव भगवान नारायण सर्वगत हैं; शिवजी अर्थात् रुद्र सृष्टि करनेवाले ब्रह्मा की सृष्टि भगवान नारायण ने की। प्रस्तुत प्रशस्ति-पद के रचयिता परम भक्त श्रीराम पिळ्ळै अपने मन को भगवान नारायण की इस सर्वमयता का प्रतिपादन करते हुए प्रारम्भ होनेवाले उक्त प्रबन्ध का पाठ कर उज्जीवित होने का सन्देश देते हैं।

भगवान नारायण के परब्रह्मत्व के प्रमाण के लिए विष्णु पुराण का निम्नलिखित श्लोक मननीय है।

"सृष्टिस्थित्यन्तकरणात् ब्रह्मविष्णुशिवात्मिकाम्।
स संज्ञा याति भगवानेक एव जनार्दनः ।।"

(विष्णुपुराण I-2-64)

साथ ही नारायण सूक्तम् के निम्नलिखित सूक्त भी इस सन्दर्भ में द्रष्टव्य हैं।

"नारायणपरो ज्योतिः आत्मा नारायणः परः"
"स ब्रह्म स शिवः स हरिः सेन्द्रः क्षोऽक्षरः परमः स्वराट्"

प्रस्तुत प्रशस्ति-पद एक ओर भगवान नारायण की अपरम्पारता का निरूपण करता है और दूसरी ओर परम भागवत भक्त आष़्वार् के स्तवन की महत्ता पर ज़ोर देते हुए भगवद् भक्त की भक्ति अर्थात् दास-भक्ति की गरिमा का भी प्रतिपादन कराता है।

तिरुमषि़शै आष्वार् कृत

नान्मुखन् तिरुवन्तादि

(अर्थात् दिव्य अन्तादि जिसका प्रारम्भ 'नान्मुखन्' शब्द से होता है।)

[चतुर्मुख दिव्य अन्तादि]

एक

भगवान नारायण के परब्रह्मत्व का निरूपण आष़्वार् के प्रथम पद में देखिये।

नान्मुखनै नारायणन् पडैत्तान् नान्मुखनुम्
तान् मुखमाय्च् चंकरनैत् तान् पडैत्तान्-यान् मुखमाय्
अन्तादि मेलिट्टु अरिवित्तेन् आष् पोरुळै
चिन्तामल् कोण्मिन् नीर् तेर्न्दु ।।

शब्दार्थ अन्वय सहित

नारायणन् नान्मुखनै पडैत्तान् = परमात्मा नारायण ने चतुर्मुख ब्रह्मा की सृष्टि की।
नान्मुखनुम् तान् मुखमाय् चंकरनै तान् पडैत्तान् = चतुर्मुख ब्रह्मा ने भी आगे रहकर भगवान शंकर या शिवजी की सृष्टि की।
आष़् पोरुळै मुखम् आय् = (भगवान नारायण सम्पूर्ण परब्रह्म हैं) इस गंभीर तत्व को प्रमुख रूप से
यान् अन्तादि मेलिट्टु अरिवित्तेन् = मैं, भगवान का दास इस इस दिव्य अन्तादि के द्वारा आपको समझाने जा रहा हूँ।
नीर् तेर्न्दु चिन्तामल् कोण्मिन् = आप भली भाँति सोच विचार कर इस महान तत्व को सम्पूर्णतः अपने अन्तस्तल में रख लीजिये।

विशेष

आष़् पोरुळ् = गंभीर तत्व या तात्पर्य
तेर्न्दु = सोच विचार कर; सोच समझकर
चंकरन् = शंकर-संस्कृत शब्द का तमिल रूप है।

भावार्थ व्याख्या सहित

सर्वगत भगवान नारायण ने चतुरानन ब्रह्मा की सृष्टि की। बाद में ब्रह्मा ने शंकर अर्थात् शिवजी की सृष्टि की। इस प्रकार भगवान नारायण का परब्रह्मत्व सिद्ध होता है। इन गंभीर सिद्धान्त को भगवान नारायण का

दास मैं अपने इस दिव्य अन्तादि के द्वारा आप सबको समझाने जा रहा हूँ। आप भली-भाँति सोच-समझकर इस गम्भीर तत्व को पूर्णतः अपने अंतस्थल में रख लीजिए।

भगवान नारायण मूल तत्व हैं—परब्रह्म हैं—इसी सिद्धान्त की निष्पत्ति समग्र प्रबन्ध में हुई है। पूर्ण भगवान नारायण से भिन्न तमाम देवता अपूर्ण हैं—आष्ह्वार् के पूरे काव्य में यही तत्व व्याख्यायित हुआ है। चतुरानन एवं शंकर सर्जित हैं। चतुरानन द्वारा सारी सृष्टि सर्जित है। केवल परमात्मा नारायण इन सबके उत्पादक या सर्जक हैं। भक्त आष्ह्वार् इस प्रकार नारायण की सर्वमयता एवं अपरिमितता से मानव मात्र को परिचित करा रहे हैं। यहाँ व्याकरण-सिद्ध एक विशिष्ट प्रयोग द्रष्टव्य है। आष्ह्वार् ने 'अन्तादि मेलिट्टु अरिवित्तेन्' (अन्तादि के द्वारा मैंने समझाया) के 'अरिवित्तेन' (समझाया) में भूतकाल का प्रयोग किया है। भूतकाल का प्रयोग कर कवि ने वर्तमान या भविष्यत् काल का अर्थ दिया है। इसे तमिल व्याकरण में 'काळवष्हुवमैदि' कहा जाता है जिसका अर्थ है क्रिया सम्बन्धी काल में प्रसंगानुसार प्रयोग को महत्व देकर, अर्थ ग्रहण करना। (तमिल व्याकरण नन्नूल् का सूत्र 383) इस प्रकार का प्रयोग व्याकरण सिद्ध है।

दो

भगवदनुग्रह से ही भगवान नारायण को पूर्णतः समझा जा सकता है—इस सिद्धान्त को आष्ह्वार् के प्रस्तुत पद में देखिए।

तेरुंकाल् तेवन् ओरुवने एन्रु उरैप्पर्
आरुम् अरियार् अवन् पेरुमै-ओरुम्
पोरुळ् मुडिवुम् इत्तनैये एत्तवम् शेय्दार्कुम्
अरुळ् मुडिवदु आष्ह्यान् पाल् ।।

शब्दार्थ अन्वय सहित

तेरुंकाल् = गम्भीरतापूर्वक विचार कर
तेवन् ओरुवने = केवल भगवान नारायण ही एकमात्र परब्रह्म हैं।
एन्रु उरैप्पर् = इस प्रकार ज्ञानी लोग कहेंगे।
अवन् पेरुमै आरुम् अरियार् = परन्तु उनकी महिमा को कोई नहीं समझ सकते हैं।
ओरुम् पोरुळ् मुडिवुम् इत्तनैये = वेदों और वेदांगों द्वारा प्रतिपादित विषय भी इतना ही है अर्थात् भगवान नारायण की सर्वमयता की सम्पूर्ण स्थापना इनमें भी नहीं होती।
एत्तवम् शेय्दार्कुम् मुडिवदु =किसी भी तरह की साधना कोई करे; उसे अन्त में सिद्धि प्राप्त होगी।
आष्ह्यान् पाल् अरुळ् = केवल सुदर्शन चक्रधारी भगवान नारायण की कृपा अर्थात् अनुग्रह से ही।

विशेष

देवन् = संस्कृत शब्द 'देव' का तमिल रूप है। अर्थ है देवता; प्रसंगानुसार भगवान नारायण,
अरुळ् = कृपा, अनुग्रह
तवम् = संस्कृत शब्द 'तप' का तमिल रूप है। अर्थ है तपस्या।

भावार्थ व्याख्या सहित

ज्ञानी लोग गहन अनुसंधान कर निरूपित करते हैं कि भगवान नारायण ही एकमात्र परब्रह्म हैं। फिर भी

परमात्मा की अपार महिमा को कोई पूर्णतः समझ नहीं पाते हैं। वेद-वेदांगों द्वारा भी भगवान नारायण की सर्वमयता की सम्पूर्ण स्थापना नहीं हो पाती है।

नानाविध साधनाएँ करने के बावजूद सिद्धि तभी होगी जब भगवान नारायण की कृपा या अनुग्रह हो। वेद-वेदांगों द्वारा भी भगवान नारायण की महिमा का सम्पूर्ण निरूपण नहीं हो पाता है। साधकों द्वारा जितनी भी साधना की जाए; परन्तु सिद्धि तभी होगी जब भगवत्कृपा अर्थात् अनुग्रह हो।

तीन

परम भागवत आष्वार् को इस बात का परम आनन्द है कि भगवदनुग्रह के परिणामस्वरूप भगवान नारायण को हर स्थिति में हर प्रकार से समझने का सौभाग्य उन्हें प्राप्त हुआ है। हम उन्हीं के शब्दों में इस बात को देखें।

पालिल् किडन्ददुवुम् पण्डरंगम मेयदुवुम्
आलिल् तुयिन्रदुवुम् आररिवार् - ज्ञालत्तु
ओरु पोरुळै वानवर् तम् मेय्प् पोरुळै अप्पिल्
अरु पोरुळै यानरिन्दवारु ।।

शब्दार्थ अन्वय सहित

पालिल् किडन्ददुवुम् = भगवान नारायण दुग्ध समुद्र पर योगनिद्रा में लीन थे,
अरंगम मेयदुवुम् = श्रीरंग तीर्थ में विराजमान थे और
पण्डु आलिल् तुयिन्रदुवुम् = बहुत पहले वट पत्रशायी बने थे;
आर् अरिवार्? = भगवान की इन तमाम लीलाओं को कौन समझे?
ज्ञालत्तु ओरु पोरुळै = इस समस्त प्रपंच के कारणभूत तत्व बन रहनेवाले
वानवर् तम् मेय् पोरुळै = देवताओं के अनुभवैकगम्य और
अप्पिल् अरु पोरुळै = (सृष्टि के प्रारम्भ में सर्वप्रथम सर्जित) जल तत्व में विराजमान परब्रह्म को
यान् अरिन्द आरु = मैंने जैसा समझा
आर् अरिवार्? = वैसा कौन समझ सकते हैं?

विशेष

पाल् = दुग्ध; प्रसंगानुसार दुग्ध समुद्र
आल् = वट ; वट पत्र
ज्ञालम् = प्रपंच
अप् = जल (यह संस्कृत शब्द है)
अरु पोरुळ् = विशिष्ट तत्व; प्रसंगानुसार परमात्मा या परब्रह्म

भावार्थ व्याख्या सहित

भक्त आष्वार् को इस बात का परम आनन्द है कि वे भगवान नारायण को जिन रूपों में समझ पाये हैं, वैसा कोई नहीं समझ सकता है। भगवदनुग्रह का ही सौभाग्य है कि क्षीर समुंद्रशायी, महाप्रलय में वट पत्र शायी तथा श्रीरंग तीर्थ में विराजमान भगवान को उनकी तरह कोई दूसरा समझ नहीं पाता है। भगवान नारायण समग्र प्रपंच के कारण भूत हैं; अमर देवताओं द्वारा अनुभवैकगम्य हैं और सृष्टि के प्रारम्भ में सर्जित जल

तत्व में विराजमान परब्रह्म हैं—भगवान की इन सारी विशेषताओं को आष्ऴार् की तरह समझ पानेवाला कौन है? उत्तर है : कोई नहीं।

भगवान नारायण की सर्वगतता, सर्वात्ममयता और सर्वान्तर्यामिता को ज्ञानार्जन से, विभिन्न साधनाओं से और दूसरे किसी भी मार्ग से समझ पाना असम्भव है जब तक कि भगवान नारायण का अनुग्रह न हो। भगवान साध्य हैं और भगवान का अनुग्रह साधन है। भक्त आष्ऴार को इस बात का परम आनन्द है कि उन्हें दोनों प्राप्त हैं।

चार

भक्त आष्ऴार् प्रस्तुत पद में भगवान नारायण के परब्रह्मत्व की पुष्टि करते हैं।

आरु शडैक्करन्तान् अण्डर् कोन् तन्नोडुम्
कूरुडैयन् एन्बदुवुम् कोळ्कैत्ते—वेरोरुवर्
इल्लामै निन्ऱानै एम्मानै एप्पोरुट्कुम्
शोल्लानैच् चोन्नेन् तोहुत्तु ।।

शब्दार्थ अन्वय सहित

आरु शडैक्करन्तान् = गंगा नदी को अपनी जटा के अन्दर धारण करने वाले रुद्र अर्थात् शिवजी
अण्डर् कोन् तन्नोडुम् कूरु उडैयन् एन्बदुवुम् = देवाधिदेव भगवान नारायण के सामन हैं—यह कहना कोळ्कैत्ते? =क्या स्वीकरणीय है अर्थात् उचित है?
वेरोरुवर् इल्लामै निन्ऱानै = भगवान नारायण अतुलनीय हैं; (कोई दूसरा उनके समान नहीं है।)
एप्पोरुट्कुम् शोल्लानै = तमाम शब्दों के द्वारा वाच्य है;
एम्मानै तोहुत्तु चोन्नेन् = इस प्रकार मैंने अपने स्वामी भगवान की विशेषताओं को थोड़े शब्दों में संक्षिप्त रूप से बताया।

विशेष

आरु = नदी; प्रसंगानुसार गंगा नदी
अण्डर् = देवता; गोपालक
अण्डर् कोन् = देवताओं के स्वामी; गोप बालक कृष्ण; दोनों रूपों में भगवान नारायण का अर्थ लिया जा सकता है।
कूरु = समानता

भावार्थ व्याख्या सहित

गंगा नदी को जटा में धारण करनेवाले शिवजी को भगवान नारायण के समान कहना क्या स्वीकार्य है? परमात्मा नारायण अतुलनीय हैं; सभी शब्दों के द्वारा वाच्य हैं-यही उनका संक्षिप्त परिचय है।

पौराणिक कथा के अनुसार भगवान नारायण के श्रीचरण से गंगा का उद्भव हुआ। यह भी कहा जाता है कि ब्रह्मा ने नारायण के पादों का जब जल प्रक्षालन किया तब वह जल पावन गंगा बनकर निकल पड़ा। उस गंगा की धारा को अपनी जटा में धारण कर शिवजी ने अपने को पवित्र बनाया। उस दशा में भगवान नारायण के समान शिवजी को कहना कैसे उचित होगा!

अतः भगवान नारायण अतुलनीय हैं। सर्वान्तर्यामी होने के कारण समस्त वस्तुओं के वाचक शब्दों द्वारा प्रतिपाद्य, भगवान नारायण ही हैं।

अर्थात् भगवान नारायण सर्वगत हैं; सर्वात्म हैं; परब्रह्म हैं। इस दशा में शिवजी भगवान नारायण के समान कैसे हो सकते हैं!

नारायण सूक्तम् में कहा गया है–

"सहस्रशीर्षं देवं विश्वाक्षं विश्वसंभुवम्।...
स ब्रह्म स शिवः स हरिः सेन्द्रः, सोऽक्षरः परमः स्वराट्।"

विष्णु सहस्रनाम में शिवजी के नामों अर्थात् वाचक शब्दों को विष्णु परक अर्थात् नारायणपरक कहा गया है; जैसे, 'सर्वः सर्वशिवः स्थाणुः'; 'आदिदेवो महादेवः'; 'रुद्रो बहुशिरा बभ्रुः'।

इनसे सिद्ध है कि भगवान नारायण ही सर्वशब्द-वाच्य हैं।

प्रमुख बात यह है कि भगवान नारायण भागवत भक्त आष़्वार् के लिए परब्रह्म ही हैं। अतः शिवजी से तुलना कैसे हो सकती है? भगवान नारायण के अनन्य भक्त आष़्वार् की इस उक्ति की परिभाषा के रूप में भगवद् गीता का यह श्लोक मननीय है।

अनन्याश्चिन्तयन्तो मां ये जनाः पर्युपासते।
तेषां नित्याभियुक्तानां योगक्षेमं वहाम्यहम् ।। (9-22)

पाँच

सर्वान्तर्यामी भगवान नारायण के परब्रह्मत्व को समझे कौन? केवल भगवान ही समझ पायेंगे। इस तत्व को आष़्वार् के प्रस्तुत पद में देखिए।

तोहुत्त वरत्तनाय्त् तोलादान् मार्वम्
वहित्त वळैयुहित्तोळ् माले - उहत्तिल्
ओरु नान्रु नीयुयर्त्ति उळ् वांगि नीये
अरुनान्गुम् आनाय् अरि ।।

शब्दार्थ ,अन्वय सहित

तोहुत्तु वरत्तनाय् = जिसने तपस्या कर नानाविध वर प्राप्त किये थे और

तोलादान् मार्वम् वहित्त = जो किसी के भी हाथों पराजित नहीं हो सकता था उस हिरण्यकशिपु के

मार्वम वहित्त वळै उहिर् तोळ् माले! = वक्षस्थल को विदीर्ण करनेवाले नखयुक्त हाथों वाले हे भगवान नारायण!

नी = आपने

उहत्तिल् उळ् वांगि = महा प्रलय के काल में समस्त विश्व को उदरस्थ कर लिया था

ओरु नान्रु उयर्त्ति = और पुनः सृष्टि काल के समय उसे बाहर लाकर प्रतिस्थापित भी किया था

नीये अरु नान्गुम् आनाय् = आप ही देवता, मनुष्य, स्थावर एवं जंगम, इन चारों में अंतरात्मा के रूप में विराजमान हैं।

अरि = इस बात को आप ही समझें।

विशेष

अरु = अंतरात्मा (संस्कृत शब्द 'अरूप' का परिवर्तित रूप है)

अरि = समझो

भावार्थ व्याख्या सहित

भगवान की महिमा को भगवान ही समझेंगे। सामान्य मानव या और कोई समझे कैसे?
भगवान नारायण ने आततायी हिरण्यकशिपु के, जिसे तपस्या के बल पर नाना प्रकार के वर प्राप्त थे और जो अजेय था, वक्षस्थल को विदीर्ण किया था; वे ही थे जिन्होंने महा प्रलय में सारे विश्व को उदरस्थ कर उसकी रक्षा की थी और बाद में सृष्टि-काल में बाहर लाकर उसे प्रतिस्थापित कर दिया था। वे ही भगवान नारायण देवता, मानव, स्थावर, जंगम—इन चारों के अन्तर्यामी होकर विराजमान हैं। इस गहन तत्व को कोई क्या समझे सिवाय भगवान के! इस प्रकार भक्त आऴ्वार् भगवान नारायण के सर्वान्तर्यामित्व की पुष्टि कर रहे हैं। साथ ही यह भी निरूपित कर रहे हैं कि भगवान ही प्रपंच की रक्षा भी करते हैं और आततायियों का नाश भी करते हैं।
इसी तथ्य को तो नारायण सूक्तम परिभाषित करता है निम्नलिखित सूक्त के द्वारा।

'अंतर्बहिश्च तत्सर्वं व्याप्य नारायणः स्थितः।'

(सारी सृष्टि में, अन्दर, बाहर, सर्वत्र भगवान नारायण व्याप्त होकर विराजमान हैं।)

छह

भक्त आऴ्वार् के लिए भगवान नारायण ही सर्वोपरि हैं; परब्रह्म हैं। भगवान नारायण की सर्वातिशयता को जो स्वीकार नहीं करते हैं वे भक्त की दृष्टि में अधम हैं। इस सम्प्रदायान्तर-विरोध भाव को भक्ति की उच्चतम एवं गहनतम स्थिति का परिणाम ही समझना चाहिए, न कि सम्प्रदाय-विरोध के रूप में। परम भागवत भक्त आऴ्वार् का प्रस्तुत पद उनकी परम भक्ति की गहनता का प्रमाण है।

अरियार् शमणर् अयर्त्तार् पवुत्तर्
शिरियार् शिवप्पट्टार् शेप्पिल्-वेरियाय
मायवनै मालवनै मादवनै एत्तादार्
ईनवरे आदलाल् इन्रु ।।

शब्दार्थ अन्वय सहित

शमणर् अरियार् = जैन लोग सत्य से अज्ञात हैं।
पवुत्तर अयर्त्तार् = बौद्ध लोग सत्य—ज्ञान के बिना भ्रम में पड़े हैं।
शिवप्पट्टार् शिरियार् = शैव मत के अनुयायी छोटे पड़ गये हैं।
वेरि आय = (ये लोग) गंधस्वरूपी
मायवनै = मायामय
माल् अवनै = (भक्तों के प्रति) स्नेहमय और
मादवनै एत्तादार् = श्रीपति भगवान नारायण का स्तवन नहीं करते हैं;
आदलाल् = अतः
शेप्पिल् = यदि सत्य कहा जाये तो
इन्रु ईनवरे = ये लोक (भक्तों की तुलना में) नीच ही हैं।

विशेष

शमणर् = जैन
पवुत्तर = बौद्ध (संस्कृत शब्द 'बौद्ध' का तमिल रूप)
शिवप्पट्टार् = शिव से संबंधित; शैव लोग
माल् = इस शब्द के अनेक अर्थ हैं; यहाँ 'स्नेह' का अर्थ लिया जाता है।
मादवन् = मादु + अवन् = मादु = स्त्री; यहाँ प्रसंगानुसार श्री या लक्ष्मी का अर्थ लिया जाता है। अतः मादु + अवन् का अर्थ है लक्ष्मीपति या श्रीपति।
ईनवरे = नीच (यह संस्कृत शब्द 'हीन' का तमिल प्रयोग है।)

भावार्थ व्याख्या सहित

जैन, बौद्ध एवं शैव लोग सत्य से अनभिज्ञ हैं; भ्रांति की स्थिति में पड़े हैं। वे लोग गंधरूपी, मायामय तथा भक्तवत्सल श्रीपति का स्तवन नहीं करते हैं। अतः सत्य से–भगवान नारायण की महिमा से अज्ञात ये सब लोग सर्वदा नीच ही हैं।

आष़्वार् के काल में जैन, बौद्ध तथा शैव सम्प्रदायों के लोग अपने-अपने सम्प्रदायों का अनुसरण करते हुए सत्य से अनभिज्ञ पड़े रहे। भक्तवत्सल, लीलामय श्रीपति के गौरव को वे समझ नहीं पाते थे। आष़्वार् के विचार में वे तमाम लोग अधम हैं। वात्सल्यमय तथा भक्तों के प्रति अनुग्रही भगवान नारायण के परम भक्त आष़्वार् को इस बात का दुख होता है कि साम्प्रदायिक सिद्धान्तों से अभिभूत जैन, बौद्ध तथा शैव लोग भगवान नारायण से–उनके वात्सल्य तथा अनुग्रह की गरिमा से अपरिचित हो, क्यों असत्य के भ्रम में पड़े रहते हैं।

भगवान नारायण की भक्ति ही भक्त आष़्वार् के लिए सत्य है; शेष सारा असत्य–भ्रम है–अज्ञान है। भक्ति की पराकाष्ठा की स्थिति का यह निदर्शन है।

सात

भक्त आष़्वार् को इस बात का पूरा विश्वास है कि भक्त भगवान का अपना है और भगवान भक्त के अपने हैं। देखिये, आष़्वार् का प्रस्तुत पद इस तथ्य को किस प्रकार निरूपित करना है।

इन्राह नाळैयेयाह इनिच् चिरिदु
निन्राह निन्नरुळ् एन्पालदे–नन्राह
नान् उन्नैयिन्रि इलेन् कण्डाय् नारणने
नी एन्नैयिन्रि इलै।।

शब्दार्थ अन्वय सहित

नारणने! = हे नारायण!
इन्रु आह, नाळैये आह, इनि चिरिदु निन्रु आह–आज हो, कल हो या थोड़े समय के बाद हो = कभी भी
निन् अरुळ् एन् पाळ् अदे = आपकी कृपा मुझे अनुगृहीत करेगी ही।
नन्रु आह = निश्चित रूप से
नान् उन्नै अन्रि इलेन् कण्डाय् = आपको छोड़ मेरे लिए कोई दूसरी शरण नहीं है = इस बात को समझ लीजिये, और

नी एन्नै अन्रि इलै = आपके लिए भी मुझे छोड़ कोई दूसरा रक्ष्य नहीं है।

भावार्थ व्याख्या सहित

हे भगवान नारायण! आज या कल अथवा कभी भी आपकी कृपा या अनुग्रह की वर्षा मुझ पर पड़ेगी ही। क्योंकि मेरे लिए आपको छोड़ कोई दूसरी शरण नहीं है और आपके लिए भी मुझे छोड़ कोई दूसरा शरण्य अर्थात् रक्ष्य नहीं है।

यह भक्त-हृदय का गम्भीर विश्वास है कि उसकी भक्ति के परिणाम के रूप में भगवदनुग्रह उसे प्राप्त होगा ही आज या कल या किसी भी समय। क्योंकि भक्त के लिए एकमात्र शरण भगवान नारायण ही हैं और भगवान भी भक्ताधीन होने के कारण शरणार्थी भक्त को छोड़ और किसको शरण देंगे। भगवान नारायण भक्त आष्वार् के अनुसार अगतिक गति हैं।

इस तथ्य के प्रतिपादन के लिए ही सम्भवतः आष्वार् ने 'नारायण' कहकर भगवान को सम्बोधित किया है। 'नारायण' शब्द का अर्थ है नरों का अयन अर्थात् जीवों का समूह या जीवों का आवास। अतः इस सम्बोधन से निम्न प्रकार अर्थ लिया जा सकता है।

हे भगवान! आप नारायण हैं; अतः मैं आप ही में हूँ। दूसरे प्रकार से देखें तो आपका नारायणत्व मुझे अपनी शरण में लेने से ही पुष्ट हो सकता है।

भले ही किसी भी प्रकार से अर्थ लिया जाए; फिर भी यही सिद्ध होता है कि भगवान एवं भक्त एक दूसरे से अलग नहीं हो सकते; भगवान के बिना भक्त नहीं और भक्त के बिना भगवान के रक्षकत्व का कोई आधार नहीं। नम्माष्वार ने अपनी कृति तिरुवाय् मोषि के पद 4-3-8 में इसी तथ्य का विश्लेषण किया है।

"उन्नदेन्नदावियुम् एन्नदुन्नदावियुम्
इन्न वण्णमे निन्राय्"

अर्थात् मेरा जीव आपका है अर्थात् आप ही हैं मेरा जीव और मुझमें और आपमें कोई अन्तर नहीं है। जीव एवं परमात्मा का अन्योन्याश्रय सम्बन्ध इस प्रकार निरूपित हुआ है।

आठ

भक्त आष्वार् भगवान नारायण के अवतार श्रीराम की शरण में अर्पित होने की कामना करते हैं।

इलै तुणै मट्रु एन् नेञ्जे ईशनै वेन्र्
शिलै कोण्ड शेंकण् माल् शेरा–कुलैकोण्ड
ईरैन्दु तलैयान् इलंकैयै ईडषि्त्त
कूरम्बनल्लाल् कुरै।।

शब्दार्थ अन्वय सहित

एन् नेञ्जे! = हे मेरे मन!

ईशनै वेन्र् शिलै कोण्ड शेम् कण् माल् = जिस धनुष से रुद्र या शिवजी को भगवान विष्णु अर्थात् नारायण ने जीता था उस धनुष को लिये हुए पुण्डरीकाक्ष श्री रामचन्द्र की

शेरा = शरण में न आये

कुलै कोण्ड ईर् ऐन्दु तलैयान् = एक दूसरे से जुड़े हुए दस सिरों वाले रावण और,

इलंकैये ईडु अष़ित्त = लंका पुरी को पूर्णतः नष्ट करनेवाले
कूर् अम्बन् अल्लाल् = तीक्ष्ण बाणों को हाथ में लिये हुए भगवान श्रीरामचन्द्र के सिवाय
कुरै मट्ररु तुणै इलै = कष्ट के समय हमारे लिए कोई दूसरी शरण नहीं है।

विशेष

ईर् ऐन्दु = ईरैन्दु = दो पाँच = दस
शिलै = धनुष; अम्बु = बाण

भावार्थ व्याख्या सहित

भक्त आष़्वार् अपने मन को समझाकर कहते हैं कि हे मेरे मन! शिवजी को जिस धनुष से भगवान विष्णु ने जीता था वह धनुष परशुराम के पास आया। बाद में वही धनुष राजा जनक के पास था जिसे तोड़कर श्रीराम ने सीताजी को पाया था। उस भगवान श्रीराम की शरण में आये बिना युद्ध के लिए आये दशानन रावण की लंका को पूर्णतः श्रीराम ने नष्ट कर दिया था। तीक्ष्ण बाणों को हाथ में लेनेवाले श्रीराम के सिवाय हमारे लिये कोई दूसरी शरण नहीं है।
भक्त रक्षक भगवान विष्णु अर्थात् श्रीरामचन्द्र की शरण में न आकर उनके साथ विरोध किया था लंका नरेश दशानन रावण ने। उसकी लंका श्रीरामचन्द्र के बाणों से समूल नष्ट हो गयी।
भक्त आष़्वार् को भगवदनुग्रह का विश्वास है। अतः अपने मन को वे समझाते हुए कहते हैं कि हमारे लिए श्रीरामचन्द्र ही एकमात्र शरण हैं।

नौ

ब्रह्मादि देवताओं के आराध्य भगवान नारायण की महिमा का वर्णन देखिये आष़्वार् के प्रस्तुत पद में।

कुरै कोण्डु नान्मुखन् कुण्डिकै नीर् पेय्दु
मरै कोण्ड मन्दिरत्ताल् वाष़्त्ति-करै कोण्ड
कण्डत्तान् शेन्निमेल् एरक् कषुविनान्
अण्डत्तान् शेवडियै आंगु।।

शब्दार्थ अन्वय सहित

नान्मुखन् = चतुरानन ब्रह्मा ने
कुरै कोण्डु = अपनी अकिंचनता को समझते हुए
कुण्डिकै नीर् पेय्दु = कमंडलु का जल बहाकर और
मरै कोण्ड मन्दिरत्ताल् वाष़्त्ति = पुरुषसूक्त आदि वेदमंत्रों से स्तवन कर
आंगु = वामनावतार के समय
अण्डत्तान् शे अडियै = ब्रह्माण्ड के अधिपति भगवान नारायण के श्रीचरणों को
कषुविनान = इस प्रकार प्रक्षालित किया था कि
करै कोण्ड कण्डत्तान् शेन्निमेल् एर = वह तीर्थ नीलकंठ शिवजी के सिर पर गिरे।

विशेष

कुण्डिकै = यह संस्कृत शब्द है; इसका अर्थ है कमंडलु

मरै = वेद
मन्दिरत्ताल् = मंत्रों से (संदर्भानुसार पुरुष सूक्त आदि मंत्रों से)
करै = विष, करै कोण्ड = विष को लेनेवाला
कण्डत्तान् = कंठवाला (यहाँ नीलकंठ शिवजी का अर्थ है।)
(अमृतमंथन के समय विष को पीकर शिवजी ने सबकी रक्षा की थी; अतः वे नीलकंठ हुए। यहाँ उस कथा की ओर संकेत है।)
शेन्नि = सिर

भावार्थ व्याख्या सहित

ब्रह्मा ने पुरुष सूक्त आदि वेद मंत्रों का पाठ करते हुए अपने कमंडलु के तीर्थ से वामनावतार में बृहद् आकार लेकर सारे जगत को नाप लेने वाले त्रिविक्रम के पादों को प्रक्षालित किया; वह तीर्थ नीलकंठ शिवजी के सिर पर गिरकर उनको पवित्र कर गया (और वही गंगा बनी।)

भक्ति गद्‌गद आष्वार् ने भगवान नारायण की महिमा का स्मरण कर अपने मन को समझाया है कि जिस भगवान नारायण के श्रीचरणों से गिरे तीर्थ से शिवजी भी पवित्र हो गये उन श्रीचरणों का आश्रय तुम भी ग्रहण करो। पौराणिक रूप से यह स्वीकृत कथा है कि भगवान नारायण के पादों से निकली धारा गंगा बनी और उसी गंगा को शिवजी अपने सिर पर लिये हुए हैं।

दस

भगवान नारायण भक्त सुलभ हैं; भक्तों के लिए प्राप्य हैं। शरणागति तत्व की इस महिमा को आष्वार् के प्रस्तुत पद में देखें।

आंगारवारम् अदु केट्टु अष़लुमिषुम्
पूंगार रवणैयान् पोन्मेनि–याम् काण
वल्लमे यल्लमे? मामलरान् वार्शडैयान्
वल्लरे यल्लरे वाष़्त्तु।।

शब्दार्थ अन्वय सहित

आंगु = देव लोक में
आरवारम् अदु केट्टु = ब्रह्मादि देवताओं का स्तोत्र-घोष सुनकर
अष़ल् उमिषुम = (उसे भ्रम से असुरों की ध्वनि समझकर) विषैली आग उगलनेवाले
पू कार् अरवु अणैयान् = क्रोध भरे आदिशेष की शय्या पर आसीन भगवान के
पोन् मेनि याम् काण वल्लम् अल्लमे? = सुन्दर शरीर के दर्शन करने की सामर्थ्य हम भक्तों में नहीं है क्या? (अर्थात् अवश्य है; किन्तु)
मा मलरान् = पद्मनाम ब्रह्मा
वार् शडैयान् = और दीर्घ जटाधारी शिव भी
वाष़्त्तु वल्लर् अल्लरे ! = भगवान की स्तुति करने में समर्थ नहीं हैं !

विशेष

आरवारम् = घोष
अष़ल् = आग

भावार्थ व्याख्या सहित

देवलोक में ब्रह्मादि देवता जब भगवान की स्तुति में स्तोत्र घोष करते हैं तब उसे सुनकर भ्रम से असुरों की ध्वनि समझकर क्रोध से आदि शेष विषैली आग उगलते हैं; उनकी शय्या पर आसीन भगवान नारायण के सुन्दर शरीर के दर्शन करने की सामर्थ्य केवल हम भक्तों में है जबकि भगवान नारायण की स्तुति करने की शक्ति भी पद्मनाभ ब्रह्मा और दीर्घ जटाधारी शिवजी में नहीं है।

ब्रह्मा, शिव आदि देवता अभिमान से जब भगवान नारायण की स्तुति करने का प्रयास करते हैं तब वह स्तुति सम्पूर्ण नहीं होती। क्योंकि वहाँ अभिमान है और उन्हें अपने स्थान तथा साधना का अहंकार है। परन्तु 'अन्यथा शरणं नास्ति' के सम्पूर्ण विश्वास के साथ भगवान नारायण की शरण में आनेवाले भागवत भक्त के लिए भगवान सुलभ हैं; सरल रूप से प्राप्य हैं।

जैसे विष्णु पुराण में कहा गया है,

'यन्न देवा न मुनयो न चाहं न च शंकरः।
जानन्ति परमेशस्य तत् विष्णोः परमं पदम्।।'

(1-9-53)

(परमेश्वर विष्णु का सर्वोत्तम स्वरूप न तो देवता एवं मुनि महर्षि जानते हैं और न मैं (ब्रह्मा) और शंकर ही जान पाते हैं।)

किन्तु वही भगवान भक्त-सुलभ हैं; क्योंकि उसके लिए कोई दूसरी शरण नहीं है।

ग्यारह

भक्त आष़्वार् मानव-मात्र को समझाते हैं कि हमारी तमाम इन्द्रियाँ भगवत्सेवा के लिए बनी हुई हैं; अतः उनका सही उपयोग भगवद् विषय में किया जाये।

वाष़्त्तुह वाय् काणग कण् केट्क शेवि मकुटम्
ताष़्त्ति वणंगुमिन्कळ् तण् मलराल् शूष़्त्त
तुष़ाय् मन्नु नीण् मुडियेन् तोल्लैमाल् तन्नै
वष़ावण् कै कूप्पि मदित्तु।।

शब्दार्थ अन्वय सहित

शूष़्त्त तुष़ाय मन्नु नीळ् मुडि = व्यापक तुलसी माला से अलंकृत दीर्घ केश युक्त और
एन् तोल्लै माळ् तन्नै = मेरे प्रति सर्वदा अनुग्रह करनेवाले भगवान नारायण का
वष़ा = सर्वदा (पल भर के लिए रुके बिना)
वण् कै कूप्पि मदित्तु = अंजलि बद्ध हो ध्यान करते हुए
मकुटम् ताष़्त्ति तण् मलराल् वणंगुमिन्कळ् = सिर नवाकर शीतल पुष्पों से स्तवन कीजिये;
वाय् वाष़्त्तुह = मुख से उनकी स्तुति कीजिये;
कण् काण्ग = आँखों से उनके दर्शन किया कीजिये;

शेवि केट्क = कान से उनके चरित्र का श्रवण किया कीजिये।
(मानव मात्र के प्रति भक्त आष़्वार का यह संदेश है।)

विशेष

वष़ा = निरन्तर, सर्वदा, बिना रुके
मकुटम् = मुकुट = संस्कृत शब्द का तमिल रूप है।
संदर्भानुसार 'सिर' का अर्थ लिया जाता है

भावार्थ व्याख्या सहित

भक्त आष़्वार् मानवमात्र को समझाते हैं कि भक्तों के प्रति अनुग्रह करनेवाले भगवान नारायण की सर्वदा पुष्पों से अर्चना करें, उनके श्रीचरणों पर सिर नवायें, मुख से उनकी स्तुति करें; आँखों से उनके दर्शन किया करें और कान से उनकी कथा या चरित्र का श्रवण किया करें। इसी में इन तमाम इन्द्रियों का सौभाग्य है। मानव मात्र को भक्त आष़्वार् का यह उपदेश है कि शरीर की तमाम इन्द्रियों को विषय वासनाओं से दूर कर भगवान की आराधना में लीन किया जाय। सिर, मुख, आँख, कान आदि इन्द्रियों का प्रयोजन सांसारिकता में डूब जाने में नहीं, परन्तु भक्तिवश होकर भगवान के शरण में समर्पित होने, उनकी स्तुति करने, दर्शन करने और कथा श्रवण करने में ही है। क्योंकि भगवान भक्ति के अधीन हैं। भक्त जैसा भी हो, भक्ति से जो भी सेवा करे–वह भगवान के लिए स्वीकार्य है। जैसे भगवद्गीता में कहा गया है–

'पत्रं पुष्पं फलं तोयं यो मे भक्त्या प्रयच्छति।
तदहं भक्त्युपहृतं अश्नामि प्रयतात्मनः।।'

(भगवद्गीता 9/26)

(भक्त यदि भक्ति-गद्गद हो पत्र, पुष्प, फल या जल–जो भी मुझे अर्पित करे, मैं उसीको ग्रहण करता हूँ।)

बारह

भक्तों के प्रति भगवान नारायण का अनुग्रह अपरिमित है। नानाविध शास्त्रों के ज्ञाता होते हुए भी भगवान का ध्यान न करनेवालों की क्या दुर्दशा होती है–देखिये आष़्वार् के प्रस्तुत पद में।

मदित्ताय् पोय् नान्गिन् मदियार् पोय् वीष़
मदित्ताय् मदिकोळ् विडुत्ताय्–मदित्ताय्
मडुक् किडन्द मामुदलै कोळ्विडुप्पान् आषि
विडर्किरण्डुम् पोयिरण्डिन् वीडु।।

शब्दार्थ अन्वय सहित

पोय् मदियार् = हे भगवान! शास्त्रज्ञ होने के बावजूद आपका ध्यान न करने वाले लोग
नान्गिल् पोय् वीष़ मदित्ताय् = चार प्रकार की योनियों में बार-बार जाकर गिरें = इस प्रकार आपने संकल्प किया, किन्तु
मदि कोळ् विडुत्ताय् = चन्द्र को आपने क्षयरोग से मुक्त किया।
मडु किडन्द या मुदलै कोळ् विडुप्पान् = शापग्रस्त होकर सरोवर में आकर पड़े रहे और गजेन्द्र को ग्रसित करनेवाले भयावह मगर को शाप मुक्त करने और गजेन्द्र को उसकी पकड़ से बचाने के लिए

आषि विडर्कु मदित्ताय् = आपने मगर पर सुदर्शन चक्र का प्रयोग करने के लिए सोचा;
इरण्डुम पोय् = मगर और गजेन्द्र दोनों अपनी शाप ग्रस्त स्थिति से बचकर
इरण्डिन् वीडु मदित्ताम् = अपना अपना मोक्ष प्राप्त कर लें—इस प्रकार आपने संकल्प किया।

विशेष

मदि = चन्द्र, कोळ् = व्याधि; प्रसंगानुसार क्षयरोग
वीडु = मोक्ष

भावार्थ व्याख्या सहित

भगवान नारायण की अनुग्रहशीलता की व्याख्या करते हुए भक्त आष्वार् भगवान से कहते हैं कि हे भगवान! जो लोग नानाविध शास्त्रों के ज्ञाता होने के बावजूद आपका ध्यान नहीं करते हैं उन्हें बार-बार विभिन्न अर्थात् चार प्रकार की योनियों में जन्म लेकर सांसारिकता में उलझना होगा—यह आपका ही संकल्प है। आपने अपना निरन्तर ध्यान करनेवाले चन्द्र को निरामय अर्थात् क्षयरोग से मुक्त किया (महाभारत शाल्यपर्व अध्याय-35)। शापग्रस्त मगर ने सरोवर में आये भक्त गजेन्द्र को पकड़ लिया था और भक्त गजेन्द्र ने रक्षा के लिए भगवान को पुकारा था; तब, हे भगवान! आपने अपने सुदर्शन चक्र का प्रयोग कर मगर को मार डाला जिससे कि वह शाप मुक्त हुआ और गजेन्द्र ने भी मगर की पकड़ से बचकर मोक्ष प्राप्त किया। नानाविध शास्त्रों का अध्ययन कर अपार ज्ञानी होने के बावजूद भगवान नारायण का जो ध्यान नहीं करते हैं उन्हें जन्म-मृत्यु के संसार की बार-बार परिक्रमा करनी पड़ेगी—उन्हें देव, मनुष्य, पशु, स्थावर—इन चार योनियों में पुनः-पुनः जन्म लेना पड़ेगा अर्थात् सांसारिकता से उन्हें मुक्ति नहीं मिलेगी। किन्तु परम भागवत भक्त की एक पुकार पर्याप्त है; भगवान नारायण दौड़े-दौड़े आयेंगे और उसे अपने अनुग्रह के क्रोड में आश्रय देंगे। जैसे भक्त गजेन्द्र को मगर के ग्रास से भगवान ने बचाया उसकी एक पुकार मात्र पर। उन्होंने चन्द्र को उसकी भक्ति के अधीन होकर क्षयरोग से मुक्त किया। इस प्रकार भगवान नारायण की अनुग्रह-शक्ति, कृपा भाव एवं भक्त वत्सलता को आष्वार् ने विभिन्न घटनाओं के द्वारा निरूपित किया है।
भक्ति की इसी महानता एवं गहनता की ओर संकेत करते हुए मध्यकालीन हिन्दी सन्त कवि कबीरदास ने कहा है–

"पोथी पढ़ि पढ़ि जग मुआ पंडित भया न कोय
ढाई आखर प्रेम का पढ़ै सो पंडित होय।।"

तेरह

वेदवेद्य, देवताओं के आराध्य, भक्तवत्सल एवं मोक्ष साधक भगवान नारायण की भक्ति किये बिना बाह्य एवं शारीरिक साधनाएँ कर शरीर को कष्ट देने का क्या प्रयोजन? सुनिये भक्ति–गद्गद आष्वार् के प्रस्तुत पद में–

वीडाक्कुम् पेट्रि अरियादु मेय् वरुत्तिक्
कूडाक्कि निन्रु उण्डु कोण्डु उष्ल्वीर्—वीडाक्कुम्
मेय्प् पोरुळ् तान् वेद मदर् पोरुळ् तान् विण्णवर्कु
नर् पोरुळ् तान् नारायणन्।।

शब्दार्थ अन्वय सहित

वीडु आक्कुम् पेट्रि अरियादु = मोक्ष प्राप्त करने के सही पथ की जानकारी के बिना
मेय् वरुत्ति = (उपवास आदि से) शरीर को तपाकर
कूडु आक्कि = शरीर को अस्थि पंजर बनाकर
निन्रु उण्डु कोण्डु उष़ल्वीर् ! = खड़े-खड़े तपस्या करते हुए थोड़ा-सा भोजन लेकर जीनेवाले लोगो!
वीडु आक्कुम् मेय्प् पोरुळ् तान् = मोक्ष के वास्तविक साधन या उपाय बनाकर रहनेवाले
वेदम् मुदल् पोरुळ् तान् = वेदों द्वारा प्रतिपादित आदि भगवान एवं
विण्णवर्कु नल् पोरुळ् तान् = देवताओं के आराध्य सर्वश्रेष्ठ तत्त्व
नारायणन् = भगवान नारायण ही हैं।

विशेष

मेय् = शरीर, कूडु = पंजर; अस्थिपंजर
मदुल पोरुळ = प्रथम वस्तु, आदि भगवान्

भावार्थ व्याख्या सहित

आष्वार् उन साधकों को सम्बोधित कर जो सही मुक्ति मार्ग को समझे बिना उपवास आदि के द्वारा शरीर को तपाकर, अस्थि-पंजर बनाकर और अल्प भोजन कर खड़े-खड़े तपस्या किया करते हैं, समझा रहे हैं कि मुक्ति प्रदान करने वाले, वेद-प्रतिपाद्य आदि भगवान और देवताओं के आराध्य ईश्वर नारायण ही हैं। (उन्हें छोड़कर, शरीर को तपा-गलाकर साधना करते हुए मोक्ष प्राप्त करने का निरर्थक उपाय करने का प्रयोजन क्या है! सरल भक्ति-मार्ग को छोड़कर कठोर साधनाएँ करने से क्या सिद्ध हो सकता है? आष्वार् की स्थापना है कि भगवदाश्रय ही सरलतम मोक्ष-मार्ग है।)

चौदह

भक्ति से दूर बाह्य साधनाओं का प्रचार करनेवाले सम्प्रदायों के प्रवर्तकों की बात सुनकर उनके द्वारा दिखाये गये गलत रास्ते पर चलनेवाले उनके अनुयायियों को क्या मिलेगा? केवल अधोगति मिलेगी और वे लोग उसमें गहराई तक डूब जायेंगे। इस तत्व को आष़्वार के प्रस्तुत पद में देखिये–

नारायणन् एन्नै आळि नरकत्तुच्
चेरामल् काक्कुम तिरुमाल् तन्-पेरान
पेशप्पेराद पिणच्चमयर् पेशक् केट्टु
आशैप्पट्टाष्वार् पलर्।।

शब्दार्थ अन्वय सहित

एन्नै आळि = मुझ दास को अपनी शरण में लेनेवाले और
नरकत्तुच् चेरामल् काक्कुम् = अपने भक्तों को संसार-नरक से बचाने वाले
नारायणन् तिरुमाल् तन् = भगवान नारायण श्रीपति के
पेर् आन पेश पेराद पिणम् समयर् = नामों का संकीर्तन करने के भाग्य से वंचित जीवित शव के रूप में विद्यमान बाह्य सम्प्रदायवादियों की

पेश केट्टु पलर् आशैप् पट्टु आष्वार् = बातें सुनकर कई लोग उन्हीं की तरह बाह्य सांप्रदायिकता में स्वयं डूब नष्ट होंगे।

विशेष

आळि = शरण में लेना

पिणम् = शव, समयर् = सम्प्रदायवादी

आष्वार् = डूबनेवाले; तल्लीन होने वाले, यहाँ 'आष्वार' शब्द का अर्थ है–डूब जायेंगे, तल्लीन होंगे, प्रसंगानुसार अधोगति में पहुँचेंगे।

भावार्थ व्याख्या सहित

भगवान नारायण मुझ जैसे भक्तों एवं दासों को अपनी शरण में लेनेवाले हैं और उनको सांसारिक नरक से बचानेवाले हैं। उक्त भक्त वत्सल भगवान नारायण का नाम-संकीर्तन करने के भाग्य से वंचित अन्य मतावलंबी, संप्रदायवादी लोग जीवन शव की भाँति निरर्थक जीवन यापन करते हैं और उनकी बातें सुनकर उनके सांप्रदायिक मार्ग पर चलनेवाले लोग नाश के गर्त में डूब जायेंगे।

परम भागवत भक्त आष्वार् नारायण की भक्ति की महिमा का वर्णन करते हुए अपने समकालीन जैन, बौद्ध, शैव आदि सम्प्रदायों के प्रति संकेत करते हैं। इसे उन सम्प्रदायों के प्रति आष्वार के वैषम्य-भाव के रूप में नहीं; वरन् वैष्णव धर्म की स्थापना के रूप में स्वीकार करना चाहिए।

इसी तथ्य को मनुस्मृति में इस प्रकार कहा गया है–

या वेद बाह्याः स्मृतयो याश्च काश्च कुदृष्टयः।
सर्वास्ता निष्फलाः प्रेत्य तमोनिष्ठा हि ताः स्मृताः।।

(मनुस्मृति, अध्याय-12, श्लोक 95)

(वेदों से भिन्न स्मृति ग्रंथ एवं अज्ञान का प्रचार करनेवाले ग्रंथ निष्फल तथा तामसिक ग्रंथों के रूप में स्वीकृत हैं।)

पन्द्रह

भगवान नारायण के परब्रह्मत्व को सिद्ध करते हुए भक्त आष्वार् उन्हें शिव आदि समस्त देवताओं के आराध्य के रूप में प्रस्तुत पद में निरूपित कर रहे हैं।

पल देवरेत्तप् पडि कडन्तान् पादम्
मलरेर विट्टिरैञ्जि वाष्त्त–वलराहिल्
मार्कण्डन् कण्ड वहैये वरुम् कण्डीर्
नीर्कण्डन् कण्ड निलै।।

शब्दार्थ अन्वय सहित

पल देवर् एत्त पडि कडन्तान् पादम् = अनेकानेक देवताओं द्वारा आराध्य सारे जगत को नापने वाले भगवान नारायण के श्रीचरणों में यदि आप

मलर् एर् इट्टु = पुष्प चढ़ाकर

इरैञ्जि = नमन कर

वाष्त्त वलर् आहिल् = प्रार्थना करने में समर्थ हों तो

नीर्कण्डन् कण्ड निलै = नीलकंठ शिवजी की जो दशा थी और
मार्कण्डन कण्ड वहैये = उन्हें मार्कण्डेय ने जिस रूप में देखा था
वरुम् कण्डीर = वही दशा और वही रूप आप भी देखेंगे।

विशेष

नीर्कण्डन् = जिनके कंठ में विष है वे शिवजी या विष जल को कंठ में रखनेवाले शिवजी
पडि = जगत

भावार्थ व्याख्या सहित

भक्त आष्वार मानव-मात्र को समझाते हैं कि यदि आप भगवान नारायण के उन श्रीचरणों में, जिन्होंने वामनावतार में सारे जगत को नाप डाला था और जिनकी आराधना सभी देवता लोग करते हैं, पुष्प चढ़ाकर और नमन कर प्रार्थना करने में समर्थ हों तो नीलकंठ शिवजी की जो दशा और रूप मार्कण्डेय ने देखा था वही दशा और रूप आप भी देखेंगे।
यहाँ मार्कण्डेय की कथा स्मरणीय है। युवावस्था में ही शिव भक्त मार्कण्डेय की जब मृत्यु होनेवाली थी तब उनके माता-पिता अतिशय विकल हो गये थे। तब मार्कण्डेय ने माता-पिता को आश्वासन दिया कि वह लंबी आयु और मोक्ष का वर शिवजी से प्राप्त करेगा। फिर वह शिवजी को प्रसन्न करने के लिए तपस्या करने लगा तो शिवजी ने कहा कि वर देने की क्षमता या शक्ति केवल भगवान नारायण की है। अंत में शिवजी की प्रार्थना पर भगवान नारायण ने मार्कण्डेय को वांछित वर प्रदान किया।
(मार्कण्डेय की कथा श्रीमद्भागवत के खण्ड 12 और अध्याय 10 में विस्तार से द्रष्टव्य है।)
प्रस्तुत पद में आष्वार् का यह समझाने का प्रयास है कि नीलकंठ शिवजी भी भगवान नारायण के अधीन हैं और भगवान नारायण सर्वशक्तिमान हैं और उनके द्वारा जो हो सकता है वह शिवजी भी नहीं कर सकते हैं।

सोलह

भक्त रक्षक भगवान नारायण भक्त विरोधियों का संहार करने के लिए किस प्रकार प्रस्तुत होते हैं–इस बात का वर्णन आष्वार् के पद में देखिये।

निलै मन्नुम् एन्नेञ्जम् अन्नान्रु देवर
तलै मन्नर् तामे माट्राह-पल मन्नर्
पोर्माळ वेंकदिरोन् मायप् पोष़िल् मरैयत्
तेराष़ियाल् मरैत्ताराल्।।

शब्दार्थ अन्वय सहित

अन्नार्रु = महाभारत युद्ध के समय
देवर् तलै मन्नर् तामे = देवाधिदेव भगवान नारायण ने स्वयं
माट्रु आह = वैरी बनकर (ऐसी चाल चली कि)
पल मन्नर् पोर् माळ = कई राजे-महाराजे युद्ध स्थल में दिवंगत हुए;
वेम् कदिरोन् माय = सूर्य का अकाल में अस्त हुआ;
पोष़िल् मरैय तेर् आष़ियाल् मरैत्ताराल् = समस्त भूमंडल में उनके चक्रायुध ने सूर्य को

छिपाया (जिससे कि सर्वत्र अँधेरा छा गया।)

एन् नेञ्जम् निलै मन्नुम् = (उसी भगवान नारायण की कृपा एवं अनुग्रह से) मेरा चंचल मन स्थिर होगा अर्थात् भक्ति में अविचलित रहेगा

विशेष

माट्रु = वैरी, पोष़िल् = भूमंडल; जगत

देवर् तलै मन्नर् = देवाधिदेव भगवान

निलै = दशा, स्थिति, स्थिरता

वेम् = उष्ण, कदिर् = किरण

वेम् कदिरोन् = उष्ण किरणों वाला सूर्य

भावार्थ व्याख्या सहित

देवाधिदेव भगवान नारायण ने कृष्णावतार में महाभारत युद्ध में धर्मरक्षण तथा आश्रित पाण्डवों की रक्षा के लिए वैरी बनकर ऐसी चाल चली कि कई विरोधी राजे-महाराजे युद्ध में दिवंगत हुए, अकाल में सूर्य का अस्त हुआ और समस्त भूमण्डल में उनके चक्रायुध ने सूर्य को छिपाया और सर्वत्र अंधकार छा गया। भक्त आष़्वार् को इस बात का विश्वास है कि उसी भगवान नारायण की कृपा एवं अनुग्रह से उनका चंचल मन भक्ति में अविचल रहेगा। यहाँ महाभारत कथा का प्रसंग वर्णित है जो इस प्रकार है। भगवान कृष्ण ने प्रतिज्ञा की थी कि कौरव-पाण्डव युद्ध में वे पाण्डवों की ओर से शस्त्र ग्रहण नहीं करेंगे। किन्तु 'सत्यकामः सत्य संकल्पः' (छांदोग्योपनिषत्, अष्टम अध्याय, प्रथम खण्ड, मंत्र-5)

होने के बावजूद भगवान ने उसे भी मिथ्या बनाते हुए आश्रितों की रक्षा की। कृष्ण के मित्र एवं भक्त अर्जुन ने अपने पुत्र अभिमन्यु का छल से वध करनेवाले जयद्रथ का सूर्यास्त होने तक वध करने और अन्यथा स्वयं अग्नि प्रवेश करने की प्रतिज्ञा की थी। तब दुर्योधन आदि ने जयद्रथ को कहीं छिपाकर रख दिया था ताकि अर्जुन उसका वध न कर सके और स्वयं अग्नि प्रवेश कर प्राण त्याग कर दे। अर्जुन की प्रतिज्ञा पूरी हो और अन्यायी जयद्रथ का उसके हाथों वध हो–इस कारण अपनी प्रतिज्ञा के खिलाफ़ कृष्ण ने चक्रायुध का प्रयोग कर सूर्य को छिपा दिया था जिससे सूर्यास्त का आभास हुआ। जब जयद्रथ यह सोचकर कि अब सूर्यास्त हो गया है और अर्जुन प्रतिज्ञा-भंग की आशंका से अग्नि प्रवेश कर प्राण त्याग करेगा, बड़ी प्रसन्नता से अपने गुप्त स्थान से बाहर आया। तब कृष्ण ने चक्रायुद्ध को हटा लिया तो सूर्य पुनः आकाश में द्योतित होने लगा। अर्जुन ने प्रतिज्ञानुसार जयद्रथ का वध कर दिया।

इस प्रसंग के पीछे भगवान नारायण की आश्रित वत्सलता एवं आश्रित-रक्षण का तत्त्व निहित है।

सत्रह

आष़्वार् के प्रस्तुत पद में भगवान नारायण की महिमा देखिये–

आल निषर् कीष़् अरनेरियै नाल्वर्कु
मेलैयुगत्तुरैत्तान् मेयत् तवत्तोन्-ज्ञालम्
अळन्दानै आषिक् किडन्तानै आल्मेल्
वळर्न्दानैत् तान् वणंगु मारु।।

शब्दार्थ अन्वय सहित

मेयुत् तवत्तोन् = श्रेष्ठ तपस्वी रुद्र (शिवजी) ने
ज्ञालम् अळन्दानै = सारे जगत को (अपने तीन पगों से) नापने वाले
आषिक् किडन्तानै = क्षीर-समुद्र शायी और
आल् मेल् वळर्न्दानै = वटपत्रशायी भगवान नारायण की
तान् वणंगुम् आरु = अपनी उपासना के
अरम् नैरियै = धार्मिक सिद्धान्त का,
मेलै युगत्तु = प्राचीन युग में
आल निषल् कीष् = वट वृक्ष की छाया में बैठकर
नाल्वर्कु उरैत्तान् = चार महर्षियों को उपदेश दिया।

विशेष

अरम् नेरि = धार्मिक सिद्धान्त
नाल्वर्कु = चार (महर्षियों) को; प्रसंगानुसार चार महर्षि इस प्रकार हैं—अगस्त्य, दक्ष, पुलस्त्य और कश्यप। कुछ लोक सनातन, सनक, सनत्कुमार और सनन्दन के नाम लेते हैं जिनको दक्षिणामूर्ति के रूप में शिवजी ने धर्मोपदेश दिया।
उरैत्तान् = कहा; प्रसंगानुसार उपदेश दिया।

भावार्थ व्याख्या सहित

प्राचीन काल में तपस्वी रुद्र ने (या शिवजी ने) वामनावतार में सारे जगत को अपने तीन पगों से नापनेवाले क्षीर समुद्रशायी और महाप्रलय में सारे जगत को उदरस्थ कर वटपत्र पर शिशु के रूप में शयन करनेवाले भगवान नारायण की अपनी उपासना के धार्मिक सिद्धान्त का उपदेश वटवृक्ष की छाया में बैठकर अगस्त्य, दक्ष, पुलस्त्य, कश्यप-इन चार महर्षियों को दिया।
इससे यह सिद्ध किया गया है कि शिवजी भी भगवान नारायण की उपासना करते हैं और मनीषी महर्षियों को भी इस उपासना-सिद्धान्त के महत्त्व का उपदेश देते हैं। तपस्वी एवं ज्ञानी शिवजी मनीषियों को यह समझाते हुए कि उनके लिए भी भगवान नारायण उपास्य हैं, भगवान नारायण के परब्रह्मत्व की स्थापना करते हैं।

अठारह

पूर्व पद में आष्वार् ने शिवजी के माध्यम से भगवान नारायण के उपास्यत्व का निरूपण किया। परन्तु प्रस्तुत पद में मानव-मात्र को आष्वार् समझाते हैं कि भगवद्-भक्ति से बढ़कर भगवान के भक्तों का आश्रय ग्रहण करना सर्वोपरि है।

माराय दानवनै वळ्ळुहिराळ् मार्विरण्डु
कूराहक् कीरिय कोळरियै—वेराह
एत्ति इरुप्पारै वेल्लुमे मट्रवरैच्
चात्ति इरुप्पार् तवम्।।

शब्दार्थ अन्वय सहित

मारु आय दानवनै मार्वु = विरोधी राक्षस हिरण्यकशिपु के वक्ष स्थल को
वळ्उहिराल् = तीक्ष्ण नखों से
इरण्डु कूरु आह कीरिय = दो भागों में विदीर्ण करने वाले
कोळ् अरियै = शक्तिशाली नृसिंह की
वेरु आह एत्ति इरुप्पारै = गौरवर्ण ढंग से स्तुति करने वालों पर
मट्रु अवरै चात्ति इरुप्पार् तवम् वेल्लुमे ! = उन भक्तों का आश्रय ग्रहण करनेवाले भक्तों की तपस्या विजय प्राप्त करेगी। (अर्थात् भगवान की भक्ति करनेवाले भक्त गौरवपूर्ण हैं; परन्तु उनसे भी बढ़कर गौरवशाली हैं उनका आश्रय ग्रहण करनेवाले दासानुदास)

विशेष

मारु = विरोध/विरोधी, उहिर् = नख, कूरु = भाग
अरि = सिंह, प्रसंगानुसार नृसिंह दानव = असुर, राक्षस
तवम् = तपस्या = ये दोनों संस्कृत शब्द हैं; 'तप' बनता है तमिल में 'तवम्'।
तमिल में 'तवम्' का अर्थ पुण्य भी है।

भावार्थ व्याख्या सहित

वैरी असुर हिरण्यकशिपु के वक्षस्थल को अपने तीक्ष्ण नखों से विदीर्ण करनेवाले नृसिंह की स्तुति करते हैं भक्त लोग। उनसे भी अधिक महत्त्वपूर्ण हैं उन भक्तों के भक्त या दास। अर्थात् भगवान नारायण की शरण से बढ़कर भगवद् भक्तों की शरण ग्रहण करना श्रेष्ठ है।
भक्तानुभक्त अर्थात् दासानुदास होना गौरवपूर्ण है; जैसे मध्यकालीन हिन्दी सन्त कवि कबीरदास जी ने कहा है–

'हरि से जनि तू हेत कर, कर हरिजन से हेत।
माल मुलुक हरि देत है, हरिजन हरि ही देत।।'

उन्नीस

भगवान नारायण भक्तानुग्रही हैं; भक्तवत्सल हैं और भक्तों को मोक्ष प्रदान करनेवाले हैं–इस तथ्य का वर्णन आष़्वार् के प्रस्तुत पद में देखें–

तवम् शेय्दु नान्मुखनाल् पेट्र वरत्तै
अवम् शेय्द आषि़याव् अन्रे-उवन्तेम्मैक्
काप्पाय् नी काप्पदनै आवाय् नी वैकुन्तम्
ईप्पायुम् एव्वुयिर्कुम् नी।।

शब्दार्थ अन्वय सहित

तवम् शेय्दु नान्मुखनाल् पेट्र वरत्तै अवम् शेय्द = तपस्या कर चतुर्मुख ब्रह्मा से हिरण्युकशिपु आदि द्वारा प्राप्त वर को निष्फल कर देने वाले
आषि़यान् ! = हे सुदर्शन चक्रधारी भगवान नारायण !

एम्मै उवन्दु काप्पाय् नी अन्रे ! = हम भक्तों की अनुग्रहपूर्वक रक्षा करनेवाले आप ही हैं !
काप्पदनै आवाय् नी अन्रे ! = भक्त रक्षण का संकल्प करनेवाले भी आप ही हैं !
एव् उयिर्कुम् वैकुन्तम् ईप्पायुम् नी अन्रे ! = आपका आश्रय ग्रहण करनेवाले तमाम चेतन प्राणियों को वैकुण्ठ अर्थात् परम पद याने मोक्ष प्रदान करनेवाले भी आप ही हैं !

विशेष

नान्मुखन् = चतुरानन, ब्रह्मा
अवम् = निष्फल

भावार्थ व्याख्या सहित

तपस्या कर ब्रह्मादि देवताओं से हिरण्यकशिपु आदि दानवों द्वारा प्राप्त वरों को निष्फल कर देनेवाले हे सुदर्शन चक्रधारी भगवान नारायण! आप ही हम भक्तों की अनुग्रहपूर्वक रक्षा करते हैं; इस प्रकार रक्षण करने का संकल्प भी आपका ही है। आपके आश्रय में आनेवाले तमाम चेतन प्राणियों को वैकुण्ठ अर्थात् मोक्ष प्रदान करनेवाले भी आप ही हैं।
भक्त आष़्वार् को इस बात का सम्पूर्ण विश्वास है कि भगवान नारायण ही भक्तों का रक्षण करने की सामर्थ्य रखते हैं और भक्तों को भगवदनुग्रह से ही मुक्ति प्राप्त होगी। यहाँ विष्णु पुराण का निम्नांकित श्लोक स्मरणीय है।

"न हि पालनसामर्थ्य ऋते सर्वेश्वरं हरिम्।
स्थितौ स्थिरं महाप्राज्ञ भवत्यन्यस्य कस्यचित्।।"
(विष्णुपुराण 1-22-20)

(सर्वेश्वर परमात्मा नारायण ही विश्व-रक्षण की सामर्थ्य रखते हैं।)

बीस

सर्वंमय, सर्वनियंत्रक परब्रह्म भगवान नारायण की महिमा देखिये आष़्वार् के प्रस्तुत पद में–

नीये उलहेल्लाम् निन्नरुळे निर्पनवुम्
नीये तवत्तेव तेवनुम्–नीये
एरि शुडरुम् माल् वरैयुम् एण्डिशैयुम् अण्डत्तु
इरु शुडरुम् आय इवै।।

शब्दार्थ अन्वय सहित

उलहु एल्लाम् नीये = हे भगवान नारायण! समस्त लोकों के निर्वाहक आप ही हैं।
निर्पनवुम् निन् अरुळे = स्थायी मुक्ति भी आपकी कृपा से ही प्राप्त होती है।
तवम् तेवर् तेवनुम् नीये = तपस्या कर देवता की स्थिति में पहुँचे ब्रह्मा आदि के अधिपति आप ही हैं
एरि शुडरुम् = उज्ज्वल अग्नि; माल् वरैयुम् = पर्वत

एण् दिशैयुम् = आठों दिशाओं में विद्यमान समस्त पदार्थ
अण्डत्तु इरु शुडरुम् आय इवै = ब्रह्माण्ड में विद्यमान चन्द्र, सूर्य आदि सभी
नीये = आप ही हैं।

भावार्थ व्याख्या सहित

आष़्वार् भगवान नारायण की सर्वमयता का निरूपण करते हुए उनको संबोधित कर कहते हैं कि हे भगवान नारायण! आप ही समस्त जगत के निर्वाहक एवं नियंत्रक हैं; आप ही की कृपा से शाश्वत मुक्ति प्राप्त होती है; तपस्या के बल पर देवता बने ब्रह्मादि के भी अधिपति आप ही हैं; अखिल ब्रह्माण्ड में स्थित अग्नि, पर्वत आठों दिशाओं में विद्यमान समस्त पदार्थ, चन्द्र, सूर्य आदि सभी आप ही हैं।

भक्त आष़्वार् के लिए भगवान नारायण परब्रह्म हैं; परमात्मा हैं; समस्त ब्रह्माण्ड के तमाम पदार्थों, भूतों, ग्रहों-उपग्रहों आदि के अधिपति हैं; संक्षेप में वे ही निर्वाहक तथा नियंत्रक हैं; उन्हीं की कृपा अर्थात् अनुग्रह से शाश्वत मुक्ति प्राप्त हो सकती है। इन्हीं तथ्यों को विभिन्न दार्शनिक ग्रंथों में हम देख सकते हैं; जैसे- भगवद्गीता में कहा गया है–

"सर्वं समाप्नोषि ततोऽसि सर्वः" (11-40)
(आप सर्वव्यापी होने से सर्वमय हैं।)

श्वेताश्वतरोपनिषत् (VI-7) में कहा गया है–

'तं ईश्वराणां परमं महेश्वरं, तं देवतानां परमं च दैवतम्।'
(वही ईश्वरों के ईश्वर हैं; समस्त देवताओं के अधिपति हैं।)

विष्णु पुराण में भी भगवान नारायण की सर्वमयता का प्रतिपादन हुआ है–

"ज्योतींषि विष्णुः भुवनानि विष्णुः, वनानि विष्णुः गिरयो दिशश्च।
नद्यः समुद्राश्च स एव सर्वं यदस्ति यन्नास्ति च विप्रवर्य।।"

(वि.पु. 2-12-37)

(नक्षत्र विष्णु हैं; समस्त लोक विष्णु हैं; जंगल, पर्वत, क्षेत्र, नदियाँ एवं समुद्र–सभी विष्णु हैं; विष्णु ही वे सब हैं जो हैं और जो नहीं भी हैं। इस प्रकार भगवान विष्णु अर्थात् नारायण सर्वमय हैं–उनसे भिन्न कुछ नहीं हैं; हैं भी वही और जो नहीं हैं वे भी वही हैं।)

इक्कीस

भगवान नारायण के अपार सौन्दर्य एवं शक्ति-स्वरूप पर भक्त आष़्वार् आश्चर्य करते हैं प्रस्तुत पद में।

इवैया पिलवाय् तिरन्तेरि कान्र
इवैया एरिवट्टक् कण्गळ्–इवैया
एरि पोंगिक् काट्टुम् इमैयोर् पेरुमान्
अरि पोंगिक् काट्टुम् अष़्हु।।

शब्दार्थ अन्वय सहित

तिरन्दु एरि कान्र = व्यापक रूप से आग उगलनेवाला
पिलम् वाय् इवैया? = बिल की तरह व्याप्त मुँह यही था क्या?
एरि वट्टम् कण्गळ् इवैया = अग्नि-चक्र की भाँति ज्वलित होने वाली गोल-गोल आँखें यही थीं क्या?
एरि पोंगि काट्टुम् इमैयोर् पेरुमान् = अग्नि की तरह उज्ज्वल शरीर युक्त अमरों के अधिपति भगवान नारायण ने
अरि पोंगि काट्टुम् अष़हु इवैया? = नृसिंह के रूप में अवतार लेकर जो सौन्दर्य दर्शाया था वह यही था क्या?

विशेष

एरि = अग्नि, आग, अरि = सिंह; प्रसंगानुसार, नृसिंह; शत्रु
इमैयोर् पेरुमान् = अमराधिपति भगवान विष्णु अर्थात् नारायण

भावार्थ व्याख्या सहित

भगवान नारायण की सर्वमयता से आष़्वार् ने पहले यह सिद्ध किया था कि उनका रूप एक नहीं है; वरन् वे सर्वरूपी हैं; अविकारी हैं–तमाम रूपों में अंतर्यामी बन स्थित हैं। जब वे प्रस्तुत पद में अविकारी परब्रह्म का, नृसिंहावतार के विकारी रूप का वर्णन करते हैं तब पूर्वापर विरोध-सा लगता है; परन्तु यह विरोध नहीं है; किन्तु विरोधाभास है। क्योंकि आश्रितवत्सल भगवान नारायण ने अपने भक्त प्रह्लाद की रक्षा के लिए नृसिंह का रूप लिया था और भक्ति विरोधी हिरण्यकशिपु का संहार किया था।

उस आश्रितवत्सल भगवान नारायण के नृसिंहावतार-रूप पर मुग्ध होकर आष़्वार प्रश्न करते हैं प्रस्तुत पद में। भगवान नारायण के सुन्दर रूप के दर्शन करते हुए नृसिंहावतार का स्मरण करते हैं परम भागवत आष़्वार् और उस स्थिति में प्रश्न करते हैं–

नृसिंहावतार में भयंकर रूप से आग उगली थी बिल की तरह व्यापक मुँह से–क्या यही मुँह था वह? उस समय आग की तरह ज्वलित नृसिंह की जो गोल-गोल आँखें थीं वे यही थीं क्या? अमरों के अधिपति भगवान नारायण ने नृसिंहावतार लेकर तेजोमय शरीर का जो सौन्दर्य दर्शाया था वह यही था क्या?

भगवान नारायण अर्थात् परब्रह्म के जाज्वल्यमान स्वरूप का, आष़्वार् जब वर्णन करते हैं तब मुंडकोपनिषद् का मंत्र स्मरणीय है।

> **"न तत्र सूर्यो भाति न चन्द्रतारकम्**
> **नेमा विद्युतो भाँति कुतोऽयमग्निः**
> **तमेव भान्तं अनुभाति सर्वम्**
> **तस्य भासा सर्वमिदं विभाति।।"**
>
> (II-2-10)

अर्थात् प्रकाशमान सूर्य, चन्द्र, नक्षत्र एवं विद्युत अर्थात् बिजली की क्या हस्ती है! ये सभी उस एक परब्रह्म की कांति की प्रतिच्छवि मात्र तो हैं।

बाईस

सर्वमय परब्रह्म भगवान नारायण के श्रीचरणों का आश्रय ग्रहण करने का उपदेश मानव-मात्र को आऴ्वार् दे रहे हैं।

अऴहियान् ताने अरि उरुवम् ताने
पऴहिमान् ताळे पणिमिन्—कुऴवियायत्
तानेऴुलहुक्कुम् तन्मैक्कुम् तन्मैयने
मीनाय् उयिरळिक्कुम् वित्तु।।

शब्दार्थ अन्वय सहित

एऴ् उलहुक्कुम वित्तु तान् = भगवान नारायण सातों लोकों के बीज या उपादान कारण स्वयं हैं।
तन्मैक्कुम् तन्मैयन् = शब्द, स्पर्श, रूप, रस, गंध—इन विषयों के आधारभूत हैं।
कुऴवि आय् = (उन्होंने ही महाप्रलय के अवसर पर) शिशु बनकर
मीन् आय् = एवं मत्स्य (मछली) का रूप लेकर
उयिर् अळिक्कुम् ताने = समस्त जीवों की रक्षा की थी।
अरि उरुवम् ताने अऴहियान् = भगवान नारायण ने नृसिंहावतार लिया और वे स्वयं सौन्दर्य की चरम सीमा हैं।
पऴहियान् ताळे पणिमिन् = हे मानव! अनादि काल से आश्रित रक्षण की प्रकृतियुक्त भगवान नारायण के श्रीचरणों का आश्रय ग्रहण करो।

विशेष

मीन् = मत्स्य, मछली
उयिर् = प्राण, प्राणी, जीव-राशि
वित्तु = बीज, उपादान कारण

भावार्थ व्याख्या सहित

भगवान नारायण के परब्रह्मत्व तथा सर्वान्तर्यामित्व का निरूपण करते हुए भक्त आऴ्वार् मानव मात्र को समझाते हैं कि वे परमात्मा नारायण के श्रीचरणों की शरण लें। भगवान नारायण कौन हैं? आऴ्वार् के शब्दों में देखिये। वे ही सातों लोकों के आदि बीज हैं—उपादान कारण हैं। वे ही पंचभूतों, पंच ज्ञान–कर्मेन्द्रियों आदि के आधार हैं। उन्होंने ही महाप्रलय में वटपत्रशायी शिशु बन तथा मत्स्यावतार लेकर अखिल ब्रह्माण्ड की रक्षा की थी। नृसिंहावतार लेकर भक्तरक्षण उन्होंने ही किया था। वे परमसौन्दर्य की चरमसीमा हैं। अनादि काल से भक्त रक्षण की प्रकृति युक्त हैं भगवान नारायण।

भक्त आऴ्वार् मानव-मात्र को समझाते हैं कि परब्रह्म परमात्मा नारायण ही एकमात्र भक्तवत्सल हैं और उन्हीं के श्रीचरणों की शरण में पहुँचना भक्त धर्म है; उसी में मुक्ति है।

तेईस

चेतनों के अंतस्तल में भक्ति की स्थापना करनेवाले भगवान नारायण सर्वव्यापी हैं; प्रकृति के हर कोने में वही दृश्यमान हैं। आइये, इस तत्त्व को आष़्वार् के प्रस्तुत पद में देखें।

वित्तुम् इडवेण्डुङ् कोलो विडैयडर्त्त
पत्ति उष़वन् पष़म् पुनत्तु–मोय्त्तेषुन्द
कार्मेगमन्न करुमाल् तिरुमेनि
नीर्वानम् काट्टुम् निहष़्न्दु।।

शब्दार्थ अन्वय सहित

विडै अडर्त्त = (नप्पिन्नै देवी को पाने के लिए) सात ऋषभों को नियंत्रित करनेवाले और
पत्ति उष़वन् = (चेतन प्राणियों के अंतस्तल में) भक्ति की स्थापना करने के लिए प्रयास करनेवाले भगवान नारायण के
पष़म् पुनत्तु = अनादि संसार क्षेत्र अर्थात् जगत् क्षेत्र में
वित्तुम इड वेण्डुङ् कोलो? = (हम सांसारिकों को) अपनी ओर से बीज बोने अर्थात् प्रयत्न करने की आवश्यकता है क्या? (उत्तर है 'नहीं')
(फिर हमें क्या करना है? उत्तर देखिये)
मोय्त्तु एषुन्द कार् मेगम् अन्न = गहन रूप से परिव्याप्त नील मेघवत् विद्यमान
करुमाल् तिरुमेनि = भगवान नारायण के नील शरीर के सौन्दर्य को
नीर् वानम् निहष़्न्दु काट्टुम = घना नील नीरद दर्शाता है।
(इसे देखकर हम मानव भगवान की स्मृति अर्थात् ध्यान करें!)

विशेष

पत्ति = संस्कृत शब्द 'भक्ति' का तमिल रूप है।
पष़म् = पुराना, अनादि, उष़वन् = कृषक, किसान
पुनम् = क्षेत्र, खेत, प्रसंगानुसार, संसार

भावार्थ व्याख्या सहित

भगवान नारायण ने नप्पिन्नै देवी को पाने के लिए सात ऋषभों को नियंत्रित कर उन पर विजय पायी। इसी प्रकार चेतन प्राणियों के हित के लिए उन्हें वशीभूत करने के निमित्त उनमें भक्ति का संचार कराया। हम मानवों के प्रति भगवान ऐसे कृपालु हैं कि स्वयं प्रयास कर उन्होंने हमें अनुग्रह प्रदान किया और भक्ति का प्रसाद प्राप्त कराया। फिर हमें अपनी ओर से प्रयास करने की कोई आवश्यकता नहीं रही। हाँ, हमें भगवान के दर्शनों का लाभ मिलना चाहिए; किन्तु यह भी कोई कठिन बात नहीं है। आकाश में नील एवं घना नीरद जब फैल जाता है तब वह भगवान नारायण के नील मेघ-श्यामल शरीर के दर्शन कराता है। अतः हम उसके माध्यम से भगवान नारायण की स्मृति एवं ध्यान में लीन रहें।

प्रस्तुत पद में भक्त आष़्वार् ने भगवान नारायण को पत्ति उष़्वन् कहा है। उष़्वन् कृषक होता है जो खेत को साफ कर, पानी देकर खेती के लिए उपयुक्त बनाता है और उसके बाद बीज बोता है। उसी तरह चेतन मानव

का अंतस्तल खेत जैसा है; उसे पवित्र बनाकर उसमें भगवान अनुग्रहपूर्वक भक्ति का बीज बोते हैं। इसीलिए तो कहा गया है श्री वल्लभाचार्य के पुष्टि मार्ग में–'**पुष्टिः तदनुग्रहः**'।

चेतनों के प्रति भगवान नारायण कृपालु हैं। अतः स्वयं उनके अंतस्तल में भक्ति का संचार कराते हैं। चेतन मानव को अपनी ओर से प्रयास करने की आवश्यकता नहीं है। चेतन भक्त मानव को सर्वत्र भगवान ही नज़र आते हैं। नील मेघ को देखने पर नील मेघ श्यामल परमात्मा नारायण की ही स्मृति होती है और वह भगवान के ध्यान में मग्न होता है। इसी प्रकार भक्त मानव सर्वत्र भगवान नारायण के ही दर्शन करे और उन्हीं के ध्यान में लीन रहे–यह आष़्वार् का सन्देश है।

भगवत्प्रसाद प्राप्त होने पर पुण्य कमाने के लिए प्रयास नहीं करना है; जैसे मनुस्मृति में कहा गया है–

"तेन चेत् अविवादस्ते मा गंगां मा कुरून् गमः"

(मनुस्मृति 8-92)

(यदि भगवान के सन्दर्भ में विवाद नहीं हो अर्थात् पूर्ण विश्वास एवं श्रद्धा के साथ भगवान का ध्यान किया जाए तो गंगा, कुरुक्षेत्र आदि तीर्थ स्थानों में पुण्य कमाने के लिए जाने की कोई ज़रूरत नहीं है)

इसी तत्त्व को श्री वचन भूषणम् के सूत्र 392 में पिल्लै लोकाचार्य ने विस्तार से विश्लेषित किया है।

चौबीस

भगवान नारायण भक्त मानव के रक्षण के लिए क्या-क्या करते हैं–किन-किन स्थितियों से गुज़रते हैं–देखिये आष़्वार् के प्रस्तुत पद में।

निहष़्न्दाय् पाल् पोन् पशुप्पुक् कार् वण्णम् नान्गुम्
इहष़्न्दाय् इरुवरैयुम् वीय–पुहष़्न्दाय्
शिनप्पोर् सुवेदनैच् चेनापतियाय्
मनप्पोर् मुडिक्कुम् वहै।।

शब्दार्थ अन्वय सहित

पाल्, पोन्, पशुप्पु, कार् नान्गु वण्णमुम्= हे भगवान नारायण! श्वेत, लाल, हरा, काला = इन चारों वर्णों में
निहष़्न्दाय् = कृतयुग, त्रेतायुग, द्वापर युग, कलि युग = इन चारों युगों में आप अवतरित हुए।
इरुवरैयुम् वीय इहष़्न्दाय् = मधु, कैटभ = इन दोनों असुरों को आपने नष्ट किया।
चेनापति आय् मनम् पोर् मुडिक्कुम् वहै = (महाभारत युद्ध में) अर्जुन का सेनापति बनकर आपने द्रौपदी के मानभंग के बाद उसके मान-रक्षण का मानसिक निर्णय लेकर, युद्ध समाप्त करने के उद्देश्य से
शिनम् पोर् सुवेदनै पुहष़्न्दाय् = क्रोध से गरजते हुए युद्ध में प्रवेश करनेवाले अर्जुन की प्रशंसा की।

विशेष

चेनापति = संस्कृत शब्द 'सेनापति' का तमिल रूप है।
सुवेदन् = संस्कृत शब्द श्वेत का तमिल रूप है।
अर्थ है 'अर्जुन' क्योंकि उसके रथ के घोड़े श्वेत वर्ण के होते थे; अतः उसे श्वेत वाहन कहा जाता है।

भावार्थ व्याख्या सहित

हे भगवान नारायण! कृतयुग, त्रेतायुग, द्वापर युग और कलियुग–इन चारों युगों में क्रमशः श्वेत, लाल, हरे

और कृष्ण वर्णों में आप अवतरित हुए। आपने मधु, कैटभ–इन दोनों असुरों का संहार किया। आप महाभारत युद्ध में अर्जुन के सेनापति बने। द्रौपदी के मानभंग के पश्चात् उसके मान रक्षण की प्रतिज्ञा कर क्रोध से युद्ध में प्रवेश करनेवाले अर्जुन की वीरता की आपने प्रशंसा की।

यह मान्यता है कि कृत युग वाले सत्वगुण संपन्न होते हैं; अतः उनका वर्ण श्वेत होता है। त्रेतायुग में लोग रजोगुण एवं सत्वगुण से युक्त होते हैं; अतः उनका रंग रक्तिम अर्थात् लाल होता है। द्वापर युग में रज, तम तथा सत्व गुणों से युक्त होने से लोगों का रंग हरा होता है जो लाल, शुभ्र तथा कृष्ण वर्णों का समन्वित रंग है। कलियुग में तमोगुण प्रचुर मात्रा में होता है जिसका रंग कृष्ण या काला होता है।

इसी तत्व को तिरुमषिशै आष्वार् ने अपनी कृति 'तिरुच्चन्दविरुत्तम्' के पद 44 में भी कहा है। वहाँ आष्वार् ने कहा है–'दूध के शुभ्रवर्ण, स्वर्ण के रक्त वर्ण, काई की हरीतिमा तथा भ्रमर के कृष्णवर्ण से युक्त कृत, त्रेता, द्वापर एवं कलियुगों में अवतरित भगवान नारायण के सौलभ्य गुण को इस संसार के लोग क्यों विस्मृत कर गये हैं?'

प्रस्तुत पद में आष्वार् ने भगवान नारायण के भक्त वात्सल्य तथा आश्रित रक्षकत्व की स्थापना करते हुए महाभारत युद्ध तथा मधु-कैटभ संहार का उल्लेख किया है।

पच्चीस

भगवान नारायण की समस्त लीलाएँ भक्तों अर्थात् दासों के हित के निमित्त होती हैं। उदाहरण देखिये भक्त आष्वार् के प्रस्तुत पद में।

वहैयाल् मदियादु मण् कोण्डाय् मट्रुम्
वहैयाल् वरुवदोन्रुण्डे–वहैयाल्
वयिरम् कुषैत्तुणणुम् मावलि तानेन्नुम्
वयिर वषक्कोषित्ताय् मट्रु।।

शब्दार्थ अन्वय सहित

मदियादु वहैयाल् मण्कोण्डाय् = आपने ज़रा भी गौरव पर ध्यान दिये बिना, याचना कर राजा बलि से पृथ्वी दान में ली।
मट्रुम् वयिरम् वहैयाल् कुषैत्तु उण्णुम् = अलावा इसके, हीरे को औषध की विधि से तरल बनाकर खानेवाले, तान् एन्नुम् मावलि वयिरम् वषक्कु ओषित्ताय् = इस कारण अहंकार से 'सबसे बलवान मैं हूँ' समझनेवाले राजा बलि के वैर को नष्ट किया।
वहैयाल् वरुवदु ओन्रु उण्डे? = इस प्रकार की लीलाओं से आपको क्या लाभ है! (आप ये सारी लीलाएँ भक्तों के लिए ही तो करते हैं!)

विशेष

वयिरम् = हीरा
वयिरम् = बैर, वैर, शत्रुता
यह संस्कृत शब्द 'वैर' का तमिल रूप है।
वयिरम् कुषैत्तु = हीरे को गरमाकर तरल बनाकर उसका सेवन करने से शरीर वज्रवत् कठोर होता है–यह

मान्यता है वैद्यक रीति में।
वयिरम् वष़क्कु = शत्रुता की रीति या शत्रुता का व्यवहार

भावार्थ व्याख्या सहित

हे भगवान नारायण! आपने अपनी गरिमा के बारे में नहीं सोचा; राजा बलि के पास वामन बनकर गये, दान में तीन पग की भूमि माँगी और उसे अपने वश में लिया। राजा बलि ने तरल हीरे का सेवन कर अपने शरीर को अतिशय सबल बनाया। उसे अपने शरीर की शक्ति का अहंकार एवं गर्व था। हे भगवान नारायण! आपने उसे और उसकी शत्रुता को नष्ट किया।
ऐसी लीलाओं से आपको क्या लाभ हुआ! कुछ भी तो नहीं! केवल भक्तों के लिए ही तो आपने ये सारी लीलाएँ कीं!
भक्तवत्सलता भगवान नारायण का प्रधान लक्ष्य है। इस लक्ष्य की पूर्ति ही इनकी तमाम लीलाओं का ध्येय है।

छब्बीस

भक्त आष़्वार् भगवान नारायण से प्रार्थना करते हैं कि वे अपने अनुग्रह से उन्हें इस प्रकार कृतार्थ करें कि वे सर्वदा उन्हीं के दर्शनों का भाग्य प्राप्त कर सकें और साथ ही केवल उन्हीं की शरण ग्रहण कर सकें।

मट्रुत् तोषुवार् ओरुवरैयुं यानिन्मै
कट्रैच् चडैयान् करिक् कण्डाय्–एट्रैक्कुम्
कण्डु कोळ् कण्डाय कडल् वण्णा यानुन्नैक्
कण्डु कोळहिर्कु मारु।।

शब्दार्थ अन्वय सहित

कडल् वण्णा! = सागर की भाँति नील वर्ण के हे भगवान नारायण!
यान् तोष़ुवार् मट्रु ओरुवरैयुम् इन्मै = मेरे आराधन के देवता कोई दूसरे नहीं (आपके सिवाय)
कट्रैच् चडैयान् करि कण्डाय् = घनी जटावाले रुद्र या शिवजी साक्षी हैं।
यान् उन्नै एट्रैक्कुम् कण्डुकोळ्हिर्कुमारु = मैं सर्वदा आप ही का स्तवन करता रहूँ–इसके लिए
कण्डुकोळ् कण्डाय् = आप दर्शन देकर कृपा करें।

विशेष

चडै = संस्कृत शब्द 'जटा' का तमिल रूप है।
करि = साक्षी; इसके अनेक और अर्थ हैं जैसे हाथी, विष, कोयला

भावार्थ व्याख्या सहित

सागर जल की भांति नीलवर्ण के हे भगवान नारायण! मेरे आराध्य, आपको छोड़ कोई दूसरे नहीं हैं। इस तथ्य के साक्षी जटाधारी रुद्र स्वयं हैं। आप मुझ पर ऐसा अनुग्रह करें कि मैं सर्वदा आप ही का स्तवन करता रहूँ। रुद्र अर्थात् शिवजी भी परब्रह्म के अंश हैं, यदि भक्त, परब्रह्म भगवान विष्णु या नारायण की आराधना करते हैं तो अंश भूत रुद्र भी तो अंशी का आराधन करते होंगे। अतः रुद्र को, अपने एकमात्र आराध्य भगवान नारायण के सिद्धान्त-निष्पादन के साक्षी के रूप में भक्त आष़्वार् निरूपित करते हैं।

भक्त तो भगवान की भक्ति करता है। वह भक्ति भगवदनुग्रह के बिना संभव नहीं है। भगवदनुग्रह भी भक्ति के बिना संभव नहीं है। ये दोनों–भगवद् भक्ति और भगवदनुग्रह अन्योन्याश्रित हैं। इसीलिए भक्त आऴ्वार् भगवदनुग्रह की याचना कर रहे हैं।

सत्ताईस

भगवदाराधन के बढ़कर और क्या हो सकता है! देखिये भक्त आऴ्वार् इस बात को किस रूप में प्रस्तुत करते हैं।

मारान् पुहुन्द मड नेञ्जम् मट्रदुवुम्
पेराहक् कोळ्वनो पेदैकाळ्–नीराडि
तान् काण माट्टाद तारहलच् चेवडियै
यान् काण वल्लेर्कु इदु।।

शब्दार्थ अन्वय सहित

पेदैकाळ्! = अज्ञानी या मूर्ख लोगो!
नीराडि तान् = विभूतिधारी रुद्र भी
काणमाट्टाद = जिनके दर्शन नहीं कर पाते हैं उन
तार् अहलम् चे अडियै = पुष्पों द्वारा अर्चित व्यापक श्री चरणों के
काण वल्केर्कु = दर्शन करने का सौभाग्य प्राप्त मैं,
माल् तान् पुहुन्द मडनेञ्जम् इदु = भगवान नारायण स्वयं ही जब मेरे नादान अंतस्तल में आकर विराजमान हैं उससे बढ़कर
मट्रदुवुम् पेरु आह यान् कोळ्वनो? = किसी दूसरी वस्तु को पुरुषार्थ के रूप में स्वीकार कैसे करूँ? (उत्तर है 'स्वीकार नहीं कर सकता।')

विशेष

पेदै = मूर्ख, अज्ञानी
नीरु = विभूति; श्मशान की राख या भस्म जिसे रुद्र अर्थात् शिवजी धारण करते हैं।
मारान् = माल् + तान् = भगवान नारायण स्वयं
पेरु = पुरुषार्थ, भाग्य, पुण्य

भावार्थ व्याख्या सहित

मूर्ख लोगो! भगवान नारायण के श्रीचरण पुष्पों द्वारा अर्चित हैं; उनके दर्शन विभूतिधारी रुद्र के लिए भी दुर्लभ हैं। परन्तु उनके दर्शनों का सौभाग्य मुझे प्राप्त है। भगवान नारायण मेरे नादान अंतस्तल में स्वयं आकर विराजमान हैं। इस परम भाग्य से बढ़कर और किस दूसरे पुरुषार्थ को मैं स्वीकार करूँ? इससे बढ़कर और क्या उपलब्धि हो सकती है!

भगवान नारायण अपने तमाम वासस्थलों को छोड़कर भक्त के अंतस्तल में आकर विराजमान हैं–यह उनकी अपार भक्तवत्सलता का प्रमाण है। यही तत्त्व पेरियाऴ्वार तिरुमोऴि के पद 5-4-10 में भी निरूपित है। वह पद इस प्रकार है–

वडततमुम् वैकुंठमुम् मदिळ् तुवरापतियुम्
इडवहैकळ् इहष्न्दिट्टु एन्पाल् इडवहै कोण्डनैये।

(1-9-53)

(उत्तरी दिशा में स्थित दुग्ध सागर, वैकुण्ठ और द्वारका आदि स्थलों को छोड़कर मेरे अंतस्तल में आकर आप विराजमान हुए। भक्त के प्रति आपकी इस करुणा की मैं तारीफ़ कैसे करूँ?)

भगवान नारायण की भक्तवत्सलता का एक और प्रमाण देते हुए आष्वार् ने कहा है कि रुद्र या शिवजी भी भगवान के श्रीचरणों के दर्शन नहीं कर पाते हैं। परन्तु भक्त के लिए ये सुलभ हैं। इसी बात को विष्णुपुराण में इस प्रकार कहा गया है–

यन्न देवा न मुनयो न चाहं न च शंकरः।
जानन्ति परमेशस्य तद्विष्णोः परमं पदम्।।

(1-9-53)

(भगवान विष्णु का स्थान अत्यंन्त श्रेष्ठ है जिसे देवता लोग, मुनि-महर्षि, ब्रह्मा एवं शिव-शंकर भी नहीं जानते हैं अर्थात् उनके लिए भी भगवान नारायण को समझना दुर्लभ है।)

यहाँ भक्त आष्वार् का तात्पर्य यह है कि देवताओं के प्रयासों के बावजूद भगवान नारायण उनके लिए दुर्लभ हैं; परन्तु भगवान, भक्तों के प्रति अपनी अपार निर्हेतुक कृपा के कारण उनके लिए अतिशय सुलभ होते हैं। भक्तों के लिए इससे गौरवपूर्ण उपलब्धि और क्या हो सकती है।

अट्ठाईस

भक्त आष्वार् भगवान विष्णु के रामावतार की लीलाओं का स्मरण कर रहे हैं।

इदु इलंगै ईडषियक् कट्टिय सेतु
इदु विलंगु वालियै वीषूत्तदुवुम्–इदु विलंगै
तानोडुंग विल् नुडंगत् तण्डार् इरावणनै
ऊनोडुंग वेय्दान् उहप्पु।।

शब्दार्थ अन्वय सहित

इलंगै ईडु अषिय कट्टिय सेतु = लंकापुरी को नष्ट करने के लिए सेतु-बन्धन किया था श्रीराम ने।
इदु, विलंगु वालियै वीष्त्तदुवुम = इसके अलावा श्रीराम ने वानरराज वालि का संहार किया था।
इदु इलंगै तान् ओडुंग = और, लंकापुरी नष्ट हो,
विल् नडुंग = शाङ्र्ग धनुष मुड़े, और
तण् तार् इरावणनै ऊन् ओडुंग = शीतल पुष्प माला से अलंकृत रावण का शरीर नष्ट हो; (इस लक्ष्य से)
एय्दान् = उस पर बाणों की बौछार की;
इदु उहप्पु = ये सब श्रीराम की लीलाएँ थीं।

विशेष

इलंगै = लंका का तमिल प्रयोग है, विलंगु = पशु; प्रसंगानुसार वानर
ऊन् = शरीर, उहप्पु = लीला, विल् = धनुष, प्रसंगानुसार शाङ्र्ग धनुष

भावार्थ व्याख्या सहित

श्रीराम ने लंकापुरी को नष्ट करने के लिए सेतु का निर्माण किया था, उन्होंने वानरराज वालि का संहार किया था। शाङ्‌र्ग धनुष को श्रीराम ने टेढ़ा किया; बाणों की बौछार कर लंकापुरी को नष्ट किया और रावण का वध किया–ये सब भगवान नारायण के रामावतार की लीलाएँ थीं।

भक्त आष्‌वार् भगवान नारायण की रामावतार सम्बन्धी लीलाओं का स्मरण कर रहे हैं। उन्हें लगता है मानो वे सारी लीलाएँ उनकी आँखों के सामने हो रही हों।

उनतीस

श्रीरामचन्द्र के तेजोमय एवं अति सुन्दर स्वरूप पर मुग्ध हैं परम भागवत आष्‌वार्।

उहप्पुरुवन् ताने ओळि उरुवन् ताने
महप्पुरुवन् ताने मदिक्किल्–मिहप्पुरुवम्
ओन्‌रुक्कोन्‌रु ओशनैयाल् वीष् ओरु कणैयाल्
अन्‌रिक् कोण्डेयदान् अवन्।।

शब्दार्थ अन्वय सहित

मिह पुरुवम् ओन्‌रुक्कोन्‌रु ओशनैयान् = (कुंभकर्ण का शरीर इतना बड़ा है कि) उसकी दोनों भौंहों के बीच कोसों के बराबर की लम्बाई है।

वीष् अन्‌रिक् कोण्डु ओरु कर्णयाल् एय्‌दान् अवन् = श्रीराम ने क्रुद्ध होकर एक बाण चलाकर उसे गिरा दिया था।

मदिक्किल् = उस श्रीरामचन्द्र का स्मरण किया जाय तो

उहप्पु उरुवन् ताने = उनका लीलामय आकर्षक स्वरूप;

ओळि उरुवन् ताने = उनका तेजोमय स्वरूप; और

महप्पु उरुवन् ताने = उनका अत्यन्त अद्‌भुत स्वरूप

(समक्ष प्रस्तुत होता है)

विशेष

ओशनै = संस्कृत शब्द 'योजन' का तमिल रूप है; उसका अर्थ है कोसों की दूरी;

महप्पु = संस्कृत शब्द 'महा अद्‌भुत' का तमिल रूप है।

पुरुवम् = भौंह, कणै = तीर

भावार्थ व्याख्या सहित

श्रीरामचन्द्र ने क्रुद्ध होकर एक बाण चलाकर विशालकाय कुंभकर्ण का संहार किया था। उस अवसर का यदि स्मरण किया जाय तो समक्ष श्रीरामचन्द्र का लीलामय आकर्षक, तेजोमय एवं अत्यन्त अद्‌भुत स्वरूप प्रस्तुत होता है।

भक्त आष्‌वार् जब कहते हैं कि भगवान श्रीरामचन्द्र का स्वरूप अपार तेजोमय एवं अत्यन्त अद्‌भुत है, तो विष्णु पुराण का वर्णन समक्ष प्रस्तुत होता है। वहाँ कहा गया है;

"समस्ताः शक्तयश्चैता नृप यत्र प्रतिष्ठिताः।
तद्विश्वरूपवैरूप्यं रूपमन्यत् हरेर्महत्।।" (6-7-70)

(जिसमें तमाम शक्तियाँ निहित हैं वह नारायण का स्वरूप है जो विश्व के तमाम रूपों से बढ़कर है और विशिष्ट है।)

तीस

भक्त का अंतस्तल भगवान नारायण के लिए अत्यन्त प्रिय स्थल है; अतः उसे छोड़कर अन्यत्र कहीं वे क्यों जायें? देखिये, भक्त आष्वार् इस बात को कैसे बता रहे हैं!

अवनेन्नै आळि अंरगत्तु अरंगिल्
अवनैन्नै एय्दामल् काप्पान्–अवनेन्नदु
उळ्ळत्तु निन्रान् इरुन्दान् किडक्कुमे
वेळ्ळत्तु अरवणैयिन् मेल्।।

शब्दार्थ अन्वय सहित

एन्नै आळि = (कृपापूर्वक) मुझे शरण में लेनेवाले
अरंगत्तु अवन् = श्रीरंगनाथ अर्थात् भगवान नारायण
एन्नै अरंगिल् एय्दामल् काप्पान् = मुझे संसार के रंगमंच में प्रवेश करने से रोककर रक्षा करेंगे।
अवन् एन्नदु उळ्ळत्तु निन्रान् इरुन्दान् = वे भगवान नारायण मेरे अंतस्तल में आकर खड़े हुए और विराजमान हुए।
अवन् वेळ्ळत्तु अरवु अणैविन् मेल् किडक्कुमे? = (फिर इसके बाद) क्या वे दुग्ध सागर में आदिशेष की शय्या पर विराजमान होंगे? (उत्तर है : नहीं।)

विशेष

अरंगाम् = श्रीरंग क्षेत्र, अरंगु = रंगमंच; यह संस्कृत शब्द 'रंगम्' का तमिल रूप है।
अरवु = सर्प, प्रसंगानुसार आदिशेष, अणै = शय्या; बाँध

भावार्थ व्याख्या सहित

भगवान नारायण अर्थात् श्रीरंगनाथ ने मुझ भक्त को अपनी शरण में ले लिया है। वे मुझे सांसारिकता से बचाएँगे; वे संसार के रंगमंच में प्रवेश करने से रोककर मेरी रक्षा करेंगे।

अब वे मेरे अंतस्तल में आकर विराजमान हैं। क्या वे भक्त हृदय का त्याग कर पुनः दुग्ध समुद्र में आदिशेष की शय्या पर जाकर विराजमान होंगे (आष्वार् को पूर्ण विश्वास है कि भक्तवत्सल भगवान नारायण कभी भक्त हृदय का त्याग नहीं करेंगे।)

भक्त के प्रति अनुग्रही भगवान उसे सांसारिकता अर्थात् नश्वर संसार-सागर में डूबने से सर्वथा बचाएँगे। यही भगवान का साध्य है। भक्ति लीन आष्वार् के अंतस्तल में आकर भगवान विराजमान हैं–अन्य तमाम स्थलों को छोड़कर भगवद्भक्त के हृदय में आकर भगवान आसीन हैं। इसी तथ्य को अन्य आष्वारों के पदों में भी देखिये। नम्माष्वार् ने 'पेरिय तिरवन्तादि' में कहा है–श्रीवेंकट पर्वत, दुग्ध समुद्र, श्रीवैकुण्ठ, परमपद आदि का परित्याग कर भगवान नारायण ने मेरे अंतस्तल को अपना आवास बना लिया है–

"नेडियान् निरंकरियान् उळ् पुहुन्दु नींगान्
अडियेनदु उळ्ळत्तु अहम्" (पद 68)

पेरियाष्वार् ने भी अपने 'तिरुमोषि' में कहा है—श्रीपति भगवान नारायण दुग्ध समुद्र का आवास विस्मृत कर मेरे हृदय-समुद्र में आकर विराजमान हुए हैं।

'पनिक्कडलिल् पळ्ळिकोळैप् पषहविट्टु, ओडिवन्दु एन्
मनक्कडलिल् वाषवल्ल मायमणाळ नम्बी।' (5-4-9)

तिरुमषिशै आष्वार् ने भी अपनी दूसरी कृति 'तिरुच्चन्द विरुत्तम्' में भक्तिगद्गद होकर कहा है—जगत् के कारणभूत, अनन्तशयन, एवं अद्भुत श्रीपति भगवान मेरे ही अंतस्तल में खड़े हैं; आसीन हैं एवं शयन मुद्रा में हैं।

"अर्पुदन् अनन्तशयनन् आदिभूतन् माधवन्
निर्पदुम, इरुप्पदुम किडप्पदुम् एन् नेञ्जुळे।" (पद 65)

परन्तु भक्त हृदय भगवान नारायण के समस्त आवास-स्थलों की महिमा से अवगत है; अतः वह यह नहीं चाहता है कि भगवान अपने पुराने आवास स्थलों का त्याग करें और केवल उसके अपने हृदय में आकर निवास करें; यही कारण है कि द्वितीय आष्वार् 'भूतत्ताष्वार्' ने भगवान से प्रार्थना की हे कि वे अपने पुराने तीर्थों को न छोड़ें।

'वेळ्ळत्तु इळंकोयिल् कैविडेल्' (इरण्डाम् तिरुवन्तादि–पद 54)

भक्त स्वार्थी होता है; भगवान को पकड़े रहता है अवश्य। किन्तु वह भगवान के सभी तीर्थों के प्रति अनुरक्त है; भगवान उसके अंतस्तल में विराजमान हैं—यह तो उसकी दृढ़ कामना है; पर वह यह नहीं चाहता है कि अन्य तीर्थों का वे परित्याग करें। अतः भक्त की इच्छा है कि सर्वांतर्यामी भगवान यत्र-तत्र-सर्वत्र विराजमान हों।

इकतीस

भक्त आष्वार् मानव मात्र को समझाते हैं कि भगवान नारायण मेरे ही दुखहर्ता नहीं हैं; वरन् ब्रह्मा, रुद्र आदि देवताओं के भी दुखहर्ता हैं; अतः उनका आश्रय ग्रहण करें।

मेल् नान्मुखन् अरनैयिट्ट विडुशापम्
तान् नारणन् ओषित्तान तारकैयुळ्–वानोर्
पेरुमानै एत्ताद पेय्काळ् पिरक्कुम्
करुमायम् पेशिल् कदै।।

शब्दार्थ अन्वय सहित

मेल् = बहुत पहले
नान्मुखन् अरनै इट्ट विडुशापम् = ब्रह्मा ने रुद्र अर्थात् शिवजी को जो शाप दिया था उसे
तारकैयुळ् नारणन् तान् ओषित्तान् = भगवान नारायण ने इस प्रकार दूर किया कि पृथ्वी के तमाम लोग उसे समझ सकें।
वानोर् पेरुमानै = अमरों के अधिपति उस भगवान नारायण की

एत्ताद पेय्काळ्! = स्तुति न करनेवाले अज्ञानी लोगो!
पिरक्कुम् करु मायम् पेशिल् = आप लोगों को जन्म लेने के पूर्व गर्भस्थान में होनेवाले अपार दुखों का वर्णन करने लगें तो
कदै = वह महाभारत (की तरह अत्यन्त व्यापक) होगा।

विशेष

अरन् = संस्कृत शब्द 'हर' का तमिल रूप है, हर = रुद्र, शिव
तारकै = पृथ्वी, करु = गर्भ
कदै = संस्कृत शब्द 'कथा' का तमिल रूप है; प्रसंगानुसार 'महाभारत' का अर्थ लिया जाता है।

भावार्थ व्याख्या सहित

जो लोग अज्ञानवशात् भगवान नारायण की स्तुति नहीं करते हैं जो अमरों के अधिपति हैं और जिन्होंने रुद्र को ब्रह्मा के शाप से मुक्त किया था, उन लोगों को सम्बोधित करते हुए भक्त आष़्वार् कहते हैं कि उन्हें भवार्णव में बार-बार जन्म-मृत्यु का शिकार होना पड़ेगा और बार-बार गर्भ में रहकर नानाविध कष्टों का सामना करना होगा; उन कष्टों का वर्णन करने लगें तो वह महाभारत की तरह अत्यन्त व्यापक होगा। इस तरह आष़्वार् यह स्थापित करना चाहते हैं कि भगवान नारायण की स्तुति करने मात्र से मानव जन्म-जन्मान्तरों की बाधाओं से मुक्ति प्राप्त करेगा अर्थात् जन्म-मृत्यु के बन्धनों से मुक्त होगा। अतः रुद्र जैसे देवताओं को भी जो भगवान नारायण बाधाओं से बचाते हैं उनकी स्तुति करने से भक्त मोक्ष का अधिकारी होगा।

बत्तीस

भक्त आष़्वार् मानव-मात्र को समझाते हैं कि वे अपने आप को भगवान नारायण के श्रीचरणों में समर्पित करें।

कदैप्पोरुळ् तान् कण्णन् तिरुवयिट्रिनुळ्ळ
उदैप्पळवु पोदुपोक्किन्रि—वदैप्पोरुळ् तान्
वाय्न्द गुणत्तुप् पडाददु अडैमिनो
आय्न्द गुणत्तान् अडि ।।

शब्दार्थ अन्वय सहित

कदै पोरुळ् तान् = स्मृति, इतिहास, पुराण आदि
कण्णन् तिरुवयिट्रिनुळ्ळ = भगवान नारायण के संकल्प से उद्भूत हैं।
उदैप्पु अळवु = क्षण-भर के लिए भी
पोदु पोक्कु इन्रि = बिना रुके अर्थात् निरन्तर
वाय्न्द गुणत्तु पडाददु = ऐसे भगवान नारायण के गुणों का ध्यान न करना
वदैप्पोरुळ् तान् = हिंसा के बराबर है। अतः
आय्न्द गुणत्तान् अडि अडैमिनो = सर्वोत्तम भगवान नारायण के श्रीचरणों का आश्रय लीजिये।

विशेष

कदै = संस्कृत शब्द 'कथा' (कही गयी वस्तु) का तमिल रूप है।
उदैप्पु अळवु = पलक गिरने में लगनेवाला समय, निमेष, क्षण।

भावार्थ व्याख्या सहित

स्मृति, इतिहास, पुराण आदि तमाम सांसारिक एवं ज्ञानपरक तत्त्व भगवान नारायण के संकल्प से उद्भूत हैं। उस भगवान नारायण के गुणों का निरन्तर ध्यान न करनेवाले असत् या अन्यायी होते हैं। अतः आप सबको इसके विपरीत भगवान नारायण के श्रीचरणों में समर्पित होना चाहिए।

भगवदाश्रय, भगवद् ध्यान और भगवत चरणों में समर्पण—भक्त के लिए नितराम् आवश्यक इन तीन लक्षणों पर भक्त आऴ्वार् ने ज़ोर दिया है।

तैंतीस

भगवान नारायण की अद्भुत लीलाओं का वर्णन आऴ्वार् के प्रस्तुत पद में देखिये।

अडिच्चकटम् शाडि अखाट्टि यानै
पिडित्तोशित्तुप् पेयमुलै नञ्जुण्डु—वडिप्पवळ
वायप् पिन्नै तोळिक्का वल्लेट्रेरुत्तिरुत्तु
कोप्पिन्नुमानान् कुरिप्पु।।

शब्दार्थ अन्वय सहित

अडि चकटम् शाडि = (भगवान नारायण ने कृष्णावतार में) श्रीचरणों से शकटासुर को धक्का देकर मारा
अरवु आट्टि = कालीय सर्प की पूँछ पकड़कर उसे घुमाया (और उसका गर्व भंग किया)
आनै पिडित्तु ओशित्तु = गज कुवलयापीड को पकड़कर उसके दंत को तोड़ डाला
पेय् मुलै नञ्जु उण्डु = पूतना के स्तन का विष पान कर (उसके प्राणों को भी हर लिया)
वडि पवळ वाय् तोळि पिन्नैक्का = सुन्दर प्रवालवत् मुख तथा सुडौल स्कन्ध युक्त नप्पिन्नै देवी के लिए
वल् एरु एरुत्तु इरुत्तु = सशक्त ऋषभों की सींगों को तोड़ डाला
पिन्नुम् कुरिप्पु को आनान् = इन सब लीलाओं के द्वारा (भगवान नारायण ने) अपने शेषी भाव को सिद्ध किया अर्थात् भगवान नारायण अपने अनुग्रह भाव से समस्त जीवों के स्वामी बने।

विशेष

अरवु = सर्प; प्रसंगानुसार कालीय सर्प
एरुत्तु = सींग; गरदन
कुरिप्पु = अनुग्रह; कृपा; इच्छा   को = स्वामी

भावार्थ व्याख्या सहित

भगवान नारायण ने कृष्णावतार में भक्तों के प्रति अनुग्रह के इरादे से अपने पादों से शकटासुर को धक्का देकर नष्ट किया; कालीय सर्प को उसकी पूँछ पकड़कर घुमाया और उसका गर्व भंग किया; गज कुवलयापीड को उसका दाँत तोड़कर संहार किया; राक्षसी पूतना का विषमय स्तन्यपान कर उसके प्राणों को

भी हर लिया; सुन्दर प्रवालवत् मुख एवं सुडौल स्कन्ध युक्त नप्पिन्नै देवी के लिए सशक्त ऋषभों की सींगों को तोड़कर उन्हें नष्ट किया। इस प्रकार भगवान नारायण ने अपने शेषी भाव को अर्थात् समस्त जीव राशियों के स्वामित्व को प्रतिष्ठित किया।

इस प्रकार भक्त आष़्वार् ने भक्तों एवं दासों के प्रति भगवान नारायण के अनुग्रह भाव को स्थापित करने के उद्देश्य से उनकी विशिष्ट लीलाओं का वर्णन किया है।

चौंतीस

भक्त का साध्य भक्ति है; भक्ति का साध्य भगवान नारायण हैं—देखिये इस भागवत सिद्धान्त को आष़्वार् के प्रस्तुत पद में।

कुरिप्पेनक्कुक् कोट्टियूर्, मेयानै एत्त
कुरिप्पेनक्कु नन्मै पयक्क–वेरुप्पनो
वेंकटत्तु मेयानै मेय् विनै नोय् एय्दामल्
ताङ्कडत्तुम् तन्मैयान् ताळ्।।

शब्दार्थ अन्वय सहित

कोट्टियूर् मेयानै = तिरुक्कोट्टियूर स्थल में निवास करनेवाले और
वेंकटत्तु मेयानै = श्रीवेंकट पर्वत वासी भगवान नारायण की
एत्त एनक्कु कुरिप्प = स्तुति करने की मेरी इच्छा है।
नन्मै पयक्क एनक्कु कुरिप्पु = (भगवान नारायण का निरन्तर ध्यान करने का) गौरव प्राप्त करने की भी मेरी अभिलाषा है।
मेय् विनै नोय् एय्दामल् = शारीरिक वासना के आधारभूत कर्म एवं व्याधि व्याप्त न हों
तान् कडत्तुम् तन्मैयान् = इस प्रकार उन्हें दूर कर देने का अनुग्रह करनेवाले भगवान नारायण के
ताळ् वेरुप्पनो? = श्रीचरणों को क्या मैं विस्मृत कर सकता हूँ? (उत्तर : कदापि नहीं)

विशेष

कुरिप्पु = इच्छा; अभिलाषा
मेय् विनै = शरीर से जुड़ा हुआ कर्म
नोय् = व्याधि; बीमारी

भावार्थ व्याख्या सहित

भक्त आष़्वार् की इच्छा है तिरुक्कोट्टियूर् और श्रीवेंकटपर्वत में विराजमान भगवान नारायण की स्तुति करने की, साथ ही भगवान नारायण का निरन्तर ध्यान करने और उनकी भक्ति में मग्न रहने की भी उनकी अभिलाषा है। भगवान नारायण भक्त को अनुग्रहपूर्वक शारीरिक वासनाओं के आधारभूत कर्मों तथा विभिन्न प्रकार की व्याधियों से दूर रखते हैं; आष़्वार् का कहना है कि वे उस अनुग्रही भगवान को कैसे विस्मृत कर सकते हैं? भगवान के स्तवन तथा ध्यान में मग्न भक्त को कर्म, कर्म जनित व्याधियों एवं पीड़ाओं से स्वयं भगवान दूर रखते हैं। यह भक्ति का सुफल है। भगवत्स्मरण, ध्यान एवं स्तवन को जीवन का चरम लक्ष्य बनानेवाले भक्त की रक्षा भगवान स्वयं करते हैं; उन्हें भक्त भूले कैसे?

पैंतीस

भगवान नारायण भक्त के प्रति कृपालु हैं; भक्त रक्षण उनका ध्येय है। भक्त भी भगवान के प्रति अतिशय स्नेहाभिभूत होता है और भगवत्कैंकर्य तथा भगवत्सेवा उसके लक्ष्य हैं, भक्त की गहन भक्ति-प्रवणता को आष़्वार् के प्रस्तुत पद में देखिये–

ताळाल् उलहम् अळन्द अशैवे कोल्
वाळा किडन्दरुळुम् वाय् तिरवान्–नीळोदम्
वन्दलैक्कुम् मामयिलै मावल्लिक् केणियान्
ऐन्तलैवाय् नाहत्तणै।।

शब्दार्थ अन्वय सहित

नीळ् ओदम् वन्दु अलैक्कुम् मा मयिलै मा वल्लि केणिवान् = ऊँची-ऊँची लहरों से परिव्याप्त समुद्रतटवर्ती स्थल मैलापुर के पासवाले तिरुवल्लि केणि तीर्थ में विराजमान भगवान नारायण

ऐन्तलै वाय् नाहत्तु अणै वाळा किडन्दरुळुम् = पाँच सिरों और मुखों से युक्त आदि शेष की शय्या पर बिना हिले-डुले शयन मुद्रा में है;

वाय् तिरवान् = वे बिना कुछ बोले मौन पड़े हैं। (ऐसे क्यों है?)

ताळाल् उलहम् अळन्द अशैवे कोल्? = शायद अपने पादों से अखिल ब्रह्माण्ड को नापने से हुई थकावट इसका कारण हो!

विशेष

अशैवु = मूल शब्द 'अयर्वु' (थकावट) का अपभ्रंश रूप है

मयिलै = प्रसिद्ध स्थल मैलापुर अथवा मयिलापुर

वल्लि केणि = मयिलापुर के पास में स्थित तीर्थ तिरवल्लिक् केणि

ताळ् = पाद, श्रीचरण

भावार्थ व्याख्या सहित

ऊँची-ऊँची लहरों से परिव्याप्त समुद्र-तट पर विद्यमान मैलापुर स्थल के पास रहनेवाले तीर्थ तिरुवल्लि केणि में भगवान नारायण पाँच सिरों तथा मुखों से युक्त आदिशेष की शय्या पर बिना हिले-डुले शयन मुद्रा में विराजमान हैं; वे कुछ बोल नहीं रहे हैं; मौन हैं—ऐसा क्यों? आष़्वार् को इस बात की शंका है कि अखिल ब्रह्माण्ड को अपने पादों से भगवान ने जो नापा था उस कारण शायद वे थके हुए हों; इसीलिए वे मौन एवं शयन मुद्रा में विराजमान हों!

भक्त को भगवान के कष्ट की चिन्ता है। अपरिमित भक्ति की स्थिति में भक्त भगवान की मौन मुद्रा से शंकाग्रस्त हो यह सोचते हैं कि भगवान तो सर्वान्तर्यामी हैं और सबका कष्ट दूर करनेवाले हैं। उन्हें कष्ट या थकावट क्यों हो? भक्त की चिन्ता भगवान को है तो भगवान की चिन्ता भक्त को है। इस सन्दर्भ में नम्माष़्वार् के 'तिरुवाय्मोष़ि' का पद 8-3-5 मननीय है।

"अडियारल्लल् तविर्त्त अशैवो अन्रेलिप्
पडि तान् नीण्डु ताविय अशेवो पणियाये।।"

छत्तीस

अनेकानेक तीर्थों में शयन-मुद्रा में विराजमान भगवान नारायण का उद्देश्य थकावट दूर करना तो है ही; साथ ही उनका लक्ष्य भक्तों के अंतस्तल में आसीन होना भी है। इस तथ्य को आष़्वार् के प्रस्तुत पद में देखिये।

नाहत्तणैक् कुडन्तै वेह्का तिरुवेव्वुळ्
नाहत्तणै अरंगम् पेरन्बिल्—नाहत्
तणैप् पार्कडल् किडक्कुम् आदि नेडुमाल्
अणैप्पार् करुत्तनावान्।।

शब्दार्थ अन्वय सहित

नाहत्तु अणै = भगवान नारायण आदि शेष की शय्या पर विराजमान हैं
कुडन्तै, वेह्का, तिरु एव्बुळ् = कुंभकोणम्, तिरु
वेह्का एवं तिरुएव्वुळ् = तीर्थों में
नाहत्तु अणै = वे आदिशेष की शय्या पर आसीन हैं
अरंगम्, पेर्, अन्बिल् = श्रीरंगम, तिरुप्पेर् और अन्बिल् क्षेत्रों में और,
नाहत्तु अणै पाल् कडळ् = दुग्ध समुद्र में भी भगवान शेष शय्या पर आसीन हैं;
आदि नेडुमाल् किडक्कुम् = जगत् के आदि कारणभूत भगवान नारायण इस प्रकार विभिन्न तीर्थों में शयनमुद्रा में विराजमान हैं (इसका कारण क्या है? उत्तर देखिये)
अणैप्पार् करुत्तन् आवान् = भक्तों के अंतस्तल में प्रवेश कर वहाँ सर्वदा विराजमान रहने के लिए (भूमिका के रूप में शेषशायी बन विद्यमान हैं।)

विशेष

अणैप्पार् = सर्वदा भगवान नारायण के सान्निध्य में रहने की तमन्ना रखने वाले भक्त
करुत्तन् = अंतस्तल में विराजमान
करुत्तु = विचार; प्रसंगानुसार 'अंतस्तल' का अर्थ लिया जाता है।

भावार्थ व्याख्या सहित

जगत् के आदि कारण भूत भगवान नारायण शेष शय्या पर विराजमान हैं शयन मुद्रा में निम्नलिखित तीर्थों में—कुंभकोणम्, तिरुवेह्का, तिरु एव्वुळ् श्रीरंगम, तिरुप्पेर्, अन्बिल् और दुग्ध समुद्र, इन तीर्थों में विराजमान रहते हुए वे भक्तों के अंतस्तल में प्रवेश कर वहाँ विराजमान रहने के अवसर की प्रतीक्षा किये हुए हैं। भगवान के लिए सर्वथा प्रियतम स्थल भागवत भक्तों का अंतस्तल है। वहाँ प्रवेश कर आसीन रहने के अवसर की प्रतीक्षा-रत हैं भगवान नारायण जो समस्त जगत के आदिकारण हैं।
नम्माष़्वार् के पेरिय तिरुवन्तादि का पद 68 देखिये इस सन्दर्भ में।

"नेडियान् निरम् करियान् उळ् पुहुन्दु नींगान्
अडियेनदु उळ्ळत्तु अहम।।"

(सर्वोत्तम नील वर्ण के भगवान नारायण ने मेरे अंतस्तल में आकर निवास कर लिया।)
'समस्त जगत के आदि कारण भूत' कहकर आष़्वार् ने भगवान नारायण के सर्वान्तर्यामित्व तथा ब्रह्मत्व की पुष्टि की है।

सैंतीस

भगवान नारायण के सर्वमयत्व अर्थात् ब्रह्मत्व की व्याख्या आष्वार् के प्रस्तुत पद में देखिये।

वानुलवु तीवळि माकडल् मापोरुप्पु
तानुलवु वेंकदिरुम् तण् मदियुम्–मेनिलवु
कोण्डल् पेयरुम् दिशैयेट्टुम शूष्च्चियुम्
अण्डत् तिरुमाल् अहैप्पु।

शब्दार्थ अन्वय सहित

वान् = आकाश, उलवु ती = ज्वलित अग्नि
वळि = वायु, मा कडल् = व्यापक सागर
मा पोरुप्पु = बड़े-बड़े पर्वत
उलवु वेम् कदिर् तानुम् = गतिमान उष्ण किरणोंवाला सूर्य
तण् मदियुम् = और शीतल चन्द्र
मेल् निलवु कोण्डल् = उनके ऊपर व्याप्त मेघ
पेयरुम् = चेतन प्राणी
दिशै एट्टुम् = अष्ट दिशाएँ
सूष्च्चियुम् = इन दिशाओं से घिरा हुआ स्थान और
अण्डम् = इन सबके साथ विद्यमान सारा ब्रह्माण्ड
तिरुमाल् अहैप्पु = भगवान नारायण के संकल्प मात्र से उद्भूत हैं।

विशेष

अहैप्पु = संकल्प-जनित
मा पोरुप्पु = बड़े-बड़े पर्वत; प्रसंगानुसार 'धरती' या 'भूमि' का अर्थ लिया जाता है।
पेयर् = चेतन प्राणी

भावार्थ व्याख्या सहित

आकाश, अग्नि, वायु, जल, पृथ्वी –ये पंच भूत, सूर्य, चन्द्र, मेघ, चेतन प्राणी, आठों दिशाएँ, उनसे परिव्याप्त स्थान–इन सबका समवेत रूप अखिल ब्रह्माण्ड भगवान नारायण के संकल्प मात्र से उद्भूते हैं।
निखिल जगत, जगत के आधारभूत पंचभूत, सूर्य, चन्द्र, मेघ आदि प्रकृतिज तत्व, चेतन, अचेतन–तमाम प्राणी एवं वस्तुएँ–इन सबका उद्भव-कारण भगवान नारायण का संकल्प मात्र है। ब्रह्म संकल्प ही ब्रह्माण्ड का हेतु है।
भक्त आष्वार् के लिए भगवान नारायण ही परब्रह्म हैं जो ब्रह्माण्ड के आधारभूत है। अतः आदि पुरुष, परब्रह्म अर्थात् नारायण हैं।

अड़तीस

भगवान नारायण के बिना अन्य तमाम देवता शक्तिहीन रहेंगे–इस तथ्य को आष्वार् के पद में देखिये।

अहैप्पिल् मनिशरै आरु समयम्
पुहैत्तान् पोरुकडल् नीर्वण्णन्–उहैक्कुमेल्
एत्तेवर् वालाट्टुम् एव्वारु शेय्कैयुम्
अप्पो दोषियुम् अषैप्पु।।

शब्दार्थ अन्वय सहित

पोरुकडल् नीर् वण्णन् = लहराते समुद्रजलवत् नीलवर्णयुक्त भगवान नारायण ने
अहैप्पु इल् मनिशरै = मूर्ख मनुष्यों को
आरु समयम् पुहैत्तान् = छह भिन्न-भिन्न सम्प्रदायों या मतों में फँसने दिया।
उहैक्कुम् एल् = (भगवान यदि उनके संदर्भ में) उदासीन रहते तो
अप्पोदु एत्तेवर् वालाट्टुम् = उस स्थिति में समस्त देवताओं का अहंकार अर्थात् गौरवपूर्ण स्थान
एव्वारु शेय्कैयुम् = उनके लिए किये जानेवाले यज्ञ आदि तमाम कार्य और
अषैप्पु ओषियुम् = यज्ञादि क्रियाओं में उनका आह्वान समाप्त हो जाते।
(संक्षेप में समस्त देवताओं का गौरव खत्म हो जाता यदि भगवान नारायण उनकी ओर से उदासीनता बरतते और मानव-मात्र विभिन्न मतों का अवलंबन करते।)

विशेष

अहैप्पु = ज्ञान-गौरव, अहैप्पु इल् = ज्ञान रहित अर्थात् मूर्ख
वालाट्टु = अहंकार (वाच्यार्थ है पूँछ हिलाना; पशु अहंकार से पूँछ हिलाते हैं) प्रसंगानुसार यहाँ अहंकार का अर्थ लिया जाता है।

भावार्थ व्याख्या सहित

समुद्र जलवत् नीलवर्ण के भगवान नारायण ने मूर्ख लोगों को विभिन्न षण्मतों अर्थात् सम्प्रदायों में फँसने दिया। यदि भगवान उनकी ओर से उदासीन रहते तो समस्त देवताओं का अहंकार या गौरव स्थान खत्म हो जाता; उनके लिए किये जानेवाले यज्ञ आदि समस्त कार्य बन्द हो जाते और यज्ञादि के लिए मानव का देवता-निमंत्रण भी रह जाता।

परम भागवत भक्त आष़्वार् के लिए भक्ति ही महत्त्वपूर्ण है; वैदिक कर्मकाण्डों और ज्ञानपरक सिद्धान्तों का कोई मूल्य नहीं है। प्रपत्ति या शरणागति की बलवती शक्ति की तुलना में षण्मतों अर्थात् षड् दर्शनों द्वारा प्रतिपादित कर्म-ज्ञान-योग आदि का क्या गौरव है? विभिन्न देवी-देवताओं के लिए मानव मात्र यज्ञादि क्रियाएँ करता है; उनको हविर्भाग प्राप्त करने के लिए निमंत्रित करता है। भक्त को भक्ति-मार्ग में अंतिम लक्ष्य के रूप में भगवान नारायण को पाना है; अतः मानव विभिन्न मतों द्वारा प्रतिपादित कर्मकाण्डों एवं विभिन्न साधनाओं का प्रयोग कर विभिन्न देवताओं को प्रसन्न करने का प्रयास करता है। मूर्ख मानव मत-मतांतरों से प्रभावित होकर विवेकरहित हो देवताओं की अवहेलना कर सकता है यदि भगवान का अनुग्रह नहीं होता और मानव भक्ति की शरण नहीं लेता।

यद्यपि भक्ति की तुलना में कर्मकाण्ड एवं अन्यान्य साधनाएँ महत्त्वहीन हैं फिर भी मूर्ख मानव के लिए लक्ष्य प्राप्ति के संदर्भ में साधन बन सकती हैं। किन्तु भक्ति के चरम लक्ष्य की ओर से दृष्टि न हटनी चाहिए। षड् दर्शनों का प्रवर्तन कर भगवान ने ही मानव को उनमें फँसने दिया, कर्म-ज्ञान-योग आदि के मार्गों पर मानव को चलने दिया ताकि मानव को इन साधनाओं की दुर्बलताओं का परिज्ञान हो जाय; और वह भक्ति

का पंथ स्वीकार कर ले।

यहाँ जिन षण् मतों अर्थात् षड् दर्शनों का उल्लेख किया गया है वे निम्न प्रकार हैं।

सांख्य, योग, न्याय, वैशेषिक, मीमांसा एवं वेदान्त

उनतालीस

श्रीवेंकट पर्वत की विशेषताओं का वर्णन एवं वहाँ विराजमान भगवान नारायण का सान्निध्य प्राप्त करने की भक्त की अभिलाषा का प्रतिपादन आष्वार् के प्रस्तुत पद में देखिये।

अषैप्पन् तिरु वेंकटत्तानैक् काण
इषैप्पन् तिरुक्कूडल् कूड–मषैप्पेर्
अरिवि मणि वरन्रि वन्दिषिय यानै
वेरुवि अरवोडुंगुं वेर्पु।।

शब्दार्थ अन्वय सहित

तिरुवेंकटत्ताने काण आषैप्पेन् = श्रीवेंकट पर्वत में विराजमान भगवान नारायण के दर्शन करने के लिए उनको मैं पुकारूँगा।

मषै पेर् अरुवि = वर्षाकाल में बड़े-बड़े निर्झर

मणि वरन्रि वन्दु इषिय = जब नानाविध रत्नों को इकट्ठा कर पर्वत से झरते हैं तब

(उन रत्नों की कांति को भ्रम से अग्नि ज्वाला समझकर)

यानै वेरुवि = हाथी भयभीत होते हैं;

अरवु ओडुंगुम् = पहाड़ी अजगर (उन रत्नों की कांति को भ्रांति से विद्युत समझकर) भय के मारे बिलों में जाकर छिप जाते हैं।

वेर्पु कूड = उस श्रीवेंकट पर्वत पर जाकर भगवान नारायण से मिलने के लिए

तिरुक्कूडल् इषैप्पन् = मैं सांकेतिक रूप से शकुन की विधि का पालन कर रहा हूँ।

भावार्थ व्याख्या सहित

भक्त आष्वार् श्रीवेंकट पर्वत में विराजमान भगवान का सान्निध्य प्राप्त करने के लिए लालायित हैं। अतः वे परम्परानुसार शकुन देख रहे हैं। भगवान के दर्शन मिलेंगे या नहीं; यह जानने के लिए सामाजिक परम्परा के अनुसार वे शकुन निकाल रहे हैं। शकुन निकालने की वह प्रक्रिया इस प्रकार है।

गोलाकार रेखा बनाकर उसके मध्य में अलग-अलग गोल चिन्ह बनाये जाते हैं। फिर उनमें से दो-दो गोल चिन्हों को जोड़ते-जोड़ते जब उनका योग करते हैं तब यदि उनका अन्तिम रूप या जोड़ दोहरा होता है तो वांछित फल की प्राप्ति होगी; पर यदि इकहरा होता है तो वांछित फल नहीं मिलेगा।

आष्वार् श्रीवेंकट पर्वत में इस शकुन क्रिया का पालन करते हुए यह देखने का प्रयास कर रहे हैं कि भगवान का सान्निध्य मिलेगा या नहीं। तब प्रसंगानुसार श्रीवेंकट पर्वत का वर्णन करते हुए कहते हैं कि यह पर्वत रत्नों से भरा हुआ है। उन रत्नों को पर्वत से बड़े-बड़े निर्झर बहाकर ले जाते हैं। रत्नों की द्युति इतनी तेज़ है कि वह आग की लपट जैसी लगती है और साथ ही वह बिजली की तरह भी प्रतीत होती है। उसे देखकर हाथी डर के मारे भ्रांति से लपट समझकर भयभीत हो खड़े रहते हैं और पहाड़ी अजगर भी उसे विद्युत समझकर भयभीत हो अपने-अपने बिलों में जा दुबक जाते हैं।

उस पवित्र श्रीवेंकट पर्वत में विराजमान भगवान नारायण के दर्शनों के लिए लालायित आष़्वार् की यह आतुर दशा है कि वे परम्परा से स्वीकृत शकुन का सहारा लेते हैं।

इस प्रकार गोलाकार रेखा बनकर, उसके मध्य में लगाये गये गोल चिन्हों को जोड़कर शकुन देखने की पुरातन प्रक्रिया में भक्त आष़्वार् लगे हैं। इस प्रकार शकुन देखने की बात आण्डाल् की कृति 'नाच्चियार् तिरुमोषि़' के पद 4 में भी द्रष्टव्य है।

चालीस

प्रस्तुत पद में आष़्वार् की स्थापना है कि भगवान नारायण के निवास स्थल श्रीवेंकट पर्वत की प्रशस्ति गाने मात्र से मोक्ष-प्राप्ति सुनिश्चित होती है।

वेर्पेन्रु वेंकट्म् पाडिनेन् वीडाक्कि
निर्किन्रेन् निन्रु निनैक्किन्रेन्-कर्किन्र
नूल् वलैयिल् पट्टिरुन्द नूलाट्टि केळ्वनार्
काल् वलैयिल् पट्टिरुन्देन् काण् ।।

शब्दार्थ अन्वय सहित

वेर्पु एन्रु = पर्वतों की बात करते करते मैंने
वेंकटम् पाडिनेन् = श्रीवेंकट पर्वत की प्रशस्ति गायी।
वीडु आक्कि निर्किन्रेन् = (इस प्रशस्ति मात्र से) मेरी मुक्ति सुनिश्चित हुई।
निन्रु निनैक्किन्रेन् = मैं सोचने लगा कि थोड़ी-सी प्रशस्ति मात्र से कितना बड़ा पुण्य प्राप्त हुआ है!
कर्किन्र नूलवलैयिल पटटिरुन्द = वेद शास्त्रों के जाल में फँसे हुए
नूलाट्टि केळ्वनार् = श्रीपति भगवान नारायण के
काल् वलैयिल् पट्टिरुन्देन् काण् = श्री चरणों के जाल में मैं फँसा हुआ हूँ—इस तथ्य को समझो।

भावार्थ व्याख्या सहित

आष़्वार् का कहना है कि वे जैसे-जैसे पर्वतों की बात करते गये, श्रीवेंकट पर्वत की बात आयी और वे उसकी प्रशस्ति गाने लगे। इस लघु प्रशस्ति मात्र का परिणाम क्या हुआ! उन्हें मुक्ति लाभ हुआ! श्रीवेंकट पर्वत की प्रशस्ति से उन्हें वेदप्रतिपाद्य श्रीपति के श्रीचरणों में निज को समर्पित करने का लाभ प्राप्त हुआ। भक्त आष़्वार् का अभिव्यक्ति कौशल देखिये।

वेदशास्त्रों द्वारा प्रतिपाद्य भगवान नारायण के बारे में आष़्वार् कहते हैं कि वे वेद-शास्त्रों के जाल में फँसे हुए हैं अर्थात् वेद प्रतिपाद्य हैं। भक्त का मन भी उस भगवान नारायण के श्रीचरणों के जाल में फँसा हुआ है अर्थात् उनमें समर्पित है।

यहाँ श्रीपति या लक्ष्मीपति भगवान नारायण के लिए प्रयुक्त शब्द हैं 'नूलाट्टि केळ्वनार' अर्थात् श्रीसूक्तम् आदि वैदिक ग्रंथों द्वारा प्रतिपाद्य लक्ष्मी देवी के पति भगवान नारायण वेद शास्त्र प्रतिपाद्य हैं। जैसे गीताकार ने कहा—'वेदैश्च सर्वेरहमेन वेद्यः' (भगवद्गीता 15-15)

वेदशास्त्र प्रतिपाद्य होने से भगवान नारायण को तमिल में 'नूलाळन्' कहा जाता है; उनकी देवी लक्ष्मी का भी वर्णन श्रीसूक्तम् आदि में हुआ है! अतः उन्हें 'नूलाट्टि' (नूळालन् का स्त्रीलिंग रूप) कहा गया है। इस कारण 'नूलाट्टि केळ्वनार' का अर्थ हुआ 'देवी लक्ष्मी के पति भगवान नारायण'।

इकतालीस

भगवान नारायण भक्त के अंतस्तल में विराजमान हैं। भक्त को इस बात का परमानन्द तो है ही; फिर भी वह भगवान के पूर्व निवास स्थल तिरुमलै अर्थात् श्रीवेंकट पर्वत का स्तवन करना चाहता है।

काणल् उरुहिन्रेन् कल्लरुवि मुत्तुदिर
ओण विष़विल् ओलियदिर–पेणि
वरु वेंकटवा एन्नुळ्ळम् पुहुन्दाय्
तिरुवेंकटम् अदनैच् चेन्रु।।

शब्दार्थ अन्वय सहित

कल् अरुवि मुत्तु उदिर = ध्वनित निर्झरों से मोती बिखर रहे हैं;
ओण विष़विल् ओलि अदिर = श्रवणोत्सव के अवसर पर भक्तों की गायन-ध्वनि चारों तरफ गूँज रही है।
पेणि वरु वेंकटवा ! = ऐसे श्रीवेंकट पर्वत पर जहाँ भक्त लोग आश्रय लेते हैं, विराजमान हे भगवान नारायण !
एन् उळ्ळम् पुहुन्दाय् = आप मेरे अंतस्तल में आकर विराजमान हैं। (श्रीवेंकटाद्रि को छोड़कर)
तिरुवेंकटम् अदनैच् चेन्रु काणल् उरुहिन्रेन् = फिर भी मैं श्रीवेंकटाद्रि में पहुँचकर उसकी सेवा अर्थात् स्तवन करना चाहता हूँ (क्योंकि वह भगवान नारायण का पूर्व निवास स्थल है।)

विशेष

ओणम् = श्रवण नक्षत्र; यह तिरुवोणम् भी कहलाता है। 'ओणम्' शब्द संस्कृत 'श्रोणा' का तमिल रूप है।

भावार्थ व्याख्या सहित

श्रीवेंकट पर्वत में भगवान नारायण निवास करते हैं। उस पर्वत से मोतियों को बिखेरते हुए नानाविध निर्झर बह रहे हैं। वहाँ भक्त लोग भगवान के अवतार नक्षत्र–श्रोणा या श्रवण नक्षत्र—के दिन भगवान का गुण-गान करते हैं। उनकी मंगल ध्वनि चारों ओर प्रतिध्वनित हो रही है। वे भगवान नारायण भक्त आष़्वार् के अंतस्तल में आकर विराजमान हैं (वेंकट पर्वत को छोड़कर); फिर भी भक्त भगवान के पूर्व निवास स्थल श्रीवेंकट पर्वत की सेवा अर्थात् स्तुति या स्तवन करना चाहता है।

यद्यपि भगवान नारायण, भक्त के हृदय-मन्दिर में आकर विराजमान हैं और उसका परमानन्द भक्त को है फिर भी भक्त-मन भगवान के पूर्व निवास स्थल श्रीवेंकट पर्वत का समादार करता है; उक्त स्थल की स्तुति करने की कामना करता है।

भगवान भक्त आष़्वार् के अंतस्तल में विराजमान हैं; भक्त आष़्वार् इस तथ्य का परमानन्द लेते हुए भी भगवान के पूर्व निवास श्रीवेंकटाद्रि की गौरव-गाथा के स्तवन में लीन हैं। क्योंकि उस पूर्व निवास में ही तो भक्त ने पहले भगवान को पाया; वहीं से तो आकर भगवान उनके हृदय-मन्दिर में विराजमान हुए। फिर उस पूर्व निवास स्थल का महत्त्व कैसे कम हो सकता है भक्त के चिन्तन में !

बयालीस

भक्त आष़्वार् मानव-मात्र को श्रीवेंकटपति भगवान नारायण की स्तुति करने का सन्देश देते हैं प्रस्तुत पद में।

शेन्रु वणंगुमिनो शेणुयर् वेंकटत्तै
निन्रु विनै केडुक्कुम् नीर्मैयाल्-एन्रुम्
कडिक्कमल नान्मुहनुम् कण् मून्रत्तानुम्
अडिक्कमलम् इट्टेत्तु मंगु ।।

शब्दार्थ अन्वय सहित

शेण् उयर् वेंकटत्तै शेन्रु वणंगुमिन् = (लोगो!) उच्च शिखर युक्त श्रीवेंकट पर्वत में जाकर नमन कीजिये!
नीर्मैयाल् निन्रु विनै केडुक्कुम् = वह पर्वत स्वभावतः पापों का निवारण करेगा।
अंगु = उस पर्वत में
कडि कमलम् नान्मुहनुम् = संगंधित कमल में जन्मे चतुरानन ब्रह्मा और
कण् मून्रत्तानुम् = त्रिनयन शिव अर्थात् रुद्र
एन्रुम् = सर्वदा
अडि कमलम् इट्टु एत्तुम् = भगवान नारायण के श्रीचरणों पर कमल पुष्प अर्पित कर स्तुति करते रहते हैं।

भावार्थ व्याख्या सहित

भक्त आष़्वार् मानव-मात्र को सम्बोधित कर कहते हैं कि—कमलोत्पन्न चतुरानन ब्रह्मा एवं त्रिनधन शिव अर्थात् रुद्र श्रीवेंकट पर्वत में विराजमान भगवान नारायण के श्रीचरणों पर कमल पुष्प अर्पित कर उनकी सर्वदा स्तुति करते रहते हैं।

उस उच्च शिखर युक्त पर्वत में जाकर आप लोग भी भगवान का स्तवन करें; वह पर्वत स्वभावतः पापों का नितारण करेगा।

भगवान नारायण की स्तुति से तो इष्ट प्राप्ति होगी और अनिष्ट का नाश होगा; किन्तु भगवान के निवास स्थल श्रीवेंकट पर्वत की भी यही विशेषता है। उसका स्तवन करने से भी वही लाभ होगा जो भगवान की स्तुति से होता है।

मानव-मात्र को भक्त आष़्वार् का यह महत्त्वपूर्ण सन्देश है।

तैंतालीस

श्रीवेंकट पर्वत पर विराजमान भगवान नारायण की पूजा एवं स्तुति में लीन हैं ब्रह्मा एवं रुद्र; तब सामान्य मानव क्यों पीछे रहे! भक्त आष़्वार् को मानव मात्र के हित की चिन्ता है।

मंगुल् तोय् चेन्नि वड वेंकटत्तानै
कंगुल् पुहुन्दार्कळ् काप्पणिवान्—तिंगळ्
शडैयेर वैत्तानुम् तामरै मेलानुम्
कुडैयेरत्ताम् कुविन्तुक् कोण्डु ।।

शब्दार्थ अन्वय सहित

मंगुल् तोय् चेन्नि = मेघमंडल को स्पर्श करनेवाले ऊँचे शिखर युक्त
वड वेंकटत्तानै = उत्तरी श्रीवेंकट पर्वत में विराजमान भगवान नारायण की

काप्पु अणिवान् = पूजा करने के उद्देश्य से
तिंगळ् शडै एरवैत्तानुम् = चन्द्रचूड शिवजी और
तामरै मेलानुम् = पद्मजात ब्रह्मा
ताम् कुडै एर कुवित्तुक् कोण्डु = छत्र, चामर आदि उपकरणों को जुटाकर
कंगुल् पुहुन्दार्कळ् = संध्या समय में श्रीवेंकट पर्वत में प्रवेश करते हैं।

विशेष

चेन्नि = सिर, शिखर
कंगुल् = सन्ध्या काल, काप्पु = रक्षा, पूजा, स्तुति
तिंगळ् = चन्द्र

भावार्थ व्याख्या सहित

मेघ मंडल तक परिव्याप्त शिखर युक्त श्रीवेंकट पर्वत पर विराजमान भगवान नारायण की पूजा करने के लिए हर संध्या को चतुरानन पद्मजात ब्रह्मा एवं त्रिनयन चन्द्रचूड शिवजी अर्थात् रुद्र, छत्र, चामर आदि उपकरणों को जुटाकर भगवान की सन्निधि में जा रहे हैं।
भक्त आष्वार् यह कहकर कि हर संध्या को ब्रह्मा एवं रुद्र भगवान नारायण के सेवन में लगे हैं, मानव-मात्र को भगवदाराधन का सन्देश दे रहे हैं।

चवालीस

पुनः भक्त आष्वार् मानव-मात्र को भक्तिपूर्वक तिरुमलै अर्थात् श्रीवेंकट पर्वत की यात्रा करने का उपदेश दे रहे हैं।

कोण्डु कुडंकाल् मेल् वैत्त कुष़वियाय्
तण्डवरक्कन् तलै ताळाल्-पण्डेण्णि
पोम् कुमरन् निर्कुम् पोषि़ल् वेंकट मलैक्के
पोङ् कुमररुळ्ळीर् पुरिन्दु ।।

शब्दार्थ अन्वय सहित

कुमरर् उळ्ळीर् = युवा लोगो!
पण्डु = बहुत पहले
कुडंकाल् मेल् कोण्डु वैत्त कुष़वि आय् = चतुरानन के क्रोड़ में शिशु के रूप में रहकर
तण्डम् अरक्कन् तलै ताळाल् एण्णि = दण्ड योग्य राक्षस रावण के दस सिरों को अपने श्रीचरण से गिनकर दिखाते हुए
पोम् = अंतर्धान हुए
कुमरन् निर्कुम् पोषि़ल् वेंकटम् मलैक्के = शाश्वत युवा भगवान नारायण के, उद्यानों से परिव्याप्त श्रीवेंकट पर्वत में
परिन्दु पोम् = भक्तिपूर्वक जाइये।

विशेष

कुडंकाल = गोद, क्रोड़, अंक
कुष़नि = शिशु
ताळ् = चरण
अरक्कन् = संस्कृत शब्द 'राक्षस' का तमिल रूप है।
पोषि़ल् = उद्यान; पुष्पोद्यान

भावार्थ व्याख्या सहित

युवावस्था के लोगों को भक्त आष़्वार् का कहना है कि आप लोग शाश्वत युवा भगवान नारायण के निवास तीर्थ, उद्यानों से परिव्याप्त श्रीवेंकट पर्वत में भक्तिपूर्वक जाइये। एक ज़माने में इसी भगवान नारायण ने ब्रह्मा की गोद में शिशु के रूप में रहकर ब्रह्मा से वर माँगते हुए स्थित राक्षस रावण के दस सिरों को अपने छोटे-छोटे पादों से गिनकर ब्रह्मा को संकेत से यह जता दिया था कि वर देने में सावधानी बरती जाए; यह रावण है। इस कथा का पुराणों में कहीं कोई उल्लेख नहीं है; केवल भक्त आष़्वारों की कल्पना-जनित है। इस कथा का विवरण प्रथम अन्तादि के 45वें पद और तृतीय अन्तादि के 77वें पद में द्रष्टव्य है।
यहाँ आष़्वार् युवकों को सम्बोधित कर रहे हैं; क्योंकि आष़्वार् चाहते हैं कि भगवद् भक्ति की साधना युवावस्था से ही शुरू हो जानी चाहिए; वृद्धावस्था में—शरीर एवं मन की जीर्ण-शीर्ण अवस्था में भक्ति-साधना का क्या प्रयोजन है? सशक्त जीवन जीने के समय की जानेवाली भक्ति ही चरम उपयोगिता है; अशक्त जीवन में क्या फायदा?

पैंतालीस

सामान्य मानव को भक्त आष़्वार् ने श्रीवेंकट पर्वत में जाने का संदेश दिया है पिछले पदों में, प्रस्तुत पद में आष़्वार् का कहना है कि वह पर्वत केवल मनुष्यों के लिए नहीं, बल्कि अमरों के लिए भी प्राप्य है।

पुरिन्दु मलरिट्टुप् पुण्डरीकप् पादम्
परिन्दु पडुकाडु निर्प-तेरिन्देङ्कुम्
तानोंगि निर्किन्रान् तण्णरुवि वेंकटमे
वानोर्कुम् मण्णोर्कुम् वेप्पु ।।

शब्दार्थ अन्वय सहित

पुण्डरीकम् पादम् = पाद कमलों पर
पुरिन्दु मलर् इट्टु = भक्तिपूर्वक पुष्प चढ़ाकर
परिन्दु = स्तुति करते हुए
पडुकाडु निर्प = काटकर गिराये गये वृक्षों की भांति साष्टांग नमस्कार कर रहे हैं (भक्त लोग)
एंगुम् तेरिन्दु तान् ओंगि निर्किन्रान् = ऐसे सभी तीर्थों में सर्वगुणसम्पन्न भगवान नारायण विराजमान हैं।
तण् अरुवि वेंकटमे = (फिर भी) शीतल निर्झरों से सम्पन्न श्रीवेंकट पर्वत ही
वानोर्कुम् = अमरों एवं
मण्णोर्कुम् = पृथ्वी पर निवास करनेवालों अथवा भू देवता श्रीवैष्णवों के लिए
वैप्पु = क्षेम-निधि है।

विशेष

पुण्डरीकम् = कमल; पंकज
काडु = वन, जंगल; परन्तु प्रसंगानुसार 'वृक्ष' का अर्थ लिया जाता है।
वानोर् = देवता लोग
मण्णोर् = पृथ्वी निवासी मनुष्य अथवा श्री वैष्णव जिन्हें 'भू देवता' कहा जाता है।
वैप्पु = निधि; सम्पत्ति

भावार्थ व्याख्या सहित

दास भक्त लोग सभी तीर्थों में भगवान नारायण के श्रीपादों पर भक्तिपूर्वक पुष्प चढ़ाकर स्तवन या स्तुति करते हुए, टूटे हुए वृक्षवत् साष्टांग नमस्कार कर भगवान की आराधना कर रहे हैं। उस भगवान नारायण का यह तीर्थ—शीतल निर्झरों से पूर्ण श्रीवेंकट पर्वत ही समान रूप से, अमरों तथा श्रीवैष्णवों की श्रेष्ठ निधि या सम्पत्ति है। श्रीवेंकट पर्वत में विराजमान भगवान नारायण का सेवन-आराधन स्वर्गिक देवता 'अमर लोग' एवं भूमि-देवता 'श्री वैष्णव लोग' समान रूप से कर रहे हैं।

छियालीस

देश के तमाम लोगों को परम भागवत भक्त आऴ्वार् तिरुमलै अर्थात् श्रीवेंकट पर्वत की आराधना करने का संदेश दे रहे हैं।

वैप्पन् मणि विळक्का मामदियै मालुक्केन्रु
एप्पोषुदुम् कै नीट्टुम् यानैयै-एप्पाडुम्
वेडु वळैक्क कुरवर् विल्लेडुक्कुम् वेंकटमे
नाडु वळैत्तु आडुदुमेल् नन्रु।

शब्दार्थ अन्वय सहित

"मा मदियै मालुक्कु मणिविळक्कु आ वैप्पन्" एन्रु = "इस सुन्दर चन्द्र को श्रीपति के समक्ष मंगलदीप के रूप में लाकर रखूँगा"—इस प्रकार सोचते हुए
एप्पोषुदुम् कै नीट्टुम् यानैयै = उस चन्द्र को पकड़ने के लिए सर्वदा सूँड को उठाये हुए रहनेवाले हाथी को (पकड़ने के लिए)
एप्पाडुम् वेडु वळैक्क = चारों तरफ़ से शिकारी घेर लेते हैं
कुरवर् विल् एडुक्कुम् = वहाँ के आदिम जाति के लोग (उन शिकारियों को भगाने के लिए) धनुष उठाते हैं।
वेंकटमे = (यह घटना हो रही है) श्रीवेंकट पर्वत में।
नाडु वळैत्तु आडुदुम् एल् नन्रु = सारा देश उस पर्वत की परिक्रमा करते हुए अत्यंत प्रसन्नतापूर्वक भक्ति परवश हो नाचने लगे तो वही उत्तम होगा।

विशेष

मणि विळक्कु = रत्न दीप; मंगल दीप
मदि = चाँद, चन्द्र, विल् = धनुष

नाडु = देश; प्रसंगानुसार 'देशवासी' का अर्थ लिया जाता है।
वेडु = शिकारी; व्याध
कुरवर् = आदिम जाति के लोग

भावार्थ व्याख्या सहित

श्रीवेंकट पर्वत में एक विशेष घटना हो रही है। एक हाथी आकाश में उज्ज्वल चन्द्र को देखकर यह सोचता है कि "मैं इस चन्द्र को मंगल दीप के रूप में भगवान नारायण के समक्ष रखूँगा," और वह इस कारण सूँड को सर्वदा ऊपर उठाये हुए रहता है। तब उस हाथी को पकड़ने के लिए व्याध या शिकारी लोग चारों तरफ़ से घेर लेते हैं; परन्तु उन शिकारियों के खिलाफ़ पर्वत निवासी आदिम जाति के लोग धनुष हाथ में उठा लेते हैं।
कितना अच्छा होगा यदि सारे देश के लोग उस श्रीवेंकट पर्वत की परिक्रमा करते हुए नाचें-गायें!
यहाँ भक्त आऴ्वार् यह सिद्ध कर रहे हैं कि श्रीवेंकट पर्वत के हाथी भी भगवान नारायण के भक्त हैं। वहाँ रहने वाले आदिम जाति के लोग, मूलतः क्रूर होते हुए भी हाथी की रक्षा करने के लिए व्याधों के विरुद्ध धनुष उठा लेते हैं। यह आदिम जाति के लोगों पर भगवद् भक्ति का प्रभाव है। हाथी को पकड़ने के लिए उसे घेर लेनेवाले व्याध क्रूर हैं; उन पर भक्ति का प्रभाव नहीं है; क्योंकि वे लोग बाहर से आये हुए हैं हाथी को पकड़ने के लिए।
श्रीवेंकट पर्वत भक्ति का स्थान है चूँकि यह आश्रित रक्षक भगवान नारायण का निवास तीर्थ है। अतः यहाँ रहनेवाले भक्त हाथियों की रक्षा के लिए आदिम जाति के लोग सन्नद्ध होते हैं। श्रीवेंकट पर्वत के अणु-अणु में भगवान की कृपा है—करुणा है। अतः यह पर्वत प्रदेश पशुओं का रक्षण स्थल है तो अन्यों का भी क्यों नहीं होगा! इस कारण आऴ्वार् मानव-मात्र को श्रीवेंकट पर्वत की परिक्रमा करने तथा प्रसन्नतापूर्वक भगवद् भक्ति में नाचने-गाने का संदेश दे रहे हैं।

सैंतालीस

भगवान नारायण का निवास स्थल तिरुमलै अर्थात् श्रीवेंकट पर्वत चेतन, अचेतन, इन तमाम वस्तुओं की बहुलता से सम्पन्न हैं।

नन्मणि वण्णनूर् आळियुम् कोळरियुम्
पोन्नुम् मणियुम् मुत्तमुम् पूमरमुम्—पन्मणिनी
रोडु पोरुदुरुळुम् कानमुम् वानरमुम्
वेडु मुडै वेंकटम्।।

शब्दार्थ अन्वय सहित

आळियुम् = हाथी
कोळ् अरियुम् = सशक्त सिंह
पोन्नुम् मणियुम् मुत्तमुम् पूमरमुम् = स्वर्ण, माणिक्य आदि रत्न, मोती एवं पुष्प भरित वृक्ष
पल् मणि नीरोडु पोरुदु उरुळुम् कानमुम् = ऐसे वन-वनान्तर जहाँ निर्झरों के साथ नानाविध रत्न बहकर छितराते हैं
वानरमुम् वेडुम् उडै वेंकटम् = वानर, व्याध आदि से भरा हुआ श्रीवेंकट पर्वत
नल् मणि वण्णन् ऊर् = नील रत्नवत् वर्णवाले भगवान नारायण का वास-स्थल है।

भावार्थ व्याख्या सहित

नील रत्नवत् वर्ण के भगवान नारायण के वास-स्थल श्रीवेंकट पर्वत में क्या क्या हैं! हाथी, सिंह, स्वर्ण, माणिक्य आदि रत्न, मोती, पुष्पित वृक्ष, ऐसे वन-वनान्तर जहाँ नानाविध रत्न निर्झरों के साथ बहकर छितराते हैं, वानर, व्याध आदि।

संक्षेप में भगवान का वह वास-स्थल नानाविध चेतन-अचेतन वस्तुओं की बहुलता से सम्पन्न है। तमाम प्रकृतिज वस्तुएँ, चेतन प्राणी आदि भगवान नारायण के निवास स्थल तिरुमलै अर्थात् श्रीवेंकट पर्वत में भगवान की सेवा में लगे हुए हैं।

अड़तालीस

श्रीवेंकट पर्वत की महिमा का वर्णन सुनिये आष्वार् के प्रस्तुत पद में—

वेंकटमे विण्णोर् तोषुवदुवुम् मेय्म्मैयाल्
वेंकटमे मेय् विनै नोय् तीर्पदुवुम्-वेंकटमे
तानवरै वीषत् तन्नाषिप्पडै तोट्टु
वानवरैक् काप्पान् मलै।।

शब्दार्थ अन्वय सहित

विण्णोर् = स्वर्गिक देवता लोग
मेय्म्मैयाल् तोषुवदुवुम् = वास्तविक भक्ति के साथ जिसका आश्रय लेते हैं वह
वेंकटमे= श्रीवेंकट पर्वत ही है।
मेय् विनै = कर्मजनित पापों और
नोय् तीर्पदुवुम् = शारीरिक व्याधियों को दूर करनेवाला भी
वेंकटमे = श्रीवेंकट पर्वत ही है
तानवरै वीष़ = दानवों का नाश करने के उद्देश्य से
तन् आषि पडै तोट्टु = अपने चक्रायुध को हाथ में लेकर
वानवरै काप्पान् मलै = देवताओं की रक्षा करनेवाले भगवान नारायण का पर्वत
वेंकटमे = श्रीवेंकट पर्वत ही है।

विशेष

तानवर् = दानव; राक्षस, असुर यह संस्कृत शब्द 'दानव' का तमिल प्रयोग है।
विण्णोर = वानवर् = आकाश में, प्रसंगानुसार स्वर्ग लोक में वास करनेवाले देवता लोग
विनै = कर्म, कर्मफल, पाप
नोय् = शारीरिक व्याधि; बीमारी

भावार्थ व्याख्या सहित

भक्तिपूर्वक स्वर्गिक देवता लोग श्रीवेंकट पर्वत का ही आश्रय लेते हैं। यही पर्वत है जो पापों एवं शारीरिक व्याधियों से मानव-मात्र को बचाता है। यही श्रीवेंकट पर्वत भगवान नारायण का आवास-तीर्थ है जो सुदर्शन चक्र को दानवों का नाश कर देवताओं की रक्षा करने के लिए हाथ में लिये हुए हैं।

यहाँ आष़्वार् श्रीवेंकट पर्वत की महिमा का वर्णन करते हुए कहते हैं कि वास्तविक भक्ति के साथ स्वर्गवासी देवता लोग भी भगवान नारायण के इसी आवास-तीर्थ का आश्रय लेते हैं। वास्तविक भक्ति का उल्लेख कर आष़्वार् यह समझा रहे हैं कि फल की प्रतीक्षा किये बिना की जानेवाली भक्ति-निष्काम भक्ति वास्तविक होती है; अन्यथा अवास्तविक होती है। देवताओं के लिए भगवान नारायण का आवास स्थल ही भक्ति की साधना और साध्य अर्थात् भगवत्प्राप्ति का उपाय एवं उपेय, दोनों है। स्वर्गिक देवताओं के उल्लेख द्वारा भूसुरों का भी संकेत मिलता है। भूसुरों अर्थात् श्री वैष्णवों का आश्रय स्थल भी श्रीवेंकट पर्वत ही है। यही पर्वत है जो सांसारिकों को पापों से, पाप जनित अनिष्ट फलों एवं शारीरिक आदि रोगों से बचानेवाला भी है। वेंकट शब्द का अर्थ है पापहर (वेम् = पाप, घट् = दूर करनेवाला; जलानेवाला; प्रकारान्तर से 'कट्' का प्रयोग किया जाता है। सांसारिकों को पाप-कर्मों का फल भुगतना ही है। बिना भोगे कर्म-फल से मुक्ति नहीं होगी। जैसे कहा गया है—

अश्वयमनुभोक्तव्यं कृतं कर्म शुभाशुभम्।
नाभुक्तं क्षीयते कर्म कल्पकोटिशतैरपि।।

(ब्रह्मवैवर्त; प्रकृति खण्ड 26-70)

(जीव को अपने शुभ एवं अशुभ कर्मों का फल भोगना ही होगा। भले ही शत कोटि युग गुज़र जायें; फिर भी भुगते बिना कर्मफल नष्ट नहीं होगा।)

किन्तु श्रीवेंकट पर्वत में पहुँचने मात्र से पाप धुल जाएँगे; पाप-कर्मों का फल हट जाएगा और पापों से होनेवाली शारीरिक बीमारियाँ भी दूर हो जाएँगी।

श्रीवेंकट पर्वत ही दानवों का नाश कर देवताओं की रक्षा करने के लिए सुदर्शन चक्र को धारण करनेवाले भगवान नारायण का आवास है।

उनचास

भक्त आष़्वार् नाम संकीर्तन की महिमा का वर्णन प्रस्तुत पद में करते हैं।

मलै आमै मेल् वैत्तु वासुकियैच् चुट्रि
तलै आमै तानोरुकै पट्रि-अलैयामल्
पीरक् कडैन्द पेरुमान् तिरुनामम्
कूरुवदे यावर्कुम् कूट्रु।।

शब्दार्थ अन्वय सहित

मलै आमै मेल् वैतु = मन्दर पर्वत को कूर्मावतार में अपने ऊपर रखकर,
वासुकियै चुट्रि = वासुकि सर्प को रस्सी की तरह लपेटकर
आमै तान् तलै ओरु कै पट्रि = और कूर्म बनकर भी एक हाथ से पर्वत के शिखर को ज़ोर से दबाकर
अलैयामल् पीर कडैन्द पेरुमान् तिरुनामम् कूरुवदे = जल बाहर न छलके; अमृत बह निकले—इसके लिए समुद्र का मंथन करनेवाले भगवान नारायण के नामों का कीर्तन करना ही
यावर्कुम् कूट्रु = सबका वाचिक धर्म हो

विशेष

आमै = कूर्म; कछुआ

पीर = तेज़ी से बह पड़ना

भावार्थ व्याख्या सहित

अमृत मंथन के समय जब मथनी मंदर पर्वत समुद्र के भीतर धँसने लगा तो भगवान नारायण ने कूर्म के रूप में अवतरित होकर अपनी पीठ पर पर्वत को उठा लिया था। वासुकि सर्प को रस्सी की तरह मथनी के चारों तरफ़ लपेटकर, कूर्म बनने के बावजूद ऊपर उठनेवाले मंदर पर्वत के शिखर को ऊपर से ज़ोर से दबाकर भगवान नारायण ने समुद्र का ऐसा मंथन किया कि समुद्र का जल सीमा पार कर न छलक पड़े और उसमें से अमृत निकले। उस भगवान नारायण के पवित्र नामों का संकीर्तन करना ही सबका वाचिक धर्म हो! वाक् की सृष्टि का प्रयोजन नाम संकीर्तन में ही है। भगवान की गुणातिशयता का निरूपण करनेवाले नामों का पाठ करना अर्थात् नाम संकीर्तन करना ही आष्वार् के अनुसार मानव मात्र का वाक् धर्म होना चाहिए।

पचास

भगवान कृष्ण का गीतोपदेश गहन अंतस्तल में पैठ जाए तो यम-भय नहीं होगा; पाप निकट नहीं आयेंगे और कठोर शब्दों का उच्चारण नहीं होगा। इस प्रकार सहज जीवन-यापन करने का मार्ग आष्वार् प्रस्तुत पद में प्रशस्त कर रहे हैं।

कूट्रमुम् शारा कोडुविनैयुम् शारा ती
माट्रमुम् शारा वहै अरिन्देन्-आट्रङ्
करैक् किडक्कुम् कण्णन् कडल् किडक्कुम् मायन्
उरैक् किडक्कुम् उळ्ळत् तेनक्कु।।

शब्दार्थ अन्वय सहित

कडल् किडक्कुम् मायन = दुग्ध सागर में शयन मुद्रा में विराजमान मायामय भगवान नारायण

आरु करै (आट्रङ् करै) किडक्कुम् कण्णन् = कावेरी तट पर विद्यमान कपिस्थल में शयन मुद्रा में कृष्ण बनकर विराजमान हैं।

उरै एनक्कु उळ्ळत्तु किडक्कुम् = उस कृष्ण का वाक्य (गीतोपदेश) मेरे अंतस्तल में पैठ गया है। इससे

कूट्रमुम् शारा = यम-भय नहीं होगा;

कोडु विनैयुम् शारा = भयानक पाप पास नहीं आयेंगे, और

ती माट्रमुम् शारा वहै अरिन्देन् = कठोर शब्द पास नहीं पटकेंगे—यह बात मैंने समझ ली।

विशेष

कूट्रम् = यम, ती माट्रम् = कठोर शब्द

आट्रङ् करै = (आरु + करै) (कावेरी) नदी का तट

भावार्थ व्याख्या सहित

भक्त आष्वार् की स्थापना है कि दुग्ध सागर में विराजमान भगवान नारायण कावेरी-तट पर स्थित कपिस्थल तीर्थ में कृष्ण बनकर विराजमान हैं। कृष्णावतार में भगवान ने अर्जुन को गीता का उपदेश देकर कहा कि सब कुछ छोड़-छाड़कर मेरे पास आ जाओ—मेरी एकमात्र शरण ग्रहण कर लो। यह उपदेश मेरे गहन अंतस्तल में पैठ गया है। यह ऐसा रास्ता है जिस पर चलने से यम का भय नहीं रह जाता है; पाप पास नहीं आयेंगे और कठोर शब्द भी दूर रहेंगे।

यहाँ आष्वार् का संकेत शरणागति तत्त्व की ओर है। गीता में भगवान कृष्ण ने कहा—

"सर्वधर्मान् परित्यज्य मामेकं शरणं व्रज।
अहं त्वा सर्पपापेभ्यो मोक्षयिष्यामि मा शुचः।।"

(भगवद् गीता 18-66)

(सभी धर्मों का त्याग कर मेरी शरण में आओ। मैं सभी पापों से तुम्हें मुक्त कर दूँगा; चिन्ता मत करो।)

अपने उदाहरण द्वारा भक्त आष्वार् मानव-मात्र को समझा रहे हैं कि भगवान नारायण कृष्ण बनकर धरती पर अवतरित हुए और भगवद् गीता के द्वारा समस्त मानव जाति को प्रपत्ति का सन्देश दिया। यदि मानव उस सन्देश का अनुपालन करे तो उसके जीवन-पथ पर कोई कंटक नहीं होगा; यम अर्थात मृत्यु का उसे भय नहीं होगा; पापों से वह दूर रहेगा और उसके मुँह से कठोर शब्द कतई नहीं निकलेंगे।

शरणागत भक्त का रक्षण भगवान का धर्म है। उनकी शरण ग्रहण करने पर भक्त को किसी प्रकार के अनिष्ट का सामना नहीं करना होगा।

इक्यावन

प्रस्तुत पद में आष्वार् भक्ति के क्षेत्र में अपनी अतुलनीयता का परिचय दे रहे हैं।

एनक्कावार् आरोरुवरे एम्पेरुमान्
तनक्कावान् ताने मट्रल्लाल्-पुनक्काया
वण्णने उन्नैप् पिररियार एन् मदिक्कु
विण्णेल्लाम् उण्डोविलै।।

शब्दार्थ अन्वय सहित

पुनम् काया वण्णने! = पहाड़ी जंगली में विकसित अशोक पुष्प के वर्ण के समान श्यामल वर्ण के हे भगवान नारायण!

एनक्कु आवार् आर् ओरुवरे ? = आपको ही रक्षक समझनेवाले मेरे समान यहाँ कौन है? (कोई नहीं!)

एम् पेरुमान् ताने तनक्कु आवान् अल्लाल् = सर्वेश्वर आप आत्मतुल्य हैं ही; इसके सिवाय

मट्रु = आप भी मेरे समान नहीं हैं!

उन्नै पिरर् अरियार् = मेरे सिवा आपको समझे कौन! (कोई नहीं!)

एन् मदिक्कु विण् एल्लाम् विलै उण्डो? = आपको समझनेवाली मेरी बुद्धि के समकक्ष क्या सारा स्वर्ग भी हो सकेगा? (नहीं!)

विशेष

विण् = आकाश; स्वर्ग, विलै = कीमत; समानता; समकक्षता

भावार्थ व्याख्या सहित

पहाड़ी वन प्रदेश में विकसित अशोक पुष्प की भाँति श्याम वर्ण के हे भगवान नारायण! आपकी कृपा अथवा रक्षकत्व को प्राप्त मेरे समान इस जगत में कोई दूसरा नहीं है। हे भगवान नारायण! आप सर्वेश्वर हैं; आप स्वयं आत्मतुल्य हैं; आप रक्षक हैं; रक्षकत्व में आपकी तुलना में कोई नहीं है। किन्तु रक्ष्यत्व में आप भी मेरी तुलना नहीं कर सकते। आपके इस तथ्य को मुझे छोड़कर और कौन समझेगा? अर्थात् कोई नहीं समझ सकता। आपको मैं जिस ढंग से समझ पाता हूँ उस ढंग से सारे स्वर्ग के देवता लोग एकजुट होकर भी नहीं समझ सकते।

तमाम जगत के रक्षक भगवान के समान कौन दूसरा हो सकता है? जैसे भगवद् गीता में कहा गया है–

**"न त्वत्समोऽस्त्यभ्यधिकः कुतोऽन्यो
लोकत्रयेऽप्यप्रतिमप्रभाव!"**

(11-43)

(हे अतुलनीय शक्तिशाली भगवान! तीनों लोकों में आपके समान जब कोई नहीं है तब आपसे बेहतर किसी के होने का प्रश्न ही कैसे उठ सकता है?)

भगवान नारायण अतुल्य हैं; वे ही सबके रक्षक हैं; अन्य सभी रक्ष्य हैं। अतः आष्वार् रक्ष्य होने के कारण उस दृष्टि से भगवान को भी अपने समान नहीं देखते हैं। आष्वार् का यह भी मानना है कि भगवान को उनसे बेहतर कोई नहीं समझ सकता; स्वर्ग के तमाम देवता लोग एकजुट होकर भी उन्हें समझ नहीं सकते। आष्वार् के इस कथन में अहंकार या दर्प की झलक मिलती है। परन्तु यह दर्प या अहंकार हेय नहीं है; क्योंकि यह भगवद् ज्ञान से जुड़ा हुआ है। जब भक्ति की उच्चतम स्थिति में अर्थात् भगवान से अपने को अभिन्न समझने की दशा में अर्थात् तादात्म्य स्थिति में भक्त अपनी अतुलनीयता की बात करता है तब उसे हेय अहंकार के रूप में नहीं माना जा सकता है; वरन् वह भक्ति की पराकाष्ठा की स्थिति है।

इसी बात को नम्माष्वार ने तिरुविरुत्तम् के पद 45 में निम्न प्रकार कहा है–

"ओरुवर् नम्पोल् वरुंकेष्बवर् उळरे?"

(इस स्थिति में क्या हमारे समान कोई ऐसे हैं जिनका भगवान के साथ ऐसा गहन सम्बन्ध विद्यमान हो?)

ऐसी ही अभिव्यक्ति नम्माष्वार् की कृति तिरुवाय् मोषि में भी द्रष्टव्य है–

"एनक्कु एव्वुलहम् निहरे?" (6-4-2)

(परम भागवत भक्ति के सन्दर्भ में इस जगत में तथा अन्य जगत में भी मेरे समान कोई नहीं है।)

यह भक्ति की उत्कृष्टतम स्थिति है जहाँ पहुँचने पर भगवान एवं भक्त के बीच कोई अन्तर नहीं रह जाता। एकात्म दशा में भक्त भगवान से भी बढ़कर अपने को समझने लगता है; यह अहंकार नहीं। वरन् भगवत्मय हो जाने की–तादात्म्य की वैचारिक स्थिति है।

बावन

भगवान नारायण की भक्ति किये बिना इस संसार में अधम लोग निज जीवन को कैसे व्यर्थ करते हैं—इस बात को आष़्वार् के प्रस्तुत पद में देखें।

विलैक्काट्पडुवर विशादि एट्रु उण्बर्
तलैक् काट् बलि तिरिवर् तक्कोर्-मुलैक्काल्
विडमुण्ड वेन्दनैये वेरा वेत्तादार्
कडमुण्डार् कल्लादवर्।।

शब्दार्थ अन्वय सहित

तक्कोर् = नीच या अधम लोग
विलैक्कु आळ्पडुवर् = पेट पालने के लिए दूसरों की गुलामी करते हैं।
विशादि एट्रु उण्बर् = व्याधिग्रस्त लोगों से दान में उनकी बीमारी को भी लेकर जीते हैं।
तलैक्कु आळ् बालि तिरिवर् = दूसरों को जिलाने के लिए नीच देवताओं से प्रार्थना करते हुए अपने सिर की बलि चढ़ाते हैं; और
मुलैक्काल् विडम् उण्ड वेन्दनैये = पूतना का विषमय स्तन्यपान करनेवाले भगवान कृष्ण की
वेरु आ एत्तादार् = विशेष स्तुति किये बिना
कल्लादवर् = बुद्धिहीन होकर
कडम् उण्डार् = पापों का अनुभव करते हैं।

विशेष

विशादि = व्याधि, बीमारी (संस्कृत शब्द 'व्याधि' का तमिल प्रयोग); कडम् = पाप
तक्कोर् = बुद्धिमान; योग्य या पात्र लोग
यहाँ आष़्वार् ने व्यंग्य से नीच या अधम लोगों के लिए इस शब्द का प्रयोग किया है। कभी-कभी व्यवहार में इस तरह कहा जाता है बुद्धिहीन लोगों के लिए—वे तो बहुत बड़े बुद्धिशाली हैं न! यह विपरीतार्थ सूचक है।

भावार्थ व्याख्या सहित

भक्त आष़्वार् लोगों की बुद्धिहीनता पर व्यथित होकर कहते हैं कि नीच या अधम लोग पेट पालने के लिए दूसरों की गुलामी करते हैं; धन के लिए व्याधि ग्रस्त लोगों से दान में उनकी व्याधि को भी लेकर जीवन जीते हैं और दूसरों को जीवन देने के लिए उनके सिर की बलि के बजाय अपने सिर की बलि चढ़ाते हैं क्षुद्र देवताओं को। क्योंकि उन्हें धन एवं बाह्य सुखों की इच्छा पूरी करने का ही ध्यान रहता है।
काश, वे लोग पूतना का विषमय स्तन्यपान कर उस पापात्मा के प्राणों को हरनेवाले भगवान कृष्ण की स्तुति करते! इसके बजाय अधम एवं स्वार्थपरक जीवन यापन करते हुए वे लोग केवल पापों का अनुभव करते हैं। धन लिप्सा की पूर्ति के लिए मनुष्य क्या नहीं करता! 'बुभुक्षितः किं न करोति पापम्'! (भूखा कौन-सा पाप नहीं करता!)
इसी तथ्य के प्रति भगवद् गीता में संकेत किया गया है—अधम, मायाग्रस्त एवं आसुरी प्रवृत्तिवाले मूर्ख एवं पापी लोग भगवान को नहीं पा सकते।

"न मां दुष्कृतिनो मूढाः प्रपद्यन्ते नराधमाः।
माययापहतज्ञाना आसुरं भावमाश्रिताः।।" (7-15)

तत्कालीन समाज में धनलिप्सु लोगों की परवशता एवं अधार्मिक व्यवहारों को देखकर आष्वार् व्यथित होते हैं और यह सोचते हैं कि भगवान कृष्ण अर्थात् नारायण की स्तुति किये बिना लोग क्यों पाप-मार्ग स्वीकार करते हैं आष्वार् का यह कथन तत्कालीन समाज की परिस्थिति की ओर संकेत प्रस्तुत करता है।

तिरपन

भगवान नारायण को छोड़कर विकार-ग्रस्त देवताओं पर विश्वास करनेवाले लोगों को आष्वार् का सन्देश प्रस्तुत पद में देखिये।

कल्लादवर् इलंकै कट्टषित्त काकुत्तन्
अल्लाल् ओरु देय्वम् यान् इलेन्-पोल्लाद
देवरै देवरल्लारैत् तिरुविल्लात्
तेवरैत् तेरेल्मिन् देवु।।

शब्दार्थ अन्वय सहित

कल्लादवर् इलंकै कट्टु अषित्त काकुत्तन् अल्लाल् = बुद्धिहीन दानवों की लंकापुरी को नष्ट किया था भगवान श्रीरामचन्द्र ने; उन्हें छोड़कर
ओरु देयवम् यान् इलेन् = किसी दूसरे देवता को मैं भगवान के रूप में स्वीकार नहीं करूँगा।
पोल्लाद देवरै = विकारग्रस्त देवताओं,
देवरल्लारै = देवत्वरहित अदेवों और
तिरु इल्ला तेवरै = श्रीरहित, पर भगवान का नाम धरनेवाले नीच देवों को
देवु तेरेल्मिन् = ईश्वर के रूप में (आप लोग) कतई स्वीकार न करें।

विशेष

काकुत्तन् = ककुत्स्थ वंश के श्री रामचन्द्र
ककुत्स्थ = इक्ष्वाकुवंश के एक राजा का नाम; श्रीरामचन्द्र उन्हीं के वंश के थेः अतः उन्हें 'काकुत्स्थ' अर्थात् 'ककुत्स्थ वंश से सम्बन्धित' कहा जाता है।

भावार्थ व्याख्या सहित

आष्वार् की स्थापना है कि वे, दानवों की लंकापुरी को नष्ट करनेवाले श्रीराम को छोड़ किसी दूसरे देवता को भगवान के रूप में स्वीकार नहीं करेंगे। साथ ही वे समाज के उन लोगों को जो नानाविध विकारग्रस्त देवताओं, देवत्वरहित अदेवों तथा भगवान का केवल नाम धरनेवाले नीच देवों को भगवान मानने की त्रुटि करते हैं, समझाते हैं कि वे ऐसे क्षुद्र देवताओं से दूर रहें; केवल भगवान रामचन्द्र अर्थात् नारायण को ईश्वर के रूप में स्वीकार करें। यहाँ भी तत्कालीन सामाजिक स्थिति की ओर संकेत है। लोग नानाविध अदेवों की उपासना में लीन रहे। विकृत रूपों से युक्त तथा देवत्वरहित तथाकथित देवी-देवताओं की आराधना में लोग आत्मविस्मृत हो पड़े थे। ऐसे सामाजिकों को आष्वार् समझाते हैं कि वे उन देवी-देवताओं की आराधना करना छोड़कर भगवान नारायण अर्थात् श्रीरामचन्द्र की स्तुति में जीवन यापन करें।
इस प्रकार की, धार्मिक सन्दर्भ में विकृत तत्कालीन सामाजिक स्थिति का परिचय तिरुमषिशै आष्वार् ने अपनी दूसरी कृति तिरुच्चन्द विरुत्तम् में भी निम्न प्रकार दिया है।

"काणिलुम् उरुप्पोलार, शेविक्कु इनाद कीर्तियार्
पेणिलुम् वरन्तर मिडुक्कु इलाद देवरै
आणम् एन्रु अडैन्दु वाषुम् आदर्काळ् !" (पद 69)

(विकृत रूपधारी, श्रुतिकठोर इतिहास वाले क्षुद्र देवी-देवताओं की शरण में जानेवाले अभद्र अज्ञानी लोगो!) तत्कालीन विकृत सामाजिक एवं धार्मिक स्थिति का स्पष्ट संकेत आष़्वार् के प्रस्तुत पद से प्राप्त होता है।

चौवन

समस्त देवी-देवताओं, सकल पदार्थों तथा नानाविध सृष्टियों के रूप में केवल भगवान नारायण विद्यमान हैं। यदि इस तथ्य को कोई समझ नहीं पाते हैं तो उनका सारा ज्ञान व्यर्थ ही है। इस सिद्धान्त को आष़्वार् के प्रस्तुत पद में देखिये।

देवराय् निर्कुम् अत्तेवुम्, अत्तेवरिल्
मूवराय् निर्कुम् मुदुपुणर्पुम्–यावराय्
निर्किन्रदेल्लाम् नेडुमाल् एन्रु ओरादार्
कर्किन्रदेल्लाम् कडै।।

शब्दार्थ अन्वय सहित

देवर् आय् निर्कुम् अत्तेवुम् = अग्नि, इन्द्र आदि देवताओं के रूप में विद्यमान हैं भगवान नारायण।
अत्तेवरिल् मूवराय् निर्कुम् मुदु पुणर्पुम् = उन देवताओं के बीच त्रिमूर्तियों में (ब्रह्मा, विष्णु एवं शिव) एक बनकर विद्यमान आदि पुरुष तथा
यावर् आय् निर्किन्रदु एल्लाम् = अन्य चित्, अचित् रूपों में विमान सकल पदार्थ
नेडुमाल् एन्रु ओरादार् = भगवान नारायण ही हैं–इस तथ्य को न समझनेवाले लोगों का
कर्किन्रदु एल्लाम् कडै = सारा अर्जित ज्ञान निरर्थक है।

विशेष

मुदु पुणर्पु = आदि अवतार; ब्रह्मा एवं शिव के साथ रहनेवाले भगवान विष्णु अर्थात् आदि पुरुष
कडै = अंतिम; निकृष्ट; निरर्थक

भावार्थ व्याख्या सहित

प्रस्तुत पद में भक्त आष़्वार् ने भगवान नारायण की सर्वमयता अर्थात् परब्रह्मत्व की स्थापना की है। अग्नि, इन्द्र, आदित्य आदि देवताओं के रूप में विद्यमान एक ही हैं भगवान नारायण। नानाविध देवी-देवताओं के बीच ब्रह्मा, विष्णु एवं शिव के रूप में स्थित त्रिमूर्तियों के रूप में वही भगवान नारायण हैं जो आदि पुरुष हैं। इस ब्रह्माण्ड में विभिन्न चित् एवं अचित् अर्थात् चेतन तथा अचेतन के रूप में विद्यमान तमाम पदार्थ भगवान नारायण ही हैं। भगवान नारायण के इस सर्वमय ब्रह्मतत्व को न समझनेवाले लोगों का सारा अर्जित ज्ञान निरर्थक है।

भगवान नारायण परब्रह्म हैं; देवी-देवताओं, चेतन-अचेतन आदि तमाम पदार्थों के अन्तर्यामी भगवान नारायण ही हैं। वही परब्रह्म भगवान नारायण त्रिमूर्तियों के रूप में सृष्टि, स्थिति तथा लय के धर्म निभाते हैं। अर्थात्

सारे ब्रह्माण्ड के अन्दर तथा बाहर विद्यमान आदि तत्व भगवान नारायण ही हैं।
यही तत्व विष्णु पुराण के निम्नलिखित श्लोक में प्रस्तुत हैं–

"सृष्टिस्थित्यन्तकरणात् ब्रह्मविष्णु शिवात्मिकाम्।
स संज्ञां याति भगवानेक एव जनार्दनः ।।" (1-2-64)

(एक ही भगवान नारायण तीन कार्यों अर्थात् सृष्टि, स्थिति तथा लय के कारण ब्रह्मा, विष्णु तथा शिव की संज्ञा प्राप्त करते हैं।)

पचपन

आऴ्वार् को इस बात का दुख है कि सांसारिक लोग अल्प सुख के लिए अन्यान्य देवी-देवताओं के पादों पर गिरते हैं; परन्तु सर्वशक्तिमान भगवान नारायण का अनुसंधान नहीं कर पाते हैं।

कडै निन्रु अमरर् कऴल् तोऴुदु नाळुम्
इडै निन्र इन्बत्तर् आवर्-पुडै निन्र
नीरोद मेनि नेडुमाले निन्नडियै
यारोद वल्लार् अवर्।।

शब्दार्थ अन्वय सहित

अमरर् कडै निन्रु = (सामान्य लोग) अन्यान्य देवताओं के द्वार पर खड़े होकर
नाळुम् कऴल् तोऴुदु = प्रतिदिन उनके पादों पर गिरकर
इडै निन्र इन्बत्तर् आवर् = संसार तथा मोक्ष के बीच विद्यमान स्वर्ग आदि का सुख प्राप्त करेंगे।
पुडै निन्र नीर् ओदम् मेनि नेडुमाले! = पृथ्वी को चारों तरफ से घेरकर विद्यमान नील सागर की भाँति नील वर्ण के हे भगवान नारायण! (ऐसी स्थिति में)
निन् अडियै यार् ओद वल्लारवर्? = क्या आपके श्रीचरणों का अनुसंधान करने में सक्षम कोई है?
(उत्तर है : कोई नहीं है)

भावार्थ व्याख्या सहित

भक्त आऴ्वार् को इस बात का दुख है कि सांसारिक लोग नानाविध क्षुद्र देवताओं के द्वार पर खड़े होकर उनके पादों की शरण लेते हैं और परिणामस्वरूप संसार तथा मोक्ष के बीच विद्यमान स्वर्ग आदि का अल्प सुख प्राप्त करते हैं। परन्तु कोई व्यक्ति ऐसा नहीं है जो नील सागरवत् श्याम वर्ण के भगवान नारायण के श्रीचरणों का आश्रय ग्रहण कर उनका अनसंधान करने में सक्षम हो।
आऴ्वार् युगीन सामाजिक एवं धार्मिक स्थितियों का संकेत इस पद में मिलता है। आऴ्वार् ने जब चारों तरफ़ देखा कि अन्यान्य सम्प्रदायों का अनुपालन करते हुए लोग क्षुद्र सुख एवं लाभ प्राप्त करने हेतु विभिन्न देवी-देवताओं का आश्रय ग्रहण करते हैं तब उन्हें अपार क्लेश हुआ; इसलिए उन्होंने घोषित किया कि नील समुद्रवत् श्याम वर्ण के भगवान नारायण के श्रीचरणों का स्तवन कर सामान्य लोग क्यों न अपने जीवन को सफल एवं सार्थक नहीं कर लेते?

छप्पन

भक्त आऴ्वार् भगवान नारायण के ब्रह्मत्व तथा निरुपमेयता का विश्लेषण करते हुए प्रस्तुत पद में मानव-मात्र को समझाते हैं कि वह उन्हीं की शरण ग्रहण करें।

अवरिवर् एन्रिल्लै अनंगवेळ् तातैक्कु
एवरुम् एदिरिल्लै कण्डीर्–उवरिक्
कडल् नञ्जमुण्डान् कडनेन्रु वाणर्
कुडनिन्रु तोट्रान् ओरुंगु।।

शब्दार्थ अन्वय सहित

अवर् इवर् एन्रु इल्लै = भगवान नारायण के समान कोई नहीं है! न यह है, न वह है—न ज्ञानी है और न अज्ञानी!

अनंगवेळ् तातैक्कु एवरुम् एदिरिल्लै = कामदेव के पिता भगवान कृष्ण के समकक्ष कोई नहीं है!

कण्डीर् = इस तथ्य को समझ लीजिये।

उवरिक् कडल् नञ्जम् उण्डान् = अमृत मंथन के समय समुद्र से निकले विष का पान करनेवाले शिवजी ने

वाणर्कु कडन् एन्रु उडन् निन्रु = बाणासुर से यह कहते हुए कि 'तुम्हारी रक्षा मेरा धर्म है', भगवान नारायण के साथ युद्ध किया और

ओरुंगु तोट्रान् = उसके साथ स्वयं पराजित हुए।

विशेष

कडन् = कडमै; धर्म

अनंगवेळ् तातै = कामदेव के पिता भगवान कृष्ण, कृष्ण का पुत्र प्रद्युम्न, मन्मथ अर्थात् कामदेव का अंश माना जाता है; अतः कृष्ण को कामदेव का पिता कहा गया है।

भावार्थ व्याख्या सहित

भगवान नारायण परब्रह्म हैं; निरुपम हैं और उनके समान ब्रह्माण्ड में कोई नहीं है; उनकी बराबरी का, न ज्ञानी हो सकता है, न अज्ञानी ही। अमृत मंथन के समय समुद्र से निकले विष का शिवजी ने पान किया था। उनका आप्त शिष्य बाणासुर था। जब बाणासुर और भगवान कृष्ण के बीच युद्ध हुआ तब शिवजी ने यह कहते हुए कि बाणासुर की रक्षा करना उनका धर्म है, भगवान नारायण अर्थात् कृष्ण के साथ युद्ध किया और बाणासुर तथा शिवजी, दोनों उस युद्ध में पराजित हुए।

इस सन्दर्भ में आऴ्वार् का यह संकेत है कि शिवजी भी परब्रह्म भगवान नारायण की समता नहीं कर सकते। यहाँ बाणासुर एवं शिवजी के, भगवान कृष्ण से युद्ध किये जाने की जो कथा दी गयी है वह इस प्रकार है श्रीमद् भागवत के अनुसार।

बाणासुर की पुत्री उषा और कृष्ण के पौत्र एवं प्रद्युम्न के पुत्र अनिरुद्ध परस्पर प्यार करते थे। अनिरुद्ध उषा के अंतःपुर में गया और उषा के साथ रहने लगा। जब पिता बाण को इस बात का पता चला तो उसने अनिरुद्ध को नागपाश से बाँधकर बंदी बना लिया। यह समाचार पाकर कृष्ण, बलराम एवं प्रद्युम्न अपनी भारी सेना के साथ बाणासुर से युद्ध कर अनिरुद्ध को बचाने के लिए निकले। उस समय नीलकंठ शिवजी अपने पुत्र कार्तिकेय के साथ भक्त बाण की रक्षा करने के लिए उसकी ओर से भगवान कृष्ण के साथ युद्ध करने लगे।

उस युद्ध में न बाण टिक सका, न शिवजी, न कार्तिकेय एवं न बाण की अपार सेना ही टिक सकी। जब वे लोग पराजित हुए तब शिवजी के अनुरोध पर भगवान कृष्ण ने बाण को जीवन-दान दिया। अंत में बाण ने उषा एवं अनिरुद्ध को लाकर कृष्ण को सौंपा। अनन्तर वे सब द्वारका पहुँचे।

भक्त आऴ्वार् ने शिवजी की पराजय का उल्लेख कर भगवान कृष्ण अर्थात् नारायण की श्रेष्ठतमता तथा परब्रह्मत्व का निरूपण किया है।

यह कथा नम्माऴ्वार् की कृति 'तिरुवाय् मोऴि' में द्रष्टव्य है।

"परिविन्‌रि वाणनैक् कात्तुमेन्‌रु अन्‌रु पडैयोड्डुम वन्देदिन्दे
त्रिपुरम शेट्रवनुम् महनुम् पिन्नुम् अंगियुम् पोर् तोलैय" (3-10-4)

(बिना किसी कठिनाई के बाण की हम रक्षा करेंगे—इस प्रकार कहते हुए त्रिपुरारि शिवजी तथा उनके सुपुत्र कार्तिकेय अग्नि तथा अपनी भारी सेना के साथ युद्ध में आये; किन्तु युद्ध में उनका अभिमान टूटा और वे पराजित हुए।)

सत्तावन

प्रस्तुत पद में भगवान नारायण की सर्वमयता का निरूपण कर रहे हैं भक्त आऴ्वार्।

ओरुंगिरुन्द नल् विनैयुम् ती विनैयुम् आवान्
पेरुङ् कुरुन्दम् शायत्तवने पेशिल्—मरुंगिरुन्द
वानवर् ताम् दानवर् ताम् तारकै तान् एन् नेञ्जम्
आनवर् ताम् अल्लाददु एन्।।

शब्दार्थ अन्वय सहित

पेशिल् = यदि सत्य कहा जाय तो
पेरुङ् कुरुन्दम् शायत्तवने = बृहत् कपित्थ वृक्ष को उखाड़कर गिरा देनेवाले भगवान कृष्ण ही
ओरुंगु इरुन्द नल् विनैयुम् ती विनैयुम् आवान् = जीवमात्र के साथ विद्यमान सत्कर्म तथा दुष्कर्म हैं;
मरुंगु इरुन्द = वे ही (भगवान के) निकट रहने वाले
वानवर् ताम् = स्वर्गिक देवता लोग
दानवर् ताम् = राक्षस लोग
तारकै तान् = धरती और
एन् नेञ्जम् आनवर् ताम् = मेरे अंतस्तल में निवास करने वाले सर्वेश्वर भी हैं।
अल्लाददु एन्? = अतः यहाँ कौन-सी ऐसी वस्तु है जिसमें सर्वेश्वर का वास नहीं हो।

भावार्थ व्याख्या सहित

सर्वं ब्रह्ममयं जगत्–इस तथ्य का निरूपण करते हुए आऴ्वार् कहते हैं कि भगवान नारायण अर्थात् कृष्ण ही जीवमात्र के सत्कर्मों तथा दुष्कर्मों अर्थात् पुण्य-पापों के निर्वाहक हैं। देवता भी वही हैं; राक्षस भी वही हैं; यह सारी धरती भी वही है और वे ही हैं जो मेरे अंतस्तल में निवास करते हैं; अर्थात् उनसे भिन्न इस ब्रह्माण्ड में कोई वस्तु नहीं है—चिदचित्मय ब्रह्माण्ड का आधार भी वही हैं और आधेय भी वहीं हैं। आऴ्वार् की यही स्थापना नारायणोपनिषद् में व्याख्यायित है। जैसे,

अथ नित्यो नारायणः; ब्रह्मा नारायणः;
शिवश्च नारायण; शक्रश्च नारायणः
द्यावापृथिव्यौ नारायणः ...
अन्तर्बहिश्च नारायणः ;
नारायण एव इदगं सर्वम्;
...एको नारायणः; न द्वितीयोऽस्ति कश्चित्।

मौलिक तत्त्व इस प्रकार है—कर्म करनेवाला भी नारायण है; कर्म भी नारायण है; कर्मफल भी नारायण है। कर्मनिर्वाहक, कर्मप्रेरक एवं कर्मफलदाता भी नारायण ही हैं। सभी देवता वही हैं; कोई दूसरा नहीं।

अट्ठावन

परम भागवत भक्त आऴ्वार् अत्यन्त प्रसन्न हैं; क्योंकि भगवान उनके अंतस्तल में तो विराजमान हैं ही; साथ ही भगवान ने उनको इस योग्य बनाया कि वे सारे जगत में भगवान नारायण के प्रति भक्ति का संचार कर सके। उक्त आशय का पद देखिये।

एन्नेञ्ज मेयान् इरुळ् नीक्कि एम्पिरान्
मन्नञ्ज मुन्नोरु नाळ् मण्णळन्दान्–एन्नेञ्जम्
मेयानै इल्ला विडैयेट्रान् वेव्विनै तीर्त्तु
आयानुक्कु आक्किनेन् अन्बु।।

शब्दार्थ अन्वय सहित

एन् नेञ्जम् मेयान् = भगवान नारायण मेरे अंतस्तल में नित्य बारा करते हैं;
इरुळ् नीक्कि एम् पिरान् = वे मेरे अंतस्तल में विद्यमान अज्ञान अंधकार को दूर कर ज्ञान-ज्योति से उसे भासमान कर देनेवाले मेरे स्वामी हैं और
मन् अञ्ज मुन्ओरु नाळ् मण् अळन्दान् = उन्होंने बहुत पहले वामनावतार में राजा बलि से दान में तीन पगों की भूमि लेकर सारी भूमि को नाप लिया था जिससे कि तमाम राजा लोग भयभीत हो गये थे;
एन् नेञ्जम् मेयानै = उसी वामनावतार के रूप में मेरे अंतस्तल में विराजमान भगवान नारायण को
इल्ला विडै एट्रान् वेम् विनै तीर्त्तु = अपने अंतस्तल में लिये बिना उदासीन रहनेवाले ऋषभवाहन शिवजी को भयावह पाप से मुक्त कर रक्षित करनेवाले
आयानुक्कु अन्बु आक्किनेन् = उस परब्रह्म भगवान नारायण के प्रति सांसारिकों के अंतस्तल में मैं भक्ति का संचार कर सका।

विशेष

नेञ्जम् = अंतस्तल
इरुळ् = अंधकार; अज्ञान = अंधकार
विडै = ऋषभ, विडै एट्रान् = ऋषभवाहन शिवजी
पिरान् = स्वामी; मालिक
आयान् = पिता; स्वामी, नेता, प्रसंगानुसार भगवान

भावार्थ व्याख्या सहित

भक्त आष़्वार् प्रसन्न हैं कि भगवान नारायण उनके मन-मन्दिर में आकर विराजमान हैं; साथ ही वहाँ परिव्याप्त अज्ञान-तम को हटाकर ज्ञान-ज्योति से उसे भासमान कर दिया है। उन्होंने ही वामन का रूप लेकर दान में राजा बलि से तीन पगों की पृथ्वी लेकर समस्त भूमण्डल को नाप लिया था। दूसरे राजा लोग इस घटना से भयभीत हो गये हैं। उसी रूप में उनके मन-मन्दिर में विराजमान भगवान नारायण को अपने अंतस्तल में लिये बिना उदासीन रहनेवाले ऋषभवाहन शिवजी को भयानक पाप से मुक्त किया था भगवान नारायण ने। आष्वार् को इस बात की प्रसन्नता है कि वे उस नारायण-भक्ति का संचार सांसारिकों के अंतस्तल में कर सके।

(यहाँ ब्रह्महत्या शाप से ग्रस्त शिवजी और भगवान नारायण द्वारा उस शाप से शिवजी के मुक्त होने की कथा के प्रति संकेत है।)

अब तक भक्त आष्वार् दूसरों को भगवान नारायण की भक्ति का उपदेश देते थे। परन्तु अब वे आत्मानुभव का विश्लेषण करते हुए अपने अनुभव का लाभ अन्यों को प्रदान करने के अपने प्रयास पर प्रसन्नता व्यक्त करते हैं! इसी प्रकार की अभिव्यक्ति नम्माष्वार् की कृति 'तिरु विरुत्तम' के पद 96 में भी पायी जाती है।

'निन्कण् वेट्कै एष़ुविप्पने'

यह भगवान नारायण की कृपा है कि मेरे अंतस्तल में उनके प्रति भक्ति की श्रीवृद्धि हुई और साथ ही, दूसरों के मन में भी मैं उस भक्ति का संचार कर सका।

उनसठ

भगवान नारायण के प्रति भक्त आष्वार् की दास्य भक्ति का निरूपण प्रस्तुत पद में हुआ है।

अन्बावाय् आरमुदम् आवाय् अडियेनुक्कु
इन्बावाय् एल्लामुम् नीयावाय्–पोन् पावै
केळ्वा किळरोळि एन् केशवने केडिन्रि
आळ्वायक् कडियेन नानाळ् ।।

शब्दार्थ अन्वय सहित

अन्बु आवाय् = आप (मेरे प्रति) स्नेह स्वरूपी हैं;
आर् अमुदम् आवाय् = आप अमृतवत् मधुर हैं;
अडियेनुक्कु इन्बु आवाय् = अपनी भक्ति के अनुभव का सुख मुझे आपने प्रदान किया।
एल्लामुम् नी आवाय् = मेरे लिए सब कुछ आप ही हैं।
पोन् पावै केळ्वा ! = हे लक्ष्मीपति !
किळ्र ओळि एन् केशवने ! = श्री देवी के संग से जाज्वल्यमान मेरे स्वामी भगवान केशव अर्थात् नारायण !
केडु इन्रि आळ्वाय्क्कु = सम्पूर्णतः मुझे अपना दास बनानेवाले आपका
अडियेन् नान् आळ् = मैं दास भक्त हूँ।

विशेष

अन्बु = स्नेह; भक्ति
इन्बु = आनन्द; सुख
केडु = कमी; केडु इन्रि = बिना कमी के; सम्पूर्णतः

भावार्थ व्याख्या सहित

भक्ति के परमानन्द का अनुभव करनेवाले आष़्वार् उस आनन्द को विभिन्न रूपों में अभिव्यक्त कर रहे हैं। हे भगवान नारायण! आप मेरे प्रति नितराम् स्नेह-स्वरूपी हैं। आपका ध्यान अमृतवत् मधुर है। आपने अपनी भक्ति का आनन्दानुभव मुझे प्रदान किया। आप मेरे लिए सब कुछ हैं। श्रीदेवी के संग से जाज्वल्यमान हे मेरे स्वामी! आपने मुझे पूर्णतः अपना दास बना लिया है; मैं आपका परम भागवत दास भक्त हूँ।
भक्त आष़्वार् श्रीयुत भगवान नारायण की दास्य भक्ति से आपूर्ण हैं। भगवत्कृपा से आष़्वार् भक्त हुए- भक्ति के लिए भी भगवत्कृपा की अपेक्षा है। भक्ति एवं भजन से ही भगवान की कृपा प्राप्त होगी। अतएव प्रपत्ति अथवा शरणागति भक्त की सर्वोत्तम उपलब्धि है। भगवान ही भक्त के लिए सर्वेसर्वा हैं। उनकी दास्य भक्ति भक्त आष़्वार् की एकमात्र पूँजी है। उसी में उनको आनन्द है; अपरिमित सुखानूभूति है।
उक्त पद में श्रीपति के लिए आष़्वार् ने 'पोन् पावै केळ्वा' का प्रयोग किया है जिसका अर्थ है 'स्वर्णिम नारी का प्रिय' अर्थात् स्वर्णरंग की देवी लक्ष्मी अर्थात् श्री का पति अर्थात् श्रीपति! यह अभिव्यक्ति श्रीसूक्तम् में देवी के लिए प्रयुक्त 'हिरण्यवर्णां' एवं 'हिरण्मयीं' के अनुरूप है।

साठ

भक्त आष़्वार् भगवान नारायण से प्रार्थना करते हैं कि वे उनकी भक्ति को शाश्वत बनायें; वे भगवद् भक्ति में सर्वदा लीन रहें और भगवान उनकी इस गहन भक्ति को पूर्णतः स्वीकार करें।

आळ् पार्त्तुषि़तरुवाय् कण्डुकोळ् एन्रुम्
ताळ् पार्त्तुषि़तरुवेन् तन्मैयै–केट्पार्कु
अरुम्पोरुळाय् निन्र् अरंगने उन्नै
विरुम्बुवदे विळ्ळेन् मनम् ।।

शब्दार्थ अन्वय सहित

केट्पार्कु = अपने प्रयत्न से श्रवण कर समझने की इच्छा करनेवालों के लिए
अरुम् पोरुळाय् निन्र् अरंगने! = अलभ्य वस्तु बनकर रहनेवाले हे श्रीरंगपति भगवान नारायण!
आळ् पार्त्तु उषि़ तरुवाय = पात्र व्यक्ति की खोज में घूमनेवाले हे भगवान श्रीपति!
ताळ् पार्त्तु उषि़ तरुवेन् तन्मैयै = आपके श्रीचरणों के दर्शनों के लिए चारों दिशाओं में घूमते रहने की मेरी प्रवृत्ति
एन्रुम् कण्डु कोळ् = सर्वदा शाश्वत रहे–ऐसी कृपा दृष्टि रखिये!
उन्नै विरुम्बुवदे मनम् विळ्ळेन् = आपके प्रति अपनी भक्ति को मैं दिल से कतई निकाल नहीं सकता!

विशेष

उषि़ तरु = तलाश में घूमना
अरंगन् = श्रीरंगपति भगवान नारायण

भावार्थ व्याख्या सहित

श्रीरंगपति भगवान नारायण भक्ति सुलभ हैं। स्वयं निज प्रयत्न से अथवा दूसरों से सुनकर भगवान को समझने का प्रयास करनेवालों के लिए वे दुर्लभ हैं। भगवान श्रीपति के लिए भक्त परमप्रिय होते हैं। वे उन्हें पाने के लिए

खोजते रहते हैं। परम भागवत आऴ्वार् की भगवान से प्रार्थना है कि उन्हें प्राप्त करने के लिए चारों दिशाओं में घूमते रहने की उनकी अपनी प्रवृत्ति सर्वदा शाश्वत रहे–ऐसी कृपादृष्टि बनाये रखें। आगे आऴ्वार् भगवान से कहते हैं कि आपके प्रति मेरी भक्ति अंतस्तल में सर्वदा बनी रहेगी; वह कतई नहीं हट सकती।

भक्ति-सुलभ भगवान को नानाविध ग्रंथ पढ़ने से या पण्डितों से श्रवण करने से, यहाँ तक कि ध्यान अथवा निदिध्यासन से भी पाया नहीं जा सकता; जिसे भी भगवान स्वयं प्राप्त करना चाहेंगे, उसी को वे प्राप्त होंगे। इसी बात को कठोपनिषत् में निम्न प्रकार कहा गया है–

"नायमात्मा प्रवचनेन लभ्यः न मेधया न बहुना श्रुतेन
यमैवेष वृणुते तेन लभ्यः तस्यैष आत्मा विवृणुते तनूगं स्वाम् ।।" (2-23)

(परमात्मा प्रवचन से नहीं; बुद्धि विचार से नहीं; बहुत कुछ श्रवण करने से भी नहीं, वे केवल उसी के लिए लभ्य हैं जिसे वे स्वयं कृपापूर्वक स्वीकार करें; उसी भागवत भक्त को वे अपने दर्शन कराते हैं।)

इकसठ

भगवान नारायण का सान्निध्य-सामीप्य सुख प्राप्त कर भक्त आऴ्वार् अपने को अत्यन्त भाग्यवान मानते हैं। भगवदाश्रय प्राप्त भक्त से तमाम क्लेश अपने आप दूर हट जायेंगे–यह आऴ्वार् की स्थापना है।

मनक्केदम् शारा मधुसूदन् तन्नै
तनक्के तान् तंजमाक् कोळ्ळिल्–एनक्के तान्
इन्रोन्रि निन्रुलहै एषाणै ओट्टिनान्
शेन्रोन्रि निन्र तिरु ।।

शब्दार्थ अन्वय सहित

मधुसूदन् तन्नै तनक्के तान् तंजम् आ कोळ्ळिल् = मधु नाम के दानव का संहार करनेवाले भगवान कृष्ण की यदि कोई शरण ले तो

मनक्केदम् शारा = कोई मानसिक कष्ट उसके पास तक नहीं पहुँचेगा।

ओन्रि निन्रु एष् उलहै आणै ओट्टिनान् = अन्तर्यामी के रूप में रहते हुए सातों लोकों पर शासन करनेवाले भगवान नारायण

इन्रु तान् शेन्रु = आज स्वयं मेरे पास आकर

ओन्रि निन्र तिरु = मुझमें समाये हुए, विराजमान हैं–

एनक्के = (यह सम्पत्ति) मात्र मेरी ही है (और किसी की नहीं है)

विशेष

मनक्केदम् = मानसिक कष्ट या क्लेश; यह संस्कृत शब्द 'मनः' एवं 'खेदः' का तमिल रूप है।

तंजम् = शरण, आणै = शासन, हुक्म, तिरु = सम्पत्ति

भावार्थ व्याख्या सहित

मधुसूदन भगवान कृष्ण ही हमारी एकमात्र शरण हैं–इस प्रकार का निर्णय करनेवालों के पास तक कोई मानसिक क्लेश आ ही नहीं सकता। सातों लोकों के अधिपति भगवान नारायण अपने आप मेरे पास आकर

मुझमें समा गये हैं; यह मात्र मेरी अपार सम्पत्ति है; किसी और की नहीं है।

वेदों का अपहरण कर ब्रह्माण्ड में अज्ञान-तम को परिव्याप्त करनेवाले मधु एवं कैटभ नाम के दानवों का नाश कर भगवान कृष्ण ने वेदों की रक्षा की तथा ब्रह्म आदि देवताओं को आश्रय दिया। यदि कोई उस भगवान कृष्ण अथवा नारायण की शरण स्वीकार कर ले तो उसका सारा क्लेश हट जाएगा और मोह, मद, लोभ आदि तमाम दुर्गुणों का नाश होगा।

सातों लोकों के अधिपति के रूप में विद्यमान भगवान नारायण भक्त को स्वयं स्वीकार करते हैं; वे स्वयं भक्त के अंतस्तल को अपना आवास बना लेते हैं। यह भक्त की अपार सम्पन्न स्थिति है। ऐसा अहोभाग्य किसी दूसरे सामान्य व्यक्ति का हो भी कैसे सकता है! समस्त लोकों के अधिपति एवं सर्वान्तर्यामी भगवान नारायण की जो परिकल्पना आष़्वार् ने की है वह नारायण सूक्तम् के निम्नलिखित सूक्त के अनुरूप है।

"अन्तर्बहिश्च तत्सर्वं व्याप्य नारायणः स्थितः।"

(भगवान नारायण तमाम लोकों के अन्दर तथा बाहर—सर्वत्र परिव्याप्त होकर स्थित हैं।)

भक्त को इस बात का अभिमान है कि भगवान नारायण उनके पास स्वयं आकर उनको अपनाये हुए हैं। आम तौर पर लोग भगवान को ही एकमात्र शरण समझकर उनके पास जाते हैं। वे भगवत्कृपा के पात्र बनते हैं। परन्तु जब भक्त के पास निर्हेतुक भाव से भगवान स्वयं आकर उनमें आत्मलीन होते हैं तो इससे बढ़कर अहोभाग्य क्या हो सकता है!

बासठ

भगवान नारायण को परब्रह्म के रूप में न समझनेवाले पामर लोग अन्यान्य देवी-देवताओं को भगवान समझकर न केवल स्वयं उनका स्तवन करते हैं, बल्कि उनके बारे में दूसरों को भी उपदेश देते रहते हैं। यह देखकर भक्त आष़्वार् दुखी होकर कहते हैं।

तिरु निन्र् पक्कम् तिरविदु एन्रु ओरार्
कऱु निन्र् कल्लार्कु उरैप्पर्—तिरुविरुन्द
मार्वन् शिरीदरन् तन् वण्डुलवु तण्तुष़ाय्त्
ऩार् तन्नै शूडित्तरित्तु ।।

शब्दार्थ अन्वय सहित

तिरु इरुन्द मार्वन् = वक्षस्थल में देवी के विराजमान रहने से

शिरीदरन् तन् = 'श्रीधर' नाम धरनेवाले भगवान नारायण की

वण्डु उलवु तण् तुष़ाय् तार् तन्नै शूडि तरित्तु = भ्रमरों से व्याप्त शीतल तुलसी माला को धारण करनेवाली

तिरु निन्र् पक्कम् तिरविदु एन्रु ओरार् = श्रीदेवी सहित भगवान नारायण ही परब्रह्म हैं—ऐसा न माननेवाले लोग

करु निन्र् कल्लार्कु उरैप्पर् = अपनी तरह गर्भवास कर जन्म लेनेवाले ब्रह्मादि देवताओं को ही श्रेष्ठ दैव के रूप में मूर्ख लोगों को समझाते रहेंगे।

विशेष

कल्लार्कु = मूर्ख अर्थात मूढ़ लोगों को

शिरीदरन = संस्कृत शब्द 'श्रीधर' का तमिल प्रयोग है। श्री अर्थात् देवी लक्ष्मी को धारण करनेवाले

भावार्थ व्याख्या सहित

अपने वक्षस्थल में श्री को धारण करनेवाले (श्रीधर) भगवान नारायण की भ्रमर-व्याप्त शीतल तुलसी माला को धारण करनेवाली श्रीदेवी सहित नारायण ही परब्रह्म हैं–इस सत्य को न माननेवाले लोग अपनी तरह योनिज ब्रह्मादि देवताओं को ही श्रेष्ठ दैव के रूप में स्वीकार कर उन्हीं की शरण लेने का उपदेश मूर्ख लोगों को देते रहेंगे।

आष्वार् को इस प्रकार के मूर्ख लोगों की मूर्खता पर दुख है। प्रसंगानुसार हम यह भी कह सकते हैं कि भक्त आष्वार् चाहते हैं कि मूर्ख अज्ञानी लोग अपने व्यवहार से विरत हों तथा ब्रह्ममय भगवान नारायण की भक्ति को स्वयं आत्मसात् करें और दूसरों को भी इसका परिज्ञान कराएँ।

तिरसठ

भक्त आष्वार् निरन्तर भगवदाराधन में नाना प्रकार से लीन रहते हैं; यही कारण है कि उन्हें भगवन्मयता का सम्पूर्ण ज्ञान है।

तरित्तिरुन्देन् आहवे तारा गणप् पोर्
विरित्तुरैत्त वेन्नागत् तुन्नै–तेरित्तेषुदि
वाशित्तुम केट्टुम् वणंगि वषिपट्टुम्
पूशित्तुम् पोक्किनेन् पोदु ।।

शब्दार्थ अन्वय सहित

तारागणप् पोर् विरित्तु उरैत्त = (हे भगवान नारायण!) नक्षत्र गणों की गति के बारे में ज्योतिष शास्त्र के द्वारा विस्तार से व्याख्यायित करने वाले

वेम् नागत्तु उन्नै = विष भरित आदि शेष के अन्तरात्मा के रूप में विद्यमान आपका,

तेरित्तु, एषुदि, वाशित्तुम, केट्टुम्, वणंगि, वषि पट्टुम, पूशित्तुम = (मैं) अनुसंधान कर, आपके बारे में लिखकर, लिखा हुआ पढ़कर, श्रवण कर, आपको नमन कर, आपकी आराधना एवं पूजा कर

पोदु पोक्किनेन् = समय व्यतीत कर रहा हूँ

आहवे तरित्तु इरुन्देन् = इस प्रकार भगवन्मयता का सम्पूर्ण ज्ञान मैं प्राप्त कर सका हूँ।

विशेष

तारा गणम् = नक्षत्र समूह; यह संस्कृत शब्द का तमिल प्रयोग है।

वेम् नागत्तु उन्नै = विषैले नाग सर्प अर्थात् आदिशेष के अन्तरात्मा के रूप में विद्यमान आपका अर्थात् भगवान नारायण का

भावार्थ व्याख्या सहित

भक्त आष्वार् का कहना है कि नक्षत्रगणों की गति अर्थात् संचार के बारे में ज्योतिष शास्त्र द्वारा व्याख्यायित करनेवाले आदिशेष के अंतरात्मा के रूप में विद्यमान भगवान नारायण का अनुसंधान कर, उनके बारे में लिखकर, लिखा हुआ पढ़कर, दूसरों से श्रवण कर, उनको नमन कर एवं उनकी आराधना तथा पूजा कर, वे अपना समय व्यतीत कर रहे हैं। इस प्रकार अनवरत नाना प्रकार का भगवदाराधन करने से उनको

भगवन्मयता का सम्पूर्ण ज्ञान प्राप्त हो सका है।

यहाँ भक्त आष़्वार् की भक्ति के नानाविध रूपों का विश्लेषण हुआ है। इससे उनकी भगवन्मयता की सिद्धि स्पष्ट है। भक्त हृदय की तन्मयासक्ति भगवन्मय हो जाने का प्रमाण प्रस्तुत करती है। आष़्वार् भक्त हैं; परम भागवत हैं; उनकी भक्ति की गहनता उनकी तन्मयीभूत स्थिति की परिचायिका है।

प्रस्तुत पद में आष़्वार् ने 'तारागणप्पोर् विरित्तुरैत्त वेन्नागत्तुन्नै' द्वारा यह कहा है कि नक्षत्र समूह की गति या संचार को ज्योतिष शास्त्र द्वारा व्याख्यायित करनेवाले आदिशेष के अन्तरात्मा हैं भगवान नारायण। यहाँ पाठकों के मन में यह शंका उठ सकती है कि क्या सर्पराज आदिशेष ने ज्योतिष शास्त्र की रचना की थी। इस शंका का समाधान सरल नहीं है। बस, हम इतना कह सकते हैं कि जैसे भगवान ने स्वयं एवं चतुरानन ब्रह्मा के द्वारा वेदों, आगम शास्त्रों, इतिहासों, पुराणों आदि का ज्ञान कतिपय मुनि-महर्षियों को और उनके द्वारा संसार को प्रदान किया था उसी प्रकार भगवान ने आदिशेष के अंतरात्मा के रूप में रहकर ज्योतिष शास्त्र को प्रतिपादित किया। इस समाधान से शोधकर्ता आश्वस्त नहीं हो सकते; हाँ, वैष्णव भक्त अवश्य आश्वस्त होंगे। वेद, शास्त्र आदि भगवान नारायण के वचन हैं; अतः वे श्रुति और श्रुति सम्मत ज्ञान-ग्रंथ हैं। इसी प्रकार ज्योतिष शास्त्र भी भगवान द्वारा स्वयं अथवा भगवान की प्रेरणा द्वारा अनन्त अर्थात् आदिशेष के माध्यम से विश्व को प्राप्त हुआ है। यही भक्त आष़्वार् द्वारा स्वीकृत तथ्य हो सकता है।

चौंसठ

भक्तों के भक्त, करुणामय भगवान नारायण की पुष्प-पूजा करते हुए उनके नामों का संकीर्तन करने का उपदेश भक्त आष़्वार् मानव मात्र को दे रहे हैं।

पोदान विट्टिरैंजि एत्तुमिनो पोन्मकरक्
कादानै आदिप् पेरुमानै–नादानै
नल्लानै नारणनै नम्मेष् पिरप्परुक्कुञ्
चोल्लानै शोल्लुवदे शूदु ।।

शब्दार्थ अन्वय सहित

पोन् मकरम् कादानै = जिनके कान स्वर्णिम मकर-कुण्डलों से अलंकृत हैं

आदि पेरुमानै = जो सारे जगत के आदि कारण भूत परब्रह्म तथा तमाम जगत के स्वामी हैं

नादानै, नल्लानै, नारणनै = जो सबके नाथ हैं, आश्रित-वत्सल तथा नारायण हैं, और

नम् एष् पिरप्पु अरुक्कम् चोल्लानै = जो हमारे समस्त जन्म-बन्धनों को काट देनेवाले विविध नाम लिये हुए पुरुषोत्तम हैं उनकी सेवा में

पोदु आन इट्टु इरैंजि एत्तुमिन् = नानाविध पुष्प अर्पित कर उनकी स्तुति कीजिये।

शोल्लुवदे शूदु = उन भगवान नारायण का नाम संकीर्तन ही सर्वोत्तम पुण्य है–उपाय है।

यह भक्त आष़्वार् का मानव-मात्र को सन्देश है।

विशेष

पोदु = पुष्प, मकरम् = मीन का मछली प्रसंगानुसार यहाँ 'मकर कुण्डल' का अर्थ लिया जाता है।

नादान् = नाथ, नारणन् = नारायण; समस्त चिदचिद् वस्तुओं का आश्रय स्थल

एष़् पिरप्पु = सात जन्म; प्रसंगानुसार नानाविध जन्म
शूदु = उपाय; सफलता का रहस्य

भावार्थ व्याख्या सहित

भक्त आष़्वार् मानव-मात्र को उपदेश देते हुए कहते हैं कि उसे किस प्रकार जीवन व्यतीत करना है। वह मकर कुण्डलधारी आदि पुरुष, समस्त जगत के स्वामी एवं नाथ, जन्म-जन्मान्तरों का बन्धन काट देनेवाले विभिन्न नामों को धारण करनेवाले तथा पुरुषोत्तम भगवान नारायण के श्रीचरणों पर पुष्प चढ़ाये और उनका नाम संकीर्तन करे। उनके अनुसार यही जीवन क्रम पुण्यप्रद है और मंगलमय है।

अर्थात् मानव-धर्म समझाते हुए आष़्वार् कहते हैं कि भगवान नारायण के श्रीचरणों पर पुष्प चढ़ाकर, नमन एवं स्तुति करते हुए उनका नाम संकीर्तन किया जाए; इसी में जीवन जीने की कला है–सफलता का रहस्य है। मानव-मात्र का धर्म है कि वह भगवान के कायिक, मानसिक एवं वाचिक कैंकर्य में विलीन हो। इसी कारण आष़्वार् ने तीन क्रियाओं का उल्लेख करते हुए कहा है : "इट्टु, इरैंजि एत्तुमिनो!" अर्थात् पुष्प चढ़ाकर (कायिक पूजा); नमन कर (मानसिक पूजा) और स्तुति कर (वाचिक पूजा)। भगवान नारायण कौन हैं? भक्त आष़्वार् के लिए वे परब्रह्म हैं; जगत् के आदि कारणभूत हैं; अखिल ब्रह्माण्ड के स्वामी हैं; नाथ हैं; नारायण अर्थात् समस्त चिदचिद् वस्तुओं के आश्रय-स्थल हैं; उनके नाममात्र जीवों के जन्म-बन्धनों को काट देनेवाले हैं। इसी बात को तिरुमंगै आष़्वार् ने कहा है–

'नल्लानुडैय नामम् शोल्लिल् नमो नारायणमे' (पेरिय तिरुमोषि़ 6-10-4)

(आश्रितवत्सल भगवान नारायण का नाम संकीर्तन 'नमो नारायणाय' द्वारा किया जाय)

'अडियार् पडुतुयरायिन वेल्लाम् निलन्तरञ्चेय्युम्
...नारायणावेन्नुम् नामम्' (पेरिय तिरुमोषि़ 1-1-9)

('ओम् नमो नारायणाय' कहकर जब भक्त द्वारा नाम संकीर्तन किया जाय, तब उसके समस्त क्लेश नष्ट हो जाएँगे।)

पैंसठ

गीत मालाओं द्वारा भगवान नारायण का नाम संकीर्तन करनेवाले भक्त को अवश्य परमपद अर्थात् बैकुण्ठ की प्राप्ति होगी अर्थात् वह भगवत्कृपा का अधिकारी होकर मुक्ति प्राप्त करेगा।

शूदाव देन्नेञ्जत् तेण्णिनेन् शोन्मालै
मादाय मालवनै माधवनै–यादानुम्
वल्लवा शिन्दित्तिरुप्पेर्कु वैकुंतत्
तिल्लैयो शोल्लीर् इडम् ।।

शब्दार्थ अन्वय सहित

मादु आय = सौन्दर्य के प्रतिमान एवं
मालवनै = भक्तवत्सल
माधवनै = भगवान नारायण (की प्रशस्ति में)
शोल् मालै = गीत-मालाओं के द्वारा
यादानुम् वल्ल आ शिन्दित्तु इरुप्पेर्कु = यथा शक्ति अनुसंधान करनेवाले मेरे लिए

वैकुन्तत्तु इडम् इल्लैयो? शोल्लीर = बैकुण्ठ या परम पद में स्थान नहीं है क्या? बोलिये।
शूदु आवदु एन् नञ्जत्तु एण्णिनेन् = मैंने तो इसी धर्म को अपने अंतस्तल में सर्वश्रेष्ठ मान लिया है।

विशेष

मादु = सौन्दर्य
शोल्मालै = शोन् मालै = शब्द माला; गीत माला
वैकुन्तम् = संस्कृत शब्द 'बैकुण्ठ' का तमिल प्रयोग

भावार्थ व्याख्या सहित

भगवान नारायण सौन्दर्य के प्रतिमान हैं अर्थात् सौन्दर्य मानों नारायण के रूप में स्वयं आकार लिये हुए है। वे भक्त वत्सल हैं। उनकी प्रशस्ति में मैं अपनी शक्ति के अनुसार गीतों की माला बनाकर प्रस्तुत कर रहा हूँ। इस स्थिति में क्या मुझे परम पद अर्थात् बैकुण्ठ प्राप्त नहीं होगा? (उत्तर है : अवश्य प्राप्त होगा!) मैंने तो अपने मन में गाँठ बाँध लिया है कि भगवान नारायण की स्तुति या स्तवन अर्थात् नाम संकीर्तन मेरा स्वधर्म है।
भक्त आष़्वार् को इस बात का विश्वास है कि भक्ति-सुलभ परमात्मा नारायण स्मृति या स्तुतिमात्र से परमपद अर्थात् मोक्ष प्रदान करनेवाले हैं। इस स्थिति में भगवान नारायण की स्मृति या स्तुति करने में कष्ट क्या है? इसीलिए उन्हें पूरा विश्वास है कि विभिन्न गीतमालाओं द्वारा भगवान नारायण की जो वे स्तुति करते हैं उससे उन्हें अवश्य मुक्ति मिलेगी—बैकुण्ठ मिलेगा। यही सिद्धान्त विष्णु पुराण के निम्नलिखित श्लोक में प्रस्तुत है।

"आयासः स्मरणे कोऽस्य स्मृतो यच्छति शोभनम्
पापक्षयश्च भवति स्मरतां तमहर्निशम् ।। (विष्णु पुराण 1-17-78)

(भगवान नारायण स्मृति मात्र से श्रीसम्पन्न बना देते हैं; अतः उनकी स्मृति या स्तुति करने में किसी को कोई कष्ट क्यों हो? दिन-रात भगवान का स्मरण करने से पापों का नाश हो जाता है।)

छियासठ

स्मरण मात्र से भगवान नारायण भक्त के अंतस्तल में आकर विराजमान हो जाते हैं; फिर अन्य देवताओं का स्तवन क्यों किया जाय?

इडमावदु एन्नेञ्जम् इन्रेल्लाम् पण्डु
पडनाहणै नेडियमार्कु—तिडमाह
वैयेन् मदि शूडि तन्नोडु अयनै नान्
वैयेन् आट् चेय्येन् वलम् ।।

शब्दार्थ अन्वय सहित

पण्डु पडम् नाह अणै नेडिय मार्कु = फणी आदिशेष की शय्या में आसीन भगवान नारायण का
इन्रु एल्लाम् इडम् आवदु एन् नेञ्जम् = आज से लेकर सदा सर्वदा के लिए आवास बना मेरा अंतस्तल।
मदि शूडि तन्नोडु = चन्द्रचूड रुद्र और
अयनै = ब्रह्मा को

तिडम् आह वैयेन् = मैं परब्रह्म के रूप में अपने अंतस्तल में नहीं रखूँगा।
वैयेन नान् ('परब्रह्म कौन है'– इस तथ्य को समझनेवाली) सूक्ष्म बुद्धि युक्त मैं
वलम् = (भगवान को अपना बना लेने के) बल से
आळ् शेय्येन् = अन्यान्य देवताओं की सेवा नहीं करूँगा।
(अथवा 'आळ् वलम् शेय्येन्' = अन्याय देवताओं की प्रदक्षिणा नहीं करूँगा।)

विशेष

वै = सूक्ष्म; वैयेन् = सूक्ष्म बुद्धियुक्त मैं; दूसरा अर्थ है—नहीं रखूँगा।
वलम् = संस्कृत शब्द 'बल' का तमिल प्रयोग
वलम् = तमिल शब्द का अर्थ है 'दायीं तरफ़'
वलम् शेय्येन् = दायीं तरफ़ से प्रदक्षिणा नहीं करूँगा।
मदि = चन्द्र, मदि शूडि = चन्द्र को सिर पर लिये हुए; चन्द्रचूड रुद्र
अयन् = ब्रह्मा; अज; अयोनिज; संस्कृत शब्द 'अज' का तमिल रूप है।

भावार्थ व्याख्या सहित

भक्त आष्‌वार् अतिशय प्रसन्न एवं सुनिश्चित मुद्रा में कहते हैं कि पहले भगवान नारायण आदिशेष की शय्या पर विराजमान थे। किन्तु उन्होंने अब से लेकर सदा के लिए मेरे अंतस्तल को अपना आवास बना लिया है। भगवान नारायण की कृपा के रहते मैं चन्द्रचूड रुद्र एवं अज याने ब्रह्मा को परमात्मा के रूप में स्वीकार नहीं करूँगा।
अब मैं समझ गया हूँ कि परब्रह्म कौन है। मैंने भगवान को अपना बना लिया है; मुझे भगवान ने अपना बना लिया है। इस बात के बल से मैं अन्यान्य देवताओं की सेवा अर्थात् स्तुति अथवा दास्य नहीं करूँगा।
अथवा, मैं अन्यान्य देवताओं की प्रदक्षिणा नहीं करूँगा।
परम भागवत भक्त आष्‌वार् का यह सुनिश्चय है।

सड़सठ

भक्त आष्‌वार् का यह निर्णय है कि वे केवल परमात्मा भगवान नारायण की स्तुति करेंगे चाहे उसका कोई भी परिणाम क्यों न हो!

वलमाह माट्टामै तानाह वैहल्
कुलमाह कुट्रम तानाह—नलमाह
नारणनै नापतियै ज्ञानप् पेरुमानै
शीरणनै एत्तुम् तिरम् ।।

शब्दार्थ अन्वय सहित

नारणनै = नारायण अर्थात् चिदचिद् वस्तुओं के आधार स्थल भगवान,
नापतियै = मेरी जिह्वा के स्वामी
ज्ञानप् पेरुमानै = ज्ञानप्रवर एवं
शीर् अणनै = श्रेष्ठ गुणयुक्त सर्वेश्वर की
वैहल् नलम् आह एत्तुम् तिरम् = सर्वदा स्तुति करने का मेरा स्वभाव मुझे भले ही

वलम् आह = बल या शक्ति प्रदान करे या
माट्टामै तान् आह = इसके विपरीत मुझे निर्बल बना दे;
कुलम् आह = सत्कुल प्रदान करे अथवा
कुट्रम् तान् आह = असत्कुल प्रदान करे अथवा कष्ट प्रदान करे (मैं कतई उनकी स्तुति करना नहीं छोड़ूँगा)

विशेष

ना पति = जिह्वा के स्वामी; जिह्वा के निर्वाहक; मेरी वाक् शक्ति के आधार
मेरी गीत मालाओं के विधायक भगवान नारायण
वैहल् = सर्वदा; समय; दिन
माट्टामै = विपरीत स्थिति

भावार्थ व्याख्या सहित

आऴ्वार् कहते हैं कि मुझे इस बात का पूरा विश्वास है कि श्रेष्ठ गुणों से युक्त, ज्ञान प्रवर, चिदचिद् वस्तुओं के आधार स्थल तथा मेरी वाक् शक्ति के आधार सर्वेश्वर भगवान नारायण की सर्वदा स्तुति करने की मेरी प्रवृत्ति मुझे सबल या सशक्त बनाएगी। परन्तु, यदि वह मुझे निर्बल भी बना दे अथवा मुझे सत्कुल प्रदान करे या असत्कुल; तो भी मैं उनकी स्तुति करना कतई नहीं छोड़ूँगा।
प्रस्तुत पद में भक्त आऴ्वार् की निष्काम भक्ति का प्रतिपादन हुआ है। वे किसी फल की कामना करते हुए भक्ति नहीं कर रहे हैं। उन्हें इस बात का विश्वास है कि भगवान नारायण की भक्ति उन्हें शक्ति या बल प्रदान करेगी। साथ ही उन्हें सत्कुल में जन्म लेने का सौभाग्य भी प्रदान करेगी।
परन्तु, किसी कारणवश यदि इसके विपरीत फल प्राप्त हो अर्थात् वह उन्हें निर्बल बना दे या असत्कुल में जन्म लेने का दुर्भाग्य भी प्रदान करे तो भी आऴ्वार् का यह दृढ़ निश्चय है कि भगवान नारायण की स्तुति करने की उनकी प्रवृत्ति में कथमपि अन्तर नहीं आयेगा। अर्थात् वे सर्वदा भगवान नारायण के स्तवन या स्तुति एवं आराधना में निमग्न रहेंगे ही। क्योंकि उनकी भक्ति स्वार्थ-मुक्त है; निष्काम है।

अड़सठ

भगवान नारायण के भक्तों से दूर रहने के लिए यम देवता भी अपने भटों को समझाते हैं।

तिरंबेन्मिन् कण्डीर् तिरुवडितन् नामम्
मरन्दुम् पुरन्तोऴा मान्दर्–इरैञ्जियुम्
साधुवरायप् पोदुमिन्कळ् एन्रान् नमनुम् तन्
तूतुवरैक् कूविच् चेविक्कु ।।

शब्दार्थ अन्वय सहित

नमनुम् तन् तूतुवरै कूवि = यम देवता भी अपने दूतों को पुकारकर
चेविक्कु तिरंबेल्मिन् कण्डीर् = उनके कान में कहते हैं कि अब मैं जो आज्ञा दूँगा उसक उल्लंघन मत कीजिए।
तिरुवडितन् नामम् मरन्दुम् = लोग भले ही भगवान नारायण के नामों को विस्मृत कर दें
पुरम् तोऴा मान्दर् = फिर भी यदि वे अन्य देवताओं का भजन नहीं करते हैं तो उन लोगों को
इरैञ्जि = नमन करते हुए
साधुवराय् पोदुमिन्कळ् एन्रान् = साधुओं की तरह उनके साथ व्यवहार करें (यही उनकी आज्ञा थी।)

विशेष

चेवि = कान; तूतुवर् = दूत (यह संस्कृत शब्द का तमिल प्रयोग है।)
तिरुवडि = भगवान नारायण का श्रीचरण; 'भगवान' के लिए भी इसका प्रयोग किया जाता है।
पुरम् = बाह्य; अन्य

भावार्थ व्याख्या सहित

भगवान नारायण के भक्तों की विशेषता प्रस्तुत पद में प्रतिपादित है।

यम देवता अपने दूतों के कान में आज्ञा देते हुए कहते हैं कि वे उन तमाम लोगों के साथ कठोरता से नहीं, वरन् साधुओं की तरह नमनपूर्वक व्यवहार करें जो, भले ही भगवान नारायण के नामों को विस्मृत कर दें, परन्तु परदेवताओं अर्थात् देवतान्तरों की भक्ति न करें।

यहाँ देवतान्तरों की भक्ति न करने से यह तात्पर्य किया जाना चाहिए कि भगवान नारायण की शरण में प्रपन्न होकर विद्यमान भक्त लोग भगवन्नामों के विस्मरण के बावजूद उनके भक्त ही होते हैं और वे देवतान्तरों का ध्यान एवं पूजन नहीं करते।

इस सन्दर्भ में विष्णुपुराण के निम्नलिखित श्लोक का तात्पर्य ध्यातव्य है–

"स्वपुरुषमभिवीक्ष्य पाशहस्तं
वदति यमः किल तस्य कर्णमूले।
परिहर मधुसूदन प्रपन्नान्
प्रभुरहमन्यनृणां न वैष्णवानाम्।।" (विष्णु पुराण 3-7-14)

(हाथ में पाश लिये हुए प्राणों को हरने के लिए प्रस्तुत अपने दूत के कान में यम देवता कहते हैं, "तुम भगवान विष्णु के भक्तों को छोड़ दो। क्योंकि मैं वैष्णवों का प्रभु नहीं हूँ; केवल दूसरे लोगों का हूँ।)

सबके प्रति समान दृष्टि रखनेवाले पक्षपातरहित यम देवता को भगवान ने उसके समत्व भाव के कारण ही वह स्थान दिया है। जैसे विष्णु पुराण में कहा गया है,

"अहममरगणार्चितेन धात्रा यम इति लोकहिताहिते नियुक्तः।
हरिगुरुवशगोऽस्मि न स्वतंत्रः प्रभवति संयमने ममापि विष्णुः।।"

(सभी अमरों के द्वारा पूजित ब्रह्मा ने मुझे सारे लोक को संयमित करने और संसार में भले-बुरे के परिणामों को नियमित करने के लिए यम के रूप में नियुक्त किया। वे ब्रह्मा भी भगवान विष्णु को गुरु मानते हैं; अतः भगवान विष्णु अर्थात् नारायण मेरे भी नियन्ता हैं।)

यही कारण है कि भक्त आऴ्वार् ने परम भागवत नारायण भक्तों की भक्ति की गम्भीरता के प्रतिपादन के लिए यम देवता एवं उनके दूतों के संवाद का उल्लेख किया है। इस प्रकार की अभिव्यक्ति प्रथम आऴ्वार् (पोय्कै) की कृति प्रथम दिव्य अन्तादि के पद 55 में भी द्रष्टव्य है।

उनहत्तर

भगवन्नाम की महिमा का वर्णन करते हुए भक्त आऴ्वार् कहते हैं कि वेदों का सार है भगवन्नाम जो सारी सृष्टि का आश्रय-स्थल है।

चेविक्किन्बमावदुवुम चेंकण्माल् नामम्
पुविक्कुम् पुवियदुवे कण्डीर्–कविक्कु
निरैपोरुळाय् निन्रानै नेर् पट्टेन् पार्किल्
मरैप्पोरुळुम् अत्तनैये तान् ।।

शब्दार्थ अन्वय सहित

चेंकण माल् नामम् = कमलनयन भगवान नारायण का नाम
चेविक्कु इन्बम् आवदुवुम् = कर्णमधुर है;
पुविक्कु पुवियुम् अदुवे = धरती पर रहनेवालों के लिए आश्रय-स्थल भी वही है?;
कविक्कु निरैपोरुळाय् निन्रानै = काव्य का सारभूत तत्व भगवान नारायण ही हैं।
नेर् पट्टेन् = वे मुझे मिल गये हैं अर्थात् उनका सान्निध्य मुझे मिल गया है।
पार्किल् मरैप् पोरुळुम् अत्तनैये तान् = विचार करने पर विदित होता है कि वही (भगवान नारायण एवं उनका नाम ही) वेदों का सार-तत्त्व है।

विशेष

पुवि = पृथ्वी; धरती (यह संस्कृत शब्द 'भुव' का तमिल प्रयोग है।)
पुवि = स्थान; प्रसंगानुसार 'आश्रय स्थल' का अर्थ लिया जाता है
मरै = वेद

भावार्थ व्याख्या सहित

कमलनयन भगवान नारायण का नाम कर्णमधुर है। पृथ्वी पर रहनेवाली तमाम जीवधारियों का आश्रय स्थल भी वही है। काव्यों का प्रतिपाद्य सारभूत तत्व भगवान नारायण ही हैं। इन तथ्यों पर जब हम विचार करते हैं तब यह सत्य विदित होता है कि वेदों द्वारा प्रतिपाद्य विषय-तत्त्व भगवान नारायण तथा भगवन्नाम ही है। भक्त आऴ्वार् भगवान नारायण तथा उनके नाम की महिमा प्रस्तुत पद में गा रहे हैं। भगवन्नाम सुनने में मधुर है। मधुर नाम–संकीर्तन से सारी जीवराशियों की रक्षा होती है। अतः भगवन्नाम सबका आश्रय-स्थल है। अतः आऴ्वार् के साहित्य का प्रतिपाद्य मूल तत्त्व भगवान नारायण ही हैं। इसी प्रकार तमाम श्रेष्ठ साहित्यों का प्रतिपाद्य भी भगवान नारायण ही हैं। ज्ञान-पुंज वेदों द्वारा भी भगवान नारायण एवं उनके मधुर नामों का ही सार-सर्वस्व प्रतिपादित होता है। 'मरैप्पोरुळुम् अत्तनैये तान्'–वेदों का प्रतिपाद्य सार-तत्त्व भगवान ही हैं–यही बात भगवद्गीता के श्लोक "वेदैश्च सर्वेरहमेव वेद्यः" (15-15) में भी मननीय है।

सत्तर

भक्त आऴ्वार् का प्रस्तुत पद में कहना है कि भगवान नारायण वेद सार हैं–उनकी सारी लीलाएँ अद्भुत एवं विशिष्ट हैं। इस तथ्य को न केवल मैं, बल्कि सारा संसार जानता है।

तानोरुवनाहित् तरणि इडन्तेडुत्त
एनोरुवनाय् एयिट्रिल् तांगियदुम्–यानोरुवन्
इन्रा अरिहिन्रेन् अल्लेन् इरुनिलत्तैच्
शेन्राङ् कडिप्पुडुत्त शेय् ।।

शब्दार्थ अन्वय सहित

तान् ओरुवन् आहि = स्वयं एकमात्र सर्वेश्वर होते हुए
शेन्रु = राजा बलि के यहाँ जाकर
आंगु इरुनिलत्तै अडिप्पडुत्त शेय् = वहाँ उनकी यज्ञ भूमि में विशाल पृथ्वी को नाप लेनेवाले लघु आकार के वामन ने
एन् ओरुवन् आय् तरणि इडन्दु एडुत्तु = विलक्षण वराह का अवतार लेकर प्रलय-ग्रस्त भूमि को खोदकर निकाला और
एयिट्रिल् तांगियदु = अपने कठोर दाँतों पर उठाकर बाहर लाये; इस बात को
यान् ओरुवन् इन्रा अरिहिन्रेन् अल्लेन् = अकेला मैंने ही आज तक नहीं समझा (अर्थात् सारा विश्व काफी समय से इस बात को जानता है।)

विशेष

तरणि = धरती; पृथ्वी (संस्कृत शब्द 'धरणी' का तमिल प्रयोग)
एन् = वराह, एयिरु = भयानक दाँत
शेय् = शिशु; प्रसंगानुसार 'वामन'

भावार्थ व्याख्या सहित

भगवान नारायण सर्वेश्वर हैं; अद्वितीय सौन्दर्य के स्वामी हैं। उन्होंने वामनावतार लेकर लघु आकार के शिशु के रूप में राजा बलि की यज्ञशाला में जाकर उनसे भूमि दान में ली और सारी भूमि को नाप डाला। वही भगवान नारायण वराहावतार लेकर महाप्रलयकाल में समुद्र के अन्दर गये और पृथ्वी को खोदकर अपने कठोर दाँत पर उठाकर लाये। भक्त आष़्वार् कहते हैं कि इस विलक्षण घटना को न केवल मैं, वरन् सर्वदा सभी लोग जानते हैं।

भगवान नारायण ने वामनावतार में छोटे आकार के शिशु के रूप में जाकर दानी बलि से तीन पगों की भूमि दान में माँगी; परन्तु जैसे ही उन्होंने दान दिया तो बृहद् आकार लेकर सारी पृथ्वी एवं अन्य लोकों को दो ही पगों में नाप डाला था और तीसरे पग से बलि को पाताल में पहुँचा दिया था। इस प्रकार शिशु का विलक्षण रूप लेकर भगवान ने धरती की रक्षा की थी। उन्होंने ही विलक्षण वराह का अवतार लेकर महाप्रलय के समय प्रलय-ग्रस्त पृथ्वी को उखाड़कर निकाला और अपने कठोर दाँत पर उठाकर बाहर लाये। आष़्वार् कहते हैं कि इन घटनाओं को न केवल मैं, बल्कि सारा विश्व काफी समय से जानता है।

इकहत्तर

भक्त आष़्वार् प्रस्तुत पद में भगवान की महिमा का वर्णन कर रहे हैं।

शेयन् अणियन् शिरियन् मिहप् पेरियन्
आयन् तुवरैक्कोनाय् निन्र–मायन् अन्रु
ओदिय वाक्कदनैक् कल्लार् उलहत्तिल्
एदिलर् आम् मेय् ज्ञानम् इल् ।।

शब्दार्थ अन्वय सहित

मायन् = (मायामय परब्रह्म) भगवान नारायण
शेयन् = दूरस्थ हैं (इसलिए दुर्लभ हैं)
मिहप् पेरियन् = सबसे बड़े हैं
शिरियन् = बहुत छोटे हैं
अणियन् = सर्वसुलभ हैं
आयन् तुवरैक्कोन् आय् निन्र = गोप बालक हैं; किन्तु वही द्वारकापति के गौरवपूर्ण स्थान पर विराजमान हैं;
अन्रु ओदिय वाक्कु अदनै = उन्होंने भारत-युद्ध के समय जो गीतोपदेश दिया था उसे
उलहत्तिल् कल्लार् = न सीखनेवाले सांसारिक लोग
मेय् ज्ञानम् इल् = तत्त्व ज्ञान रहित
एदिलर् आम् = भगवद् विरोधी होकर जीवन यापन करेंगे।

विशेष

तुवरैक्कोन् = द्वारकापति; द्वारका तमिल भाषा में 'तुवरै' कहा जाता है।
मेय् ज्ञानम् = सच्चा ज्ञान अर्थात् तत्त्वज्ञान
अणियन् = अण्णियन् का दूसरा रूप जिसका अर्थ होता है 'सुलभ' अर्थात् भक्तों के लिए सुलभ या भक्तों के पास रहनेवाले।

भावार्थ व्याख्या सहित

भगवान नारायण मायामय परब्रह्म हैं; बहुत बड़े हैं; अतः सरलता से प्राप्य नहीं हैं अर्थात् दुर्लभ हैं। परन्तु वही सामान्य गोप बालक के रूप में अवतरित हुए; अतः सर्वसुलभ हैं। द्वारकापति के रूप में महिमामंडित पद पर विद्यमान रहने के बावजूद वे वृन्दावन के लोगों के बीच अत्यन्त सामान्य होकर रहे। भक्त आष्वार् का कहना है कि उस भगवान नारायण ने कृष्णावतार में महाभारत युद्ध के समय गीता का जो उपदेश दिया था उसे जो लोग सीख नहीं पाते हैं वे तत्त्वज्ञान से अनभिज्ञ होंगे और भगवान नारायण की महिमा को समझे बिना उनके विरोधियों के रूप में जीवन यापन करेंगे।

भगवान नारायण परब्रह्म हैं; वे सामान्य अज्ञानी लोगों से दूर रहते हैं; उनके लिए वे दुर्लभ हैं। परन्तु वही नारायण भक्त जनों अर्थात् भगवान के श्रीचरणों में अपने को अर्पित करनेवाले दासों के लिए सुलभ हैं और उनके अत्यन्त निकट हैं। भगवान नारायण इतने बड़े हैं कि ज्ञान के आकर वेद भी उनके पार नहीं पहुँच पाते। इसी बात को उपनिषत् के इस मन्त्र में देखते हैं–"यतो वाचो निवर्तन्ते अप्राप्य मनसा सह।" (तैत्तिरीय-आनन्दवल्ली)

अर्थात् वेदवाणी भी सम्पूर्ण ब्रह्म तक पहुँच नहीं पाती है और अपने प्रयास में विफल होकर ब्रह्म ज्ञान की सीमा को पाये बिना लौट आती है। वही परब्रह्म आर्त भक्त जनों के लिए सुलभ है।

इसी तथ्य को नम्माष्वार् ने 'तिरुवाय्मोषि' में कहा है–

"यारुमोर् निलैमैयन् एनवरिवरिय एम्पेरुमान्
यारुमोर् निलैमैयन एनवरिवेळिय एम्पेरुमान्" (1-3-4)

(परब्रह्म भगवान नारायण ज्ञानियों के लिए अप्राप्य हैं–दुर्लभ हैं। परन्तु वही परब्रह्म निष्काम भक्ति करनेवाले परम भागवत दासों के लिए सुलभ हैं।)

भक्ति की अतिशय गौरवशालिता को सिद्ध करने के लिए आष्वार् कहते हैं कि भगवान कृष्ण ने गीता में

'सर्वधर्मान् परित्यज्य मामेकं शरणं व्रज' कहकर प्रपति की जो गौरवपूर्ण परिभाषा प्रस्तुत की थी उसे न समझने वाले या उसका अनुकरण न करनेवाले लोग अहंकारी अथवा भगवान के विरोधी होकर जीवन जियेंगे। अन्य लोग जो भगवद् भक्त हैं वे उस गीतोपदेश का पालन करते हुए भक्ति की रससिद्ध दशा में लीन रहेंगे।

बहत्तर

भगवान नारायण की कृपा के बिना कर्म, भक्ति एवं ज्ञान का कोई महत्त्व नहीं रहता। इस सिद्धान्त का प्रतिपादन भक्त आष़्वार् के प्रस्तुत पद में देखिये।

इल्लरम् इल्लेल् तुरवर मिल्लेन्नुम्
शोल् अरम् अल्लनवुम् शोल्ललल्–नल्लरम्
आवनवुम् नाल्वेद मात्तवमुम् नारणने
आवदु ईदु अन्रु एन्बार् आर ।।

शब्दार्थ अन्वय सहित

इल्लरम् एन्नुम् शोल्लुम् शोल् अल्ल = गृहस्थ धर्म के रूप में शास्त्रों के द्वारा प्रमाणित कर्मयोग भी प्रमाण या आधार नहीं है।
इल्लेल् = अन्यथा
तुरवरम् एन्नुम शोल्लुम् शोल् अल्ल = संन्यास धर्म के रूप में निरूपित ज्ञानयोग भी प्रमाण या आधार नहीं है।
इल्लेल् = अन्यथा
अल्लन अरम् एन्नुम् शोल्लुम् शोल् अल्ल = इनसे भिन्न दूसरे उपाय भी (भक्ति योग, तीर्थाटन, नाम संकीर्तन आदि) प्रमाण या आधार नहीं हैं।
नल् अरम् आवनवुम् नाल्वेदम्, मा तवमुम् = श्रेष्ठ धर्म कहलाने वाले ज्ञान, भक्ति आदि, और चारों वेदों में प्रतिपादित कर्मयोग इत्यादि भी
नारणने आवदु = भगवान नारायण के अनुग्रह अथवा कृपा से ही सफल होते हैं।
ईदु अन्रु एन्बार् आर् = इसे क्या कोई भी असत्य कह सकता है?

विशेष

इल्लरम् = गृहस्थ धर्म
तुरवरम् = संन्यास धर्म; ज्ञानयोग

भावार्थ व्याख्या सहित

भक्त आष़्वार् भगवान नारायण की कृपा अथवा अनुग्रह पर ज़ोर देते हुए कहते हैं कि गृहस्थ धर्म के रूप में शास्त्रों द्वारा निर्धारित कर्मयोग मोक्ष प्राप्ति का साधन नहीं है; संन्यास धर्म के रूप में निरूपित ज्ञान योग भी मोक्ष प्राप्ति का प्रमाण अथवा आधार नहीं है। भक्ति योग, तीर्थाटन, नाम संकीर्तन आदि दूसरे उपाय भी मोक्ष प्राप्ति के आधार नहीं हैं। वेद प्रमाणित ज्ञान, भक्ति एवं कर्मयोग इत्यादि महत्त्वपूर्ण मोक्ष-साधन हो सकते हैं। परन्तु ये साधन तभी सफल होंगे जब भगवान नारायण की कृपा अर्थात् अनुग्रह हो। यही सबसे बड़ा सत्य है।
भले ही कोई व्यक्ति ब्रह्मचर्य, गृहस्थ, वानप्रस्थ एवं संन्यास के धर्म का भली-भाँति पालन करे; चाहे वह कर्म, ज्ञान तथा भक्ति योगों का पथ सही अर्थ में तय करे अर्थात् प्रवृत्ति तथा निवृत्ति मार्गों का निष्पादन करे,

फिर भी मुक्ति प्राप्त करने के लिए एकमात्र साधन होगी भगवत्कृपा या भगवदनुग्रह। उसके बिना शेष समस्त उपाय या साधन लक्ष्य-प्राप्ति में सफल नहीं होंगे।
इसी तत्व की अभिव्यक्ति गीता के निम्न श्लोक में हुई है।

"सर्वधर्मान् परित्यज्य मामेकं शरणं व्रज
अहं त्वा सर्वपापेभ्यो मोक्षयिष्यामि मा शुचः ।।" (18-66)

(तुम सभी धर्मों का परित्याग कर एकमात्र मेरी शरण ग्रहण करो। मैं तुमको सभी पापों से मुक्त करूँगा; अतः कोई चिन्ता मत करो।)

तिहत्तर

भगवान नारायण की महिमा को समझे कौन? उनके गीता-रहस्य की पूरी जानकारी किसे हो सकती है! भक्त आष़्वार् के प्रस्तुत पद में इस तथ्य पर प्रकाश डाला गया है।

आरे अरिवार् अनैत्तु उलहुम उण्डु उमिष़्न्द
पेराष़ियान् तन् पेरुमैयै–कार् शेरिन्द
कण्ठत्तान् एण्कण्तान् काणान् अवन् वैत्त
पण्डैत्तानत्तिन् पति ।।

शब्दार्थ अन्वय सहित

अनैत्तु उलहुम उण्डु उमिष़्न्द = समस्त लोकों को प्रलय से बचाने के लिए भगवान नारायण ने निगल लिया था और प्रलय के बाद उन्हें पुनः प्रतिस्थापित कर दिया था।
पेराष़ियान् = वे सुदर्शन चक्रधारी हैं।
तन् पेरुमैये अरिवार् आरे? उस भगवान नारायण की महिमा को कौन समझ पायेगा?
अवन् वैत्त पण्डत्तानत्तिन् पति = भगवान नारायण ने परमपद या मुक्ति प्राप्त करने के उचित मार्ग के रूप में गीता को प्रस्तुत किया था। उसे
कार् शेरिन्द कण्ठत्तान्, एण् कण्णान् काणान् = नीलकण्ठ रुद्र तथा चतुरानन ब्रह्मा भी जिनके आठ नयन हैं, नहीं समझ पायेंगे।

विशेष

पति = संस्कृत शब्द 'पन्थाः' का तमिल प्रयोग है; इसका अर्थ है मार्ग।
पण्डत्तानम् प्राचीन स्थान; पुरातन स्थल; परम पद; मुक्ति
कार् = काला; प्रसंगानुसार 'नील'
कण्ठत्तान् = कण्ठवाला
कार् शेरिन्द कण्ठत्तान् = नील वर्ण के कण्ठवाले रुद्र
एण् = आठ (एट्टु = आठ; इसका विशेषण रूप है 'एण')
कण् = आँख, नयन, कण्णान् = नयनयुक्त
एण् कण्णान् = आठ नयनों से युक्त चतुरानन ब्रह्मा

भावार्थ व्याख्या सहित

भगवान नारायण ने समस्त लोकों को महाप्रलय से बचाने के लिए निगल लिया था और बाद में उन्हें बाहर लाकर प्रतिस्थापित किया था। वे लोक-रक्षण के निमित्त सुदर्शन चक्र को लिये हुए हैं। उस भक्तवत्सल एवं आश्रित रक्षक भगवान नारायण की महिमा को समझे कौन? उसी भगवान नारायण ने मानव-मात्र के हित के लिए परमपद या मुक्ति का सही पथ दिखाते हुए गीता का उपदेश दिया था। उसे नीलकण्ठ रुद्र एवं चतुरानन ब्रह्मा भी नहीं समझ पाते हैं। अर्थात् अमृत मंथन के समय निकले विष का पान कर समस्त लोकों को नष्ट होने से बचाने का बड़ा कार्य रुद्र या शिव ने ज़रूर किया। पर इसका उन्हें गर्व है। ब्रह्मा को भी इस बात का अभिमान है कि वे अपने आठ नयनों से एक ही समय पर आठों दिशाओं में परिव्याप्त होकर सृष्टि का तमाम कार्य कर सकते हैं। अभिमानी होने के कारण शिवजी एवं ब्रह्मा भी गीतोपदेश का सार नहीं समझ पाते हैं। उसे समझने के लिए भक्ति की आवश्यकता है; प्रपन्न होना आवश्यक है; अभिमानरहित होना ज़रूरी है। सबसे बढ़कर भगवान नारायण की कृपा अर्थात् अनुग्रह की आवश्यकता है।
संक्षेप में, आश्रित-वत्सल भगवान नारायण एवं उनके शिक्षण को समझने के लिए उनकी कृपा तथा तज्जनित प्रपत्ति भाव की आवश्यकता है।

चौहत्तर

भगवान नारायण की आश्रित-वत्सलता तथा शरणागत-रक्षण की विशेषता भक्त आऴ्वार् के प्रस्तुत पद में निरूपित है। भगवान नारायण की स्तुति ही भक्त आऴ्वार् के लिए काम्य है।

पतिप् पहैञर्कु आट्रादु पाय्तिरैनीर्प्पाऴि
मदित्तु अडैन्द वाळरवम् तन्नै–मदित्तवन् तन्
वल्लाहत् तेट्रिय मामेनि मायवनै
अल्लादोन्रु एत्तादेन् ना।।

शब्दार्थ अन्वय सहित

पति पहैञर्कु आट्रादु = जीवन के पथ पर सहज शत्रु के रूप में विद्यमान गरुड़ से डरकर
पाय् तिरै नीर् पाऴि = व्यापक रूप से लहराते हुए दुग्ध समुद्र की शय्या को
मदित्तु अडैन्द वाळ् अरवम् तन्नै = शरण-स्थल के रूप में स्वीकार कर आये तेजस्वी सर्प 'सुमुख' को
मदित्तु = अपनी शरण में लेकर उसे
अवन् तन् वल् आहत्तु एट्रिय = उस शत्रु गरुड़ के सशक्त शरीर पर चढ़ा देनेवाले
मामेनि मायवनै अल्लादु = दिव्य शरीर युक्त मायामय भगवान नारायण को छोड़कर
ओन्रु एन् ना एत्तादु = किसी दूसरे की, मेरी जिह्वा स्तुति नहीं करेगी।

विशेष

पति पहैञर = जीवन-पथ पर विद्यमान शत्रु; जन्म-जात शत्रु
सर्प और गरुड़ प्रकृतिशः परस्पर शत्रु होते हैं।
ना = जिह्वा, एत्तादु = स्तुति नहीं करेगा; प्रशंसा नहीं करेगा

भावार्थ व्याख्या सहित

भगवान नारायण आश्रितवत्सल एवं आश्रित रक्षक हैं। उन्होंने गरुड़ से भयभीत होकर अपनी शरण में आये तेजस्वी सर्प 'सुमुख' की रक्षा करने के लिए उसे गरुड़ को ही सौंप दिया था। जन्मजात दो शत्रुओं की शत्रुता का निराकरण कर उन दोनों को मित्र बना देने का अभूतपूर्व कार्य किया भगवान नारायण ने। यह घटना भगवान की आश्रित-वत्सलता एवं आश्रित रक्षणत्व-शक्ति का प्रमाण है। भक्त आष़्वार् की स्थापना है कि वे उस आश्रित रक्षक भगवान नारायण को छोड़ किसी दूसरे देवता या व्यक्ति की स्तुति नहीं करेंगे। भगवान ने गरुड़ को सर्प सुमुख की रक्षा करने का भार सौंपा; दो शत्रुओं को परस्पर मित्र बनाया; इस पौराणिक कथा का संक्षिप्त विवरण प्रथम आष़्वार्–पोय्कै आष़्वार् की कृति प्रथम दिव्य अन्तादि के पद 80 में दिया गया है।

भगवान नारायण की आश्रित-वत्सलता की व्याख्या रामायण तथा वराह पुराण में निम्न प्रकार दी गयी है।

'मित्रभावेन संप्राप्तं न त्यजेयं कदाचन।
दोषो यद्यपि तस्य स्यात् सतामेतदगर्हितम् ।।

(रामायण–युद्धकाण्ड 18-3)

(मित्र का रूप धरकर जो भी शरण में आये उसका कभी त्याग नहीं करूँगा। भले ही उस व्यक्ति का कोई दोष हो; फिर भी सज्जनों के द्वारा वह निन्दनीय नहीं है।)

"मद्‌भक्तं स्वपचं वापि निन्दां कुर्वन्ति ये नराः।
पद्‌मकोटिशतेनापि न क्षमामि कदाचन।।" (वराह पुराण)

(कुत्ते का मांस खानेवाला चांडाल होने के बावजूद यदि कोई मेरा भक्त हो तो उसकी निन्दा करनेवाले लोगों को शति कोटि युग तक में क्षमा नहीं करूँगा।)

भक्त भगवान के लिए अत्यन्त प्रिय है; वह दोषी या अपराधी ही क्यों न हो! भगवान अपनी शरण में आये उस भक्त का रक्षण किसी भी हालत में करेंगे। वे उसके दोषों अथवा अपराधों पर ध्यान नहीं देंगे। जैसे कहा गया है–

'श्रद्धधाना मत्परमा भक्तास्तेऽतीव मे प्रियाः'

(मेरे प्रति परिपूर्ण श्रद्धावान एवं समर्पित भक्त लोग मेरे लिए अत्यन्त प्रिय होते हैं। भगवद्‌गीता 17-20)।

पचहत्तर

जिह्वा का प्रयोजन भगवान नारायण के स्तुति-गान में ही है, न कि क्षुद्र लोगों के प्रशंसा-गान में। इस तत्त्व को भक्त आष़्वार् के प्रस्तुत पद में देखिये।

नाक् कोण्डु मानिडम् पाडेन् नलमाहत्
तीक् कोण्ड शेंचडैयान् शेन्रु एन्रुम्–पूक्कोण्डु
वल्लवारेत्त महिष़ाद वैकुन्तच्
चेल्वनार् शेवडि मेल् पाट्टु ।।

शब्दार्थ अन्वय सहित

तीक् कोण्ड शेम् चडैयान् = अग्नि की भाँति रक्तिम जटायुक्त देवता रुद्र

नलम् आह एन्रुम् पू कोण्डु शेन्रु = भली-भाँति सर्वदा पुष्प हाथ में लिये हुए स्वयं जाकर

वल्ल आरु एत्त = भरसक स्तुति करते हैं; फिर भी
महिष़ाद वैकुन्तम् चेल्वनार् = इससे प्रसन्न नहीं होते हैं वैकुण्ठ पति भगवान नारायण;
शे अडिमेल् पाट्टु = उनके श्रीचरणों पर समर्पित गीत गानेवाली
नाक् कोण्डु = जिह्वा से
मानिडम् पाडेन् = मैं लोगों की प्रशंसा में नहीं गाऊँगा।

विशेष

ना = जिह्वा
चडै = संस्कृत शब्द 'जटा' का तमिल प्रयोग है।
वैकुंतच् चेल्वनार् = श्रीवैकुण्ठ के स्वामी भगवान नारायण

भावार्थ व्याख्या सहित

रक्तिम वर्ण की जटायुक्त देवता रुद्र सर्वदा हाथ में पुष्प लिये हुए श्री वैकुण्ठ के स्वामी भगवान नारायण की स्तुति एवं पूजन करते हुए रहते हैं; किन्तु भगवान नारायण इससे प्रसन्न नहीं होते हैं। उस भगवान नारायण के चरणों पर (भक्त आष़्वार् कहते हैं कि) मैं अपने गीतों को समर्पित करता हूँ। इन गीतों को गानेवाली जिह्वा से मैं कतई सामान्य लोगों की प्रशस्ति नहीं गाऊँगा।
भक्त आष़्वार् का यह निर्णय है कि रुद्र आदि सामान्य देवताओं की स्तुति न करनेवाली मेरी जिह्वा सामान्य मानवों की प्रशस्ति कैसे करेगी? आष़्वार् के निर्णयानुसार उनकी जिह्वा का प्रयोजन भगवान नारायण के स्तुतिगान में ही है।
परम भागवत नम्माष़्वार् ने भी अपनी कृति 'तिरुवाय् मोष़ि' में कहा है—

'एन्नाविल् इन्कवि यान् ओरुवर्कुम् कोडुक्किलेन्

... ...

... एन्नप्पन् एम्पेरुमान् उळनाहवे ।" (3-9-1)

(मेरे पिता एवं स्वामी भगवान नारायण ही मेरी कविता के साध्य अथवा मेरी कविता के द्वारा प्रतिपाद्य हैं। अतः मैं अपनी जिह्वा से उद्भूत मधुर काव्य किसी दूसरे को नहीं दूँगा अर्थात् मेरा काव्य केवल मेरे पिता एवं स्वामी भगवान नारायण की ही प्रशस्ति प्रस्तुत करेगा।)

छिहत्तर

भक्त आष़्वार् की, प्रस्तुत पद में स्थापना है कि श्रुति, स्मृति, पुराण, शास्त्र, इतिहास इत्यादि का स्रोत भगवान नारायण का संकल्प मात्र है।

पाट्टुम् मुरैयुम् पडुकदैयुम् पल्पोरुळुम्
ईट्टिय तीयुम् इरु विशुम्बुम्—केट्ट
मनुवुम् सुरुति मरै नान्गुम् मायन्
तन मायैयिल् पट्ट तर्पु।।

शब्दार्थ अन्वय सहित

पाट्टुम्, मुरैयुम्, पडुकदैयुम्, पल् पोरुळुम् = गीत, संगीत, इतिहास, नानाविध अर्थ द्योतक पुराण
ईट्टिय तीयुम् इरु विशुम्बुम् = अग्नि, व्यापक आकाश आदि पाँचों भूत (पृथ्वी, जल, अग्नि, वायु एवं आकाश)
केट्ट मनुवुम्, सुरुति मरै नान्गुम् = वेदप्रतिपादित मनुस्मृति और अनादि काल से श्रवण द्वारा उच्चरित होनेवाले चारों वेद, इत्यादि सभी
मायन् तन = अद्भुत शक्ति युक्त (मायामय) भगवान नारायण के
मायैयिल् पट्ट तर्पु = संकल्प से उद्भूत तत्त्व हैं।

विशेष

मुरै = संगीत, पडुकदै = प्राचीन कथाओं को प्रस्तुत करनेवाले, रामायण, महाभारत आदि इतिहास
पल् पोरुळ् = विभिन्न कथाओं, घटनाओं आदि को प्रस्तुत करनेवाले पुराण
सुरुति मरै नान्गु = श्रवण द्वारा अनादि काल से उच्चरित होकर पाठ किये जानेवाले ऋक्, यजुस्, साम एवं अथर्ववेद;
तर्पु = तत्त्व, मनु = मनु द्वारा विरचित स्मृति
माया = संकल्प शक्ति (यह संस्कृत शब्द है)

भावार्थ व्याख्या सहित

गीत या साहित्य, संगीत, इतिहास, पुराण, पंचभूत, चारों वेद, मनु स्मृति आदि सभी भगवान नारायण के संकल्प मात्र से उद्भूत हैं।
जैसे गीता में कहा गया है–

'संभवामि आत्ममायया' (4-6)

(मेरी ही योगमाया से तमाम तत्त्व उद्भूत होते हैं)
भगवान नारायण की सर्वगतता, सर्वमयता तथा सर्वव्यापिता की स्थापना भक्त आष़्वार् के प्रस्तुत पद में हुई है। प्रस्तुत पद में भक्त आष़्वार् यह सिद्ध करते हैं कि विश्व में स्थित तमाम वाच्य तथा वाचक तत्त्व भगवान नारायण के संकल्प मात्र की उपज हैं। अतः यह सिद्ध होता है कि भगवान नारायण ही स्तुतियोग्य हैं; क्योंकि अखिल जगत के वे ही आधार हैं। यही कारण है कि आष़्वार् ने पूर्व पद में कहा कि उस भगवान नारायण को छोड़कर मेरी जिह्वा किसी और की स्तुति नहीं करेगी। क्योंकि सबके कारणभूत भगवान नारायण ही प्रशस्ति-पात्र हैं।

सतहत्तर

भगवत्कृपा से अभिभूत हैं भक्त आष़्वार्। भगवदनुग्रह के पात्र भक्त के तमाम पाप अपने आप लुप्त हो जाते हैं। अपने इस सौभाग्य पर आश्चर्य करते हुए आष़्वार् कहते हैं।

तर्पेन्नैत् तानरिया नेलुम् तडंकडलैक्
कर्कोण्डु तूर्त्त कडल् वण्णन्–एर्कोण्ड
वेव्विनैयुम् नींग विलंगा मनम् वैत्तान्
एव्विनैयुम् मायुमाल् कण्डु ।।

शब्दार्थ अन्वय सहित

तड कडलै कल् कोण्डु तूर्त्त = जिसने व्यापक सागर को पर्वतों की सहायता से बाँध बनाकर सीमाबद्ध कर दिया था (रामावतार का प्रसंग है यहाँ) और

कडल् वण्णन् तान् = जो सागरवत् नील वर्ण के हैं उस भगवान नारायण ने

एन्नै तर्पु अरियान् एलुम् = पापग्रस्त मुझे भली-भाँति न समझते हुए भी

एन्कोण्ड वेव्विनैयुम् नींग = मुझ पर हावी हुए समस्त पापों को मुझसे दूर हटाने के लिए

कण्डु मनम् विलंगा वैत्तान् = अपनी कृपा दृष्टि सर्वथा मुझ पर डाली

एव् विनैयुम् मायुम् आल्! = इससे मेरे समस्त पाप नष्ट हो गये हैं। यह कितना बड़ा आश्चर्य है!

विशेष

विनै = कर्म; दुष्कर्म; पाप

कल् = पत्थर; प्रसंगानुसार पर्वत

भावार्थ व्याख्या सहित

रामावतार में भगवान नारायण ने लंका में पहुँचने के लिए सागर में पर्वतों को डालकर, बाँध बनाकर उसे सीमाबद्ध कर दिया था। वे स्वयं सागरवत् नील वर्ण के हैं। भक्ति-गद्‌गद मैं पापाविष्ट अवश्य हूँ। परन्तु भगवान ने केवल मेरी भक्ति को देखा; मेरे पापों को नज़र अन्दाज़ कर दिया। उनकी कृपा दृष्टि निरन्तर मुझ पड़ी रही। इससे मेरे तमाम पाप नष्ट हो गये।

यह कितना बड़ा आश्चर्य है कि सर्वज्ञ भगवान मेरे पापों को नज़र अन्दाज़ कर दें और मेरे प्रति अपनी अनुग्रह शक्ति को निरन्तर बनाये रखें!

किन्तु भक्त आष़्वार् को इस बात का पूर्ण विश्वास है कि भगवान नारायण भागवत भक्त की भक्ति अथवा प्रपन्नता की महती शक्ति का ही सम्मान करते हैं भले ही वह पापविष्ट हो। भगवान की कृपा दृष्टि का यह परिणाम है कि भक्त के तमाम पाप धुल जाते हैं।

भगवान नारायण भक्त के दोषों पर कम, पर गुणों पर अधिक ध्यान देते हैं; यही कारण है कि भक्त पर उनकी कृपादृष्टि सदैव बनी रहती है; इसी के फलस्वरूप पापग्रस्त भक्त भी पुण्यात्मा बन जाता है।

अठहत्तर

अकस्मात् भगवान नारायण का नाम श्रवण करने मात्र से शिवजी अर्थात् रुद्र विकारग्रस्त हो जाते हैं तो उन लोगों की क्या दशा होगी जिन्हें भगवान के साक्षात्कार का सौभाग्य प्राप्त हो? भक्त आष़्वार् के प्रस्तुत पद में इस बात को सुनिये।

कण्डु वणंगिनार्कु एन्नांकोल् कामनुडल्
कोण्ड तवत्तार्कु उमै उणर्त्त–वण्डलम्बुम्
तारलंगल नीणमुडियान् तन् पेयरे केट्टिरुन्दु अङ
कारलंगल् आनमैयाल् आयन्दु ।।

शब्दार्थ अन्वय सहित

कामन् उडल् कोण्ड तवत्तार्कु = अपने तपोबल से मन्मथ को जला देनेवाले शिवजी के समक्ष
उमै उणर्त्त = जब पार्वती ने (भगवान नारायण की महिमा का) वर्णन किया तब
वण्डु अलंबुम् तार् अलंगल् नीळ् मुडियान् तन् पेयर् केट्टिरुन्दु = भ्रमर मंडित पुष्प माला से अलंकृत केश युक्त भगवान नारायण के नामों को सुनने मात्र से
अंगु आर् अलंगल् आनमै आय्न्दु आल् = तत्काल (शिवजी) पुष्प माला की तरह मुरझा गये—जब इस पर विचार करते हैं तब यह कहना संभव नहीं होता कि
कण्डु वणंगिनार्कु एन् आम् कोल् ? = जो लोग भगवान का नमनपूर्वक साक्षात्कार करते हैं उनकी क्या दशा होगी?

विशेष

कामन् = कामदेव, मन्मथ, उमै = उमा, पार्वती-ये दोनों शब्द संस्कृत के हैं।
अलंगल् = पुष्प माला

भावार्थ व्याख्या सहित

अपने तपोबल से पुष्प बाण कामदेव को जला देनेवाले शिवजी ने जब पार्वती के मुँह से भगवान नारायण की महिमा का वर्णन सुना तब तत्काल वे शिथिल हो गये और पुष्प की तरह मुरझा गये अर्थात् भगवान का नाम-महिमा-श्रवण मात्र से शिवजी भाव-गद्गद हो अश्रुगलित तथा पुलकांकित हो गये।
इस घटना पर जब हम विचार करते हैं तब यह कहना कठिन हो जाता है कि जो उस परम पुरुष भगवान का प्रत्यक्षतः साक्षात्कार करते हैं और अहंकार-ममकार का परित्याग कर उनके श्रीचरणों पर अपने को समर्पित करते हैं उन लोगों की क्या दशा होगी।
भगवान नारायण के महिमा-श्रवण मात्र से क्रूर स्वभाव युक्त शिवजी भी द्रवित हो जाते हैं तो प्रपन्न सामान्य मानव—भागवत भक्त की क्या दशा होगी?
कामदहन की कथा के लिए श्री शिव महापुराण के द्वितीय भाग के तृतीय खंड का अध्याय 19 देखें;

"तृतीयात् तस्य नेत्राद्वै निस्ससार ततो महान्।
ललाटमध्यगात्तस्मात् सवह्निः द्रुतसम्भवः।
... ...
भस्मसात्कृतवान् साधो मदनं तावदेव हि।"

उन्नासी

भगवान नारायण के साक्षात्कार से उद्भूत आनन्द अपार एवं गहन है। जो भागवत भक्त परमानन्द की कामना करते हैं उनके लिए शरीराभिमान बाधक सिद्ध होगा। अतः उनके लिए शारीरिकता एवं सांसारिकता से मुक्ति अभीष्ट होगी। इस सन्दर्भ में आष़्वार् का प्रस्तुत पद देखें।

आय्न्दु कोण्डु आदिप् पेरुमानै अन्बिनाल्
वाय्न्द मनत्तिरुत्त वल्लार्हळ्—एय्न्द तम्
मेय्कुन्दमाह विरुम्बुवरे तामुम् तम्
वैकुंतम् काण्बार् विरैन्दु ।।

शब्दार्थ अन्वय सहित

आदि पेरुमानै = समस्त जगत के कारणभूत भगवान नारायण का
अन्बिनाल् आयन्दु कोण्डु = स्नेहपूर्वक अनुसंधान करते हुए
वायन्द मनत्तु इरुत्त वल्लाईळ् तामुम् = अपने भक्ति मंडित अंतस्तल में उन्हें स्थित कर लेने में सक्षम लोग
तम् वैकुंतम् विरैन्दु काण्बार् = अपने लिए वांछित या अपेक्षित परमपद अर्थात् श्रीवैकुंठ अर्थात् मुक्ति-पद तत्काल प्राप्त करने की इच्छा के कारण
एयन्द तम् मेय् कुन्दम् आह विरुम्बुवर् = आत्मा के साथ संलग्न अपने शरीर को व्याधि के रूप में समझेंगे

विशेष

आदि = प्रथम; जगत् कारण (यह संस्कृत शब्द है)
मेय् = शरीर, कुन्दम् = व्याधि
एयन्द तम् मेय् = आत्मा के साथ जुड़ा हुआ शरीर

भावार्थ व्याख्या सहित

जगत के आदि कारणभूत परमात्मा नारायण का ध्यान-अनुसंधान करते हुए उन्हें अपने अंतस्तल में स्थायी रूप से प्रतिष्ठित करने में सक्षम भक्त लोग निरन्तर भगवदनुभव प्राप्त करने की इच्छा से श्रीवैकुण्ठ अर्थात् परम-पद यानी मुक्ति-पद की प्राप्ति की कामना करते हैं। इस पथ पर उन्हें शारीरिकता अर्थात् सांसारिकता व्याधि या बाधा के रूप में प्रतीत होती है।

भक्त वह होता है जो चंचल मन को नियंत्रित कर वहाँ भगवान नारायण को भक्तिपूर्वक निरन्तर प्रतिष्ठित कर लेता है। चंचल मन को नियंत्रित करना कठिन है। भक्त इस कठिन कार्य को निष्पादित करने में सफल होता है; इतना ही नहीं; अपने चंचल मन को अचंचल कर वहाँ भगवान को प्रतिष्ठित कर लेता है जो कठिनतर है। परन्तु परम भागवत भक्त के लिए यह नितराम् सरल है। किन्तु भक्त को भगवान् का निरन्तर सान्निध्य प्राप्त करने की ललक होती है। तदर्थ वह परम पद अथवा मुक्ति प्राप्त करने की तीव्र कामना करता है। परन्तु इसमें उसका शरीर या शारीरिकता या सांसारिकता बाधक होती है। अतः वह शरीर को व्याधि समझता है और उस व्याधि से मुक्त होने की उसे तीव्र आकांक्षा होती है। यह भक्ति की पराकाष्ठा की स्थिति है।

अस्सी

भक्त-ज्ञानी शरीर या सांसारिकता को व्याधि या भक्ति मार्ग में बाधा के रूप में समझते हैं। अतः उनके लिए भगवद् भक्ति का मार्ग सुरक्षित नहीं है। इस कारण भक्त आष्वार् ऐसे लोगों को समझाते हैं कि प्रलय काल में अखिल जगत की रक्षा जिस भगवान नारायण ने की थी उनकी शरण में जाने पर ही सांसारिकता के प्रलय या नाशकारी स्थिति से बचा जा सकता है।

विरैन्दु अडैमिन् मेलोरु नाळ् वेळ्ळम् परक्क
करन्दुलहम् कात्तळित्त कण्णन्–परन्दुलहम्
पाडिन आडिन केट्टु पडुनरकम्
वीडिन वाशर् कदवु ।।

शब्दार्थ अन्वय सहित

परन्दु आडिन उलहम् पाडिन केट्टु = जग-भर में परम आनन्द से नर्तन करनेवाले भागवत भक्तों के नाम–संकीर्तन को सुनकर
पडु नरकम् वाशल् कदवु वीडिन = भयंकर नरक के द्वार के कपाट बंद हो गये।
मेल् ओरु नाळ् = बहुत पहले
वेळ्ळम् परक्क = प्रलय–व्याप्ति के समय
उलहम् करन्दु कात्तु अळित्त कण्णन् = अखिल ब्रह्माण्ड को उदरस्थ कर उसकी रक्षा करनेवाले भगवान कृष्ण अर्थात् भगवान नारायण की
विरैन्दु अडैमिन् = शरण में शीघ्र पहुँच जाइये।

विशेष

वाशर् कदवु = वाशल् कदवु = द्वार का कपाट
वेळ्ळम् = बाढ़; प्रसंगानुसार 'प्रलय'।

भावार्थ व्याख्या सहित

भक्ति-विह्वल होकर जग-भर में अपार आनन्द से नर्तन करनेवाले परम भागवत भक्तों का नाम-संकीर्तन सुनकर भयंकर नरक के द्वार के कपाट बंद हो गये। घोर सांसारिकता में निमग्न लोगों को भक्त आष़्वार् उससे बचने का रास्ता बताते हुए कहते हैं कि भगवान कृष्ण अर्थात् नारायण ने महाप्रलय से सारे जगत या अखिल ब्रह्माण्ड को उदरस्थ कर उसकी रक्षा की थी; उनकी शरण में तत्काल जाइये (और सांसारिकता की भयानक स्थिति से बचिये)।

भक्त आष़्वार् मनुष्य-मात्र को नरक-भय तथा शारीरिकता अर्थात् सांसारिकता की बाधाओं से बचने का मार्ग समझाते हैं। प्रस्तुत पद के पहले दो चरणों में यह बताया गया कि भक्ति-गद्गद हो भगवन्नाम-संकीर्तन करने से नरक अपने आप उन भक्तों के लिए बंद हो जाएगा। संसार-भय से मुक्त होने के लिए भगवान नारायण का आश्रय ग्रहण करना ही एकमात्र उपाय है—इस तथ्य का संकेत परवर्ती दो चरणों में दिया गया है।

भक्ति-विह्वल परम भागवत श्री वैष्णव आत्मविस्मृत होकर भगवान के नाम संकीर्तन तथा नर्तन द्वारा भगवन्मय हो जाते हैं। उनके लिए न तो नरक-भय होता है और न ही सांसारिकता का डर।

इक्यासी

'मन ही मानव-मात्र के बंधन तथा मुक्ति, दोनों का कारण है।' इस तथ्य का प्रतिपादन करते हुए भक्त आष़्वार् सुनिश्चित रूप से कहते हैं कि भगवान नारायण का स्मरण, कीर्तन, ध्यान आदि का आधार मन ही है (यद्यपि वही मन भक्ति रहित सांसारिकता की स्थिति में बन्धन का कारण भी बनता है।)

कदवु मनमेन्रुम् काणलामेन्रुम्
कुदैयुम् विनैयावि तीर्न्देन्–विदैयाह
नट्रमिष़ै वित्ति एन्नुळ्ळत्तै नी विळैत्ताय्
कट्रमोष़ियाहिक् कलन्दु ।।

शब्दार्थ अन्वय सहित

 नी कट्र मोष़ियाहि = (हे भगवान नारायण!) सर्वशक्तिमान आप मेरे तमाम शब्दों के वाच्य विषय बनकर
कलन्दु = मुझमें एक होकर रहे और आपने
नल् तमिषै विदैयाह वित्ति = सुन्दर तमिल भाषा का बीज बोकर
एन् उळ्ळत्तै विळैत्ताय् = मेरे अंतस्तल के क्षेत्र में भक्ति अथवा भक्तिपूर्ण इस प्रबन्ध की फ़सल उगाने का काम किया।
मनम् कदवु एन्रुम् काणलाम् एन्रुम् = अतः मेरा अंतस्तल अर्थात् मन कभी सोचता है कि यह भगवान को पाने के मार्ग में बाधा है और कभी यह भी सोचता है कि यही भगवान के दर्शन का भी साधन है;
कुदैयुम् विनै आवि तीर्न्देन् = इस प्रकार अस्थिर रहकर चंचल होते रहनेवाले मन को मैंने हटाया या दूर रखा।

विशेष

कदवु = कपाट, रोक या बाधा
आवि = प्राण; प्रसंगानुसार मन या अंतस्तल का अर्थ लिया जाता है।
कुदै = अस्थिर होना या चंचल रहना

भावार्थ व्याख्या सहित

भक्त आष़्वार् प्रसन्नतापूर्वक भगवान नारायण को सम्बोधित कर कहते हैं कि हे सर्वशक्तिमान भगवान नारायण! मैंने जीवन काल में जितने शब्दों को सीखा उन सबका वाच्य विषय बनकर आप रहे; और आपने मेरे अंतस्तल के क्षेत्र में सुन्दर तमिल भाषा का बीज बोया और भक्तिपूर्ण इन कविताओं की फ़सल उगाने का काम किया। अतः मैंने अपने मन अर्थात् अंतस्तल को दूर रखा; क्योंकि यही अंतस्तल भक्ति के मार्ग में कभी बाधक होकर रहता है और कभी भगवान के दर्शन करने एवं उन्हें पाने का साधन भी बना रहता है–इस प्रकार वह अस्थिर एवं चंचल रहता है; अतः मैंने उसे हटा दिया अर्थात् उसके प्रभाव से मैं मुक्त रहता हूँ।
मन की इसी चंचल स्थिति की ओर विष्णु पुराण एवं भगवद् गीता के निम्नलिखित श्लोकों में संकेत किया गया है।

"मन एव मनुष्याणां कारणं बन्धमोक्षयोः।
बन्धाय विषयासंगि मुक्त्यै निर्विषयं मनः।।"

(विष्णु पुराण 6-7-28)

(मानव के बंधन एवं मोक्ष, दोनों का कारण मन ही है। विषय वस्तुओं की संगति उसके बन्धन का तथा उनसे असंग होकर दूर रहना उसकी मुक्ति का आधार है।)

"आत्मैव ह्यात्मनो बंधुः आत्मैव रिपुरात्मनः।" (भगवद्गीता 6-5)

(आत्मा अर्थात् अहम् ही किसी का मित्र है एवं शत्रु भी।)
अतः भक्त आष़्वार् अंतस्तल के प्रभाव का वर्जन कर भगवद् ध्यान, भगवान के कीर्तन तथा मधुर तमिल भाषा में भगवान की प्रशस्तिमय भक्तिपूर्ण काव्य की रचना में निमग्न रहने में ही आनन्द का अनुभव करते हैं।

बयासी

भक्त आष़्वार् को इस बात का परमानन्द है कि देवताओं के लिए भी अप्राप्य भगवान नारायण उनके हृदय में आकर विराजमान हैं। यहाँ भगवान के भक्त-सौलभ्य की ओर आष़्वार् का संकेत है।

कलन्दान् एन् उळ्ळत्तुक् कामवेळ् तादै
नलन्दानुम् ईदोप्पदुण्डे–अलर्न्दलर्हळ्
इट्टेत्तुम् ईशनुम् नान्मुखनुम् एन्रिवर्हळ्
विट्टेत्तं माट्टाद वेन्दु।।

शब्दार्थ अन्वय सहित

कामवेळ् तादै = जो कामदेव के जनक हैं, और
अलर्न्द अलर्हळ् इट्टु एत्तुम ईशनुम् नान्मुखनुम् = विकसित कुसुमों को समर्पित कर शिवजी एवं चतुर्मुख ब्रह्मा भी जिनकी स्तुति करते हैं
एन्र इवर्हळ् = तथा इस प्रकार के अन्य तमाम देवता भी
विट्टु एत्त माट्टाद वेन्दु = जिनका स्तवन करने में असमर्थ हैं वे भगवान नारायण
एन् उळ्ळत्तु कलन्दान् = मेरे हृदय में आकर विराजमान हुए
ईदु ओप्पदु नलम् तानुम् उण्डे? = इसके समान क्या कोई दूसरी विशेष बात हो सकती है?

विशेष

कामन् = यह संस्कृत शब्द है; इसका अर्थ है 'मन्मथ'; जो सबके मन में इच्छाएँ पैदा करता है।
वेळ् = तमिल शब्द है जिसका अर्थ है 'काम' या 'मन्मथ'; यहाँ आष्र्वार् ने दो समानार्थी शब्दों का एक साथ प्रयोग किया है; अतः पहले शब्द (काम) को विशेषण तथा दूसरे शब्द (वेळ्) को विशेष्य के रूप में लेना है।
ईशन् = संस्कृत शब्द 'ईश' का तमिल प्रयोग है। इसका अर्थ है 'शिवजी'।
वेन्दु = राजा; प्रसंगानुसार भगवान नारायण।

भावार्थ व्याख्या सहित

भक्त आष्र्वार् यह सोचकर आनन्दाभिभूत हो जाते हैं कि जो भगवान नारायण सौन्दर्य के आकर मन्मथ के भी पिता हैं, जिस भगवान नारायण का पूजन तथा स्तुति शिवजी एवं ब्रह्मा भी करते हैं और जिसका स्तवन करने में अन्य तमाम देवता भी असमर्थ हैं वे मेरे हृदय-मन्दिर में आकर विराजमान हैं। आष्र्वार् को भगवान के भक्त सौलभ्य पर आश्चर्य होता है; अतः उनका कहना है कि इससे बढ़कर और विशेष बात क्या हो सकती है।

राजाधिराज अति सुन्दर भगवान नारायण का पूजन एवं स्तुति करते हुए ब्रह्मा रुद्र आदि देवता भी उनको प्राप्त नहीं कर पाते; किन्तु वे भगवान नारायण अपने भक्तवात्सल्य तथा आश्रित रक्षण का धर्म निभाते हुए स्वयमेव भक्त-हृदय में आकार विराजमान हो जाते हैं। भक्त आष्र्वार् इस बात पर गौरव तथा अति-आनन्द का अनुभव करते हैं।

प्रस्तुत पद में मन्मथ को भगवान नारायण के पुत्र के रूप में कहा गया है। वह कथा पौराणिक विश्वकोष के अनुसार इस प्रकार है। श्रीकृष्ण ने शिवजी से पुत्र-प्राप्ति का वर माँगा। शिवजी ने कहा कि जो कामदेव उनके तृतीय नयन से जल गया था वह उनकी पत्नी रुक्मिणी के पुत्र के रूप में जन्म लेगा। रुक्मिणी का वही पुत्र कामदेव अर्थात् मन्मथ था। (पौराणिक विश्वकोष; पृ 379, विष्णु पुराण, खण्ड 5, अध्याय 26 एवं 27)।

तिरासी

भगवान नारायण भक्तों के प्रति कृपालु हैं; उनको सब तरह का सुख एवं आनन्द, यहाँ तक कि मोक्ष भी प्रदान करते हैं। इस तथ्य को आष्वार् के प्रस्तुत पद में देखें।

वेन्दराय् विण्णवराय् विण्णाहित् तण्णळियाय्
मान्दराय् मादाय् मट्रेल्लामाय्–शार्न्दवरुक्कुत्
तन्नाट्रान् नेमियान् माल् वण्पन् तान् कोडुक्कुम्
पिन्नाल् तान् शेय्युम् पितिर्।।

शब्दार्थ अन्वय सहित

नेमियान् = सुदर्शन चक्रधारी और
माल् वण्णन् = प्रेम स्वरूपी भगवान नारायण
शार्न्दवरुक्कु = अपनी शरण में आये भक्तों को
वेन्दर् आय्, विण्णवर् आय = शासकों तथा देवताओं की तरह
विण् आहि तण् अळि आय् = भौतिक तथा स्वर्गिक सुख प्रदान करते हैं।
मान्दर् आय्, माता आय्, मट्रु एल्लाम् आय् = बन्धु-बान्धवों की तरह, माता की तरह और अन्य सभी रूपों में मंगल प्रदान करते हैं।
तन् आट्रान् तान् कोडुक्कुम् = (इतना करने के बावजूद) स्वयं तृप्त हुए बिना, बहुत कुछ प्रदान करते हैं।
पिन्नाल् तान् पितिर् शेय्युम् = इन सबसे बढ़कर, वे बिन माँगे स्वयं मोक्ष भी प्रदान करते हैं।

विशेष

पितिर् = विशिष्ट आश्चर्यजनक कार्य; यहाँ प्रसंगानुसार 'मोक्ष' का अर्थ लिया जाता है। क्योंकि भगवान ने सबकुछ तो दे दिया; फिर बचा क्या? तमाम भौतिक एवं स्वर्गिक सुखों के बाद एक ही 'मोक्ष' बचता है जिसके आगे कुछ भी नहीं होता। अतः भगवान भक्त को सब कुछ देने के बाद 'मोक्ष' भी प्रदान करते हैं।

भावार्थ व्याख्या सहित

सुदर्शन चक्रधारी एवं प्रेम स्वरूपी भगवान नारायण अपनी शरण में आये भक्तों को वे तमाम भौतिक तथा स्वर्गिक सुख प्रदान करते हैं जो शासक प्रजा को और देवता लोग आराधकों को देते हैं। साथ ही, भगवान बन्धु-बान्धवों की तरह, माता की तरह एवं अन्य नानाविध रूपों में भक्तों को मंगल प्रदान करते हैं। फिर भी भगवान तृप्त नहीं होते; अतः स्वयं बिन माँगे बहुत कुछ देते हैं; यहाँ तक कि इन सबसे बढ़कर मोक्ष भी प्रदान करते हैं।

भगवान नारायण भक्तों को मोक्ष प्रदान करते हैं–यह तो ठीक है। परन्तु यह कहना कि वे भौतिक तथा स्वर्गिक सुख भी आश्रितों को उपलब्ध कराते हैं–कहाँ तक उचित है? इस प्रश्न का उत्तर यही हो सकता है कि भगवान भक्तों के प्रति अतिशय कृपालु है; जिसकी जैसी रुचि है, उसके अनुसार भक्तों को भगवान देते हैं, चाहे वह भौतिक हो या स्वर्गिक, सामान्य हो या विशेष। सर्वान्तर्यामी भगवान नारायण भक्तों की प्रवृत्ति एवं अपेक्षाओं के अनुसार उन्हें समस्त प्रकार के फल प्रदान करते हैं, क्योंकि वे प्रेमस्वरूपी हैं; आश्रित रक्षक हैं; भक्तवत्सल हैं। भगवान भक्तों को क्या-क्या देते हैं–यह तो आष्वार् ने स्पष्ट किया है। शासक प्रजा की सुख-सुविधाओं तथा सुरक्षा का ध्यान रखते हैं। वरुण, अग्नि, सूर्य, चन्द्र आदि देवता, आराधकों को वर्षा जल, प्रकाश,

शीतलता, गर्मी आदि नित्य जीवन के लिए आवश्यक सारी वस्तुओं एवं तत्वों को प्रदान करते हैं। माँ बच्चों को स्नेह देती है; बन्धु बान्धव साथ देते हैं एवं आवश्यकतानुसार सहायता देते हैं; ये सब भगवान अपने आश्रितों को कृपापूर्वक स्वयं उपलब्ध कराते हैं। इन सबके अलावा वे भक्तों को मोक्ष भी प्रदान करते हैं जो अन्य लोग नहीं दे सकते। यह भगवदनुग्रह का प्रसाद है।

चौरासी

भक्त आष़्वार् सर्वस्व प्रदान करनेवाले उपकारी भगवान नारायण के प्रति अपनी भक्ति की अपरम्पारता और गहनता का विश्लेषण करते हुए कहते हैं–

पितिरुम् मनमिलेन् पिञकन् तन्नोडु
एतिर्वनवन् एनक्कु नेरान्–अतिरुम्
कष़र्कालमन्ननैये कण्णनैये नाळुम्
तोषुम् कादल् पूण्डेन् तोषि़ल् ।।

शब्दार्थ अन्वय सहित

अदिरुम् कष़ल् काल मन्ननैये कण्णनैये = मधुर ध्वनि युक्त कड़ा पादों में पहने हुए राजाधिराज भगवान कृष्ण की
नाळुम् तोषुम् तोषिल् = सर्वदा स्तुति करना ही अपना नित्यकर्म बनाकर मैं
कादल् पूण्डेन = उसी में आनन्द अनुभव करनेवाला हूँ।
पितिरुम् मनम् इलेन् = अतः मैं चंचल मन के अधीन नहीं हूँ।
पिञकन् तन्नोडु एतिर्वनवन् = मैं ज्ञान में रुद्र या शिव के समान हूँ; फिर भी
अनन् एनक्कु नेरान् = रुद्र या शिव भी मेरी समानता नहीं कर सकते।

विशेष

पिञकन् = शिव अर्थात् रुद्र
कष़ल् = कड़ा (जो हाथ एवं पैर में पहना जाता है)

भावार्थ व्याख्या सहित

पादों में ध्वननशील कड़ा पहने हुए राजाधिराज कृष्ण की आराधना को ही मैंने नित्यकर्म समझा; उसी में मेरा ध्यान लगा हुआ है। अतः मेरा मन अचंचल है; स्थिर है भगवद् भक्ति में। मैं भगवान नारायण के भक्त शिवजी अर्थात् रुद्र के समान हूँ; फिर भी शिवजी मेरी समानता नहीं कर सकते। क्योंकि वे अपनी सात्विक दशा में ही भगवान नारायण का स्तवन करते हैं, न कि राजसिक तथा तामसिक दशाओं में, जब कि मैं हर दशा में—हर समय-निरन्तर भगवान का दास हूँ–उन्हींके स्तवन में लगा हुआ हूँ।
भक्त तो वही है जो नित्य एवं निरन्तर भगवद् भक्ति, ध्यान तथा आराधना में लगा रहता है। अतः रुद्र भी उसकी बराबरी नहीं कर सकते। क्योंकि रुद्र तो केवल सात्विक दशा में भगवान की स्तुति एवं स्तवन करते हैं।

पचासी

भागवत भक्त भगवान नारायण के नाम–संकीर्तन तथा गौरव-गान में ही अपना सारा समय व्यतीत करते हैं। इस तथ्य को आष्वार् के निम्नांकित पद में देखिये।

तोषिलेनक्कुत् तोल्लैमाल् तन्नाममेत्त
पोषुदेनक्कु मट्रदुवे पोदुम्–कषिशिनत्त
वल्लाळन् वानरर्कोन् वालि मदनषित्त
विल्लाळन् नेञ्जत्तुळन् ।।

शब्दार्थ अन्वय सहित

कषि शिनत्त = क्रोधी स्वभाव के
वल्लाळन् = शक्तिशाली एवं
वानरर् कोन् = वानरों के राजा
वालि मदन् अषित्त = वाली का गर्व भंग करनेवाले
विल्लाळन् नेञ्जत्तु उळन् = शाङ्र्गधारी भगवान नारायण (रामावतार में) मेरे अंतस्तल में विराजमान हैं
एनक्कु तोषिल् = अतः मेरा कार्य
तोल्लै माल् तन्नामम् एत्त = उस पुरुष पुरातन भगवान का नाम–संकीर्तन ही है।
एनक्कु मट्रदुवे पोषुदु पोदुम् = मेरा सारा समय पूर्वोक्त श्रीराम नाम के संकीर्तन में ही व्यतीत होता है।

विशेष

तोल्लै = पुराना, पुरातन; परेशानी
तोल्लै माल् = पुरातन पुरुष या भगवान नारायण
मदन् = अहंकार, गर्व, मद–यह 'संस्कृत शब्द' 'मद' का तमिल रूप है।
शिनम् = क्रोध.
शिनत्त = (विशेषण प्रयोग) क्रोधी स्वभाव का

भावार्थ व्याख्या सहित

भक्त आष्वार् का कहना है कि वानरों का राजा वाली क्रोधी स्वभाव का था, साथ ही बड़ा शक्तिशाली भी। शाङ्र्गधारी भगवान नारायण ने रामावतार में उसका गर्व भंग किया। वे श्रीराचमन्द्र मेरे अंतस्तल में विराजमान हैं। उस पुरुष पुरातन भगवान नारायण अर्थात् श्रीराम अर्थात् श्रीरामचन्द्र का नाम-संकीर्तन ही मेरा कार्य है और मेरा सारा समय श्रीराम-नाम संकीर्तन में ही व्यतीत होता है।
भक्त आष्वार् सामान्य मनुष्य की तरह नानाविध भौतिक अथवा लौकिक जीवन के कार्यों में ध्यान दिये बिना सारा जीवन आध्यात्मिक भक्ति में ही व्यतीत करते हैं।
जब भगवान नारायण का अनुग्रह प्राप्त है तब किसी और वस्तु की अपेक्षा ही क्यों हो?

छियासी

भक्त आष़्वार् ने अब तक भगवान नारायण के स्वरूप, गुण तथा वैभव का वर्णन किया। प्रस्तुत पद में वे अपने मन को समझाते हैं कि हे मन, यह समझ लो कि एकमात्र भगवान नारायण हम सबके रक्षक हैं और वही हम सबके अंतस्तल में विराजमान हैं।

उळन् कण्डाय् नन्नेञ्जे उत्तमनेन्रुम्
उळन् कण्डाय् उळ्ळुवार् उळ्ळत्तु–उळन् कण्डाय्
तन्नोप्पान् तानायुळन् काण् तमियेर्कुम्
एन्नोप्पार्कु ईशन् इमै ।।

शब्दार्थ अन्वय सहित

नन्नेञ्जे! = नल् नेञ्जे! = हे श्रेष्ठ मन!
उत्तमन् उळन् कण्डाय् = पुरुषोत्तम भगवान नारायण हमारी रक्षा के लिए ही हैं—यह बात समझ लो।
एन्रुम् उळन् कण्डाय् = हर समय और हर जगह भगवान नारायण स्थायी रूप से हमारी रक्षा के लिए ही विराजमान रहते हैं—यह बात भी समझ लो।
उळ्ळुवार् उळ्ळत्तु उळन् कण्डाय् = भगवान नारायण अपने भक्तों के अंतस्तल में आसीन हैं—यह भी समझ लो।
तन् ओप्पान् ईशन् = अद्वितीय परब्रह्म भगवान नारायण
तमियेर्कु, एन् ओप्पार्कु = दीन मेरे लिए और मेरे समान दीन-हीन लोगों के लिए
तान् आय् उळन् काण् = स्वयं रक्षक बनकर विराजमान हैं
इमै = (इस तथ्य को भली-भाँति) समझ लो।

विशेष

तमियन् = एकांत या अकेला व्यक्ति; अकिंचन व्यक्ति

भावार्थ व्याख्या सहित

भक्त आष़्वार् अपने मन को भगवद् महिमा एवं उनकी कृपा के बारे में समझाते हुए कहते हैं कि हे मन! यह समझ लो कि भगवान नारायण भक्तों की रक्षा के लिए सर्वदा तत्पर हैं; हर समय और हर जगह निरन्तर भक्त-रक्षण के निमित्त ही विद्यमान रहते हैं और भक्तों के अंतस्तल में भी सर्वदा आसीन रहते हैं। अद्वितीय परब्रह्म भगवान नारायण दीन-हीन मेरे और मुझ जैसे लोगों के लिए रक्षक बनकर सर्वदा विराजमान रहते हैं। इस तथ्य को, हे मन! गाँठ बाँध लो। परब्रह्म अद्वितीय है; उनके समान कोई नहीं हैं। वास्तव में उनके समान वही हैं। भगवान की अद्वितीयता एवं अपरम्पारता की आष़्वार् की व्याख्या के समानान्तर अभिव्यक्ति श्वेताश्वतर उपनिषत् के निम्नांकित मन्त्र में द्रष्टव्य है।

"न तत्समश्च अभ्यधिकश्च दृश्यते" (अध्याय 6; मन्त्र 8)

(उसके समान कोई नहीं है; उससे बढ़कर भी कोई नहीं है।)
अर्थात् भगवान नारायण अनुपम हैं; अद्वितीय हैं; यानी भगवान नारायण के समान भगवान नारायण स्वयं हैं।

इस प्रकार की अभिव्यक्ति को अनन्वय अलंकार कहा जाता है। नम्माष्ष्वार् ने भी 'तिरुवाय् मोषि' में इसी तथ्य को अर्थात् परमात्मा की अनुपमेयता को निम्न पद में अभिव्यक्त किया है।

"ओत्तार् मिक्कारै इलै आय मा माया" (2-3-2)

(हे मायामय परब्रह्म! न तो कोई तेरे समान है और न कोई तुझसे बढ़कर है।)

भगवान नारायण की आश्रितवत्सलता एवं भक्त रक्षकत्व पर परम भागवत आष्ष्वार् का सम्पूर्ण विश्वास प्रस्तुत पद में ध्वनित होता है।

सत्तासी

प्रस्तुत पद में आष्ष्वार् भगवान नारायण के आश्रित रक्षकत्व को अनेक सन्दर्भों द्वारा विश्लेषित करते हैं।

इमयप् पेरुमलै पोल् इन्दिरनार्किट्ट
समय विरुन्दुण्डार् काप्पार्–समयंगळ्
कण्डान् अवै काप्पान् कार्कण्डन् नान्मुखनोडु
उण्डान् उलहोडु उयिर् ।।

शब्दार्थ अन्वय सहित

इमयप् पेरुमलै पोल् = हिमालय पर्वत की तरह (बृहत्परिमाण में)

इन्दिरनार्कु इट्ट = इन्द्र के लिए बनाये गये

समयम् विरुन्द = नियमित भोज्य प्रसाद को

उण्डु = भगवान नारायण के कृष्णावतार में स्वयं खा लिया था; तब इन्द्र ने कुपित होकर मूसलाधार वर्षा करायी जिससे सारा वृन्दावन बुरी तरह से प्रभावित हुआ तो

काप्पार् आर्? = उस विपदा से सारे वृन्दावन को बचाया किसने?

समयंगळ् कण्डान् आर? = आदिकाल में वैदिक धर्मों के दर्शन किये किसने?

अवै काप्पान् आर्? = उन धर्मों के रक्षक कौन हैं?

कार्कण्डन्, नान्मुखनोडु काप्पान् आर्? = नीलकंठ शिवजी एवं चतुरानन ब्रह्मा को विपदाओं से किसने बचाया?

उलडोहु उयिर् उण्डान् आर्? = ब्रह्माण्ड एवं ब्रह्माण्ड-स्थित तमाम जीवधारियों को प्रलय काल में उदरस्थ कर, किसने उनकी रक्षा की?

विशेष

समयम् = समय (संस्कृत शब्द); प्रसंगानुसार अर्थ है–नियमित; समयानुरूप; धर्म, सम्प्रदाय

विरुन्दु = भोजन, भोज, प्रीतिभोज, प्रसंगानुसार 'प्रसाद'

कार् कण्डन् = नीलकंठ शिव

भावार्थ व्याख्या सहित

समस्त जीवराशियों, देवताओं, आदि का एकमात्र रक्षक कौन है? यह प्रश्न करते हुए भक्त आष्ष्वार् उत्तर भी देते हैं। पिछले पद में भक्त आष्ष्वार् ने विस्तार से कह दिया था कि अद्वितीय परमात्मा नारायण ही सबके एकमात्र रक्षक हैं। प्रस्तुत पद में विभिन्न उदाहरणों द्वारा अपने वक्तव्य की पुष्टि करते हैं।

वृन्दावनवासी लोग प्रतिवर्ष इन्द्र की पूजा करते थे। वे लोग नियमित रूप से हिमालय पर्वत की तरह बहुत बड़े परिमाण में भोज्य प्रसाद बनाकर इन्द्र को चढ़ाते थे। परन्तु भगवान कृष्ण के कहने पर वृन्दावनवासियों ने यह परम्परा छोड़कर गोवर्धन पर्वत को, इन्द्र के लिए बनाया गया भोजन चढ़ा दिया था। उसे कृष्ण ने स्वयं खा लिया था। इससे अतिशय क्रुद्ध होकर इन्द्र ने मूसलाधार वर्षा वृन्दावन पर करवाई थी जिससे तमाम वृन्दावनवासियों को अपार कष्ट हुआ। तत्काल गोवर्धन पर्वत को छाता बनाकर कृष्ण ने भयंकर वर्षा से तमाम वृन्दावनवासियों की रक्षा की थी।

भगवान नारायण ने ही सृष्टि के प्रारम्भ में तमाम वैदिक धर्मों के दर्शन एवं नियमन कर उनकी रक्षा की। उन्होंने नीलकंठ शिवजी को ब्रह्म हत्या के पाप से मुक्त किया था और साथ ही रावण आदि दानवों से त्रस्त ब्रह्मा, रुद्र आदि देवताओं की रक्षा भी की थी। अलावा इसके, जब असुरों ने वेदों को अपहृत कर लिया था तब ब्रह्मा को अपार कष्ट हुआ; तब वेदों की रक्षा कर ब्रह्मा का दुख दूर किया था भगवान नारायण ने ही।

इस प्रकार अखिल ब्रह्माण्ड के रक्षक भगवान नारायण ही हैं; उन्हीं के रक्षकत्व में समस्त जीवराशियाँ एवं देवता लोग बिना किसी कठिनाई के, सुरक्षित रहते हैं। प्रस्तुत पद में इसी तथ्य पर भक्त आऴ्वार् ने बल दिया है।

अट्ठासी

भक्तिपूर्वक भगवान नारायण को, अपने आपको समर्पित कर देनेवाले भक्त ही आनन्द का अनुभव करते हैं। इसके विपरीत जीवन के बन्धन में बँधे हुए लोगों का जीवन निरर्थक हो जाता है। इस बात को आऴ्वार् के प्रस्तुत पद में देखिये।

उयिर् कोण्डु उडल् ओऴिय ओडुम्पोदु ओडि
अयर्वेन्र् तीर्पान् पेर् पाडि शेयल् तीरच्
चिन्तित्तु वाऴ्वारे वाऴ्वार् शिरुसमयप्
पन्दनैयार् वाऴ्वेल् पऴुदु।।

शब्दार्थ अन्वय सहित

उडल् ओऴिय = शरीर छोड़कर
उयिर् कोण्डु = प्राणों का हरण करते हुए
ओडुम्पोदु = जब (यमदूत) भागते हैं तब
ओडि = (भक्तों की रक्षा करने हेतु) स्वयं दौड़ आकर
अयर्वु एन्र् तीर्पान् = भक्तों का सारा कष्ट दूर कऱनेवाले भगवान नारायण का
पेर् पाडि = नाम-संकीर्तन कर,
शेयल् तीर = प्रवृत्ति-मार्ग छोड़
चिन्तित्तु वाऴ्वारे वाऴ्वार् = अपने वास्तविक भक्त स्वरूप को समझकर जीनेवाले लोग ही आनन्दानुभव करेंगे
शिरु समयम् पन्दनैयार् वाऴ्वु एल् = नीच मतों अथवा जीवनोपायों के बन्धन में बँधे हुए लोगों का जीवन तो
पऴुदु = निरर्थक अथवा व्यर्थ होगा।

विशेष

पन्दनै = संस्कृत शब्द 'बन्धन' का तमिल प्रयोग है।
पऴुदु = निरर्थक; व्यर्थ; बेकार

भावार्थ व्याख्या सहित

भक्तों का शरीर छोड़कर उनके प्राणों को हरकर भागनेवाले यमदूतों से भक्तों को जो कष्ट होता है उससे उनको बचाने के निमित्त भगवान नारायण स्वयं दौड़ आते हैं और निज भक्तों की रक्षा करते हैं। उस भगवान नारायण का नाम-संकीर्तन कर जो लोग जीवन के प्रवृत्ति मार्ग का त्याग कर निज भक्त स्वरूप को अथवा भगवान के आश्रित स्वरूप को समझकर जीवन-यापन करते हैं वे ही परमानन्द का अनुभव करते हैं अर्थात् उन लोगों का जीवन ही सार्थक जीवन है।

इसके विपरीत जीवन को शाश्वत समझते हुए (जीवन के) प्रवृत्ति-सम्बन्धों में बँधे हुए लोगों का जीवन तो निरर्थक अर्थात् व्यर्थ ही होगा।

आष्वार् के अनुसार निवृत्ति मार्ग पर चलनेवाले एवं भगवद् भक्ति को ही एकमात्र आधार मानकर जीवन व्यतीत करनेवाले लोगों के प्रति भगवान नारायण का वात्सल्य-भाव रहता है; वे उन लोगों को यमदूतों के बन्धन से और उससे होनेवाले कष्टों से बचाते हैं। इसके विपरीत सांसारिक बन्धनों में बँधकर भगवद् विषयों से दूर प्रवृत्ति मार्ग पर चलनेवाले लोगों का जीवन व्यर्थ ही होगा।

अर्थात् संक्षेप में आष्वार् के कथन को इस प्रकार कहा जा सकता है—

प्रवृत्ति मार्ग पर चलनेवाला भक्तिहीन जीवन निरर्थक होगा।

निवृत्ति मार्ग पर चलनेवाला केवल भक्तिनिष्ठ जीवन सार्थक होगा।

नवासी

भगवान नारायण की भक्ति उत्तम अवश्य है; परन्तु भागवत भक्तों की भक्ति सर्वोत्तम है। इस तथ्य की व्याख्या आष्वार् के प्रस्तुत पद में हुई है।

पषुदाहादु ओन्ररिन्देन् पार्कडलान् पादम्
वषुवा वहै निनैन्दु वैहल्–तोषुवारै
कण्डिरैञ्जि वाषूवार् कलन्द विनै केडुत्तु
विण्डिरन्दु वीट्रिरुप्पार् मिक्कु।।

शब्दार्थ अन्वय सहित

पषुदु आहादु ओन्रु अरिन्देन् = इस सन्दर्भ में एक सर्वश्रेष्ठ सार्थक उपाय मैंने समझा (वह क्या है? आगे सुनिये)

पाल् कडलान् पादम् = दुग्ध समुद्र पर विराजमान भगवान नारायण के श्रीचरणों का

वषुवा वहै निनैन्दु = विशुद्ध रूप से अनुसंधान कर

वैहल् तोषुवारै = निरन्तर स्तुति करनेवाले भागवत भक्तों के

कण्डु, इरैञ्जि वाष्वार् = दर्शन कर एवं उनकी भक्ति कर जीवन-यापन करनेवाले परम भागवत भक्त

कलन्द विनै केडुत्तु = अपने ऊपर लगे पापों से मुक्त होकर

विण् तिरन्दु मिक्कु वीट्रिरुप्पार = श्री वैकुण्ठ का द्वार खुला पाकर वहाँ प्रसन्नतापूर्वक आसीन होंगे।

विशेष

पार्कडलान् = पाल् कडलान् = दुग्ध समुद्र पर विराजमान भगवान नारायण

विण्डिरन्दु = विण् तिरन्दु = आकाश स्थित श्रीवैकुण्ठ का द्वार खोलकर अथवा खुला पाकर

भावार्थ व्याख्या सहित

भक्त आष़्वार् का कहना है कि निवृत्ति मार्ग पर चलकर भक्तिपूर्वक भगवदाराधन करने के सन्दर्भ में मैंने पूर्ण सफल होने का एक महत्त्वपूर्ण उपाय समझा जो निम्न प्रकार है। जो भागवत भक्त लोग दुग्ध समुद्र पर विराजमान भगवान नारायण के श्रीचरणों का अनुसंधान कर निरन्तर स्तुति करते रहते हैं उनके दर्शन तथा भक्ति कर सार्थक जीवन जीनेवाले परम भागवत भक्त सम्पूर्णतः पाप मुक्त होंगे और उनके लिए परम पद अर्थात् श्रीवैकुंण्ठ का द्वार खुला रहेगा। वहाँ वे आनन्दपूर्वक आसीन होंगे।

भगवान के समाश्रय से बढ़कर भागवत भक्तों का समाश्रय नितराम् श्रेष्ठ है। ऐसी ही अभिव्यक्ति इससे पहले पद 18 में भी हुई है।

इस सन्दर्भ में पिल्लै लोकाचार्य के 'श्रीवचन भूषणम्' के सूत्र 462 की व्याख्या द्रष्टव्य तथा मननीय है। भगवान की भक्ति—भगवच्चरणों में समर्पण अर्थात् प्रपन्न-भाव श्रेष्ठ अवश्य है। आष़्वार् का यहाँ कहना है कि उससे भी अधिक श्रेष्ठ है परम भागवत भक्तों की सेवा, भक्ति एवं स्तुति। यहाँ मध्यकालीन सन्त कवि कबीरदास का निम्नलिखित दोहा मननीय है।

"हरि से जनि तू हेत कर, कर हरिजन से हेत।
माल मुलुक हरि देत है, हरिजन हरि ही देत।।"

यहाँ दासानुदास भक्ति की महिमा अभिव्यंजित है।

नब्बे

पूर्वपद में अभिव्यंजित दासानुदास भक्ति का प्रस्तुत पद में पुनः विश्लेषण हुआ है।

वीट्रिरुन्दु विण्णाळ वेण्डुवार् वेंकटत्तान्
पाल् तिरुन्द वैत्तारै पन्मलर्हळ्—मेल् तिरुन्द
वाष़्वार् वरुमदिपार्त्तु अन्बिनराय् मट्रवर्के
ताष़्वाय् इरुप्पर् तमर् ।।

शब्दार्थ अन्वय सहित

वीट्रु इरुन्दु = इस संसार में रहते हुए
विण्आळ वेण्डुवार् = श्रीवैकुण्ठ को चाहनेवाले लोग
वेंकटत्तान् पाल् = श्रीवेंकटपति भगवान नारायण के पादों में
पल् मलर्हळ तिरुन्द वैत्तारे = नानाविध पुष्प सर्मर्पित करते हैं।
(अर्थात् भगवान नारायण की पूजा करनेवाले भागवत भक्त श्रीवैकुण्ठ में आसीन होंगे)।
वरुम् मति पार्त्तु, अन्बिनर् आय् = परन्तु, भगवत् संकल्प को समझकर, भक्तिपूर्वक (दास्य करनेवाले),
मट्रु अवर्के ताष़्वु आय् इरुप्पार् तमर् = उसी भगवान नारायण के दासों द्वारा स्वीकृत परम भागवत भक्त लोग
मेल् तिरुन्द वाष़्वार् = पूर्वोक्त भक्तों से अधिक उत्तम स्थान पर आसीन होंगे अर्थात् उनका जीवन अतीव श्रेष्ठ एवं विशिष्ट होगा।

विशेष

मति = बुद्धि; विचार; प्रसंगानुसार, 'संकल्प' का अर्थ लिया जाता है। यह संस्कृत शब्द 'मति' का तमिल प्रयोग है।

भावार्थ व्याख्या सहित

इस संसार में रहते हुए भक्त लोग श्रीवैकुण्ठ प्राप्त करने की इच्छा कर श्रीवेंकटपति भगवान नारायण के श्रीचरणों में नाना प्रकार के पुष्प समर्पित करते हैं। उनके अंतस्तल में भगवान नारायण का सान्निध्य प्राप्त करने की आकांक्षा है। अतएव वे श्रीवैकुण्ठ प्राप्ति की इच्छा करते हैं। किन्तु भक्त आऴ्वार् का मत है कि भगवान का संकल्प समझकर भक्तिपूर्वक भगवान का दास्य करनेवाले दास भक्तों द्वारा जो परम भागवत भक्त लोग स्वीकार किये जाते हैं वे श्रीवैकुण्ठ-कामी पूर्वोक्त भक्तों से अधिक उत्तम हैं एवं विशिष्ट हैं। पूर्व पद में दासानुदास भक्ति का विश्लेषण हुआ। उसमें यह कहा गया कि भक्त भगवान का दास होता है; उस दास की भक्ति अर्थात् भक्त की भक्ति यानी हरि के भक्त का दास्य नितराम् श्रेष्ठ है। इसे 'स्वगत स्वीकृति' कहा जाता है।

प्रस्तुत पद में 'परगतस्वीकृति' की व्याख्या है। अर्थात् जहाँ 'स्वगतस्वीकृति' में भक्त, भागवत भक्त का आश्रय लेता है अर्थात् भागवत भक्त का दास्य, भक्त स्वयं करता है, वहाँ 'परगतस्वीकृति' में भगवान नारायण का भक्त स्वयं निज दास को स्वीकार करता है। यह भी दासानुदास भक्ति का एक विशिष्ट स्वरूप है ही। भगवत प्राप्ति से होनेवाले आनन्द से अधिक परमानन्द, भागवत भक्त के कैंकर्य से होता है—इस तत्य की ओर प्रस्तुत पद में आऴ्वार् का संकेत है।

इक्यानबे

भक्त आऴ्वार् प्रस्तुत पद में यह सिद्ध करते हैं कि भगवान नारायण के श्रीचरणों को ही तमाम सिद्धियों का आधार माननेवाले परम भागवत भक्त अर्थात् श्री वैष्णव लोग सर्वश्रेष्ठ तथा सर्वोत्तम हैं।

तमरावार् यावर्कुम् तामरै मेलार्कुम्
अमरर्कुम् आडरवार्त्तार्कुम्—अमरर्हळ्
ताळ् तामरै मलर्हळिट्टिरैञ्जि माल् वण्णन्
ताळ् तामरै अडैवोम् एन्रु।।

शब्दार्थ अन्वय सहित

तमर् आवार् = जो भक्त लोग
माल् वण्णन् ताळ् तामरै = श्याम वर्ण के भगवान नारायण के चरण कमलों में
मलर्हळ् इट्टु = पुष्प चढ़ाकर एवं
इरैञ्जि = नमनपूर्वक स्तुति कर
ताळ् तामरै अडैवोम् एन्रु = यह सोचते हैं कि उन्हें उनके पाद कमलों की शरण प्राप्त होगी, वे लोग
तामरै मेलार्कुम् = पद्मनाभ चतुरानन,
आडु अरवु आर्त्तार्कुम् = नृत्य करते सर्पों को धारण करनेवाले शिवजी
अमरर्कुम् = देवताओं तथा

यावर्कुम् = अन्य सभी लोगों के लिए भी
अमरर्हळ् = देवता-तुल्य हैं (श्रेष्ठ हैं)

विशेष

ताळ् = चरण, पाद; तामरै = कमल
अमरर् = देवता; श्रेष्ठ लोग; पूज्य लोग

भावार्थ व्याख्या सहित

श्यामल भगवान नारायण के पाद-कमलों में पुष्प चढ़ाकर नमनपूर्वक स्तुति करते हुए जो लोग भक्ति-गद्गद हो यह सोचते हैं कि उन्हें भगवान के श्रीचरणों में आश्रय मिलेगा, वे लोग पद्मनाभ ब्रह्मा, सर्पाभरणों से अलंकृत शिवजी, स्वर्गस्थ अमरों तथा अन्य सभी लोगों के लिए भी देवता-समान हैं अर्थात् श्रेष्ठ हैं।
इस अखिल ब्रह्माण्ड में भगवद् भक्तों की तुलना में कोई दूसरा टिक नहीं सकता, भले ही वह ब्रह्मा या शिवजी ही क्यों न हों अथवा स्वर्गस्थ देवता लोग तथा अन्य कोई भी क्यों न हों;
भगवद् भक्त श्री वैष्णव लोग, भक्त आष्वार् के अनुसार अद्वितीय एवं अनुपम है; सर्वोत्तम भी हैं।
भक्तों की अद्वितीयता का वर्णन नम्माष्वार् के तिरुविरुत्तम् के पद 79 की निम्नलिखित पंक्ति में भी इस प्रकार किया गया है—

"सीदनैये तोषुवार् विण्णुळारिनुम् शीरियरे"

(कृपालु सर्वेश्वर की निरन्तर भक्ति करनेवाले भागवत श्री वैष्णव लोग अमरों से भी श्रेष्ठ हैं।)

बयानबे

प्रस्तुत पद में आष्वार् का कहना है कि वे भी भगवान नारायण के भक्तों में से हैं; गर्भ-स्थिति से लेकर निरन्तर अर्थात् सर्वदा उनकी रक्षा प्राप्त वे उन्हीं का स्मरण करते रहते हैं।

एन्रुम् मरन्दरियेन् एन् नेञ्जत्ते वैत्तु
निन्रुम् इरुन्दुम् नेडुमालै—एन्रुम्
तिरुविरुन्द मार्वन् सिरीधरनुक् काळाय्
करुविरुन्द नाळ् मुदलाक् काप्पु ।।

शब्दार्थ अन्वय सहित

करु इरुन्द नाळ् मुदला = (मैं) जब माता के गर्भ में था तब से लेकर मुझे
काप्पु = भगवान नारायण की रक्षा प्राप्त है।
तिरु एन्रुम् इरुन्द मार्बन् सिरीधरनुक्कु आळ् आय् = मैं उस भगवान नारायण का जिनके वक्षस्थल में सर्वदा श्रीदेवी का वास रहता है, आश्रय लेकर
नेडुमालै एन् नेञ्जत्ते वैत्तु = उन भगवान नारायण को अपने अंतस्तल में आसीन कर
निन्रुम् इरुन्दुम् एन्रुम् = खड़े रहते, बैठे रहते तथा अन्य सभी समयों पर
मरन्दरियेन् = बिना विस्मृत किये उन्हीं के ध्यान में निमग्न रहता हूँ।

विशेष

करु = गर्भ
सिरीधरन = संस्कृत शब्द 'श्रीधर' का तमिल प्रयोग है। (लक्ष्मीपति)

भावार्थ व्याख्या सहित

भक्त आष्वार् बलपूर्वक कहते हैं कि जब मैं माता के गर्भ में था तब से लेकर भगवान नारायण की रक्षा मुझे प्राप्त है। श्रीदेवीयुत भगवान नारायण का कैंकर्य करने का अवसर प्राप्त कर मैं उन्हीं को अपने अंतस्तल में सर्वदा आसीन किये हुए रहता हूँ।
जब मैं खड़ा होता हूँ, या बैठता हूँ या किसी भी दशा में रहता हूँ,
कभी उनको विस्मृत नहीं करता—सर्वदा उन्हीं का स्मरण करता रहता हूँ।
गर्भकाल से लेकर जो भगवान नारायण भक्त की रक्षा करते आ रहे हैं उनको भक्त कैसे विस्मृत करे! वही तो उनके लिए प्राप्य भी हैं और प्रापक भी।

तिरानबे

भगवान नारायण के आश्रित रक्षकत्व-स्वभाव को समझनेवाले भक्त लोग उनसे कैसे दूर होंगे; उनको छोड़ेंगे कैसे? भगवदाश्रय प्राप्त भक्त उनकी महिमा को समझकर गहन भक्ति में सर्वदा निमग्न रहेंगे।

काप्पु मरन्दरियेन् कण्णने एन्‌रिरुप्पन्
आप्पङ् कोषियवुम् पल्‌लुयिर्कुम्—आक्कै
कोडुत्तळित्त कोने गुणप्परने उन्नै
विडत्तुणियार् मेय् तेळिन्दार् ताम् ।।

शब्दार्थ अन्वय सहित

अंगु = महा प्रलय काल में
पल् उयिर्कुम् आप्पु ओषियवुम् = सभी जीव राशियों का शरीर नष्ट होने के बावजूद
आक्कै कोडुत्तु अळित्त कोने! = उन्हें पुनः शरीर प्रदान कर उन पर कृपा करनेवाले हे परमेश्वर!
काप्पु मरन्दु अरियेन् = आपने मेरी जो रक्षा की उसे मैं कभी नहीं भूलूँगा।
कण्णने एन्‌रु इरुप्पन् = इस तथ्य पर सुदृढ़ रहूँगा कि भगवान कृष्ण अर्थात् नारायण ही मेरे लिए प्राप्य-प्रापक होकर सर्वदा रहेंगे;
गुणप्परने! = श्रेष्ठ गुणों से युक्त हे भगवान नारायण!
मेय् तेळिन्दार् ताम् = आपके स्वरूप को भली-भाँति समझनेवाले लोग
उन्नैविड तुणियार् = आपको कभी नहीं छोड़ेंगे।

विशेष

आप्पु = आक्कै = शरीर
गुणप्परन् = संस्कृत शब्द 'गुणपर' का तमिल रूप है जिसका अर्थ होता है 'श्रेष्ठ गुणों से युक्त'।

भावार्थ व्याख्या सहित

हे भगवान नारायण! अखिल ब्रह्माण्ड के रक्षक तो आप ही हैं। महाप्रलय काल में जब सभी जीव राशियों का शरीर नष्ट हो गया था तब उन सबको पुनः शरीर देकर उनकी रक्षा की थी आपने; हे भगवान! आपने मेरी जो रक्षा की उसे मैं कभी नहीं भूलूँगा। मैं इस तथ्य पर भी अटल रहूँगा कि भगवान कृष्ण अर्थात् नारायण ही मेरे प्राप्य हैं और प्रापक भी। हे श्रेष्ठ गुणों से युक्त परमेश्वर! आपके इस स्वरूप को—आपके रक्षकत्व गुण को जो लोग भली-भाँति समझते हैं वे आपको कतई नहीं छोड़ेंगे अर्थात् आपके आश्रय के सहारे ही जीवन यापन करेंगे।

प्रस्तुत पद में भक्त आष्वार् इस तथ्य पर ज़ोर दे रहे हैं कि भगवान नारायण ही सर्वरक्षक तथा सर्वपालक हैं। सर्वदा, गर्भकाल से लेकर जीवन के हर पक्ष में मानव की रक्षा कृपालु भगवान नारायण के द्वारा ही होती है। सकल ब्रह्माण्ड उन्हीं के अनुग्रह तथा रक्षकत्व के अधीन है। ऐसी स्थिति में उनका आश्रय अथवा शरण कोई कैसे और क्यों छोड़े।

चौरानबे

भगवान नारायण के शरणागत रक्षण-धर्म के पालन के वैशिष्ट्य का वर्णन आष्वार् प्रस्तुत पद में करते हैं।

मेय् तेळिन्दार् एन् शेय्यार् वेरानार् नीराह
कै तेळिन्दु काट्टिक् कळप्पडुत्तु—पैतेळिन्द
पाम्बिनणैयाय् अरुळाय् अडियेर्कु
वेम्बुम् करि आहुम् एन्रु ।।

शब्दार्थ अन्वय सहित

तेळिन्द पै पाम्बु एन् अणैयाय् = तेजोमय फणयुक्त आदिशेष की शीत शय्या पर आसीन हे भगवान नारायण। (आपने)
वेरु आनार् नीर् आह तेळिन्दु = यह सोचकर कि दुर्योधन आदि आश्रित-विरोधी शत्रु भस्मीभूत हो जाएँ।
कैकाट्टि, कळम् पडुत्तु = पाण्डवों की सहायता करते हुए शत्रुओं को युद्ध भूमि में नष्ट कर दिया था (इस प्रकार आततायियों को नष्ट कर भूमि-भार दूर किया था।)
अडियेर्कु अरुळाय् = कृपया आप मुझ दास को भी अनुगृहीत करें।
एन्रु = आवश्यकता पड़ने पर
वेम्बुम् करि आहुम् = (औषधीय गुणों के कारण) नीम की पत्ती को भी सब्ज़ी की तरह पकाकर खाया जा सकता है।
मेय् तेळिन्दार् एन् शेय्यार ? = वास्तविकता अर्थात् सत्य को समझनेवाले लोग क्या नहीं करेंगे? (जो उचित होगा उसे वे करेंगे ही।)

विशेष

पै = फण, वेरु = अन्य; प्रसंगानुसार 'शत्रु'
कळम् = युद्ध भूमि, वेम्बु = नीम, करि = सब्ज़ी (पकायी गयी)

भावार्थ व्याख्या सहित

हे शेषशायी भगवान नारायण! सत्य को समझनेवाले अर्थात् उचित क्या है, और अनुचित क्या है, इस बात को समझनेवाले लोग, उचित कार्य ही करेंगे।

निर्दोष व्यक्ति की रक्षा तो आप करेंगे ही। दोषों से आक्रान्त मेरा रक्षण करना आपको क्या ठीक लगेगा? परन्तु मैं तो आपका दास हूँ; आपकी शरण ही मेरा लक्ष्य है। आप तो शरणागत-रक्षक हैं। जैसे शरणागत

पाण्डवों की रक्षा करने के लिए आपने आश्रित-विरोधी दुर्योधन आदि शत्रुओं का महाभारत युद्ध में नाश कर भूमि का भार कम कर दिया था; इस प्रकार आपने शरणागत रक्षण का अपना धर्म निभाया था। अतः आपकी शरण या आश्रय में आये हुए मुझ जैसे अधम का रक्षण भी तो आपका धर्म है।

जैसे आपने गुणी पाण्डवों का रक्षण किया उसी प्रकार गुणरहित मेरा भी रक्षण करें। यहाँ यह प्रश्न उठ सकता है कि दोषों से आक्रान्त मुझ जैसे व्यक्ति की रक्षा क्या उचित है? मेरे विचार में यह उचित अवश्य है; जैसे औषधीय गुणों से पूर्ण नीम की पत्ती कड़ुएपन के कारण खाद्य न होते हुए भी, सब्ज़ी की तरह पकायी और खायी जाती है, वैसे ही दोषी या अगुणी होने के बावजूद शरणागत मेरा रक्षण करना आपके आश्रित रक्षकर्त्तव्य-स्वरूप के अनुरूप ही है।

दीन एवं गुण-शून्य भक्त को भगवत् कृपा तथा भगवदनुग्रह पर पूरा विश्वास है; अतः वह अधिकारपूर्वक भगवदनुग्रह की माँग करता है।

पंचानबे

परम भागवत भक्त भौतिक एवं आध्यात्मिक सुखों की कामना नहीं करता है। वह केवल भगवान नारायण के सामीप्य तथा सान्निध्य की कामना करता है। इस तत्व का निरूपण प्रस्तुत पद में भक्त आष्वार् करते हैं।

एन्रेन् अडिमै इषिन्देन् पिरपपिड़ुम्बै
आन्रेन् अमरर्कु अमरामै–आन्रेन्
कडनाडुम् मण्णाडुम् कैविट्टु मेलै
इडनाडु काण इनि ।।

शब्दार्थ अन्वय सहित

अडिमै एन्रेन् = मैंने भगवान नारायण की दास्यता स्वीकार की; इसके फलस्वरूप
पिरप्पु इडुम्बै इषिन्देन् = मैं सांसारिक जन्म से होनेवाले अहंकार-ममकार से मुक्त हुआ।
अमरर्कु अमरामै आन्रेन् = ब्रह्मा आदि देवता भी ज्ञान, भक्ति आदि से पूर्णता प्राप्त मेरे पास तक आने में संकोच करते हैं
कडन् नाडुम्, मण् नाडुम् = स्वर्ग आदि लोकों तथा भू लोक की
कै विट्टु = उपेक्षा कर अथवा उन लोकों का त्याग कर
मेलै इड्म नाडु काण = मैं उन लोकों से श्रेष्ठ परमपद अर्थात् श्रीवैकुण्ठ के दर्शनों के लिए आवश्यक
इनि आन्रेन् = सर्वश्रेष्ठ परा भक्ति से प्लावित हुआ।

विशेष

इडुम्बै = कष्ट; प्रसंगानुसार 'अहंकार, ममकार आदि' का अर्थ लिया जाता है।
कडन् नाडु = कडनाडु = स्वर्ग लोक जो पुण्य फल के रूप में प्राप्त होता है।
कडन् = ऋण; जैसे ऋण लेने पर उसे किसी भी तरह से चुकाना होता है उसी तरह पुण्य कर्म करने पर उनका फल भोगना ही है स्वर्गलोक में। इसीलिए स्वर्गलोक को 'कडन् नाडु' = ऋण-प्रदेश' कहा गया है।
मण् नाडु = पृथ्वी लोक अर्थात् भू लोक जहाँ पुण्य कार्य किया जाता है।

भावार्थ व्याख्या सहित

भक्त आष़्वार् दृढ़तापूर्वक कहते हैं कि मैंने भगवान नारायण की दास्यता को स्वीकार किया है। इसके परिणामस्वरूप मुझे जीवन्मुक्ति का लाभ हुआ है अर्थात् इह लोक के जन्म से होनेवाले अहंकार-ममकार से मैं मुक्त हुआ हूँ। भगवत्कृपा से मुझे ज्ञान, भक्ति आदि का भण्डार मिला है; अतः ब्रह्मा आदि देवता भी मेरे पास तक पहुँचने में संकोच करते हैं। मुझमें भूलोक एवं स्वर्ग आदि लोकों का मोह नहीं रहा है; मैं ऐसी परा भक्ति से आप्लावित हूँ जिसके बल पर मैं भगवान नारायण के परम पद अर्थात् श्रीवैकुण्ठ के दर्शनों का आनन्दानुभव कर सकूँगा जहाँ भगवान के दास भक्तों का जमाव रहता है।

छियानबे

"सर्वंखल्विदं ब्रह्म"–इस उपनिषद् वाक्य में अभिव्यक्त ब्रह्म तत्त्व तथा नारायण सूक्तम् के सूक्त "नारायण परं ब्रह्म तत्त्वं नारायणः परः" की अभिव्यक्ति का प्रतिपादन परम भागवत भक्त आष़्वार् के प्रस्तुत पद में हुआ है।

इनि अरिन्देन् ईशर्कुम् नान्मुखर्कुम् दैवम्
इनि अरिन्देन् एम्पेरुमान् उन्नै–इनि अरिन्देन्
कारणम् नी कट्रवै नी कर्पवै नी नर्किरिशै
नारणन् नी नन्गरिन्देन् नान्

शब्दार्थ अन्वय सहित

एम्पेरुमान्! = हे मेरे स्वामी!

ईशर्कुम् नान्मुखर्कुम् दैवम् इनि अरिन्देन् = रुद्र अर्थात् शिव, एवं चतुरानन ब्रह्मा के आप ही पूजनीय ईश्वर अथवा दैव हैं–इस तथ्य को भली-भाँति मैंने समझा।

इनि उन्नै अरिन्देन् = अब मैंने आपके स्वरूप को यथावत् पहचाना।

कारणम् नी = आप ही सकल जगत के कारणभूत हैं।

कट्रवै नी = इसके पहले मैंने जो जो समझा था वह सब आप ही हैं।

कर्पवै नी = भविष्य में जो भी मैं समझूँगा वह सब भी आप ही हैं।

नल् किरिशै = नर्किरिशै नारणन् नी = बिना किसी हेतु के अर्थात् निर्हेतुक रूप से रक्षाधर्म निभानेवाले नारायण आप ही हैं।

नान् नन्गु अरिन्देन् = इन सब बातों को मैंने भली भाँति समझ लिया।

विशेष

ईशन् = परमेश्वर; शिव, रुद्र

नान्मुखन् = चतुरानन ब्रह्मा

कट्रवै = सीखा गया; समझा गया

कर्पवै = भविष्य में सीखा या समझा जानेवाला

नर्किरिशै = नल् किरिशै = सत् कार्य; भगवान नारायण के सन्दर्भ में निर्हेतुक भाव से निभाया जानेवाला रक्षा-धर्म

किरिशै = संस्कृत शब्द 'क्रिया' का तमिल रूप है।

भावार्थ व्याख्या सहित

परम भागवत भक्त आष़्वार् भगवद् भक्ति के गहन विश्लेषण तथा नानाविध व्याख्याओं के पश्चात् इस अन्तिम पद में आकर भगवदनुग्रह से प्राप्त अशेष ज्ञान तथा भक्ति के सारभूत तत्व का प्रतिपादन कर रहे हैं। वे परब्रह्म भगवान नारायण को सम्बोधित कर बताते हैं कि हे मेरे स्वामी! अब मैं समझ गया हूँ कि आप ही रुद्र, ब्रह्मा, आदि समस्त देवताओं के लिए पूज्य हैं। आप ही सारे जगत के कारणभूत हैं। पहले जो-जो तत्त्व मैंने समझा था, ज्ञान-विकास के बाद भविष्य में जो-जो तत्त्व मैं समझूँगा अर्थात् भूत, भविष्य एवं इन दोनों के बीच का वर्तमान--वह सारा आप ही हैं। इस प्रकार मैंने आपके वास्तविक स्वरूप को समझ लिया है। यह भी मैंने अच्छी तरह पहचान लिया कि इस अखिल जगत में निर्हतुक भाव से आश्रित रक्षण-धर्म को निभानेवाले आप ही हैं।

आष़्वार् ने भगवान को स्वामी कहकर सम्बोधित किया तो उनके स्वामित्व की व्याख्या भी विविध प्रमाणों के माध्यम से प्रस्तुत कर दी।

किसी भी ग्रंथ की विशेषता इस बात में है कि उसका जैसा उपक्रम हुआ हो वैसा ही उपसंहार भी हो। आष़्वार् ने ग्रंथ के प्रथम पद में यह कहा था कि सर्वगत भगवान नारायण ने चतुरानन ब्रह्मा की सृष्टि की; बाद में ब्रह्मा ने शंकर अर्थात् शिवजी की सृष्टि की; इस प्रकार आष़्वार् ने भगवान नारायण का परब्रह्मत्व सिद्ध किया। काव्य के उपक्रम में प्रतिपादित 'नारायण परं ब्रह्म' सिद्धान्त को ही उपंसहार के पद में भी आष़्वार् व्याख्यायित करते हैं। इस प्रकार भगवान नारायण की सर्वमयता एवं सर्वगतता का निरूपण करते हुए परम् भागवत भक्त तिरुमष़िशै आष़्वार् ने यह सिद्ध कर दिया है कि भगवान नारायण ही अखिल ब्रह्माण्ड के कारणभूत हैं एवं भूत, वर्तमान तथा भविष्य के भी आधार है।

।। चतुर्मुख दिव्य अन्तादि समाप्त।।

तिरुमषि़शै आष़्वार् कृत

'नान्मुखन् तिरुवन्तादि'

(चतुर्मुख दिव्य अन्तादि)

तिरुमषिशै आष्वार् कृत

'तिरुच्चन्द विरुत्तम्'

(दिव्य मधुर वृत्त साहित्य)

तिरुच्चन्द विरुत्तम्

(दिव्य मधुर वृत्त साहित्य)

परम भागवत भक्त तिरुमष़िशै आष़्वार् की दूसरी कृति है तिरुच्चंद विरुत्तम्'। यह तीन शब्दों का समाहार है– तिरु, चंद, विरुत्तम् जिनका अर्थ निम्न प्रकार है–

तिरु का अर्थ है श्री या दिव्य

चंद (छन्द) अर्थात् मात्रा, वर्ण, यति आदि के नियमों से युक्त पद्यात्मक रचना। विरुत्तम् अथवा वृत्तम् छन्दोबद्ध रचना को कहा जाता है।

चंद एवं विरुत्तम (वृत्त)–दोनों शब्द समानार्थी प्रतीत होते हैं। किन्तु चंद का लक्ष्यार्थ नियमबद्ध रचना होने से 'मधुर' होता है। अतः चंद विरुत्तम् का भाव होता है 'मधुर वृत्त साहित्य' अर्थात् मधुर वृत्तों में आबद्ध पद्य साहित्य है।

इसके अलावा, 'विरुत्तम्' तमिल छन्द साहित्य में एक विशिष्ट छन्द होता है। अतः उस विशिष्ठ विरुत्तम् शैली में रचित पदों का संकलन होने से इस कृति का नाम पड़ा 'दिव्य मधुर वृत्त साहित्य' अर्थात् तिरुच्चन्द विरुत्तम्।

इस कृति में कुल 120 पद हैं। उनमें से अधिकतर पद भगवान् नारायण की प्रशस्ति के रूप में हैं। भगवान् नारायण के पूर्णत्व, उनके अवतारों, विशेषकर राम, कृष्ण, वामन, वराह तथा नृसिंह, उनकी लीलाओं और श्रीरंगम् जैसे अनेक तीर्थ स्थलों की गौरव गाथा विभिन्न पदों में प्रस्तुत है। साथ ही उनमें भक्ति गद्गद आष़्वार् की भावुकतापूर्ण तन्मयासक्ति की व्याख्या है। किन्तु उससे भी अधिक, भगवान् नारायण की सर्वमयता, सर्वान्तर्यामित्व तथा पूर्ण ब्रह्म स्वरूप की अभिव्यक्ति हुई है। परम भागवत आष़्वार् की नारायण भक्ति अत्यन्त गम्भीर है और वे मानव-मात्र को भगवान् नारायण से भिन्न किसी और देवता की आराधना से दूर रहने का सन्देश देते हैं। उनकी एकनिष्ठ भक्ति तथा भगवान् के अनुग्रह की उनकी याचना अनेक पदों में पायी जाती है जो भगवान् की शक्ति सम्पन्नता तथा भक्त वत्सलता के प्रति आष़्वार् के पूर्ण विश्वास का परिचय देती है। आष़्वार् का लक्ष्य योग साधना द्वारा समाधिस्थ होकर तन्मयासक्त होना है अर्थात् सायुज्य पद प्राप्त करना है।

तिरुमष़िशै आष़्वार् साधक भक्त थे। वे भावप्रवण भक्त तो थे ही; परन्तु उनमें अधिकतर नारायण भक्ति का आवेश था। उनमें भगवत्कृपा पाने की तड़प तो थी; लेकिन उससे अधिक भगवान् नारायण की सर्वगतता तथा सर्वमयता को निरूपित करने का सुनिश्चित साधक व्यक्तित्व भी था।

भगवान नारायण के सान्निध्य की प्राप्ति और फलस्वरूप होनेवाली सायुज्य एवं सारूप्य मुक्ति की चेतना अर्थात् तन्मयासक्ति का व्यापक प्रतिपादन इस कृति का वैशिष्ट्य है। इस बात का प्रमाण इस कृति का अन्तिम पद है जिसमें आष़्वार् कहते हैं–

"एन आवि तान् इयक्कु एलाम् अरुत्तु अराद इन्ब वीडु पेट्रदे।"

अर्थात् 'भगवान् नारायण के प्रति गम्भीर भक्ति भाव के परिणामस्वरूप अनन्य भक्त आष्वार् की आत्मा ने अविद्याजनित तमाम पाशों को तोड़कर अमर मोक्ष का परमानंद प्राप्त किया।'

तिरुमष़िशै आष्वार् की यह कृति सर्वमय भगवान् नारायण की अद्वितीयता का विशद वर्णन प्रस्तुत करती है। दक्षिण भारत में, विशेषकर तमिल प्रदेश में अत्यन्त प्राचीन काल से प्रचलित वैष्णव धर्म के सिद्धान्तों* का पालन करते हुए आष्वार् ने प्रस्तुत कृति में यह स्थापित किया है कि भगवान् नारायण ही सृष्टि, स्थिति और लय के त्रिविध जगत्-कार्यों को करनेवाले और आश्रितों को मोक्ष प्रदान करनेवाले परमात्मा हैं—परब्रह्म हैं। अब हम 'तिरुच्चंद विरुत्तम्' के दिव्य पदों का हिन्दी अनुवाद व्याख्या के साथ प्रस्तुत करेंगे।

---

*इस तथ्य के प्रमाण के रूप में संघकालीन साहित्य 'परिपाडल' के उद्धरण यथास्थान दिये गये हैं।

तिरुमष़िशै आष़्वार् की कृति

तिरुच्चन्द विरुत्तम्

(दिव्य मधुर वृत्त साहित्य) की

तिरुक्कच्चि नम्बि* द्वारा प्रस्तुत प्रशस्ति (तनियन्)

एक

प्रथम पद में 'तिरुच्चन्द विरुत्तम्' के रचयिता परम भागवत भक्त तिरुमष़िशै आष़्वार् के जन्म-स्थल 'तिरुमष़िशै' की प्रशस्ति की गयी है।

तरुच्चन्दप् पोषि़ल् तषु़वु तारणियिन् तुयर् तीरत्
तिरुच्चन्द विरुत्तम् शेय् तिरुमषि़शैप्परन् वरुमूर्
करुच्चन्दुम् कारहिलुम् कमष़् कोंगु मण नारुम्
तिरुच्चन्दत्तुडन् मरुवु तिरुमषि़शै वळम्पतिये।।

विशिष्ट शब्द एवं उनकी व्याख्या

तरु = वृक्ष (संस्कृत शब्द)
चन्द = छन्द; सौन्दर्य
पोषि़ल् = उद्यान
तारणि = भूमि (संस्कृत शब्द 'धरणी' का तमिल रूप)
तुयर् = दुख, करुच्चन्दुम् = सुन्दर चन्दन वृक्ष
कार् अहिल् = श्याम वर्ण का अगरु वृक्ष
कमष़् कोंगु = सुगन्धित आमलक वृक्ष
तिरु = श्रीदेवी, चन्दत्तुडन् = आनन्द से
वळम् पति = वैभव-सम्पन्न तीर्थ; हरा-भरा तीर्थ

भावार्थ एवं व्याख्या

सुन्दर वृक्षों से आपूर्ण उद्यानों से व्याप्त धरती पर रहनेवाले लोगों का दुख दूर करने के लिए 'तिरुच्चन्द विरुत्तम्' (दिव्य मधुर वृत्त-साहित्य) की रचना करनेवाले 'तिरुमषि़शै आष़्वार' का जन्म-स्थान है 'तिरुमषि़शै' नामक वैभव-सम्पन्न तीर्थ स्थल जो गौरवपूर्ण चन्दन वृक्षों, श्याम वर्ण के अगरु वृक्षों तथा सुवासित

* श्री रामानुजाचार्य द्वारा आचार्य के रूप में सम्मानित सन्त।

आमलक वृक्षों की सुगन्ध से आपूरित है और जहाँ श्रीदेवी आनन्द से निवास करती हैं।

प्रस्तुत पद में, प्रपन्न भक्त आष्वार् से अधिक उनके अवतार-स्थल की प्रशस्ति गायी गयी है; भक्ति-मार्ग में यह तथ्य स्वीकृत है कि भगवान से अधिक भगवान का आवास-तीर्थ महत्त्वपूर्ण है और भक्त के लिए वहाँ का कण-कण भगवान की निकटता और संगति के कारण पूज्य तथा आराध्य है।

इसी प्रकार भक्त आष्वार् का अवतार-स्थल भी उनके समग्र भक्ति-वैशिष्ट्य से ओत-प्रोत है; अतः वह भक्त के अधिक आदरणीय है। आष्वार् के अवतार-स्थल का प्राकृतिक सौन्दर्य अद्भुत है; वह चन्दन, अगरु, आमलक आदि वृक्षों की सुगन्ध से आपूरित है एवं वैभव सम्पन्न है। वहाँ श्रीदेवी विराजमान हैं। इस प्रकार आष्वार् का जन्म अर्थात् अवतार-स्थल 'तिरुमष़िशै' प्राकृतिक एवं आध्यात्मिक वैभवों से परिपूर्ण है।

तिरुमष़िशै आष्वार् की कृति 'तिरुच्चन्द विरुत्तम्' का उद्देश्य इस भूमण्डल में रहनेवाले लोगों का कष्ट दूर करना है। नाना प्रकार की वासनाओं तथा आसक्तियों से ग्रस्त रहने के कारण भगवान नारायण की भक्ति के परमानन्द से विरहित रहने का अपार कष्ट मानव को भुगतना पड़ता है। उस कष्ट से बचाकर मुक्ति-मार्ग की ओर उसे ले जाने का लक्ष्य परम भागवत आष्वार् की इस कृति के मूल में है।

दो

प्रस्तुत पद में भी भक्त तिरुमष़िशै आष्वार् के अवतार-स्थल 'तिरुमष़िशै' की महिमा की प्रशस्ति की गयी है।

उलहुम् मष़िशैयुम् उळ्ळुणर्न्दु तम्मिल्
पुलवर् पुहष्क् कोलाल् तूक्क उलहु तन्नै
वैत्तेडुत्त पक्कत्तुम् मानीर् मषिशैये
वैत्तेडुत्त पक्कम् वलिदु ।।

विशिष्ट शब्द एवं उनकी व्याख्या

पुलवर् = कवि; वेदवित् मुनि-महर्षि; चतुर्मुख ब्रह्मा
कोल् = तुला; तराजू
पक्कम् = ओर; तरफ़; प्रसंगानुसार 'पलड़ा'
वलिदु = प्रबल; भारी

भावार्थ एवं व्याख्या

वसिष्ठ, भृगु आदि वेदवित् मुनि-महर्षियों ने पहले तिरुमष़िशै तथा उससे भिन्न समस्त लोकों की विशेषताओं के बारे में अलग-अलग सोचा। फिर उनका यश तोलने के लिए उन्होंने तराजू के एक पलड़े में तिरुमष़िशै को रखा और दूसरे पलड़े में उसे छोड़कर शेष सभी लोकों को रखा। इस प्रकार ज़ब तोलने लगे तो तिरुमष़िशै का पलड़ा भारी निकला। (तब यह सिद्ध हुआ कि सारे भूमण्डल में तिरुमष़िशै सर्वोत्तम स्थल है; अतः वह इस भूमण्डल का सार है। इसलिए वह 'महीसार' (पृथ्वी का सार) कहलाने लगा।)इस सन्दर्भ में तिरुमष़िशै स्थल पुराण की कथा प्रसिद्ध है। वह कथा इस प्रकार है।

वसिष्ठ, भृगु आदि मुनि-महर्षि ब्रह्मा के पास गये और पूछा कि इस भूमण्डल में वह कौन-सा स्थान है जहाँ जाकर वे लोग तपस्या कर सकते हैं। ब्रह्मा ने देवलोक के शिल्पी विश्वकर्मा द्वारा एक तराजू (तुला) बनवाया और उसके एक पलड़े में पुण्य क्षेत्र तिरुमष़िशै और दूसरे पलड़े में शेष सारे भूमण्डल को रखकर

तोलने लगे; तब वह पलड़ा भारी निकला जिसमें 'तिरुमषि़शै' रखा गया था। (तब से वह महीसार क्षेत्र कहलाने लगा।) फिर मुनि-महर्षि उस तिरुमषि़शै क्षेत्र में जाकर तपस्या करने लगे।

इस प्रकार 'तिरुमषि़शै' क्षेत्र 'महीसार' के नाम से विश्रुत हुआ और वहाँ अवतरित तिरुमषि़शै आष़्वार् 'भक्तिसार' कहलाने लगे।

तिरुमषि़शै आषृवार् कृत
तिरुच्चन्द विरुत्तम्
(दिव्य मधुर वृत्त साहित्य)

एक

परम भागवत भक्त तिरुमषि़शै आष़्वार् सर्वान्तर्यामी और अखिल ब्रह्माण्ड के उपादान कारण परब्रह्म नारायण की अपरिमेयता का वर्णन प्रस्तुत कर रहे हैं

भूनिलाय वैन्दुमाय्प् पुनर्कणिन्र नान्गुमाय्
तीनिलाय मूनरुमाय्च् चिरन्दकालिरण्डुमाय्
मी निलाय तोन्रुमाहि वेरु वेरु तन्मैयाय्
नी निलाय वण्ण निन्नै यार् निनैक्क वल्लरे ।।

विशिष्ट शब्द एवं उनकी व्याख्या

भू = पृथ्वी, भूमि; ऐन्दु = पाँच; इस प्रसंग में शब्द स्पर्श, रूप, रस एवं गन्ध—ये पाँचों गुण अभिप्रेत हैं।
पुनल् = जल; नान्गु = चार; यहाँ शब्द, स्पर्श, रूप, रस—ये चार गुण अभिप्रेत हैं।
ती = अग्नि; मून्रु = तीन; यहाँ शब्द, स्पर्श, रूप ये तीन गुण अभिप्रेत हैं।
काल् = वायु; इरण्डु = दो; यहाँ स्पर्श एवं शब्द—ये दो गुण अभिप्रेत हैं।
मी = आकाश; ओन्रु = एक; यहाँ 'शब्द' गुण अभिप्रेत है।

भावार्थ

हे भगवान नारायण! आप ही भूमि के पाँचों गुणों, जल के चारों गुणों, अग्नि के तीनों गुणों, समस्त प्राणियों के जीवन के आधार के रूप में विद्यमान तत्व वायु के दो गुणों एवं आकाश के एक गुण के निर्वाहक हैं। इन पाँचों भूतों तथा उनके गुणों के रूप में विद्यमान आप ही देवत्व, मनुष्यत्व आदि परस्पर विलक्षण तत्वों की आत्मा हैं। इस प्रकार चेतन तथा अचेतन तत्त्वों की भिन्न-भिन्न स्थितियों में विद्यमान रहने के बावजूद उनके गुणों से आप सर्वथा अस्पृष्ट हैं।

अर्थात् आप सर्वमय, सर्वगत तथा सर्वान्तर्यामी हैं; आप सबके अर्थात् समस्त चेतन-अचेतनमय ब्रह्माण्ड के आधार एवं आत्मा हैं; परन्तु आप, वे नहीं हैं; उनसे कतई अस्पृष्ट हैं। आपकी इस वास्तविकता को तथा समस्त जगत के उपादान कारण के रूप में विद्यमान आपको कौन समझ सकते हैं?

व्याख्या

पंचभूतों अर्थात् पृथिवी, जल, अग्नि, वायु एवं आकाश के गुण निम्न प्रकार स्वीकृत हैं।
भूमि = उसके पाँच गुण—शब्द, स्पर्श, रूप, रस एवं गन्ध
जल = उसके चार गुण—शब्द, स्पर्श, रूप एवं रस
अग्नि = उसके तीन गुण—शब्द, स्पर्श, एवं रूप
वायु = उसके दो गुण—शब्द एवं स्पर्श
आकाश = उसका एक गुण—शब्द
इस तथ्य का विवरण विष्णुपुराण के निम्नांकित श्लोक में दिया गया है।

आकाशवायुतेजांसि सलिलं पृथिवी तथा।
शब्दादिभिर्गुणैर्ब्रह्मन् संयुक्तान्युत्तरोत्तरैः।। (वि.पु. I-2-48-49)

(आकाश, वायु, अग्नि, जल तथा पृथ्वी—इन पाँचों भूतों के गुण उत्तरोत्तर अभिवर्धित हैं—जैसे आकाश का एक गुण (शब्द), वायु के दो गुण (शब्द, स्पर्श), अग्नि के तीन गुण (शब्द, स्पर्श, रूप), जल के चार गुण (शब्द, स्पर्श रूप, रस) और पृथ्वी के पाँच गुण (शब्द, स्पर्श, रूप, रस एवं गन्ध) हैं।

वस्तुतः भूमि या पृथ्वी का प्रमुख गुण 'गन्ध' है; पर अन्य चारों भूतों अर्थात् आकाश, वायु, अग्नि तथा जल के साथ संयुत होने के कारण उनके गुण भी पृथ्वी के गुणों के रूप में स्वीकृत हैं। इसी प्रकार जल का प्रधान गुण 'रस' होने के बावजूद उसके कारणभूत अन्य तीन भूतों—आकाश, वायु तथा अग्नि के गुणों को भी जल के गुणों के रूप में स्वीकार किया गया है। इसी तरह वायु, अग्नि तथा आकाश के गुण भी स्वीकृत हैं। इन पंच भूतों से उद्‌भूत है सारा ब्रह्माण्ड।

इन पाँचों भूतों के अन्तर्यामी परब्रह्म नारायण ही सारे ब्रह्माण्ड का उपादान कारण हैं—कार्य-कारण-स्वरूप हैं। इस कार्य-कारण-स्वरूपत्व की व्याख्या तैत्तिरीय उपनिषत् के निम्नलिखित मन्त्र में की गयी है।

"आत्मनः आकाशः संभूतः आकाशात् वायुः; वायोरग्निः; अग्नेरापः; अद्भ्यः पृथिवी।" (2-1)

इस प्रकार परम भागवत आष्ष्वार् पाँचों भूतों, उनके गुणों, उनके समवाय से जनित अखिल ब्रह्माण्ड तथा समस्त चेतन-अचेतन तत्त्वों के आदि कारण, अन्तर्यामी एवं आत्मा के रूप में स्थित भगवान नारायण की सर्वमयता का वर्णन करते हुए वेदविहित इस दार्शनिक तत्त्व को न समझनेवाले अज्ञानियों पर चिन्ता करते है। भगवान नारायण के सर्वान्तर्यामित्व की स्थापना नम्माष्ष्वार् की कृति 'तिरुवाय् मोष़ि' के निम्नांकित पद में भी द्रष्टव्य है।

"नीराय् निलनायत् तीयायक् कालाय् नेडुवानाय्
शीरार् शुडर्कळिरण्डाय् शिवनाय् अयनानाय्" (6-9-1)

(जल, पृथ्वी, अग्नि, वायु तथा आकाश—इन पाँचों भूतों, तेजोमय चन्द्र तथा सूर्य और ब्रह्मा तथा शिवजी के अन्तर्यामी बन विद्यमान हे परमात्मा नारायण!)

इस सन्दर्भ में संघकालीन साहित्य 'परिपाडल्' में विश्लेषित भगवान नारायण के परब्रह्मत्व अर्थात् सर्वान्तर्यामित्व का उल्लेख आवश्यक है जो तमिल प्रदेश में अति प्राचीन काल से व्यापक रूप से प्रचलित वैष्णव धर्म का प्रमाणन प्रस्तुत करता है।

"अनैत्तुम् नी; अनैत्तिन् उट्पोरुळुम् नी;"
"निर् पिरिन्दु मेवल् शान्रन एल्लाम्" (3;4)
"शुवैमै, इशैमै, तोट्रम्, नाट्रम् ऊरु अवैयुम् नीये..." (13)

(तू ही सब है; सबकी आत्मा तू है; भले ही सब तुझसे अलग प्रतीत हों; फिर भी वे सब तेरे ही शरीर हैं और तू शरीरी है, रस, शब्द, रूप, गंध तथा स्पर्श–ये तमाम तत्त्व या गुण तू ही है!)

दो

सर्वव्यापी भगवान नारायण तमाम जीव-राशियों को कर्मयोग से लेकर भक्तियोग तक के नाना प्रकार के आराधना मार्गों के दर्शन कराते हैं; ज्ञान, वैराग्य तथा उपसना की पद्धतियों से परिचित कराते हैं; सत्य एवं असत्य तथा शब्दादि पंच तत्त्वों का अभिज्ञान कराते हैं।

आरुम् आरुम् आरुमाय् ओर् ऐन्दुम् ऐन्दुम् ऐन्दुमाय्
एरु शीर् इरण्डुम्, मूनरुम्, एषुम् आरुम् एट्टुमाय्
वेरु वेरु ज्ञानमाहि मेय्यिनोडु पोय्युमाय्
ऊरोडु ओशै आय ऐन्दुम् आय आय मायने!

विशिष्ट शब्द एवं उनकी व्याख्या

आरु = छः–ब्राह्मणों के लिए निर्धारित छः कर्म–अध्ययन, अध्यापन, यजन, याजन, दान तथा प्रतिग्रह
आरु = छः–कर्मानुष्ठान के लिए निर्धारित छः ऋतुएँ–वसन्त, ग्रीष्म, वर्षा, शरद्, हेमन्त तथा शिशिर
आरु = छः–छः प्रकार के यज्ञ–आग्नेय, अग्निष्टोम, उपांशुयाजम्, ऐन्द्रम्, दधि ऐन्द्रम, तथा पयः ऐन्द्राग्नम्
ऐन्दु = पाँच–पाँच यज्ञ–देवयज्ञ, पितृयज्ञ, भूतयज्ञ, मनुष्य यज्ञ और ब्रह्मयज्ञ
ऐन्दु = पाँच–पाँच आहुतियाँ जैसे प्राणाय स्वाहा, अपानाय स्वाहा, व्यानाय स्वाहा, उदानाय स्वाहा, और समानाय स्वाहा
ऐन्दु = पाँच–पाँच अग्नि–गार्हपत्य, आहवनीय, दक्षिण, सभ्य और आवसथ्य
इरण्डु = दो; ज्ञान एवं वैराग्य
मूनरु = तीन; पराभक्ति, पर ज्ञान एवं परमा भक्ति
एषु = सात; सात गुण; विवेक, विमोह, ध्यान-अभ्यास, यज्ञानुष्ठान की क्रिया, सत्य, करुणा, दान, अहिंसा आदि श्रेष्ठ गुण, अनवसाद अर्थात् मानसिक दुखरहित स्थिति और अतिसंतोष रहित स्थिति
आरु = छः ; छः प्रकार के गुण–ज्ञान, बल, ऐश्वर्य, वीर्य, शक्ति एवं तेज,
एट्टु = आठ; आठ प्रकार की स्थितियाँ, पापरहितता, निर्जरता, अमरता, शोकरहित, बुभुक्षारहितता, पिपासारहितता, सत्यकामत्व और सत्य संकल्पत्व,
(छांदोग्य उपनिषद् के अनुसार ये हैं–अपहतपाप्मा, विजरः विमृत्युः, विशोकः, विजिघत्सः, अपिपासः, सत्यकामः एवं सत्यसंकल्पः (अध्याय 8, खण्ड 7, मन्त्र 1)
ऐन्दु = पाँच–पाँच प्रकार के विषय–शब्द, स्पर्श, रूप, रस एवं गन्ध

भावार्थ

सर्वमय भगवान नारायण और उनके सर्वान्तर्यामित्व को अनायास कौन समझ सकता है।
भक्त आष्वार् भगवान की विशेषताओं की व्याख्या कर रहे हैं। वे अध्ययन, अध्यापन आदि छः कर्मों के निर्वाहक हैं; इन कर्मों के लिए उपयुक्त वसन्त, ग्रीष्म आदि ऋतुओं के भी वे ही निर्वाहक हैं। आग्नेय आदि छः प्रकार की यज्ञ-विधियों द्वारा आराध्य, गृहस्थों के नित्य कर्मों के रूप में निर्धारित देव यज्ञ, पितृयज्ञ आदि

पंच महायज्ञों, प्राण, अपान आदि पाँच प्रकार की आहुतियों तथा गार्हपत्य आदि पाँच प्रकार की पवित्र अग्नियों द्वारा उपास्य परमात्मा भगवान नारायण हैं। वे ही हैं जो मानव-मात्र को सर्वश्रेष्ठ ज्ञान तथा वैराग्य प्रदान करनेवाले हैं: इनके कारणभूत पराभक्ति, परज्ञान तथा परमा भक्ति के भी दाता वही हैं। तमाम सृष्टि में विवेक, विमोह आदि सात गुणों, ज्ञान, बल आदि छः गुणों तथा पापरहितता, निर्जरता आदि आठ प्रकार की स्थितियों के निर्वाहक भी भगवान नारायण ही हैं। जगत में विभिन्न प्रकार के सम्प्रदायों के प्रवर्तक, ज्ञानियों अर्थात् मुमुक्षुओं के लिए सत्य स्वरूपी तथा इनसे भिन्न लोगों के लिए असन्यस्वरूपी तथा भक्त लोगों के शब्द, स्पर्श आदि पंच विषयों के आश्रय-स्थल के रूप में विद्यमान भगवान नारायण ही हैं। वही सर्वशक्तिमान मायामय भगवान नारायण वृन्दावन में गोपाल कृष्ण बन अवतरित हुए।
आऴ्वार् उस भगवान नारायण को सम्बोधित कर कहते हैं कि इन तमाम विशेषताओं के आधारभूत हे मायामय भगवान! आपको कौन सही ढंग से समझ सकता है!

व्याख्या

आऴ्वार् प्रस्तुत पद में भगवान नारायण के सर्वान्तर्यामित्व की व्याख्या करते हुए यह बताते हैं कि वे ही मानव-मात्र की समस्त बाह्य तथा आन्तरिक शक्तियों के निर्वाहक हैं और उसे कर्म, ज्ञान, भक्ति तथा साधना का परिज्ञान कराते हैं।
भगवान नारायण मानव-मात्र को भौतिक तथा आध्यात्मिक कर्मयोग से प्रारम्भ कर परमा भक्ति तक की मानसिक दशाओं तक ले जाने के विधान का निर्वाह करते हैं। उसे जीवन की विकृत दशाओं से परिचित कराकर ज्ञान-वैराग्य के पथ पर ले जाने के लिए भगवान ही नानाविध वैदिक तथा अवैदिक सम्प्रदायों का प्रवर्तन कर सत्य एवं असत्य के ज्ञान से आप्लावित करते हैं।
मानव-मात्र की सृष्टि कर उसे यज्ञ की चेतना से आपूर्ण कर भगवान नारायण उसे जीवन्मुक्ति का मार्ग दर्शाते हैं—ऐहिक तथा पारलौकिक सुख उपलब्ध कराते हैं; चैतन्य तथा कैवल्य का परिज्ञान कराते हैं, अर्थात् असत्य से सत्य की ओर; अज्ञान से ज्ञान की ओर और मायामय जीवन से जीवन्मुक्ति की दशा की ओर उसे ले जाते हैं। इसी बात को गीताकार ने कहा

"सहयज्ञाः प्रजाः सृष्ट्वा पुरोवाच प्रजापतिः।।
अनेन प्रसविष्यध्वमेष वोऽस्त्विष्टकामधुक्।।" (3-10)

तीन

प्रस्तुत पद में आऴ्वार् भारतीय दर्शन के मूलभूत तत्व अर्थात् सृष्टि के सारे अचेतन तथा चेतन तत्त्वों के अन्तर्यामी बन रहनेवाले ब्रह्मतत्त्व का प्रतिपादन करते हुए कहते हैं कि भगवान नारायण ही वह अन्तर्यामी परब्रह्म हैं और वही तमाम चड़-चेतन तत्त्वों, प्रकृति, प्रवृत्तियों, जीवन्मुक्तों, ब्रह्मादि देवताओं आदि के आधार एवं निर्वाहक हैं।

ऐन्दुम् ऐन्दुम् ऐन्दुमाहि अल्लवट्रुळ् आयुमाय्
ऐन्दुम् मूनरुम् ओन्रुमाहि निन्र् आदि देवने!
ऐन्दुम्, ऐन्दुम् ऐन्दुम् आहि अन्तरत्तु अणैन्दु निन्रु
ऐन्दुम् ऐन्दुम् आय निन्नै यावर् काण वल्लरे!

विशिष्ट शब्द एवं उनकी व्याख्या

प्रथम तथा द्वितीय पादों में प्रयुक्त निम्नांकित शब्दों की व्याख्या

ऐन्दुम् = पाँच–पृथिवी, जल, अग्नि, वायु एवं आकाश–ये पाँचों भूत

ऐन्दुम् = पाँच–कान, नाक, आँख, जिह्वा, त्वक्–ये पाँचों ज्ञानेन्द्रियाँ

ऐन्दुम् = पाँच–हाथ, पैर, वाक्, पायु, उपस्थ–ये पाँचों कर्मेन्द्रियाँ

ऐन्दुम् = पाँच–शब्द, स्पर्श, रूप, रस, गन्ध–ये पाँचों सूक्ष्म तथा मौलिक विषय-तत्त्व

मूऩ्रु = तीन–प्रकृति, चित्त, अहंकार–ये तीनों महत्तत्व

ओऩ्रु = एक–मन

उपर्युक्त चौबीस तत्त्व ऐकांतिक रूप से अचेतन हैं; परन्तु वे चेतनों के तत्त्व हैं।

इस पद में आऴ्वार् ने 'अल्लवट्रुळ् आयुमाय् निन्र' का जो प्रयोग किया है उसका वाच्यार्थ है "पूर्वोक्त अचेतन तत्त्वों से भिन्न रहकर;" परन्तु प्रसंग के अनुसार, 'अचेतनों से भिन्न चेतनों का अन्तर्यामी' अर्थ लिया जाता है जो इस अभिव्यक्ति का लक्ष्यार्थ है।

अन्तरम् = परमपद अर्थात श्रीवैकुण्ठ अथवा परमाकाश

तृतीय तथा चतुर्थ पादों में प्रयुक्त निम्नांकित शब्दों की व्याख्या

ऐन्दुम् = पाँच–पृथिवी आदि पाँचों भूत

ऐन्दुम् = पाँच–कान, नाक आदि पाँचों ज्ञानेन्द्रियाँ

ऐन्दुम् = पाँच–हाथ, पैर आदि पाँचों कर्मेन्दियाँ

ऐन्दुम् = पाँच–शब्द, स्पर्श आदि पाँचों विषय-तत्त्व

ऐन्दुम् = पाँच–उक्त विषय तत्त्वों के भोग का स्थान, उनके भोग के साधन, ब्रह्मा आदि देवता, मुनि एवं मुक्तात्मा

भावार्थ

भागवत भक्त आऴ्वार् का प्रस्तुत पद में कहना है कि सर्वगत भगवान नारायण की अपरिमित महिमा को समझे कौन! आऴ्वार् भगवान नारायण को सम्बोधित कर उनके सर्वान्तर्यामित्व का विश्लेषण करते हुए कहते हैं कि हे आदिदेव परमात्मा! आप आकाश आदि पंच भूतों, पाँचों ज्ञानेन्द्रियों, पाँचों कर्मेन्द्रियों, शब्द, स्पर्श आदि पाँचों मूलभूत विषय तत्त्वों, प्रकृति, चित्त एवं अहंकार–इन तीनों महत्तत्वों तथा मन–इन ऐकांतिक चौबीस अचेतन तत्वों, जो चेतनों के आधारभूत तत्व हैं, के निर्वाहक है; आप उन तमाम चेतनों के अन्तर्यामी हैं; आप ही चेतन-अचेतन तत्त्वों से युक्त जगत के कारणभूत हैं।

आप उपर्युक्त चौबीस तत्त्वों और उनके समवाय से उत्पन्न सारी सृष्टि के केवल निर्वाहक नहीं है; वरन् आप ही वे तमाम तत्त्व हैं। उक्त तत्त्वों का निर्वहण आपकी लीला है; साथ ही उन तत्त्वों के अस्तित्व का मूल कारण और उनकी नित्यता का आधार भी आप ही हैं। आप ही के कारण उपर्युक्त पंच भूतों, पंच ज्ञानेन्द्रियों, पंच कर्मेन्द्रियों, पंच विषय तत्त्वों, इन विषय तत्त्वों के भोग के स्थान, भोग-साधन अर्थात् भोग-सामग्री, परमाकाश स्थित ब्रह्मा आदि देवताओं, मुनियों एवं मुक्तात्माओं आदि का अस्तित्व है। ये सब आप ही के कारण विद्यमान हैं।

भगवान नारायण की इस सर्पव्यापिता, सर्वमयता तथा सर्वान्तर्यामित्व को कौन समझ सकता है!

व्याख्या

प्रस्तुत पद में भक्त आऴ्वार् ने भगवान नारायण के परब्रह्मत्व का जो निरूपण किया है वह संघकालीन कृति

'परिपाडल्' में अभिव्यक्त दार्शनिक तत्त्व के अनुरूप है। 'परिपाडल्' (3) में कहा गया है–'अनैत्तुम नी, अनैत्तिन् उट्पोरुळुम् नी' (तू ही सब है; सबकी आत्मा तू है।)
"नाल्वहै ऊषि एण् नविट्रुम् शिरप्पिनै" (चारों युगों में चौबीस तत्त्वों का अन्तर्यामी बन रहनेवाला तू ही है।)
और "मूवेषु उलहमुम् उलहिनिल् मन्बदुम् मायोय्! निन्वयिन् परन्दवै उरैत्तेम्...(यह तमाम जगत तथा यहाँ रहनेवाले समस्त चेतन-अचेतन तत्त्व भगवान नारायण से उद्भूत हैं, एवं परिव्याप्त हैं।)
भक्त आष्वार् का यह दार्शनिक चिन्तन तमिल प्रदेश में प्राचीन संघकाल तथा उससे भी पहले के समय से व्यापक रूप से चले आनेवाले समाज व्याप्त वैष्णव धर्म की आनुक्रमिक एवं प्रगतिशील धारा है।

चार

वेदमन्त्रों, उनके द्वारा प्रतिपादित सत्य-दर्शन, प्रणव मन्त्र आदि के प्राणभूत भगवान नारायण भक्त आष्वार् के अंतस्तल में आकर विराजमान हैं ताकि वे उन्हीं का पथ ग्रहण करते हुए उनकी उपासना कर सकें। भगवान नारायण की इस निर्हेतुक कृपा पर आष्वार् आश्चर्य कर रहे हैं।

मूनरु मुप्पदु आरिनोडु ओर् ऐन्दुम् ऐन्दुम् ऐन्दुमाय्
मूनरु मूर्तियाहि मूनरु मूनरु मूनरु मूनरुमाय्
तोनरु शोदि मूनरुमाय् तुळक्कम् इल् विळक्कमाय्
एनरु एन् आवियुळ् पुहुन्ददु एन् कोलो एम् ईशने।।

विशिष्ट शब्द एवं उनकी व्याख्या

मून्रु मुप्पदु = तीन और तीस = तैंतीस = संस्कृत भाषा के तैंतीस व्यंजन
आरिनोडु ओरु ऐन्दुम् ऐन्दुम ऐन्दुम् = आरु = छः
आरिनोडु = छः के साथ जुड़े हुए स्वर जो निम्न प्रकार 16 हैं; ओरु = एक; ऐन्दुम् ऐन्दुम् ऐन्दुम् = तीन पाँच = पन्द्रह = अर्थात् एक और पन्द्रह = सोलह स्वर
मून्रु मूर्ति = मून्रु = तीन; यहाँ तीन वेदों अर्थात् ऋक्, यजुस्, तथा साम वेदों का उल्लेख है। 'वेद-स्वरूपी भगवान' का यहाँ तात्पर्य है।
मून्रु, मून्रु, मून्रु, मून्रुम् आय् –3×4 = 12
यहाँ 'ओम् नमो भगवते वासुदेवाय–इस द्वादशाक्षर मन्त्र के द्वारा अभिव्यक्त भगवान (वायुदेवाय में पाँच अक्षर प्रतीत होते हैं; परन्तु उन्हें 'चार' ही समझना है; क्योंकि 'वासुदेवाय' के अन्तिम दो अक्षरों को एक अक्षर के रूप में लेना है; क्योंकि 'वः' की चतुर्थी विभक्ति है 'वाय'–अतः उसे दो नहीं, वरन् एक ही अक्षर का, व्याकरण की दृष्टि से परिवर्तित स्वरूप मानना है।)
तृतीय पाद में प्रयुक्त 'मून्रु' (3) से 'अ, उ, म्'–इन तीन ध्वनियों से युक्त 'ओम्' का अर्थ लिया जाता है।
आवि = मन; अंतस्तल; आत्मा
शोदि = ज्योति = प्रकाश (यह संस्कृत शब्द का तमिल रूप है)

भावार्थ

भगवान नारायण तैंतीस व्यंजनों और सोलह स्वरों के आधार या स्रष्टा हैं, तैंतीस व्यंजनाक्षर हैं–क, च, ट, त, तथा प वर्गों के पच्चीस, य, र, ल, व, श, ष, स, ह = 33

सोलह स्वर अक्षर हैं—अ, आ, इ, ई, उ, ऊ, ऋ, ॠ, लृ, ॡ, ए, ऐ, ओ, औ, अं, अः = 16
अक्षर ब्रह्म भगवान नारायण व्यंजन-स्वर अक्षरों के स्वरूपी हैं।

भगवान नारायण ऋक्, यजुस्, साम—इन तीनों वेदों द्वारा प्रतिपाद्य हैं अर्थात् वेदस्वरूपी हैं। वे 'ओम् नमो भगवते वासुदेवाय'—इस द्वादशाक्षर मन्त्र का तात्पर्य हैं। तीन ध्वनियों वाले 'ओंकार मन्त्र अर्थात् प्रणव मन्त्र की अन्तर्निहित ज्योति हैं भगवान नारायण। अर्थात् 'ओम'—अ, उ, म् इन तीन मूलभूत ध्वनियों का आधार हैं भगवान।

समस्त अक्षरों अर्थात् अविचल ध्वनियों के प्रथमाक्षर अथवा प्रथम ध्वनि 'अ' के प्रतिपाद्य अर्थात् समस्त ध्वनियों की आदि ध्वनि के आधार भगवान नारायण हैं। ऐसे आदि परब्रह्म भगवान नारायण को सम्बोधित कर भक्त आष्वार् कहते हैं कि हे स्वामी! आपने मेरे अंतस्तल में प्रवेश कर अपने ज्योतिर्मय स्वरूप से मुझे परिचित कराया; यह कितना बड़ा आश्चर्य है! आपके इस निर्हेतुक अनुग्रह पर मैं मुग्ध हूँ। भक्त-हृदय को कृपापूर्वक अपना आवास बनाकर उसे आपने भक्ति-ज्योति से आपूर्ण कर दिया है। यह आपकी कैसी कृपा है!

व्याख्या

भगवान नारायण अनादि अनन्त परब्रह्म हैं; सबके कारणभूत भगवान नारायण के लिए कोई कारण नहीं है और वे अचल तथा परिवर्तनरहित हैं जैसे ध्वनियों में आदि ध्वनि 'अकार' है। इसी तथ्य को हम भगवद्गीता के निम्नलिखित श्लोक में देखते हैं;

"अक्षराणां अकारोऽस्मि..." (10-33)

(भगवान कृष्ण कहते हैं कि मैं अक्षरों में सर्वप्रथम अक्षर 'अकार' हूँ।)

तमिल वेद की तरह स्वीकृत निरुवळ्ळुवर् द्वारा रचित 'तिरुक्कुरळ्' के प्रथम पद में यही बात निम्न प्रकार कही गयी है—

'अकर मुदल एषुत्तेल्लाम् आदि भगवन् मुदट्रे उलहु।'

(जैसे समस्त अक्षरों का आदि अकार है वैसे ही सारे जगत का आदि भगवान हैं।)

जब आष्वार् भगवान नारायण को वेद-प्रवर्तक तथा वेदों द्वारा प्रतिपाद्य कहते हैं तब संघकालीन साहित्य 'परिपाडल्' की निम्नलिखित पंक्तियाँ मननीय हैं। 'वेदत्तु मरै नी' (वेदों में अंतर्निहित तत्त्व भगवान नारायण हैं), 'तोल्लियल् पुलव' (अनादि वेदों में दृश्यमान परब्रह्म नारायण), 'वाय् मोषिप् पुलव' (श्रुतियों में निरूपित भगवान नारायण) आदि।

पाँच

जड़-चेतनमय जगत के आधारभूत परमात्मा भगवान नारायण ज्ञानियों के लिए अगम्य हैं; अचिन्त्य हैं तब सामान्य मानव उन्हें कैसे समझे! कैसे देखे!

निन्रियंगुम् ओन्रला उरुक्कळ् तोरुम् आवियाम्
ओन्रियुळ् कलन्दु निन्र् निन्न तन्मै इन्नदु एन्रु
एन्रुम् यार्कुम् एण्णिरन्द आदियाय्! निन् उन्दि वाय्
अन्रु नान्मुहर्पयन्द आदिदेवन् अल्लैये?

विशिष्ट शब्द एवं उनकी व्याख्या

निन्रु = स्थिर रहनेवाला; स्थावर वस्तु
इयंगुम् = चलता-फिरता तत्त्व; जंगम वस्तु
उरु = शरीर
आवि = आत्मा
आदि = प्रथम; प्रधान; आदि भगवान
आदि देवन् = आदि देव; आदि भगवान
उन्दि = नाभि
नान्मुहन् = चतुर्मुख ब्रह्मा

भावार्थ

आऴ्वार् भगवान नारायण को सम्बोधित कर उनकी सर्वगतता तथा परब्रह्मत्व का निरूपण कर रहे हैं। हे आदि भगवान नारायण! नानाविध चर-अचर अर्थात् स्थावर-जंगम वस्तुओं के शरीरों में आत्मा बनकर परिव्याप्त रहनेवाले आपका स्वभाव तीनों कालों में ज्ञानियों के लिए भी अगम्य तथा अज्ञेय है। इस प्रकार समस्त जगत् के कारणभूत हे भगवान नारायण! महाप्रलय काल में आपने ही तो अपने नाभि-कमल से ब्रह्मा की सृष्टि की थी! आपके इस लीलामय स्वरूप को कोई कैसे समझे और देखे? (कहीं मानाश हो रहा है और उसी समय कहीं सृष्टिकर्ता ब्रह्मा की सृष्टि हो रही है। भगवान नारायण की ही यह लीला है; इस तथ्य का परिज्ञान अगोचर है!)

व्याख्या

भगवान नारायण सूक्ष्म एवं स्थूल—जड़, चेतन, चर-अचर आदि तमाम वस्तुओं में उनके मूलभूत तत्त्व अर्थात् आत्मा के रूप में परिव्याप्त हैं। फिर भी वे उनके दोषों से अछूते हैं। महाप्रलय काल में जब सबका नाश हो गया था तब भगवान नारायण के नाभि-कमल से ही सृष्टिकर्ता ब्रह्मा का सृजन हुआ। इन आश्चर्यजनक स्थितियों तथा भगवान नारायण के अनिर्वचनीय स्वरूप को कोई क्या समझे?
इसी तथ्य को विष्णु सूक्तम् के निम्नलिखित सूक्त में कहा गया है

"न ते विष्णो जायमानो न जातः देव महिम्नः परं अन्तमाप"

(हे भगवान विष्णु! जो अब तक जन्मा है, जो अब जन्म ले रहा है और भविष्य में जन्म लेनेवाला है वे सब आपकी महिमा की चरमसीमा को नहीं समझ पायेंगे।)
तैत्तिरीय उपनिषत् के निम्नलिखित मन्त्र के द्वारा भी भगवान की अनिवर्चनीयता का ही विवेचन हुआ है—

"यतो वाचो निवर्तन्ते अप्राप्य मनसा सह"—(ब्रह्मवल्ली; अनुवाक 9)

(मन और वाक् ब्रह्म तत्त्व के बारे में सोचने तथा वर्णन करने का प्रयास करते हुए थक जाते हैं और उसकी गहनता को समझने के प्रयास में विफल होकर लौट आते हैं।)
पुरातन संघकालीन तमिल साहित्य में भी इस बात की घोषणा की गयी है कि सर्वगत तथा सर्वव्यापी होने के कारण जड़-चेतनमय जगत, भगवान नारायण का शरीर है और भगवान उन तमाम जागतिक वस्तुओं की आत्मा हैं; इस प्रकार जगत और भगवान के शरीर-शरीरी भाव का निरूपण किया गया है। उदाहरण के रूप में 'परिपाडल' का यह तीसरा पद द्रष्टव्य है। "इनैत्तु एन एण् वरम्बु अरिया याक्कैयै..." अर्थात् सर्वत्र व्याप्त

सारी अनगिनत वस्तुएँ भगवान नारायण के शरीर हैं।

परिपाडल् के चौथे पद में कहा गया है कि—

> **"इव्वुम्, उव्वुम् अव्वुम् पिरवुम् एमम्**
> **आन्र्द निर् पिरिन्दु, मेवल् शान्रन एल्लाम् ।"**

अर्थात् यत्र-तत्र, सर्वत्र व्याप्त तमाम वस्तुएँ भगवान नारायण से भले ही अलग प्रतीत हों, फिर भी उनके शरीर के रूप में उनसे सर्वथा अविभक्त होकर विद्यमान हैं। ऐसे भगवान नारायण की अगम्यता का विवेचन जैसे वेदों में किया गया है वैसे ही परिपाडल के प्रथम एवं तृतीय पदों में भी द्रष्टव्य है। वे पद इस प्रकार हैं

> **"अन्न मरबिन् अनैयोय्! निन्नै इन्नन् एन्रु**
> **उरैत्तल् एमक्कु एवन् एळिदु..."**

अर्थात् हे महत्तम गुणों से युक्त भगवान नारायण! आपका परिचय कराना या आपकी विशेषताओं का बयान करना हमारे लिये कैसे सम्भव होगा!

> **"निन्नैप् पुरै निनैप्पिन् नी अलदु उणर्दियो**
> **मुन्नै मरबिन् मुदुमोषि मुदल्व..."**

अर्थात् वेद प्रतिपादित भगवान नारायण को, वे ही स्वयं समझ सकते हैं; कोई और नहीं समझ सकता। इस प्रकार भगवान नारायण की अगम्यता, अचिन्त्यता, सर्वव्यापित्व तथा सर्वात्ममयता का जो वर्णन भक्त आष़्वार् ने किया है वह इस तथ्य का प्रमाण प्रस्तुत करता है कि अति प्राचीन काल से तमिल प्रदेश में वैदिक दार्शनिक सिद्धान्तों तथा भागवत नारायण धर्म का समाज-व्याप्त स्वरूप प्रतिष्ठित था।

छह

पूर्व पद में भगवान नारायण के सर्वान्तर्यामित्व तथा सर्वगतत्तता का विश्लेषण किया गया। प्रस्तुत पद में भक्त आष़्वार् इसी तथ्य की व्याख्या दूसरे ढंग से करते हुए कहते हैं कि इस जगत या ब्रह्माण्ड की तमाम वस्तुएँ एक दूसरे का आधार बनकर रहती हैं और भगवान नारायण इन सबके आधार हैं।

> **नाकम् एन्दु मेरु वेर्पै नाकम् एन्दु मण्णिनै**
> **नाकम् एन्दुम् आह माक माकम् एन्दुम् वार् पुनल्**
> **माकम् एन्दुम् मंकुल् तीयोर् वायु ऐन्दु अमैन्दु कात्तु**
> **एकम् एन्दि निन्र् नीर्मै निन्कणे इयन्रदे।।**

विशिष्ट शब्द एवं उनकी व्याख्या

नाकम् = सर्प ; आदिशेष; स्वर्ग, दिग्गज; वैर्पे = पर्वत
माकम् = परमपद; आकाश
मंकुल् = मेघ, मण् = पृथ्वी (वाच्यार्थ मिट्टी)
पुनल् = नदी; गंगा
ओर् ती = वैश्वानर अग्नि; ती = अग्नि
ऐन्दु वायु = पाँच वायु = प्राण, अपान, व्यान, उदान और समान

भावार्थ

आदिशेष की शय्या पर विराजमान हे भगवान नारायण! मेरु पर्वत स्वर्गलोक को धारण कर रहा है; दिग्गज परमपद या परमाकाश स्वर्ग तथा भूमि को धारण किये हुए हैं; आकाश पावन गंगा नदी और मेघ मण्डल को उठाये हुए है; इन सबको, साथ ही वैश्वानर अग्नि तथा प्राण, अपान आदि पंचविध प्राणों को भी अकेले धारण करने की शक्ति केवल आप ही की है। अर्थात् इस अखिल ब्रह्माण्ड को धारण कर रक्षित करनेवाले आप ही हैं। आप ही के कारण तथा आपके आधार पर ही सारा ब्रह्माण्ड रक्षित है।

व्याख्या

समस्त स्थावर-जंगम वस्तुओं की आत्मा के रूप में भगवान नारायण विराजमान हैं। भगवान नारायण ही अखिल ब्रह्माण्ड को धारण करनेवाले हैं—आष़्वार् का उक्त सिद्धान्त वेदमन्त्र "सदाधार पृथिवीं द्यामुते माम्" (ऋगवेद 10/121/1) (पृथ्वी तथा स्वर्ग आदि नानाविध लोकों को धारण करते हैं भगवान नारायण) के अनुरूप है। वेदमन्त्र "एक एव स इदं बिभर्ति विश्वम्" को आष़्वार् का प्रस्तुत पद व्याख्यायित करता है। सारा ब्रह्माण्ड परब्रह्म भगवान नारायण के अधीन है—तमाम जड़-चेतन वस्तुएँ उन्हीं में समाहित हैं आष़्वार् का यह कथन भगवद्गीता के निम्नलिखित श्लोक में प्रतिपादित तथ्य की व्याख्या है।

"यथाकाशस्थितो नित्यं वायुः सर्वत्रगो महान्।
तथा सर्वाणि भूतानि मत्स्थानीत्युपधारय।।" (9-6)

(जैसे वायु आकाश में सर्वव्यापी होकर विद्यमान है वैसे ही समस्त वस्तुएँ मुझमें समाहित रहती हैं। अर्थात् मैं सर्वव्यापी हूँ और सब मुझमें समाहित हैं।) भगवान नारायण (अर्थात् ब्रह्म तत्त्व) सभी शरीरों में आत्मा के रूप में स्थित रहकर उन्हें जिलाये रखते हैं; जैसे गीता में कहा गया है—

"अहं वैश्वानरो भूत्वा प्राणिनां देहमाश्रितः।
प्राणापानसमायुक्तः पचाम्यन्नं चतुर्विधम्।।" (15/14)

(भगवान कृष्ण कहते हैं—मैं वैश्वानर अर्थात् जठराग्नि बनकर सभी जीवों के शरीर में विद्यमान रहकर और प्राण,.अपान आदि विभिन्न वायुओं के साथ मिलकर उन जीवों द्वारा खाये जानेवाले चार प्रकार के भोजन (खाद्य, पेय, चोष्य तथा लेह्य) को पचाता हूँ—अर्थात् उन जीवों के जीने की शक्ति मैं हूँ।) इस प्रकार आष़्वार् का प्रस्तुत पद भगवान नारायण की सर्वव्यापकता और सर्वाधारत्व का निरूपण करता है।

सात

सर्वशक्तिमान, सर्वान्तर्यामी और समस्त ब्रह्माण्ड का निर्वहण करनेवाले भगवान नारायण को भली-भाँति समझकर उनकी स्तुति करने की सामर्थ्य किसमें है! (उत्तर है—किसी में भी नहीं) इस सत्य को आष़्वार् के प्रस्तुत पद में देखें।

ओन्‌रिरण्डु मूर्तियाय् उरक्कमोडु उणर्चिचाय्
ओन्‌रिरण्डु कालमाहि वेलै ञालम् आयिनाय्
ओन्‌रिरण्डु तीयुमाहि आयनाय मायने!
ओन्‌रिरण्डु कण्णिनानुम् उन्नै एत्त वल्लने?

विशिष्ट शब्द एवं उनकी व्याख्या

ओन्रु इरण्डु मूर्ति = त्रिमूर्ति—ब्रह्मा, विष्णु एवं शिव; ओन्रु = एक; इरण्डु = दो अर्थात् तीन
उरक्कम् = निद्रा अर्थात् अज्ञान
उणर्चि = जागरण; एहसास अर्थात् अनुभूति
ओन्रु, इरण्डु कालम् = भूत, वर्तमान तथा भविष्यत् काल; सत्वगुणमय सात्विक काल, रजोगुणमय राजसिक काल और तमोगुणमय तामसिक काल
वेलै = समुद्र, ज्ञालम् = भूमण्डल
वैलै ज्ञालम् = समुद्र से आवृत भूमि
ओन्रु, इरण्डु ती = आहवनीय, गार्हपत्य एवं दक्षिणाग्नि—तीन प्रकार की अग्नि
ती = अग्नि
ओन्रु इरण्डु कण्णिनान् = त्रिनयन शिवजी
एत्त = प्रशंसा अथवा स्तुति करने में

भावार्थ

भक्त आष्वार् भगवान नारायण को सम्बोधित कर रहे हैं। हे गोपाल कृष्ण, मायावी भगवान नारायण! त्रिमूर्तियों में प्रधान विष्णु बन आप ही अन्य दोनों मूर्तियों यानी ब्रह्मा तथा शिवजी के नियामक के रूप में स्थित हैं और उनके द्वारा क्रमाशः सृष्टि तथा संहार कराते हैं। आप ही ज्ञान, अज्ञान दोनों के अधिकारी हैं और भूत, वर्तमान तथा भविष्यत्—इन तीनों कालों के अथवा सात्विक काल, राजसिक काल तथा तामसिक काल के भी अधिकारी आप हैं। समुद्र से व्याप्त इस समस्त भूमण्डल के अधिपति तथा आहवनीय, गार्हपत्य तथा दक्षिणाग्नि के स्वरूपों में विद्यमान आप ही हैं।

हे गोपकुलोत्पन्न कृष्ण के रूप में अवतरित मायामय भगवान नारायण! ऐसे आश्चर्यमय आपकी स्तुति करने में क्या त्रिनयन शिवजी अर्थात् रुद्र भी समर्थ हैं! (अर्थात् जब त्रिनयन ही समर्थ नहीं हैं तो अज्ञान के गर्त में निमग्न सामान्य मानव की क्या हस्ती है!)

व्याख्या

ब्रह्मा, विष्णु तथा शिव—ये तीनों मूर्तियाँ भगवान नारायण की हैं। वे तीनों रूपों में स्थित हैं। विष्णु समस्त ब्रह्माण्ड के रक्षक हैं—पालनकर्ता हैं; अतः वे अन्य दोनों मूर्तियों के निर्वाहक हैं। ब्रह्माण्ड की तमाम स्थितियों, गुणों तथा कालों के नियामक हैं भगवान नारायण। जैसे गीता के श्लोक में कहा गया है, भगवान नारायण ही मुमुक्षुओं द्वारा किये जानेवाले यज्ञों और उनके अंगभूत आहवनीय आदि तीनों प्रकार की अग्नियों के आधार तथा स्वरूपी भी हैं।

गीता का उक्त श्लोक इस प्रकार है—

"अहं हि सर्वयज्ञानां भोक्ता च प्रभुरेव च" (9/24)

सर्वान्तर्यामी तथा सबके आधारभूत भगवान नारायण की आश्चर्यमय महिमा का जो वर्णन प्रस्तुत पद में किया गया है वह संघकालीन कृति 'परिपाडल' के प्रारम्भिक पदों में भी पाया जाता है। इस सन्दर्भ में परिपाडल का निम्नांकित एक प्रमाण प्रस्तुत करना पर्याप्त होगा।

ज्ञान-अज्ञान तथा तीनों कालों के निर्वाहक के रूप में आष्वार् ने भगवान नारायण का जो परिचय दिया है वही परिपाडल के निम्नलिखित पदांशों में द्रष्टव्य है।

"आर्वलर्कु अरुळुम् नी। माट्रल्र्कु अणंगुम् नी।"
'काल मुदल्वनै'।

(ज्ञानियों अथवा भक्तों के प्रति अनुग्रही तू है। शत्रुओं के लिए भयप्रद है तू। कालों का अधिपति है तू—परिपाडल 1;3)

आठ

भगवान नारायण अनादि हैं—परन्तु वे सारे ब्रह्माण्ड, ब्रह्मा आदि देवताओं, चेतन-अचेतन आदि वस्तुओं के आदि स्वयं हैं। इस तथ्य को आष्वार् के प्रस्तुत पद में देखें।

आदियान वानवर्कुम् अण्डमाय अप्पुरत्तु
आदियान वानवर्कुम् आदियान आदि नी
आदियान वानवाणर् अन्तकालम् नीयुरैत्ति
आदियान काल निन्नै यावर् काण वल्लरे?

विशिष्ट शब्द एवं उनकी व्याख्या

प्रस्तुत पद में 'आदि' शब्द का प्रयोग कई बार किया गया है। उसके अर्थ इस प्रकार हैं। जगत की सृष्टि; जगत के स्रष्टा; जगत के कारणभूत; निर्वाहक; प्रारम्भिक काल अर्थात् नयी सृष्टि के लिए आधारभूत प्रलय काल। अन्त कालम् = अवसान-समय; वह संस्कृत शब्द है।

भावार्थ

हे भगवान नारायण! जगत की सृष्टि, स्थिति तथा लय के कारणभूत ब्रह्मा आदि देवताओं और भूमण्डल के परे विद्यमान परमपद अर्थात् देवलोक में रहनेवाले अमरों के अधिपति आप ही हैं। सृष्टि, स्थिति तथा लय के कारणभूत देवलोकों के प्रधान ब्रह्मादि देवताओं का अन्तकाल बतलानेवाले परमात्मा आप ही हैं। प्रलयकाल के निर्वाहक भी आप ही हैं। नव-सृष्टि के मूलभूत प्रलयकाल अर्थात् आदिकाल का निर्वहण करनेवाले आप ही हैं। आपकी इस महिमा को कौन समझ सकता है?

व्याख्या

भगवान नारायण आदि पुरुष हैं। समस्त देवताओं के अधिपति वे हैं। विष्णुपुराण के प्रथम खण्ड के अध्याय 22 में ब्रह्मा आदि देवताओं को जगत की सृष्टि, स्थिति एवं लय के कारण-रूप में बताया गया है। भक्त आष्वार् ने उन तमाम देवताओं के अधिपति अर्थात् निर्वाहक के रूप में भगवान नारायण के महिमामय स्वरूप का प्रतिपादन किया है। उन सभी देवताओं का अवसान काल बतलानेवाले भगवान नारायण हैं—आष्वार् के इस सिद्धान्त का प्रमाण गीता के निम्नांकित श्लोकों में पाया जाता है।

"परस्तस्मात्तु भावोऽन्यः अव्यक्तोऽव्यक्तात्सनातनः
यः स सर्वेषु भूतेषु नश्यत्सु न विनश्यति।।
अव्यक्तोऽक्षर इत्युक्तः तमाहुः परमां गतिम्।
यं प्राप्य न निवर्तन्ते तद्धाम परमं मम।।"

(9/20,21)

(अर्थात् व्यक्त विश्व का आधार अव्यक्त तत्त्व है जिसके मूल में अव्यक्त सनातन परब्रह्म है जो सर्वथा अनश्वर है—अक्षर है। इस अक्षर ब्रह्म में विलीन होने के बाद कोई इस नश्वर जगत में लौट नहीं आता।) आष्वार् ने प्रलय काल अर्थात् नयी सृष्टि के आदिकाल के निर्वाहक के रूप में भगवान नारायण के अद्वितीयत्व का जो वर्णन किया है वह छांदोग्य उपनिषत् के निम्नलिखित मन्त्र के अन्तर्निहित तत्त्व को प्रतिपादित करता है।—

"सदेव सोम्येदमग्र असीत् एकमेवाद्वितीयम्" (6-2-1)

अर्थात् हे सौम्य! नाम-रूपयुक्त यह विश्व प्रलयकाल में नाम-रूपों के बिना एक होकर तथा अतुलनीय होने के कारण अद्वितीय सत् अर्थात् ब्रह्म के रूप में विद्यमान था।

इस प्रकार प्रस्तुत पद में आष्वार् ने भगवान नारायण के परब्रह्मत्व को प्रतिष्ठित किया है।

नौ

अद्वितीय भगवान नारायण ही सबके एकमात्र वन्दनीय हैं—इस बात को आष्वार् के प्रस्तुत पद में देखें।

तादुलावु कोन्रै मालै तुन्नु शेंचडैच् चिवन्
नीतियाल् वणंगुपाद! निन्मला! निलाय शीर्
वेदवाणर् गीत वेळ्वि नीतियान केळ्वियार्
नीतियाल् वणंगुकिन्र नीर्मै निन् कण् निन्रदे ।।

विशिष्ट शब्द एवं उनकी व्याख्या

तादु = पराग, केसर
कोन्रै मालै = मौलसिरी पुष्पों की माला
चडै = संस्कृत शब्द 'जटा' का तमिल रूप
निन्मल = संस्कृत शब्द 'निर्मल' का तमिल रूप
वेदवाणर् = वेदवित् लोग
गीत वेळ्वि = सामवेद का गायन करते हुए किये जानेवाले यज्ञ
नीति = इस प्रसंग में 'वेदोक्त रीति' अभिप्रेत है।

भावार्थ

हे भगवान नारायण! केसर व्याप्त मौलसिरी पुष्पों की माला पहने हुए जटाधारी शिवजी विधिवत् आपके श्रीचरणों का पूजन कर रहे हैं। है निर्मल स्वरूपी भगवान! सामवेद का गान करते हुए संगीतमय वातावरण में यज्ञ करनेवाले वेदवित् लोगों तथा नियमानुसार श्रवण, मनन आदि करनेवाले महान लोगों के लिए उपास्य केवल आप ही तो हैं।

व्याख्या

प्रस्तुत पद में आष्वार् इस तथ्य का निरूपण कर रहे हैं कि समस्त देवताओं तथा मानव-मात्र के लिए उपास्य केवल परम तत्त्व भगवान नारायण हैं। शिवजी के उपास्य कहने से ब्रह्मादि समस्त देवताओं के उपास्य होने का सांकेतिक अर्थ अभिप्रेत है।

वेदवित् लोगों का उपासनीय कहकर भक्त आष्वार् ने समस्त सात्विक जनों का उपासनीय सिद्ध किया है। यहाँ 'वेदवित्' कहकर उन ज्ञानियों के प्रति संकेत किया गया है जो कर्म एवं कर्मफल का संग-परित्याग कर और साथ ही कर्तृत्व भाव का भी त्याग करते हुए समर्पण-भाव से वेदों के तत्वार्थ एवं कर्म, ज्ञान तथा भक्तियोगों का सात्विक परिपालन करनेवाले और विधिवत् यज्ञ का अनुष्ठान करनेवाले होते हैं। इस प्रकार प्रस्तुत पद में आष्वार् यह सिद्ध करते हैं कि भगवान नारायण ही सबके लिए अर्थात् देवताओं तथा मानव-मात्र के लिए एकमात्र उपास्य एवं समाश्रयणीय हैं।

दस

जड़-चेतनमय जगत की उत्पत्ति एवं स्थिति का कारण भगवान नारायण हैं; तमाम जड़-चेतन वस्तुएँ अन्त में उन्हीं में विलीन होती हैं—इस दार्शनिक तथ्य का निरूपण भक्त आष्वार् के प्रस्तुत पद में हुआ है।

तन्नुळे तिरैत्तेषुम् तरंगवेण् तडंकडल्
तन्नुळे तिरैत्तेषुन्दु अडंगुहिन्र् तन्मै पोल्
निन्नुळे पिरन्दु इरन्दु निर्पवुम् तिरिपवुम्
निन्नुळे अडंगुहिन्र् नीर्मै निन् कण् निन्रदे।।

विशिष्ट शब्द एवं उनकी व्याख्या

तरंग = लहर; वीचि (तरंग संस्कृत शब्द है)
निर्पवुम् = अचर; जड़ और
तिरिपवुम् = चर; चेतन
नीर्मै = स्वभाव; व्यक्तित्व

भावार्थ

शुभ्र समुद्र में से उठती हैं व्यापक वीचियाँ (लहरें) और समुद्र में चारों तरफ़ उठती-गिरती हैं और अन्त में समुद्र में ही विलीन हो जाती हैं। इस बात को दूसरे ढंग से इस प्रकार कहा जा सकता है। समुद्र लहरों के कारण अत्यन्त चंचल रहता है और लहरों के थम जाने के बाद शान्त हो जाता है। इसी प्रकार चर-अचर अर्थात् जंगम-स्थावर (चेतन-अचेतन) वस्तुएँ भगवान नारायण से ही उत्पन्न होती हैं, उन्हीं में खतम होती हैं और अन्त में उन्हीं में विलीन होती हैं। अर्थात् सारे जगत का आदि एवं अन्त भगवान नारायण ही हैं, इस प्रकार जगत की सृष्टि, स्थिति तथा लय का कारण केवल भगवान नारायण हैं।

व्याख्या

पूर्व पदों में भक्त आष्वार् ने कहा है कि भगवान नारायण को जगत के उपादान कारण के रूप में स्वीकार कर उनकी उपासना की जाय। इसी कारण प्रस्तुत पद में समुद्र का दृष्टान्त दिया गया है। नाम-रूप विहीन सूक्ष्म परब्रह्म जिसमें तमाम चेतन-अचेतन समाहित हैं, जगत का कारण है और नाम-रूप सहित चेतन-अचेतनमय स्थूल परब्रह्म कार्य है—उक्त समुद्र के दृष्टान्त द्वारा इसी वेदान्त दर्शन को प्रतिष्ठित किया गया है। परमात्मा नारायण जड़-चेतनमय समस्त जगत के आदि हैं; वे अरूप हैं; समस्त जगत भगवान नारायण से ही उद्भूत है; उन्हीं में स्थित है और प्रलय में उन्हीं में विलीन होता है—यही तो समुद्र में लहरों की स्थिति है।

नारायण एक हैं और सबके उपादान कारण हैं। उन्हीं से जगत नाना रूपों में आविर्भूत होता है; अन्त में उन्हीं में उक्त जगत का लय भी होता है; यही प्रलय की दशा है।
इसी बात को छांदोग्य उपनिषत् में कहा गया है–

"यथा सोम्यैकेन मृत्पिण्डेन सर्वं मृण्मयं
विज्ञातं स्यात्... ... ..." (6-1-2)

अर्थात् मिट्टी को समझने पर उससे बननेवाले घड़ा आदि तमाम मिट्टी के बरतनों को समझा जा सकता है। मिट्टी कारण है तो बरतन कार्य हैं। परमात्मा नारायण उपादान कारण हैं और जड़-चेतनमय जगत-कार्य है। ब्रह्मसूत्र के निम्नांकित सूत्र में भी इसी तत्त्व का विश्लेषण हुआ है

"न कर्माविभागात् इति चेत् न अनादित्वात्।।
उपपद्यते चापि उपलभ्यते च।।" (2-1-35/36)

अर्थात् जीव तथा उनके कर्म एक-दूसरे से अलग नहीं किये जा सकते। वे अनादि हैं। जीव ब्रह्म से अविभाज्य हैं। अतः वे अनादि हैं। बीज एवं अंकुर की तरह उपादान कारण ब्रह्म तथा कार्य-जगत की अविभाज्यता तथा अनादित्व स्वयं सिद्ध हैं। उक्त सिद्धान्त का सार इस प्रकार है–
"परमात्मा नारायण समुद्र हैं; वीचियाँ, उनका उठना-गिरना (अशान्त स्थिति) तथा लय (शान्त स्थिति) समुद्र में ही विद्यमान हैं; उसी प्रकार जगत की सृष्टि, स्थिति एवं लय–ये सारी स्थितियाँ भगवान नारायण में ही विद्यमान हैं। शान्त समुद्र से वायु की गति के कारण वीचियाँ उठने-गिरने और चारों ओर व्याप्त होने लगती हैं। जब वायु थम जाती है तब समुद्र शान्त स्थिति में प्रत्यावर्तित होता है। उसी प्रकार भगवान नारायण के संकल्प से उनके शरीर रूपी प्रकृति में सत्व-रज-तमोगुणों का समवाय होता है। तब जड़-चेतनमय जगत की सृष्टि, उसके उद्भव, गति, प्रगति तथा संकल्पाभाव में लय की स्थितियाँ होती हैं।
इसी सिद्धान्त को तैत्तिरीय उपनिषत् के नानाविध मन्त्रों में विश्लेषित किया गया है। एक मन्त्र का उदाहरण पर्याप्त है।

आनन्दो ब्रह्मेति व्यजानात्। आनन्दाद्ध्येव
खल्विमानि भूतानि जायन्ते। आनन्देन जातानि जीवन्ति।
आनन्दं प्रयन्त्यभिसंविशन्ति इति।

ग्यारह

सर्वान्तर्यामी, तेजोमय तथा ब्रह्मा आदि देवताओं के आधारभूत परमात्मा नारायण की अपरिमित गुणातिशयता का वर्णन करना दुश्वार है–इस तथ्य को आष़्वार् के प्रस्तुत पद में देखिये।

शोल्लिनाल् तोडर्च्चि नी शोलप्पडुम् पोरुळुम नी
शोल्लिनाल् शोलप्पडादु तोन्रुहिन्र शोदि नी
शोल्लिनाल् पडैक्क नी पडैक्क वन्दु तोन्रिनार्
शोल्लिनाल् शुरुंग निन् गुणंकळ् शोल्ल वल्लरे?

विशिष्ट शब्द एवं उनकी व्याख्या

प्रस्तुत पद में 'शोल्' (शब्द) के नानाविध प्रयोग हुए हैं। उक्त शब्द से 'वेद' अभिप्रेत हैं। क्रिया रूप में 'शोल' का अर्थ होता है 'कहना' अथवा 'वर्णन करना'।

गुणंकळ् = संस्कृत शब्द 'गुण' का तमिल प्रयोग है बहुवचन में।
शोदि = संस्कृत शब्द 'ज्योति' का तमिल प्रयोग है जिसका अर्थ है 'प्रकाश' या ज्योति।

भावार्थ

परम भागवत आष्वार् भगवान नारायण को सम्बोधित कर कहते हैं कि हे भगवान! वेदों द्वारा प्रतिपादित धर्म, अर्थ, काम, मोक्ष–इन चारों पुरुषार्थों के प्रति, उन्हें प्राप्त करने की इच्छा करनेवालों में रुचि पैदा करनेवाले आप हैं। श्रुति, स्मृति आदि द्वारा आश्रयणीय कहलानेवाले देवताओं की भी आत्मा आप ही हैं। वेदों के लिए भी अप्राप्य स्वयंभू ज्योति-तत्त्व भी आप ही हैं। इस स्थिति में शब्द-ब्रह्म के रूप में रहकर वेदोक्त प्रकार से जगत के निर्माण के लिए आपके द्वारा (आपके नाभि कमल में) उत्पन्न किये गये ब्रह्मा आदि देवता क्या संक्षेप में भी आपके अपार गुणों का वर्णन करने में समर्थ हैं?

व्याख्या

भगवान नारायण का स्वरूप, गुण आदि अपार हैं; वे अप्राप्य हैं; अनिर्वचनीय हैं; अपरिमेय हैं। वे ज्योतिस्वरूपी हैं। वे ही तमाम जीवराशियों, देवताओं आदि के अन्तर्यामी हैं। आष्वार् के प्रस्तुत पद में अभिव्यक्त भगवान नारायण का यही स्वरूप तैत्तिरीय आरण्यक के नारायण सूक्त में निम्न प्रकार वर्णित हुआ है।

"नारायण परो ज्योतिः आत्मा नारायणः परः।
नारायण परं ब्रह्म तत्वं नारायणः परः ।।"

भगवान नारायण शब्द-ब्रह्म हैं। जगत की सृष्टि करने के लिए भगवान नारायण ने अपने नाभिकमल में ब्रह्मा की सृष्टि की। इस तथ्य का विवरण श्वेताश्वतर उपनिषत् के निम्नांकित मन्त्र में दिया गया है।

"यो ब्रह्माणं विदधाति पूर्वं यो वै वेदांश्च प्रहिणोति तस्मै।
तं ह देवं आत्मबुद्धिप्रकाशं मुमुक्षुर्वै शरणमहं प्रपद्ये'।' (6-18)

(परब्रह्म भगवान ने जगत की सृष्टि के पहले ब्रह्मा की सृष्टि की; उन्होंने ब्रह्मा को वेदों का उपदेश दिया। मोक्षकामी मैं उस ज्योतिर्मय भगवान की शरण ग्रहण करता हूँ। वे ही भगवान नारायण हैं जो सभी के अंतस्तल में आत्मज्ञान की ज्योति जगाते हैं।)
भगवान नारायण के अपरिमेय स्वरूप, गुण तथा विभूति का वर्णन ब्रह्मा आदि देवताओं के लिए भी सम्भव नहीं है–आष्वार् का यह कथन–परिपाडल्' के तीसरे तथा चौथे पदों के अनुरूप है। "...उपर्विनुमेल्लाम् वनप्पु वरम्बु अरिया मरबिनोये" (आपका स्वरूप, गुण एवं विभूति की सीमा ज्ञानियों के लिए अगम्य है।) 'अळप्परियवै' (उनके अपरिमित गुणों को समझना असम्भव है।)

बारह

अखिल चराचर प्रपंच के कारणभूत और उसकी सृष्टि, स्थिति तथा लय के आधार परमात्मा नारायण विश्व में मानव रूप में अवतरित होकर विश्व-रक्षण करते हैं–भगवान नारायण की इस अपरिमित महिमा को समझे कौन!

उलहु तन्नै नी पडैत्ति उळ्ळोडुक्कि वैत्ति मीण्डु
उलहुतन्नुळे पिरत्ति ओरिडत्तै अल्लैयाल्

उलहु निन्नोडु ओन्रि निर्क वेरु निट्रि आदलाल्
उलहिल् निन्नै उळ्ळ शूषल् यावर् उळ्ळवल्लरे?

विशिष्ट शब्द एवं उनकी व्याख्या

शूषल् = चित्र-विचित्र गति या स्थिति; षड्यंत्र

भावार्थ

हे भगवान नारायण! आप लोकों की सृष्टि करते हैं। आप प्रलय काल में उन तमाम लोकों को उदरस्थ कर उनका रक्षण भी करते हैं। इस संसार में आप अवतार लेकर आते हैं। एक स्थान पर नहीं, सर्वत्र चारों ओर आपका ही निवास है। सारा प्रपंच आपका शरीर है; आप शरीरी होकर समस्त शरीरों में—विभिन्न रूपों में विराजमान हैं। विश्व व्याप्त आपकी इन विचित्र-अद्भुत स्थितियों को समझे कौन?

व्याख्या

भगवान नारायण अचेतन मूल प्रकृति को साधन बनाकर समस्त ब्रह्माण्ड की सृष्टि करते हैं। प्रलय काल में नाम-रूपों से विहीन तमाम जीव राशियों को उदरस्थ कर उन सबका रक्षण करते हैं। इस प्रकार चेतनाचेतन जगत की सृष्टि तथा प्रलय काल में उनका रक्षण करनेवाले परमात्मा का वर्णन छांदोग्योपनिषत् के निम्नलिखित मन्त्र की परिभाषा प्रस्तुत करता है।

"तदैक्षत बहु स्याम् प्रजायेयेति
तत्तेजो असृजत... ... ... " (6-2-3)

(मैं वही परब्रह्म हूँ जो अनेक बनेगा; उसके लिए आत्म संकल्प से पुनः जन्म लेगा; उसी ने ज्योति की सृष्टि की...)

वही परब्रह्म अवतार लेकर इस प्रपंच में आता है। वह सर्वव्यापी है; यत्र-तत्र-सर्वत्र वह विराजता है। अतः सारा प्रपंच उसका शरीर है; वह उन सबमें अन्तर्यामी बन विराजमान है; अर्थात वह शरीरी है। भगवान नारायण के इन नानाविध रूपों, गुणों तथा विभूतियों को कौन समझ सकता है! भक्त आऴ्वार् का यह सिद्धान्त, परिपाडल्, एट्टुत्तोकै, पत्तुप्पाट्टु आदि संघकालीन साहित्य में, सर्जक के रूप में, साथ ही विश्व-रक्षणार्थ लिए जाने वाले अवतारों, प्रलय काल में प्रपंच को उदरस्थ कर उसके रक्षक, सर्वान्तर्यामी एवं सर्वव्यापी के रूप में व्याख्यायित भगवान नारायण के वैभव के अनुरूप है।

तेरह

भगवान नारायण की महिमा को उनकी कृपा के बल पर ही समझा जा सकता है—अन्यथा नहीं। भगवत्कृपा की यह गौरव-गाथा आऴ्वार् के प्रस्तुत पद में देखिये।

इन्नैयेन्रु शोल्ललावदु इल्लैयादुम् इट्टिडै
पिन्नै केळ्वन् एन्बर् उन् पिणक्कुणर्न्द पेट्रियोर्
पिन्नैयाय कोलमोडु पेरुम् अरुम् आदियुम्
निन्नैयार् निनैक्कवल्लर् नीर्मैयाल् निनैक्किले?

विशिष्ट शब्द एवं उनकी व्याख्या

इन्नै = इस प्रकार का, इडै = गोप कुल
इट्टु इडै = पतली कमर; कृश कटि
पिणक्कु = विवाद
पेट्रियोर् = पण्डित
पिन्नै = देवी नप्पिन्नै, केळ्वन् = प्रियतम
पिन्नै का दूसरा अर्थ है 'परवर्ती' अथवा विलक्षण
नीमैं = भगवत्कृपा अर्थात् अनुग्रह

भावार्थ

हे भगवान नारायण! आप कौन हैं और कैसे हैं--यह नहीं कहा जा सकता है अर्थात् आप अनिर्वचनीय हैं। आपके अवतार आदि विषयों के सम्बन्ध में अज्ञानियों के बीच विद्यमान विवादों को समझनेवाले पण्डित या ज्ञानी लोग इतना ही कहेंगे कि आप कृश कटियुक्त या गोपकुल की देवी नप्पिन्नै के प्रियतम हैं अर्थात् आप स्नेह के वशीभूत हैं। आपके नानाविध रूपों, नामों तथा विभिन्न दिव्य स्थलों के कारणों को आपकी कृपा के बल पर ही कोई समझ सकता है अर्थात् अपने प्रयास से कोई नहीं समझ सकता।

व्याख्या

अजन्मा होने के बावजूद भगवान नारायण विभिन्न रूपों में अवतार लेते हैं। अतः यह कहना सम्भव नहीं है कि वे कौन हैं और कैसे हैं। उनके अवतार-रहस्य को केवल ज्ञानी लोग समझते हैं। जैसे पुरुष सूक्तम् में कहा गया है--

"अजायमानो बहुधा विजायते
तस्य धीराः परिजानन्ति योनिम्।"

भगवान नारायण के विभिन्न रूप हैं; भिन्न-भिन्न नाम हैं; नानाविध दिव्य स्थल हैं। यहाँ यह प्रश्न उठता है कि अनाम एवं सर्वव्यापी भगवान नारायण के नाना प्रकार के रूपों, नामों तथा तीर्थ स्थलों की सम्भावना कैसे हो सकती है! भक्त आष़्वार् की स्थापना है कि इसे वही समझ सकता है जिस पर भगवान नारायण की कृपा अर्थात् अनुग्रह हो। प्रपंच के तमाम रूपों एवं उनके नानाविध नामों के आधार परब्रह्म नारायण भिन्न-भिन्न दिव्य स्थलों में विराजमान हैं अर्थात् शरीरी परब्रह्म सर्वव्यापी हैं। इस आध्यात्मिक तथ्य को समझना उसी भक्त के लिए सम्भव है जिस पर भगवान नारायण की कृपा हो।

चौदह

नानाविध नाम-रूपों के जगत के आधारभूत परमात्मा नारायण अगम्य हैं--अतः अनिर्वचनीय हैं। उनके बारे में जो भी कहा जाए वह कदापि पूर्ण नहीं हो सकता। भगवान नारायण को सम्बाधित कर भक्त आष़्वार् अपने प्रस्तुत पद में इस तथ्य को प्रतिपादित कर रहे हैं।

तूयम् योगम् आयिनाय्! तुषाय अलंकल् मालैयाय्!
आमै आहि आष् कडल् तुयिन्र आदिदेव! निन्
नामधेयम् इन्नदेन्न वल्लम् अल्ल आहिलुम्
सामवेद गीतनाय चक्रपाणि अल्लये?

विशिष्ट शब्द एवं उनकी व्याख्या

तूय्मै योगम् = परिशुद्धता अथवा पवित्रता का समवाय
तुषाय् अलंकल् = तुलसी दल
आमै = कूर्म
नामधेयम्—यह संस्कृत शब्द का तमिल प्रयोग है।
वल्लम् = शक्ति
चक्रपाणि = सुदर्शन चक्र को हाथ में रखनेवाले भगवान नारायण (यह संस्कृत शब्द है।)
सामवेद गीतन् = सामवेद के मन्त्रों द्वारा प्रतिपादित

भावार्थ

सांसारिकता में डूबे हुए मानव-मात्र में पावन भक्ति का संचार कर उसे आध्यात्मिक बनानेवाले हे भगवान नारायण! तुलसी माला धारण करनेवाले हे परमात्मा! कूर्मरूप में अवतार लेकर अमृत मंथन के अवसर पर समुद्र में धंसनेवाले मंदर पर्वत को धंसने से रोककर रक्षा करनेवाले हे आदि देव! आपके नानाविध नामों तथा उनके द्वारा प्रतिपादित आपके गुणों तथा क्रियाओं की व्याख्या करना हमारे लिए सम्भव नहीं है। फिर भी यह हम कह सकते हैं कि आप सामवेद में प्रतिपादित सुदर्शन चक्रधारी हैं। (अर्थात् आप कृपालु हैं; सुदर्शन चक्र हाथ में लिये हुए हैं ताकि विश्व का—प्रपंच का सर्वदा रक्षण हो और जड़-चेतनमय जगत आपके अनुग्रह का पात्र हो।)

व्याख्या

प्रस्तुत पद में भगवान नारायण के कूर्मावतार की लीला का जो वर्णन किया गया है उसे हम विष्णु पुराण के निम्नलिखित श्लोक में देख सकते हैं।

"क्षीरोदमध्ये भगवान् कूर्मरूपी स्वयं हरिः
मन्थनाद्रेरधिष्ठानं भ्रमतोऽभून्महामुने।।" (I-9-87)

भगवान को 'आदि देव' कहकर भक्त आष़्वार् ने जगत के कारणभूत परब्रह्म को संकेतित किया है। ऐसी ही अभिव्यक्ति 'परिपाडल' के तीसरे पद में 'अमरर्कु मुदल्वन्' (देवताओं का अधिपति अर्थात् आदिदेव) द्वारा हुई है। मानव-मात्र को अपनी कृपा द्वारा सांसारिकता से मुक्त कर आध्यात्मिक पथ पर ले जाते हैं भगवान नारायण। वे मानव को पुण्य-पाप कर्मों से हटाकर मोक्ष के अधिकारी बनाते हैं—इस प्रकार कर्मबन्धन से मुक्त कर भगवान मनुष्य को जीवन्मुक्ति प्रदान करते हैं। आष़्वार् के इस कथन के समानांतर अभिव्यक्ति परिपाडल के तेरहवें पद में निम्न प्रकार पायी जाती है।

"इरुमै विनैयुम् इल एत्तुमवै..."

(अर्थात् भगवान नारायण की स्तुति करनेवाले ऐहिक पुण्य-पाप कर्मों से मुक्त होते हैं।)

पन्द्रह

वेदों तथा वेदांगों द्वारा प्रतिपादित भगवान नारायण की गुणातिशयता का वर्णन आष़्वार् के प्रस्तुत पद में देखिये।

अंगम् आरुम् वेदम् नान्गुम् आहि निन्रु अवट्रुळे
तंगुहिन्र तन्मैयाय् तडंकडल् पणत्तलै
शेंकण् नागणैक् किडन्द शेल्वमल्हु शीरियाय्!
शंखवण्णम् अन्न मेनि शाङ्गर्पाणि अल्लैये?

विशिष्ट शब्द एवं उनकी व्याख्या

आरु अंगम् = छः अंग; वेदों के अंग; उनकी संख्या छः है। वे हैं शिक्षा, कल्प, निरुक्त, छंद, ज्योतिष और व्याकरण

नान्गु वेदम् = चार वेद—ऋक, यजुस्, साम और अथर्ववेद

नागणै = शेष-शय्या

शाङ्र्गपाणि = श्रीरामचन्द्र जिनके हाथ में शाङ्र्ग धनुष है (यह संस्कृत शब्द है।)

भावार्थ

हे भगवान नारायण! आप शिक्षा, कल्प आदि छः वेदांगों तथा ऋक्, यजुस् आदि चारों वेदों के प्रवर्तक तथा उनके द्वारा प्रतिपादित हैं। इन वेद-वेदांगों द्वारा प्रतिपाद्य आप ही उनके सार-तत्त्व हैं। दुग्ध समुद्र में आदिशेष की शय्या पर योगनिद्रा में उपस्थित कल्याण-गुण सम्पन्न आप ही तो कृतयुग में शंख की तरह शुभ्र वर्ण के भगवान विष्णु के रूप में और त्रेतायुग में शाङ्र्गपाणि श्रीरामचन्द्र के रूप में अवतरित हुए थे! (हे भगवान नारायण! आपके इस महिमामय स्वरूप एवं गुणों को कौन समझ सकता है!)

व्याख्या

भक्त आष्वार् वेद-वेदांगों द्वारा प्रतिपाद्य भगवान नारायण का जब वर्णन करते हैं तब तैत्तिरीयोपनिषत् का निम्नलिखित मन्त्र ध्यातव्य है।

'सत्यं ज्ञानमनन्तं ब्रह्म।' (निर्विकार सत्य एवं ज्ञान के प्रतिमान तथा अनन्त हैं ब्रह्म अर्थात् नारायण) [1-2]
परम भागवत आष्वार् भगवान नारायण की, मानव-मात्र के प्रति कृपालुता का स्मरण करते हुए कृतयुग तथा त्रेतायुग में भक्तवत्सल तथा आश्रित-रक्षक भगवान नारायण के ईश्वर एवं मानव के रूपों में हुए अवतारों की तथा उनकी लीलाओं की भी याद कर रहे हैं। कृतयुग एवं त्रेतायुग में भगवान के अवतारों तथा लीलाओं का संकेत देखिये विष्णुपुराण के तृतीय भाग के द्वितीय अध्याय के श्लोक 54 और 55 में।

सोलह

भगवान नारायण नानाविध अवतार लेकर जगत में आते हैं और विभिन्न लीलाएँ करते हैं। फिर भी वे देवताओं तथा मानवों के लिए ही नहीं, वरन् वेद-शास्त्रों के लिए भी अगम्य हैं।

तलैक्कणत्तुहळ् कुषम्बु शादि शोदि तोट्रमाय्
निलैक्कणंगळ् काण वन्दु निट्रियेलुम्, नीडिरुम्
कलैक्कणंगळ् शोर् पोरुळ् करुत्तिनाल् निनैक्कोणा
मलैक्कणंगळ् पोलुणर्त्तुम् माट्चि निन्रन् माट्चिये।।

विशिष्ट शब्द एवं उनकी व्याख्या

तलैक्कणम् = श्रेष्ठ देव-गण
तुहळ् = क्षुद्र स्थावर वर्ग
कुष़म्बु शादि = मिश्रित वर्ग अर्थात् मनुष्य एवं पशु
निलैक्कणम् = स्थावर वर्ग़
नीडु इरुम् = नीडिरुम् कलै कणंगळ् = शाश्वत वेद-शास्त्र समूह
मलैक्कणंगळ् = पर्वत-समूह
माट्चि = महिमा; गौरव

भावार्थ एवं व्याख्या

हे भगवान नारायण! आप चारों जातियों में अर्थात् देवता, स्थावर, पशु तथा मनुष्य के रूपों में अवतरित हुए हैं। (वामन, नृसिंह आदि देवता रूप हैं भगवान के। राम, कृष्ण आदि भगवान के मनुष्य रूप हैं; मत्स्य, कूर्म, वराह, आदि भगवान के पशु-रूप हैं; वृक्ष, पर्वत आदि स्थावर रूप हैं।) इन चारों रूपों में ज्योतिर्मय होकर आप विराजमान हैं।

इस प्रकार देवता से लेकर स्थावर तक सभी के लिए अनुभवगम्य होने के उद्देश्य से आप नाना रूपों में अवतरित हुए हैं। फिर भी आपकी अपार गुणातिशयता वेद-वेदांगों के लिए अभिधा तथा लक्षणाशक्तियों के बल पर भी अचिन्तनीय तथा अविचारणीय है। आपके गुणों की अपरिमेयता पर्वत समूह की तरह ऐसी गहन एवं कठिन है कि वेद-वेदांग भी उनके पार नहीं पहुँच पाते अर्थात् उनकी थाह नहीं पा सकते।

यह आपके गुणों तथा लीलाओं की ही महिमा तथा विशेषता है जो अपार है—वेद-वेदांगों एवं शास्त्रों द्वारा अभेद्य है और उनके लिए भी अगम्य है।

सत्रह

भक्त आष़्वार् भगवान नारायण के अवतारों तथा उनकी लीलाओं की अपारता और विलक्षणता के साथ-साथ भक्तों की इच्छा एवं अपेक्षा के अनुरूप अर्चावतारों के रूप में प्रदर्शित उनकी असीम सरलता पर आश्चर्य व्यक्त करते हैं।

एक मूर्ति मून्रु मूर्ति नालु मूर्ति नन्मै शेर्
भोग मूर्ति पुण्णियत्तिन् मूर्ति एण्णिल् मूर्तियाय्
नागमूर्ति शयनमाय् नलम् कडल् किडन्दु मेल्
आह मूर्तियाय वण्णम् एन् कोल् आदिदेवने?

विशिष्ट शब्द एवं उनकी व्याख्या

एक मूर्ति = ज्ञान, शक्ति, बल, ऐश्वर्य, वीर्य और तेज इन छः गुणों से युक्त परमपद में स्थित वासुदेव अर्थात् भगवान नारायण
मून्रु मूर्ति = वासुदेव के तीन स्वरूप; सृष्टि, स्थिति तथा लय के आधारभूत तीन व्यूह—संकर्षण, प्रद्युम्न और अनिरुद्ध
नालु मूर्ति = चार मूर्तियाँ—या तो उपर्युक्त चार मूर्तियाँ या निम्नलिखित चार स्वरूप—मूल प्रकृति, जीव

समष्टि, अव्यक्त तथा काल

भोग मूर्ति = भगवान नारायण का विभव रूप जो सांसारिकों की भक्ति का आधार है।

पुण्णियत्तिन् मूर्ति = ऐहिक तथा पारलौकिक पुण्य-फल प्रदान करनेवाला भगवत्स्वरूप

एण्णिल् मूर्ति = असंख्य मूर्तियाँ

नागमूर्ति = आदिशेष

आहमूर्ति = अर्चावतार (जिसकी शरण भक्त लोग लेते हैं)

भावार्थ

हे आदिदेव भगवान नारायण! आपकी असंख्य मूर्तियाँ हैं। परमपद में आप ज्ञान आदि छः गुणों से युक्त वासुदेव के रूप में विराजमान हैं। जगत की सृष्टि, स्थिति एवं लय के आधारभूत संकर्षण, प्रद्युम्न तथा अनिरुद्ध, इन तीन व्यूहों में आप ही विराजमान हैं। आप ही मूल प्रकृति, जीव समष्टि, अव्यक्त पदार्थों तथा त्रिकालों के रूप में हैं। आपका विभव रूप सांसारिकों की भक्ति का आधार है। आप ही जीव राशियों को इह लोक तथा परलोक में पुण्यों का फल प्रदान करनेवाले हैं। इतने नानाविध स्वरूपों में विराजमान होने के बावजूद एक ओर आप क्षीर समुद्र में आदिशेष की शय्या पर योगनिन्द्रा में विराजमान हैं और दूसरी ओर धरती पर अर्चावतार बनकर उपस्थित हैं ताकि भक्त लोग आपकी शरण ले सकें। यह कितना बड़ा आश्चर्य है कि आप विभिन्न मूर्तियों एवं स्वरूपों के होते हुए भी भक्तों के हित का ध्यान कर अर्चावतार के रूप में पृथ्वी पर विराजमान रहते हैं!

व्याख्या

आश्रित-वत्सल तथा भक्त-सनेही भगवान नारायण विभिन्न सन्दर्भों में नानाविध मूर्तियों में विद्यमान रहने के बावजूद धरती पर आश्रितों के लिए अर्चावतार लेकर उपस्थित होते हैं ताकि भक्त लोग जिस मार्ग पर जिस मूर्ति का आसरा लिये भगवान को पाने का प्रयास करेंगे उसी मार्ग पर उसी मूर्ति के रूप में भगवान उनको प्राप्त होंगे। इसी तथ्य को भगवद् गीता के निम्नलिखित श्लोक में पाते हैं।

"ये यथा मां प्रपद्यन्ते तान् तथैव भजाम्यहम्" (4-11)

(जो लोग जिस रूप में अथवा जिस पथ पर मुझे पाने का प्रयास करेंगे उनको उसी रूप में अथवा उसी पथ पर मैं मिलूँगा।)

अठारह

क्षीर समुद्र में शेषशायी बन योगनिद्रा में आसीन भगवान नारायण की महिमा पर आऴ्वार् आश्चर्य करते हैं।

विडत्तवाय् ओरायिरम् इरायिरम् कण् वेन्तऴल्
विडत्तु वीऴ्वु इलाद भोगमिक्कशोदि तोक्क शीर्
तोडुत्तु मेल् वितानमाय पौवनीर् अरावणै
पडुत्त पायल् पळ्ळि कोळ्वदु एन् कोल् वेलै वण्णने!

विशिष्ट शब्द एवं उनकी व्याख्या

वेलै वण्णन् = सागरवत् नील वर्ण के (भगवान नारायण)
ओरायिरम् = एक सहस्र
इरायिरम् = दो सहस्र
तष़ल् = आग
पौव नीर् = पौवम् = समुद्र, नीर् = जल = समुद्र जल
अरावणै पायल् = सर्पशय्या; शेष शय्या
मेल् वितानम् = ऊपरी मंज़िल; वितान = संस्कृत शब्द है

भावार्थ एवं व्याख्या

सागर की भाँति नील वर्ण के भगवान नारायण आदिशेष की शय्या पर क्यों विराजमान हैं? यहाँ आष़्वार स्वयं प्रश्न करते हैं और उत्तर भी स्वयं देते हैं। आदिशेष के सहस्रफण हैं; सहस्र मुख हैं; उनसे विषैला फूत्कार निकल रहा है। उनके दो हज़ार आँखें हैं जिनसे विषैली आग फैल रही है। भगवान के पास भक्तिपूर्वक सर्वदा रहनेवाले ज्योतिर्मय आदिशेष के फणों से चारों तरफ़ तेज फैल रहा है।

अपार भगवद् भक्ति के कारण दास्य भाव से आदिशेष, यह विचार कर कि भगवान को कोई अहित न हो, विषैला फूत्कार तथा विषैली आग निकाल रहा है। भगवान आदिशेष की शय्या पर आसीन हैं; इसलिए कि भक्तों एवं दासों को कोई अहित होने पर तत्काल शीघ्र वहाँ उनके रक्षण के लिए पहुँचा जा सके।

भक्त भगवान के हित की चिन्ता करता है और भगवान को आश्रितों तथा भक्तों के हित की चिन्ता रहती है।

उन्नीस

भक्त-वत्सल भगवान नारायण शत्रुओं में भी मैत्री-भाव की स्थापना करते हैं। वे भक्तों के रक्षण के लिए सर्वदा तत्पर रहते हैं। उस आश्रितवत्सल और भक्त-रक्षक भगवान को भक्त आष़्वार् सम्बोधित कर रहे हैं।

पुळ्ळदाहि वेदनान्गुम् ओदिनाय्, अदन्रियुम्
पुळ्ळिन् वाय् पिळन्दु पुट्कोडिप् पिडित्त पिन्नरुम्
पुळ्ळै ऊर्दि आदलाल् अदु एन् कोल? मिन् कोळ् नेमियाय्!
पुळ्ळिन् मेय् पहैक्कडल् किडत्तल् कादलित्तदे।

विशिष्ट शब्द एवं उनकी व्याख्या

पुळ् = पक्षी; प्रसंगानुसार इस पद में हंस पक्षी, पक्षी के रूप में आये बकासुर तथा गरुड़ पक्षी का अर्थ लिया जाता है।
कोडि = ध्वज
ऊर्दि = वाहन
नेमि = चक्र; सुदर्शन चक्र

भावार्थ एवं व्याख्या

तेजोमय सुदर्शन चक्र को धारण करनेवाले हे भगवान नारायण! हंस के रूप में आकर आपने ब्रह्मा को चारों

वेदों का उपदेश दिया। (श्रीमद् भागवत; स्कन्ध 11) आपको निगलने के लिए बक के रूप में आये बकासुर का मुँह फाड़कर वध किया। आपने गरुड़ को ध्वज में रखा; उसी गरुड़ को अपना वाहन भी बनाया। इस प्रकार विविध प्रकार के रक्षण के कार्य आपने किये। फिर भी आप गरुड़ जाति के सनातन शत्रु 'सर्प' (आदिशेष) की शय्या पर योग निद्रा में विराजमान हैं; ऐसा क्यों आपने किया?

(शायद दोनों जन्म-जात शत्रुओं को अपने साथ रखकर उन दोनों में मैत्री का सम्बन्ध स्थापित करने के इरादे से आपने ऐसा किया हो! इससे भगवान नारायण के सर्वशक्तिमान स्वरूप का प्रतिपादन होता है।)

आष्वार् ने प्रस्तुत पद में भगवान नारायण के निम्नलिखित विशिष्ट गुणों का निरूपण किया है।

समस्त जगत को अज्ञान के अंधकार से बचाकर ज्ञान-ज्योति प्रदान करने और उसके द्वारा उसमें विवेक जाग्रत करने के लिए हंसावतार लेकर वेदों का उपदेश दिया। विश्व रक्षण के निमित्त बकासुर का संहार किया; गरुड़ तथा आदिशेष को साथ रखकर आश्रित-वत्सलता को प्रमाणित किया और साथ ही परम्परागत दो शत्रुओं का दास्य स्वीकार कर उनमें परस्पर मैत्री भी स्थापित की। इन सबके अलावा भगवान नारायण को 'सुदर्शन चक्रधारी' कहकर सम्बोधित करते हुए आष्वार् ने आततायियों से समस्त सृष्टि को रक्षित करने की भगवान की तत्परता की ओर संकेत किया है।

बीस

भगवान नारायण वैभवमय अर्थात् महिमामय हैं; अलावा इसके, सरल तथा सुलभ हैं। आष्वार् भगवान नारायण के वैभव तथा सौलभ्य, इन दोनों को भली-भाँति समझना चाहते हैं।

कूशमोन्रुम् इन्रि माशुणम् पडुत्तु वेलै नीर्
पेश निन्र देवर् वन्दु पाडमुन् किडन्तदुम्
पाशम् निन्र नीरिल् पाषुम् आमैयान केशवा
एश अन्रु नी किडन्द वारु कूरु तेरवे।।

विशिष्ट शब्द एवं उनकी व्याख्या

कूशम् = संकोच
माशुणम् = बृहत् सर्प; प्रसंगानुसार आदिशेष
पाशम् = वरुण पाश; स्नेह
आमै = कूर्म; कछुआ

भावार्थ एवं व्याख्या

हे भगवान नारायण! एक ओर आप बिना किसी संकोच के दुग्ध समुद्र में आदिशेष की शय्या पर विराजमान थे और अपने-अपने लोकों से वहाँ आकर देवता लोगों को स्तवन एवं प्रार्थना करने का अवसर आपने प्रदान किया। यह आपका वैभव सम्पन्न व्यक्तित्व है। दूसरी ओर देवताओं के हित के लिए अमृत मंथन के समय वरुण पाशों से युक्त समुद्र जल में रहनेवाले क्षुद्र कूर्म के रूप में अवतरित होकर आपने मंदर पर्वत को अपने पृष्ठ पर उठाकर उसे समुद्र में धंसने से बचाया। अविवेकी लोग आपके इस कूर्मावतार की निन्दा करते हैं। किन्तु यहाँ आपका सौलभ्य-स्वभाव स्पष्ट है। इस प्रकार वैभव तथा सौलभ्य, आपके इन परस्पर विरोधी चरित्रों को मैं समझ नहीं पाता हूँ। कृपया उन्हें, मुझे समझाकर अनुगृहीत करें।

दुग्ध समुद्र में आदिशेष की शय्या पर विराजमान भगवान के सान्निध्य में आकर देवता लोग उनकी स्तुति करते हैं—यह भगवान नारायण का महिमा-मण्डित स्वरूप है। अन्यत्र उसी भगवान ने कूर्मावतार लेकर-कछुए के रूप में आकर समुद्रमंथन के समय अपनी पीठ पर पर्वत को उठाया; भगवान नारायण का यह स्वरूप उनके सौलभ्य का प्रतिमान था। भगवान के वैभव-स्वरूप उनके परत्व भाव का प्रतिपादक है जो स्वभावतः सौलभ्य भाव के विपरीत है। भगवान नारायण की यह विशेष गुणशीलता है कि वैभव तथा सौलभ्य—दोनों तत्त्व उनमें समान रूप से विद्यमान हैं।

भक्त आऴ्वार् भगवान नारायण के इस व्यक्तित्व-विशेष पर आश्चर्य प्रकट करते हुए उन्हीं से उनके अपने इस व्यक्तित्व का विवरण माँगते हैं। वस्तुतः यह आऴ्वार् की माँग नहीं है; वरन् उनके आश्चर्य की चरम सीमा है। वास्तव में यह भगवान नारायण की गुण-विषमता नहीं है परन्तु उनकी महानता की ही यह विशेषता है कि सन्दर्भ के अनुसार उनका व्यक्तित्व बनता है।

इक्कीस

भगवान नारायण आश्रित भक्तों का कितना मान रखते हैं! देखिये आऴ्वार् के प्रस्तुत पद में।

अरंगने! तरंगनीर् कलंग अन्रु कुन्रु शूऴ्
मरंगळ् तेय मानिलम् कुलुंग माशुणम् शुलाय्
नेरंग नी कडैन्दपोदु निन्र शूरर् एन् शेय्दार्?
कुरंगैयाळ् उहन्द एन्दै कूरु तेर वेरु इदे।।

विशिष्ट शब्द एवं उनकी व्याख्या

अरंगन् = श्रीरंगपति; श्रीरंग क्षेत्रवासी भगवान नारायण
तरंग = लहर (तरंग—यह संस्कृत शब्द है।)
कुन्रु = पहाड़ी; प्रसंगानुसार मन्दर पर्वत
माशुणम् = बृहत्सर्प; प्रसंगानुसार वासुकि
शूरर् = संस्कृत शब्द 'शूर' का तमिल प्रयोग है।
कुरंगु = वानर

भावार्थ एवं व्याख्या

हे श्रीरंगपति भगवान नारायण! समुद्र मंथन के समय जब समुद्र में उथल-पुथल हुई, मन्दर पर्वत के चारों तरफ़ परिव्याप्त वृक्ष घर्षित हुए और दुग्ध समुद्र से सटा हुआ पुष्कर द्वीप हिलने-डुलने लगा तब आपकी कृपा से मंदर पर्वत समुद्र में नहीं धंसा, और आपने ही वासुकि को रस्सी के रूप में लेकर मंथन करते समय, देवासुरों के असमर्थ एवं अशक्त हो जाने पर मंथन में सहायता दी। फिर भी आपने देवताओं को समुद्र मंथन का गौरव प्रदान किया, जबकि उन्होंने कुछ नहीं किया था, केवल देखते रहे।

इसी प्रकार रावण-युद्ध में आपने ही श्रीराम बनकर रावण आदि का संहार किया; फिर भी आपने भक्त वानरों को विजय का श्रेय दिलाया और संसार में यह प्रसिद्ध कराया कि वानरों ने लंका को ध्वस्त किया। इस प्रकार आश्रितों के प्रति आपने जो पक्षपात किया उसके बारे में मैं विस्तार से जानना चाहूँगा।

प्रस्तुत पद में भक्त आष्वार् भगवान नारायण के आश्रित-वात्सल्य तथा भक्तों के प्रति उनके पक्षपात पर आश्चर्य करते हैं।

बाईस

भक्त आष्वार् प्रस्तुत पद में भगवान नारायण की आश्रित-वत्सलता की स्तुति करते हैं।

पण्डुम् इन्रुम् मेलुमाय् ओर् बालनाहि ज्ञालम् एष्
उण्डु मण्डि आलिलैत् तुयिन्र आदि देवने!
वण्डु किण्डु तण् तुषाय् अलंगलाय्! कलन्दशीर्
पुंडरीक पावै शेरुम् मार्ब! भूमिनाथने!

विशिष्ट शब्द एवं उनकी व्याख्या

पण्डुम् = सृष्टि के पूर्व भी
इन्रुम् = आज; सृष्टि के समय भी
मेलुम् = सृष्टि के पश्चात् के प्रलय काल में भी
बालन् = शिशु
पुंडरीक पावै = कमलासना श्रीदेवी
भूमि नाथन् = भूमि देवी के पति (नारायण)

भावार्थ एवं व्याख्या

सृष्टि के पूर्व, सृष्टि के समय तथा सृष्टि के बाद प्रलय काल में अखिल जगत् को उदरस्थ कर रक्षा करनेवाले वटपत्रशायी शिशु के रूप में विद्यमान हे आदि देव! भ्रमर मंडित तुलसी माला धारण करनेवाले! कमलासना लक्ष्मी देवी को अपने वक्ष-स्थल पर रखनेवाले! हे भूमि देवी के नाथ!
(आपको 'आश्रित-वत्सल' कहना कोई अतिशयोक्ति तो नहीं है!)
भगवान नारायण आश्रित-वत्सल हैं। अतः तीनों कालों में भगवान सारे जगत की रक्षा करते हैं। विशेष रूप से प्रलय काल में वे उदरस्थ कर सारी सृष्टि की रक्षा करते हैं आश्रितों एवं अनाश्रितों में बिना कोई अन्तर किये। अतः कोई पक्षपात नहीं है। इस प्रकार के सर्वरक्षक भगवान नारायण को जब आष्वार् 'आदिदेव' कहते हैं तो वह नितराम् स्वाभाविक है।
यह 'आदि देव' सम्बोधन संघकालीन कृति 'परिपाडल' के तीसरे पद में प्रयुक्त 'अमरर्कु मुदल्वन् नी' (अमरों के आदिदेव तुम हो) के अनुरूप है।

तेईस

भगवान नारायण भक्त-वत्सल हैं तथा भक्त विरोधियों के संहारक हैं। इस तथ्य को देखिये आष्वार् के निम्नलिखित पद में।

वानिरत्तोर् शीयमाय् वळैन्दवाळ् एयिट्रवन्
ऊनिरत्तु उहिर्त्तलम् अषुत्तिनाय्! उलाय शीर्
नाल् निरत्त वेदनावर् नल्ल योगिनाल् वणंगु
पाल् निरक् कडल् किडन्द पर्पनाभन् अल्लैये?

विशिष्ट शब्द उनकी व्याख्या

वाल् निरम् = वानिरम् = शुभ्र वर्ण
शीयम् = नृसिंह
एयिरु = दाँत एयिट्रवन् = दांतवाला (हिरण्यकशिपु)
ऊनिरम् = शरीर का मर्मस्थल हृदय
उहिर् तलम् = हाथ के नख
नाल् निरत्त वेदम् = उदात्त, अनुदात्त, स्वरित तथा प्रचय–इन चार स्वरों से युक्त वेद
वेद नावर् = वेदवित् जिनकी जिह्वा में वेद हैं
नल्ल योगिनाल् = सर्वोत्तम उपाय या मार्ग से
पर्पनाभन् = पद्मनाभ (यह संस्कृत शब्द का तमिल रूप है; अर्थ है पद्मनाभ विष्णु अथवा नारायण)

भावार्थ

शुभ्र वर्ण के नृसिंह के रूप में अवतार लेकर प्रकाशमान वक्र दांतोंवाले असुर हिरण्यकशिपु के मर्मस्थल अर्थात् हृदय को अपने नखों से विदीर्ण करनेवाले हे भगवान नारायण! आप ही तो दुग्ध समुद्र में योगनिद्रा में विराजमान भगवान विष्णु हैं जिनका स्तवन उदात्त, अनुदात्त, स्वरित, प्रचय–इन चार स्वरों से युक्त वेदों के ज्ञाता वेदवित् लोग सर्वोत्तम वेदपाठ द्वारा करते रहते हैं।

भक्त प्रह्लाद के रक्षणार्थ भक्त-वत्सल भगवान नारायण ने नृसिंहावतार लेकर आश्रित विरोधी हिरण्यकशिपु का संहार किया था। भक्त आऴ्वार् पूर्व पदों में भगवान की भक्त-वत्सलता का जो वर्णन करते आ रहे हैं उसी के प्रमाण के रूप में प्रस्तुत पद में नृसिंहावतार की कथा का उल्लेख किया है।

वेद चार स्वरों में गाये जाते हैं; वे स्वर हैं—उदात्त, अनुदात्त, स्वरित तथा प्रचय। सामान्य रूप से वेदों के तीन स्वर कहलाते हैं; परन्तु मूलतः चार होते हैं। चौथा स्वर 'प्रचय' अतिरिक्त है। वेदवित् ज्ञानी लोग निरन्तर वेद पाठ कर भगवान की स्तुति करते रहते हैं। इसी तरह की अभिव्यक्ति 'परिपाडल' में भी पायी जाती है। जैसे–नावल् अन्तणर् अरुमरैप् पोरुळे!' (वेदवित् ब्राह्मणों द्वारा प्रतिपाद्य वेद-सार भगवान नारायण!)

चौबीस

भक्त आऴ्वार् भक्त-वत्सल श्रीदेवी सहित भगवान नारायण के अपरिमित सौन्दर्य, आश्रित रक्षकत्व तथा गुणातिशयता पर आश्चर्य करते हैं।

गंगैनीर् पयन्द पाद पंकयत्तु एम् अण्णले!
अंगै याऴि शंगु दण्डु विल्लुम् वाळुम् एन्दिनाय्!
सिंगमाय देवदेव! तेनुलावु मेन्मलर्
मंगै मन्नि वाऴु मार्ब! आऴिमेनि मायने!

विशिष्ट शब्द एवं उनकी व्याख्या

पाद पंकयम् = संस्कृत शब्द 'पाद पंकज' का तमिल प्रयोग; अर्थ है 'चरण कमल'
अण्णल् = स्वामी; नाथ
आऴि = सुदर्शन चक्र; समुद्र शंगु = पांचजन्य शंख

दण्डु = कौमोदकी गदा; विल् = शाङ्‍र्ग धनुष
वाळ् = 'नन्दक' खड्‌ग (महाभारत-शान्ति पर्व, अध्याय 166)
सिंगम् = नृसिंह, मलर् मंगै = पद्मासना देवी लक्ष्मी

भावार्थ एवं व्याख्या

भक्त आष़्वार् प्रस्तुत पद में भगवान नारायण को सम्बोधित कर उनके गुणों तथा आश्रित रक्षण के साधनों का वर्णन कर रहे हैं। हे भगवान नारायण! आपके चरण कमलों से पावन गंगा का आविर्भाव हुआ। आपके करों में आश्रितरक्षणार्थ विभिन्न साधन जैसे सुदर्शन चक्र, पांचजन्य शंख, कौमोदकी गदा, शाङ्‍र्ग धनुष तथा नन्दक खड्‌ग विद्यमान हैं। भक्त प्रह्लाद की रक्षा तथा असुर हिरण्यकशिपु के नाश के लिए आपने नृसिंह का रूप ग्रहण किया। हे देव देव! हे देवताओं के अधिपति! मधु मंडित पंकज में उत्पन्न देवी लक्ष्मी को आप अपने वक्ष-स्थल पर धारण किये हुए हैं।

आप समुद्रवत् नील वर्ण के हैं और मायामय परब्रह्म हैं।

भक्त आष़्वार् का इस सन्दर्भ में संकेत है कि जैसे नील समुद्र के दर्शन मात्र से आँखों को शीतल सुख प्राप्त होता है वैसे ही भगवान नारायण के नील समुद्रवत् तन के दर्शन मात्र से भक्तों के तापत्रय का निवारण होता है। भगवान नारायण अधर्मियों तथा आततायियों के विनाश के लिए सर्वदा तत्पर हैं; इसलिए विभिन्न शस्त्र एवं अस्त्र अनवरत धारण किये हुए हैं। आश्रित रक्षण भगवान का नित्य धर्म है; आश्रितों तथा भक्तों के प्रति भगवान का विशेष पक्षपात रहता है। वे देवताओं के भी स्वामी हैं; वे देवी लक्ष्मी के प्रिय हैं, उनका आश्चर्यमय व्यक्तित्व है; वे अखिल जगत के हितकारी हैं। भक्त आष़्वार् भगवान की इस गुणातिशयता पर मुग्ध हैं।

पच्चीस

अखिल जगत के कारणभूत भगवान नारायण की लीलाएँ परस्पर विपरीत प्रतीत होती हैं; परन्तु वे विपरीत नहीं हैं; क्योंकि उनकी लीलाएँ परिस्थितियों तथा प्रसंगाधीन व्यक्तियों के अनुरूप होती हैं। भगवान के इस मायामय स्वरूप का वर्णन आष़्वार् के प्रस्तुत पद में देखें।

वरत्तिनिल् शिरद्दै मिक्क वाळेयिट्रु मट्रवन
उरत्तिनिल् करत्तै वैत्तु उहिर्त्तलत्तै ऊन्रिनाय्
इरत्ति नी इदु एन्न पोय्? इरन्द मण् वयिट्रुळे
करत्ति उन् करुत्तै यावर् काण वल्लर्? कण्णने!

विशिष्ट शब्द एवं उनकी व्याख्या

शिरद्दै = संस्कृत शब्द 'श्रद्धा' का तमिल रूप है। इसका अर्थ है 'विश्वास'
एयिट्रु = घोर दांत
उरत्तिनिल् = वक्षस्थल में (उरम् = वक्ष)
उहिर् तलम् = नख मट्रवन = अन्य; प्रसंगानुसार 'वैरी'
इरत्ति = (दान) माँगकर
करत्ति = छिपाकर रखा
करुत्तु = विचार; इरादा

भावार्थ एवं व्याख्या

भगवान नारायण ने विभिन्न अवतारों में जो लीलाएँ की हैं वे परस्पर विरोधी प्रतीत होती हैं; अतः कोई क्या समझे कि उनके मूल में भगवान का इरादा क्या रहा? उन लीलाओं का विश्लेषण करते हुए भक्त आष़्वार् भगवान नारायण से पूछते हैं। हे भगवान कृष्ण अर्थात् नारायण! ब्रह्मा के द्वारा दिये गये वर में विश्वास कर खड्गवत् घोर दांतवाला दानव हिरण्यकशिपु भक्त प्रह्लाद को अतीव कष्ट देता रहा; आपने भक्त वात्सल्य के कारण नृसिंह के रूप में अवतार लेकर प्रह्लाद की रक्षा करते हुए हिरण्यकशिपु के वक्ष-स्थल को नखों से विदीर्ण कर उसका संहार कर दिया था। वामनावतार में आपने राजा बलि के पास जाकर भूमि दान में माँगी। सर्वशक्तिमान आपने भूमि का दान माँगा तो वह आपकी लीला कितनी विचित्र थी? फिर महाप्रलय में आपने दान में माँगी उसी भूमि को उदरस्थ कर उसकी रक्षा की! इन सब लीलाओं के मूल में आपका जो इरादा था उसे कौन समझ पायेगा?

भगवान नारायण ने भयावह नृसिंह का अवतार लेकर आश्रित रक्षण के उद्देश्य से घोर शक्तिशाली हिरण्यकशिपु का संहार किया। फिर कृशकाय वामन ब्राह्मण का रूप लेकर उन्होंने राजा बलि से दान में अपनी ही भूमि माँगी। बाद में महाप्रलय में उसी भूमि की रक्षा करने के निमित्त भगवान ने उसे उदरस्थ कर दिया था। भगवान की ये लीलाएँ परस्पर वैषम्यपूर्ण लगती हैं; अतः आष़्वार् कहते हैं कि ये लीलाएँ परस्पर विरोधी लगती हैं। अतः मिथ्यामय प्रतीत होती हैं। परन्तु सत्य यह है कि विभिन्न अवतारों का लक्ष्य अलग-अलग था। अतः उनकी लीलाएँ भी अलग-अलग थीं; न कि मिथ्यामय।

नृसिंहावतार में भक्त प्रह्लाद की रक्षा करना भगवान का उद्देश्य था। वामनावतार में इन्द्र की रक्षा करने का भगवान का लक्ष्य था। महाप्रलय में सम्पूर्ण जगत, सृष्टि तथा चेतनों-अचेतनों की रक्षा करने का भगवान नारायण का धर्म था। ये तीनों सन्दर्भ अलग-अलग थे। फिर भी भक्त-वत्सल एवं आश्रित-रक्षक भगवान नारायण के लिए सब एक समान थे। अतः उनकी लीलाओं में कोई मिथ्यात्व नहीं रहा।

छब्बीस

प्रस्तुत पद में भक्त आष़्वार् भगवान नारायण की सर्वगतता का परिचय देते हुए उनके वामनावतार तथा कृष्णावतार की लीलाओं की अपरिमेयता का निरूपण कर रहे हैं।

आणिनोडु पेण्णुमाहि अल्लवोडु नल्लवाय्
ऊणोडु ओशै ऊरुमाहि ओन्रलाद मायैयाय्
पूणि पेणुम्आयनाहिप् पोय्यिनोडु मेय्युमाय्
काणि पेणुम् माणियाय्क् करन्दु शेन्र कळ्वने!

विशिष्ट शब्द एवं उनकी व्याख्या

ऊण्, ओशै, ऊरु = रस, शब्द, स्पर्श
मायै = (समस्त वस्तुओं के रूप में परिणमित होनेवाली) प्रकृति
पूणि = गाय, आयन् = गोपालक
माणि = ब्रह्मचारी; वामन
कळ्वन् = चोर; प्रसंगानुसार मायामय व्यक्ति

भावार्थ

हे भगवान नारायण! जगत के विकास के लिए आप ही पुरुषों और स्त्रियों के रूप में अर्थात् उनके निर्वाहक अन्तरात्मा के रूप में विद्यमान हैं। जब सारा जगत कहा जाता है तब उसमें नपुंसक लोग भी शामिल हैं। आप ही सर्वमय हैं। आप ही उन तमाम वर्गों के पाँच विषयों अर्थात् शब्द, स्पर्श, रस, रूप एवं गंध के भी आधार तथा निर्वाहक हैं। नानाविध पदार्थों के रूप में परिणमित होनेवाली मूल प्रकृति का कारण भी आप ही हैं। साथ ही, इन तमाम विशेषताओं के बावजूद आप गोप बालक कृष्ण बनकर दुर्योधन आदि दुष्टों के लिए मिथ्यामय तथा धर्मनिष्ठ पाण्डवों के लिए सत्यमय रहे। आप ही अपने सत्य-स्वरूप को छिपाकर वामन ब्रह्मचारी के रूप में राजा बलि के पास दान माँगते हुए गये। आपके इस अपार तथा परस्पर विरोधी प्रतीत होनेवाले व्यक्तित्व और लीलाओं को कौन समझ सकेगा!

व्याख्या

तमाम जगत के कारणभूत एवं आधार भगवान नारायण हैं। वे ही नरों और नारियों, यहाँ तक कि नपुंसक लोगों की भी आत्मा बन निर्वाह करनेवाले हैं। भगवान न केवल सकल सृष्टि के, वरन् सृष्टि में परिव्याप्त पंचेन्द्रियों के भी निर्वाहक हैं। इसी तथ्य को भगवद्गीता के निम्नलिखित श्लोक द्वारा भी विस्तारित किया गया है। भगवान कृष्ण कहते हैं—

"यद्यत् विभूतिमत्सत्वं श्रीमदूर्जितमेव वा।
तत्तदेवावगच्छ त्वं मम तेजोंऽशसंभवम् ।।" (10-41)

(जगत की तमाम वस्तुएँ मेरे ही अंश की हैं। अर्थात् उन सबका आधार तथा कारण मैं ही हूँ।) जब आष़्वार् कहते हैं कि नानाविध रूपों में परिणमित होनेवाली माया अर्थात् प्रकृति के निर्वाहक भी भगवान नारायण हैं तब श्वेताश्वतर उपनिषत् का निम्नलिखित मन्त्र स्मरणीय है

"मायां तु प्रकृतिं विद्यात् मायिनं तु महेश्वरम्।" (4-10)

(प्रकृति माया है और भगवान मायी हैं अर्थात् मायापति अथवा माया के निर्वाहक हैं।) इससे भक्त आष़्वार् यह निरूपित करते हैं कि भगवान नारायण अर्थात् परमात्मा का शरीर सारा जगत है अर्थात् भगवान नारायण सर्वत्र हैं और सबमें हैं।

भक्त आष़्वार् इस बात पर आश्चर्य करते हैं कि अपने संकल्प मात्र से समस्त जगत के निर्वाहक बनकर विद्यमान भगवान नारायण गोप बालक कृष्ण के रूप में अवतार लेकर गायों, बछड़ों, गोपालकों आदि अर्थात् समस्त गोपवर्ग के रक्षक बने और साथ ही असत्मार्ग पर चलनेवाले दुर्योधन आदि के लिए मिथ्यामय और सत्य-मार्ग पर चलनेवाले पाण्डवों के लिए अतीव सहायक बनकर रहे। इसी तथ्य को नम्माष़्वार् की कृति 'तिरुवाय् मोष़ि' का निम्नलिखित पद प्रस्तुत करता है।

"मेय्यनाहुम् विरुम्बित् तोषुवार्केल्लाम्
पोय्यनाहुम् पुरमे तोषुवार्केल्लाम्"।। (9-10-7)

(फल की प्रतीक्षा किये बिना भगवान को ही चरम लक्ष्य समझनेवाले सत्पुरुषों के लिए भगवान नारायण सुलभ हैं; प्राप्य हैं। परन्तु क्षुद्र लाभ के लिए भगवान की प्रार्थना करनेवाले को वे स्वयं अप्राप्य रहते हैं— दुर्लभ रहते हैं।)

यहाँ भगवान नारायण को आष़्वार् ने 'कळ्वन' (चोर अथवा वंचक) कहा है। क्योंकि पृथ्वी आदि समस्त

ब्रह्माण्ड के अधिपति भगवान नारायण ने अपने निज स्वरूप को छिपाकर अपनी ही भूमि को राजा बलि से उनकी यज्ञ भूमि में वामन ब्रह्मचारी के रूप में जाकर दान में माँगा। इसके पीछे भगवान का उद्देश्य केवल भूमिरक्षण था। आततायी राजा बलि के हाथ से भूमि दान में लेकर सुरक्षित भूमि को इन्द्र को सौंपना ही भगवान नारायण का लक्ष्य था। अतः बाह्य रूप से प्रवंचक अथवा चोर के रूप में प्रतीत होने के बावजूद इस सन्दर्भ में मूलतः भगवान नारायण के आश्रित वत्सल स्वरूप का ही निरूपण हुआ है।

जब भक्त आष्वार् पद के अन्त में आकर कहते हैं कि भगवान नारायण की लीलाओं की इस गम्भीरता को कौन समझ सकते हैं तब उनका यही आशय प्रतीत होता है कि उसे समझना केवल भक्त हृदय के लिए सम्भव है।

सत्ताईस

सर्वमय, सर्वान्तर्यामी परब्रह्म भगवान नारायण के असीम व्यक्तित्व की गहराई तक कौन पहुँच सकेगा! भक्त आष्वार् प्रस्तुत पद में यह प्रश्न करते हैं।

विण् कडन्द शोदियाय् विळंगु ज्ञानमूर्तियाय्
पण् कडन्द देशमेवु पावनाशनाथने!
एण् कडन्द योगिनोडु इरन्दु शेन्रु माणियाय्
मण् कडन्द वण्णम् निन्नै यार् मदिक्क वल्लरे?

विशिष्ट शब्द एवं उनकी व्याख्या

विण् = वाच्यार्थ है आकाश। परन्तु लक्ष्यार्थ के रूप में 'प्रकृति' है।
शोदि = संस्कृत शब्द 'ज्योति' का तमिल प्रयोग है।
पण् = स्वरयुक्त वेद
देश = संस्कृत शब्द 'तेज' का तमिल प्रयोग है।
पावनाश नाथने! = संस्कृत शब्द 'पापनाश नाथ' का तमिल प्रयोग है जिसका अर्थ है 'पापनाशक स्वामी!'
एण् कडन्द योगिनोडु = असंख्य गुण संयोग के साथ अर्थात् असंख्य श्रेष्ठ गुण युक्त
मदिक्कवल्लर् = माप सकते हैं; समझ सकते हैं।

भावार्थ

हे भगवान नारायण! आप सारी प्रकृति को आत्मसात् किये हुए और स्वयं प्रकाश चेतन जीव को शरीर के रूप में लिए हुए हैं। आप उदात्त, अनुदात्त आदि स्वरों से युक्त वेदों के लिए भी अगम्य तेजपुंज हैं। सांसारिकों के पापों को नष्ट करनेवाले हैं आप। इस प्रकार समस्त गुणों एवं शक्तियों से युक्त आपने वामन ब्रह्मचारी के वेष में जाकर राजा बलि से भूमि दान में लेकर समस्त ब्रह्माण्ड को नाप लिया था। आपकी उस लीला को और आपको कौन पूर्णतः समझ सकते हैं?

व्याख्या

भगवान नारायण सारी प्रकृति को आत्मसात् किये हुए हैं। प्रकृति के आंतरिक तथा बाह्य तत्त्वों को अपने में समाहित करनेवाले परमात्मा व्यापक हैं। साथ ही चेतन सृष्टि में सूक्ष्म जीव या आत्मा बनकर विराजमान हैं जो प्रकाशपुंज है। इसी तथ्य को कठोपनिषत् का निम्नलिखित मन्त्र प्रतिपादित करता है–

"अणोरनीयान्महतो महीयान्
आत्मास्य जन्तोर्निहितं गुहायाम्।
तमक्रतुः पश्यति वीतशोको
धातुः प्रसादान्महिमानमात्मनः।।" (2-20)

(अणु से भी सूक्ष्म तथा बृहत् से भी बृहत् आत्मा जीवों के भीतर निवास करता है। कर्मबन्धन से मुक्त जीव उस महिमामय परमात्मा को उसी की कृपा से समझ पाता है।)

भक्त आष्वार् ने भगवान नारायण के लिए प्रथम चरण में दो विशेषणों का प्रयोग किया है। उनमें से पहला है 'विळंगु ज्ञान मूर्तियाय्' (स्वयं प्रकाश चेतन जीव शरीरी) जो उपर्युक्त उपनिषद् की उक्ति 'अणोरणीयान्' की व्याख्या है और दूसरा विशेषण है 'विण् कडन्द शेदियाय्' (सारी प्रकृति को आत्मसात् किये हुए, उसे भी अतिक्रमित करनेवाला ज्योतिर्मय तत्त्व) जो 'महतो महीयान्' की परिभाषा प्रस्तुत करता है। भगवान नारायण के लिए 'एण् कडन्द योगिनोडु' (असंख्य श्रेष्ठ गुणों से युक्त) कहकर आष्वार् ने भगवान के छः गुणों–ज्ञान, बल, ऐश्वर्य, वीर्य, शक्ति और तेज–की ओर संकेत किया है। यहाँ श्वेताश्वर उपनिषत् का निम्नलिखित मन्त्र मननीय है।

"परास्य शक्तिः विविधैव श्रूयते
स्वाभाविकी ज्ञानबल क्रिया च।।" (6-8)

(भगवान के असंख्य श्रेष्ठ गुण हैं; उनकी ज्ञान तथा क्रिया की शक्तियाँ अपार हैं और स्वाभाविक हैं।)

भगवान के षड्गुणों का उल्लेख अहिर्बुध्न्य संहिता में निम्न प्रकार किया गया है।

'षाड्गुण्य विग्रहं देवं तादृश्या च श्रियायुतम्।' (6-25) भगवान नारायण के लिए 'पण् कडन्द देशमेवु' (स्वरयुक्त वेदों के लिए भी अगम्य तेजोमय) का प्रयोग कर भक्त आष्वार् ने वेदवेद्य को वेदातीत कहा है। क्योंकि भगवान वेदों के द्वारा एक ओर प्रतिपाद्य अवश्य हैं और दूसरी ओर उनकी पूर्णता का वर्णन वेद भी नहीं कर पाते हैं अर्थात् वे वेदातीत हैं; क्योंकि वे अनिर्वचनीय तथा वाचामगोचर हैं।

इस स्थिति में भगवान को तथा उनके गुणों एवं लीलाओं को पूर्ण रूप से कौन समझ सकता है!

अट्ठाईस

जगत की सृष्टि, स्थिति एवं लय की विभिन्न लीलाओं के कारण भगवान नारायण के अपार तथा अद्भुत व्यक्तित्व पर आष्वार् आश्चर्य करते हैं।

पडैत्त पार् इडन्तळन्तदु उण्डु उमिष्न्दु पौव नीर्
पडैत्तु अडैत्तु अदिर् किडन्दु मुन्कडैन्द पेट्रियोय्
मिडैत्त मालि मालिमान् विलंगु कालन् ऊर् पुह
पडैक्कलम् विडुत्त पल् पडैत्तडक्कै मायने!

विशिष्ट शब्द एवं उनकी व्याख्या

पौव नीर् = सागर जल, पार् = भूमि

भगवान की विभिन्न लीलाएँ निम्नलिखित शब्दों द्वारा निरूपित हैं।

पडैत्त = सृष्टि; इडन्दु = खोदकर निकाला (वराहावतार में)

अळन्दु = नाप लिया (वामनावतार में); उण्डु = उदरस्थ किया (प्रलय में)
उमिष्न्दु = (प्रलय के पश्चात्) उगला/ बाहर निकाला
अडैत्तु = समुद्र जल को बाँध बनाकर रोका (रामावतार में)
किडन्दु = दुग्ध समुद्र में शयन मुद्रा में विद्यमान रहकर
कडैन्द = समुद्र मंथन किया
मिडैत्त = क्रुद्ध होकर, पेट्रि = महिमा; श्रेष्ठ गुण
माली मालिमान् = ये दोनों राक्षस, भाई थे और रावण के साथ लंका में रहे।
मालिमान् —संस्कृत शब्द 'माल्यवान्' का तमिल प्रयोग है।
कालन् ऊर् पुह = यम लोक में प्रवेश कराकर
पडैक्कलम् = अस्त्र-शस्त्र
पडै = शस्त्र; हथियार

भावार्थ

भक्त आष्वार् भगवान नारायण की अपार एवं अद्भुत लीलाओं का वर्णन कर रहे हैं।
भगवान ने निज संकल्प मात्र से सागर की सृष्टि की। फिर भूमि की सृष्टि की; तदनन्तर प्रलय-मग्न भूमि को वराहावतार लेकर खोद निकाला; वामनावतार में राजा बलि से पृथ्वी को दान में लिया; फिर महाप्रलय में सारी पृथ्वी अर्थात् ब्रह्माण्ड को उसकी रक्षा के लिए उदरस्थ कर लिया; फिर उसे उगलकर बाहर लाकर स्थापित किया। अनन्तर रामावतार में समुद्र जल को बाँध बनाकर रोक रखा। उसी समुद्र पर भगवान शयन मुद्रा में विराजमान हैं। उसी समुद्र का, अमृत के लिए मंथन किया। इन सारी महिमाओं से सम्पन्न हे भगवान! आपने विभिन्न शस्त्रों अस्त्रों का प्रयोग कर माली तथा माल्यवान नाम के राक्षसों का संहार कर उन्हें यमलोक पहुँचाया। इस प्रकार के नानाविध अस्त्र-शस्त्रों को धारण करनेवाले हे मायामय! आपकी इन अद्भुत लीलाओं को कौन समझ पायेगा?

व्याख्या

भगवान नारायण ने सबसे पहले अपने संकल्प से जल अर्थात् सागर-जल की सृष्टि की। इसका उल्लेख मनुस्मृति के निम्नांकित श्लोक में किया गया है।

"सोऽभिध्याय शरीरात् स्वात् सिसृक्षुर्विविधाः प्रजाः।
अप एव ससर्जादौ तासु बीजमवासृजत्।।" (1-8)

(परमात्मा ने अपने शरीर से नानाविध प्रजाओं की सृष्टि करने की इच्छा करते हुए सबसे पहले जल की सृष्टि की और उसमें अपने शक्तिरूप बीज का स्थापन किया।)
भगवान नारायण ने विभिन्न अवतार लेकर सृष्टि की रक्षा के लिए नानाविध लीलाएँ कीं। कूर्मावतार, वराहवतार, वामनावतार, तथा रामावतार लेकर आश्रित पालन का अद्भुत कार्य किया।
भगवान नारायण की अद्भुत महिमा का जो वर्णन भक्त आष्वार् ने किया है वह विष्णु पुराण के निम्नांकित श्लोक के अनुरूप है।

"ज्योतींषि विष्णुर्भुवनानि विष्णुः, वनानि विष्णुः गिरयो दिशश्च।
नद्यः समुद्राश्च स एव सर्वं, यदस्ति यन्नास्ति च विप्रवर्य।।" (2-12-37)

(तमाम ज्योतिपुंज चन्द्र, सूर्य, नक्षत्र आदि भगवान विष्णु अर्थात् नारायण हैं। समस्त विश्व, वन, पर्वत,

दिशाएँ, नदियाँ तथा समुद्र नारायण ही हैं। जो जो यहाँ हैं वे सब वही हैं। जो-जो नहीं हैं वे भी वही हैं। अर्थात् चेतन-अचेतन यानी स्थावर-जंगम, ये तमाम वस्तुएँ भगवान नारायण ही हैं।)

इस प्रकार समस्त जड़-चेतन वस्तुओं के अन्तर्यामी बनकर विद्यमान सर्वगत भगवान नारायण की महिमा अद्‌भुत है--अनिर्वचनीय है; उसे कौन समझ सकता है!

उनतीस

भगवान नारायण के अनुग्रह की महिमा अपरम्पार है; उसकी गहराई को कौन माप सकता है!

परत्तिलुम् परत्तैयादि पौव नीर् अणैक् किडन्दु
उरत्तिलुम् ओरुत्तितन्नै वैत्तु उहन्तदु अन्रियुम्
नरत्तिलुम् पिरत्ति नाथ ज्ञानमूर्ति आयिनाय्
ओरुत्तरुम् निनादु तन्मै इन्नदु एन्न वल्लरे?

विशिष्ट शब्द एवं उनकी व्याख्या

परत्तिलुम् परत्तैयादि = परात्पर परमात्मा; सर्वातीत केवल ब्रह्म
अणै = शय्या; बाँध
उरम् = वक्षस्थल
नरत्तिलुम् = मनुष्य रूप में
ओरुत्तरुम् = कोई भी; प्रसंगानुसार वेदों तथा वैदिकों में से कोई भी
निनादु तन्मै = आपके स्वभाव को

भावार्थ

हे ज्ञानस्वरूपी, स्वामी, भगवान नारायण! आप परात्पर केवल ब्रह्म हैं। आप अपने वक्षस्थल में श्रीदेवी को निरन्तर धारण किये हुए हैं। आप दुग्ध समुद्र में शेषशायी होकर योग निद्रा में आसीन हैं। दूसरी ओर आप मनुष्य के रूप में भी राम, कृष्ण आदि बनकर अवतरित हुए।

आप तथा आपका स्वरूप, स्वभाव एवं लीलाएँ वेदों तथा वेदविदों के लिए भी अगम्य हैं; अपार हैं।

व्याख्या

यह सत्य है कि वेद प्रतिपाद्य हैं भगवान नारायण! वेदवित् लोगों के लिए भगवान ज्ञेय हैं। किन्तु भगवान सर्वातीत केवल-ब्रह्म हैं; उन्हें पूर्णतः समझना वेदों और वेदविदों के लिए भी सम्भव नहीं है। भक्त आऴ्वार् की यह उक्ति विष्णु पुराण के निम्नलिखित श्लोक के अनुरूप है।

"परः पराणां परमः परमात्मात्मसंस्थितः।
रूपवर्णादिनिर्देश विशेषणविवर्जितः।।" (1-2-10)

(परमात्मा श्रेष्ठ से भी श्रेष्ठ हैं; अद्वितीय अथवा निरुपम हैं। अपना आधार वे स्वयं हैं। वे रूप, रंग, नाम आदि विशेषण रहित हैं।)

श्रीपति नारायण एक ओर क्षीर समुद्र पर शेषशायी बन योग निद्रा में विराजमान हैं ताकि देवताओं तथा अन्य आश्रितों का रक्षण किया जा सके। दूसरी ओर उन्होंने राम, कृष्ण आदि अवतारों में मनुष्य के रूप में एवं

कूर्म, मत्स्य, नृसिंह, वामन आदि अन्य रूपों में भी आकर आततायियों से समस्त जीवों की रक्षा का महान कार्य सँभाला। ये दोनों स्थितियाँ परस्पर विरोधी प्रतीत होती हैं; पर विरोधी नहीं हैं; क्योंकि भगवान नारायण परात्पर केवल ब्रह्म हैं जो सर्वात्म हैं। जैसे छान्दोग्य उपनिषत् में कहा गया है–"आकाशात्मा, सर्वकर्मा, सर्वकामः, सर्वगन्धः, सर्वरसः ..." (3-14-2)

(परमात्मा सर्वव्यापी हैं; सभी कर्मों के आधार हैं; तमाम शुभ इच्छाओं के स्वरूपी हैं; सभी गंधों तथा रसों के कारण हैं अर्थात् वे स्वयं सर्वगन्ध तथा सर्वरस हैं।)

इस प्रकार की अभिव्यक्ति 'परिपाडल' के निम्न पदांशों में पायी जाती है।

"मन्नुयिर् मुदल्वनै" (जीवों के स्वामी; पद 1); "उलहाळ् मन्नव" (समस्त जगत के अधिपति; पद 3)

तीस

इस पद से प्रारम्भ कर 34वें पद तक के पाँच पदों द्वारा भक्त आष़्वार् भगवान नारायण के अवतारों, उनकी विभिन्न लीलाओं तथा उनके सर्वान्तर्यामित्व, सर्वव्यापित्व तथा आश्रितवात्सल्य आदि गुणातिशयता पर आश्चर्य व्यक्त कर रहे हैं।

वानकम्मुम् मण्णकम्मुम् वेर्पुम् एष़् कडल्हळुम्
पोनकम् शेय्दु आलिलैत् तुयिन्र पुण्डरीकने!
तेनकम् शेय् तण्णरुम् मलर्त्तुष़ाय नन्मालैयाय्!
कूनकम् पुहत्तेरित्त कोट्र विल्लि अल्लैयो?

विशिष्ट शब्द एवं उनकी व्याख्या

वानकम् = स्वर्गलोक; प्रसंगानुसार देव लोक के निवासी अभिप्रेत हैं
मण्णकम् = पृथ्वी; प्रसंगानुसार पृथ्वी निवासी अभिप्रेत हैं
एष़ु वेर्पु = सप्त पर्वत
एष़ु कडल् सप्त समुद्र
पोनकम् शेय्दु = उदरस्थ कर
पुण्डरीकन् = कमल; प्रसंगानुसार 'कमलनयन' अथवा 'कमलस्वरूपी' अभिप्रेत है।
तेन् अकम् शेय् = मधु-मंडित; मधु भरित
कून् अकम् पुह = कूबड़ के भीतर प्रविष्ट हो
तेरित्त = (तीर) चलाकर
कोट्र विल्लि = कोट्रम् = जय; शक्ति; विल् = धनुष; विल्लि = धनुर्धर; अर्थात् विजेता धनुर्धर; राम

भावार्थ

स्वर्गलोक तथा पृथ्वी लोक के निवासियों, सप्त पर्वतों तथा समुद्रों को उदरस्थ कर वटपत्रशायी बन विराजमान हे कमलनयन भगवान नारायण! सुगन्धित मधु मंडित तुलसीमाला धारण करने वाले हे परमात्मा! आपने ही तो (रामावतार में) कुबड़ी के कूबड़ पर तीर चलाया! (यह कैसा आश्चर्य है कि वटपत्रशायी बन भगवान एक ओर समस्त ब्रह्माण्ड की रक्षा कर रहे हैं और वही भगवान बालक राम बनकर बाल्य लीला कर रहे हैं!)

व्याख्या

वानकम् तथा मण्णकम् द्वारा स्वर्गनिवासी इन्द्र आदि देवताओं, उनके भोग्य स्थानों, तथा वस्तुओं तथा धरती निवासी मनुष्यों, पशुओं तथा अन्य जंगम-स्थावर वस्तुओं का अर्थ लिया जाता है।

महाप्रलय से उन सबकी रक्षा करने के लिए भगवान नारायण उन सबको उदरस्थ कर वटपत्र पर शयनमुद्रा में विराजमान थे। भक्त आष्वार् ने उनको 'पुण्डरीक' शब्द से सम्बोधित कर यह संकेत किया है कि उनके तमाम अंग कमलवत् हैं। जैसे सन्त तुलसीदास* ने भगवान श्रीरामचन्द्र जी को सम्बोधित कर कहा–

"नव कंज लोचन कंज मुख कर कंज पद कंजारुणम्'

यहाँ कुबड़ी के कूबड़ पर तीर चलाने की घटना का उल्लेख कर श्रीराम की बाल्यावस्था की लीला की ओर संकेत किया गया है। रामकथा में इस लीला का विवरण है। श्रीराम ने बाल्यावस्था में मजाक़ में कुबड़ी मंथरा के कूबड़ पर तीर चलाया तो मंथरा क्रुद्ध हो गयी। इसी कारण बदला लेने के लिए उसने एक चाल चली और राम का राज्याभिषेक रुकवाकर उन्हे वनवास दिलाया।

इकतीस

सर्वशक्तिमान भगवान नारायण की, भक्तों के प्रति कृपालुता तथा विरोधियों के प्रति उनके क्रोध का वर्णन भक्त आष्वार् के प्रस्तुत पद में देखिये।

कालनेमि कालने! कणक्किलाद कीर्तियाय्!
ज्ञालम् एषुम् उण्डु पण्डोर बालनाय पणबने!
वेलै वेव विल् वळैत्त वेल् शिनत्त वीर निन्
पालराय पत्तर् चित्तम् मुत्ति शेय्युम् मूर्तिये!

विशिष्ट शब्द एवं उनकी व्याख्या

कालनेमि = एक असुर जो अपर जन्म में कंस बना था जिसका बध भगवान कृष्ण ने किया
कालन् = यम, ज्ञालम् = लोक,
बालन् = शिशु; प्रसंगानुसार 'वटपत्रशायी'
वेलै = समुद्र, वेव = गरम होकर शुष्क हो जाना
विल् = धनुष, शिनम् = क्रोध
पत्तर् = संस्कृत शब्द 'भक्त' का तमिल प्रयोग है
चित्तम् = अंतस्तल–यह संस्कृत शब्द का तमिल रूप है
मुत्ति = मुक्ति (संस्कृत शब्द का तमिल प्रयोग है)
मूर्ति = संस्कृत शब्द है

भावार्थ

भक्त आष्वार् भगवान नारायण की अद्भुत लीलाओं पर आश्चर्य करते हुए उन्हें सम्बोधित कर रहे हैं। हे असुर कालनेमि के संहारक! अपार कीर्तिमान! महाप्रलय काल के अन्त में सातों लोकों को उदरस्थ करते

---

* हिन्दी के मध्यकालीन रामभक्त सन्त कवि

हुए वटपत्रशायी शिशु बनकर विराजमान हे भगवान नारायण! (रामावतार में रावण युद्ध के पहले समुद्र मार्ग को साफ़ करने की प्रार्थना पर कान न देनेवाले समुद्रराज के प्रति) अपार क्रोध से तीर चलाकर समुद्र जल को गरम कर सुखा देनेवाले हे वीरवर्य! अपने आश्रय में आये भक्तों को मुक्ति प्रदान करनेवाले हे भगवान नारायण! आपकी ये कैसी आश्चर्यमय लीलाएँ हैं!

व्याख्या

असुर कालनेमि के संहार का उल्लेख कर अन्यायियों एवं आततायियों से भक्तों का रक्षण करने के भगवान के अपार कारुण्य भाव के प्रति संकेत किया गया है। 'वटपत्रशायी' के उल्लेख द्वारा भगवान नारायण की अपार शक्तिमत्ता, ऐश्वर्य एवं उदारता का सांकेतिक परिचय दिया गया है। धर्मरक्षक भगवान नारायण, धर्म के मार्ग पर बाधा डालनेवालों के प्रति कितना क्रोध कर सकते हैं! इस बात का संकेत समुद्रराज के प्रति श्रीरामचन्द्र के व्यवहार से स्पष्ट होता है। भगवान अपने भक्तों की भक्ति एवं शरणागति पर कितने मुग्ध होते हैं! यह आष़्वार् के इस कथन से स्पष्ट होता है कि भगवान 'अन्यथा शरणं नास्ति' के तत्त्व को स्वीकार कर अपने सान्निध्य मात्र की कामना करनेवाले भक्तों को मोक्षफल प्रदान करते हैं। इस प्रकार भक्त आष़्वार् ने भगवान नारायण के नानाविध गुणों का प्रतिपादन उनकी विभिन्न लीलाओं के संकेत द्वारा प्रस्तुत पद में किया है।

बत्तीस

भगवान नारायण की अद्भुत लीलाओं का और वर्णन देखिये।

कुरक्किनप् पडै कोड्डु कुरैकडलिन् मीदु पोय्
अरक्कर् अंगरंग वेञ्चरम् तरुन्द आदि नी!
इरक्कमण् कोडुत्तवर्कु इरुक्कम् ओन्रुम् इन्रिये
परक्कवैत्तु अळन्दु कोण्ड पर्पपादन् अल्लैये?

विशिष्ट शब्द एवं उनकी व्याख्या

कुरक्कु = कुरंगु = वानर
पडै = सेना
कुरै कडल् = लहरों की उथल-पुथल के कारण गरजनेवाला समुद्र
अरक्कर् = संस्कृत शब्द 'राक्षस' का तमिल प्रयोग
चरम् = संस्कृत शब्द 'शर' (बाण) का तमिल प्रयोग
इरक्क = याचना कर, इरुक्कम् = रहने का स्थान
परक्क = चौड़ा अथवा व्यापक बनाकर
पर्पपादन् = पंकजवत् पाद या श्रीचरण (संस्कृत शब्द 'पद्म पाद' का तमिल प्रयोग) (पर्प = पंकज; यह संस्कृत शब्द 'पद्म' का तमिल प्रयोग है।)

भावार्थ

हे भगवान नारायण! आपने (रामावतार में) वानर सेना की सहायता लेकर गरजते समुद्र में बाँध बनाकर

समुद्र के उस पार पहुँच रावण आदि राक्षसों का शर वर्षा से संहार किया था। आपने ही तो (वामनावतार में) राजा बलि के पास जाकर तीन पगों की भूमि दान में ली थी; फिर बृहद् आकार लेकर अखिल ब्रह्माण्ड को आपने दो पगों से नाप लिया था जिससे कि राजा बलि के पास रहने के लिए जरा भी भूमि बची नहीं थी। ऐसे पद्म-पाद आप ही के तो थे।

व्याख्या

इस पद में 'पद्म-पाद' अर्थात् पंकजवत् श्रीचरणों का जो उल्लेख किया गया है उसी के अनुरूप 'परिपाडल' के 13वें पद में भगवान नारायण के पादों, करों, नयनों तथा मुख को कमलवत् कहा गया है। वह पद इस प्रकार है—

"अडै इरन्दु अविष्न्द वळ् इदष् तामरै
अडियुम् कैयुम, कण्णुम् वायुम्"

इसी प्रकार का वर्णन आष्वार् के पद 30 में 'पुण्डरीक' शब्द के प्रयोग द्वारा किया गया है।

तैंतीस

भगवान नारायण स्नेह के अधीन हैं; भक्तवत्सल हैं; आश्रित रक्षण तथा आश्रित के प्रति करुणा भगवान के लक्षण हैं। भक्त आष्वार् के प्रस्तुत पद में भगवान के इस स्वरूप की व्याख्या की गयी है।

मिन्निरत्तु एयिट्ररक्कन् वीष़ वेञ्चरम् तुरन्दु
पिन्नवर्कु अरुळ् पुरिन्दु अरशळित्त पेट्रियोय्!
नन्निरत्तु ओर् इन् शोल् एषै पिन्नै केळ्व! मन्नु शीर्
पोन्निरत्त वण्णनाय् पुण्डरीकन् अल्लैये?

विशिष्ट शब्द एवं उनकी व्याख्या

मिन् = विद्युत, एयिरु = दांत
अरक्कन् राक्षस; प्रसंगानुसार 'रावण' का अर्थ लिया जाता है।
पिन्नवन् = अनुज; प्रसंगानुसार 'रावण का अनुज विभीषण' अभिप्रेत है
अरुळ् = कृपा; अनुग्रह
एषै = स्नेहमय
पिन्नै = देवी नप्पिन्नै
केळ्व = स्नेही; प्रिय; प्रेमी; पति

भावार्थ

विद्युत की तरह चमकते दांतों वाले राक्षस रावण पर शर-वर्षा कर उसका संहार कर उसके अनुज विभीषण को कृपापूर्वक लंका का आधिपत्य प्रदान करनेवाले हे भगवान नारायण! सुन्दर, मधुर भाषिणी एवं अत्यन्त स्नेहमयी देवी नप्पिन्नै के प्रियतम हे भगवान! श्रेष्ठ गुणों तथा सुन्दर शरीर से युक्त आप ही तो पुण्डरीकाक्ष अर्थात् कमलनयन हैं!

व्याख्या

भगवान के श्रेष्ठ गुणों, सुन्दर शरीर आदि का जो वर्णन भक्त आष़्वार् ने किया है वह मनुस्मृति के निम्नलिखित श्लोक के अनुरूप है।

प्रशासितारं सर्वेषां अणीयांसं अणोरपि।
रुक्माभं स्वप्नधीगम्यं विद्यात् तं पुरुषं परम्।। (12-122)

(परम पुरुष भगवान समस्त चेतनाचेतन पदार्थों के नियामक हैं; स्वर्णवत् ज्योतिर्मय हैं; एवं मनसा चिन्तनीय तथा ग्राह्य हैं।)

अधर्म एवं अधर्मी का नाश तथा धर्म एवं धर्मपालक का रक्षण—भगवद् धर्म हैं। भगवान ने रामावतार में अधर्मी रावण का संहार कर उसके धर्मपालक अनुज विभीषण को लंका का अधिपति बनाया। यही तथ्य भगवद्गीता के निम्नलिखित श्लोक द्वारा निरूपित हुआ है।

"परित्राणाय साधूनां विनाशाय च दुष्कृताम्।
धर्मसंस्थापनार्थाय संभवामि युगे युगे ।।" (4-8)

चौंतीस

भक्त आष़्वार् प्रस्तुत पद में भगवान नारायण के परब्रह्मत्व का निरूपण कर कहते हैं कि वे तमाम जगत की जड़-चेतन वस्तुओं, उनके गुणों तथा कार्यों के कारण हैं और फल भी हैं।

आदियादि आदि नीयोर् अण्डमादि आदलाल्
शोदियाद शोदि नी अदु उण्मैयिल् विळंगिनाय्
वेदमाहि वेळ्वियाहि विण्णिनोडु मण्णुमाय्
आदियाहि आयन् आय मायमेन्न मायमे?

विशिष्ट शब्द एवं उनकी व्याख्या

आदि आदि आदि = आदि का अर्थ है 'प्रारम्भ'; यहाँ प्रसंगानुसार 'कारण' का अर्थ लिया जाता है। तीन बार 'आदि' शब्द का प्रयोग हुआ है; इससे तीन प्रकार के कारणों—उपादान, सहकारी एवं निमित्त—का अर्थ लिया जाता है। किसी भी कार्य के ये तीन कारण होते हैं।

अण्डम् = ब्रह्माण्ड

भावार्थ

हे भगवान नारायण! आप ही जगत के तीनों कारण हैं। आप ही जगत की सृष्टि के उपादान कारण हैं; ज्ञान, शक्ति आदि षड्गुणों से युक्त आप ही उसके सहकारी कारण हैं और आप ही अपनी संकल्प शक्ति के आधार पर उसकी सृष्टि के निमित्त कारण हैं। आप ही ब्रह्माण्ड के सकल पदार्थों के नियामक हैं अर्थात् तमाम सृष्टि में अन्तर्यामी बनकर विराजमान हैं। समस्त ज्योतियों की मूल ज्योति अथवा परम ज्योति आप ही हैं। स्वयं ज्योतिपुंज बन विद्यमान आप ही वेदों के निर्वाहक हैं; वेद प्रतिपादित यज्ञों के द्वारा आराध्य भी आप ही हैं। स्वर्ग से लेकर पृथ्वी तक सर्वत्र परिव्याप्त तमाम आश्रितों में भोग, मोक्ष आदि फलों के प्रति रुचि पैदा करनेवाले आप ही हैं। इस प्रकार तमाम जगत, जगत के पदार्थों, जड़-चेतन वस्तुओं एवं उनकी क्रियाओं के कारण तथा आधार होने के बावजूद आपने गोप बालक कृष्ण के रूप में गोपकुल में अवतार लिया; यह कितना बड़ा आश्चर्य है।

व्याख्या

भगवान नारायण सर्वान्तर्यामी हैं; तमाम सृष्टि के कारण एवं कार्य हैं। प्रकृति तथा प्राकृतिक तत्त्वों के आदि एवं अन्त नारायण हैं। इस सन्दर्भ में छांदोग्य उपनिषत् का मन्त्र–"सदेव सोम्येदमग्र आसीत् एकमेवाद्वितीयम्" (6-2-1) मननीय है।

(नाम रूप युक्त यह जगत प्रलयकाल में नामरूपरहित होकर–विविधता से हटकर एक ही बन जाता है। वह अद्वितीय ब्रह्म की मूल स्थिति में पहुँच जाता है।)

जब आष्वार् कहते हैं कि भगवान नारायण सकल ब्रह्माण्ड के नियामक हैं तो उनके अन्तर्यामित्व की पुष्टि होती है अर्थात् समस्त पदार्थों की सृष्टि कर उनकी आत्मा बनकर विराजमान भगवान नारायण का परब्रह्मत्व निरूपित होता है। जब आष्वार् भगवान को ज्योतिपुंज अर्थात् तमाम ज्योतियों की मूल ज्योति अर्थात् परम ज्योति कहते हैं तब नारायण सूक्तम् का निम्निलिखित सूक्त स्मरणीय है।

"नारायण परो ज्योतिः आत्मा नारायणः परः।
नारायण परं ब्रह्म तत्त्वं नारायणः परः।।"

साथ ही मुण्डकोपनिषत् का निम्निखित मन्त्र भी इसके प्रमाण में द्रष्टव्य है।

"हिरण्मये परे कोशे विरजं ब्रह्म निष्कलम्
तच्छुभ्रं ज्योतिषां ज्योतिः तद्यदात्मविदो विदुः" (2-2-10)

(स्वर्णमय उच्चतम लोक में रजोगुण विहीन अर्थात् कर्मविहीन पूर्ण ब्रह्म विद्यमान है जो शुद्ध है और ज्योतियों की ज्योति है।)

जब आष्वार् कहते हैं कि भगवान नारायण वेदों के निर्वाहक, वेदों द्वारा प्रतिपादित यज्ञों के द्वारा आराध्य तथा भोग-मोक्ष आदि फलों के दाता हैं तो वह भगवद्गीता में भगवान कृष्ण की उक्ति के अनुरूप है। वह उक्ति इस प्रकार है–

"अहं हि सर्वयज्ञानां भोक्ता च प्रभुरेव च।" (9-24)

(मैं ही सभी यज्ञों का भोक्ता हूँ और फलदाता भी हूँ।)

इस प्रकार, भक्त आष्वार् का यह पद भारतीय दार्शनिक परम्परा का प्रमाणन प्रस्तुत करता है।

पैंतीस

प्रस्तुत पद में भक्त आष्वार् भगवान नारायण के विभिन्न अवतारों का वर्णन कर उनकी आश्रित वत्सलता तथा स्नेह सुलभता का निरूपण कर रहे हैं।

अम्बुलावु मीनुमाहि आमैयाहि आष़ियार्
तम्बिरानुम् आहि मिक्कदु अन्बु मिक्कदु अनरियुम्
कोम्बरावु नुण् मरुंगुल् आयर् मादर् पिळ्ळैयाय
एम्पिरानुम् आय वण्णम् एन् कोलो एम् ईशने!

विशिष्ट शब्द एवं उनकी व्याख्या

अम्बु = जल (यह संस्कृत शब्द है।)

मीन = मत्स्य; मछली
आमै = कूर्म, कछुआ
पिरान् = स्वामी
नुण् मरुंगुल् = कृश कटि
आयर् मादर् = गोप स्त्री (यशोदा माता)

भावार्थ एवं व्याख्या

हे भगवान नारायण! हे हमारे स्वामी! हे सुदर्शन चक्रधारी परमात्मा! आपने जल में निवास करनेवाले मत्स्य तथा कूर्म के रूप में विश्वहित के लिए अवतार लिया। इसके अतिरिक्त आप गोपमाता यशोदा-नन्दन कृष्ण के रूप में अवतरित हुए। आप सामान्य जीवों के रूप में भी विश्व में आये और सर्वगुणों से सम्पन्न कृष्ण भी बने; हे हमारे स्वामी! यह कितना बड़ा आश्चर्य है।
भक्त आष़्वार् विश्व-कल्यण के निमित्त सामान्यतम जीवों–मत्स्य तथा कूर्म–के रूप में तथा भक्तों के लिए सुलभ कृष्ण के रूप में अवतरित भगवान नारायण के सौलभ्य पर आश्चर्य करते हैं।आष़्वार् 'एम् पिरान्' अर्थात् अपने और सारे जगत के स्वामी भगवान नारायण के सर्वमय व्यक्तित्व पर मुग्ध हैं।

छत्तीस

भगवान नारायण स्नेहाधीन हैं; आश्रितों के प्रति कृपालु हैं; आततायियों के संहारक हैं और दासों के दास हैं। इस गम्भीर दार्शनिक तथ्य को आष़्वार् के प्रस्तुत पद में देखिये।

आटकत्त पूण् मूलै अशोदैयाय्च्चि पिळ्ळैयाय्
शाडु उदैत्तु ओर् पुळ्ळदु आवि कळ्ळताय पेय् महळ्
वीडवैत्त वेय्य कोंगै ऐय पाल् अमुदु शेय्दु
आटकक्कै मादर् वाय् अमुदं उण्डदु एन् कोलो?

विशिष्ट शब्द एवं उनकी व्याख्या

आटकम् = स्वर्ण; यह संस्कृत शब्द 'हाटक' का तमिल प्रयोग है।
अशोदै आय्च्चि = गोप स्त्री यशोदा
शाडु = शंकट; गाड़ी
पुळ् = पक्षी
कळ्ळ ताय = कृत्रिम माता
पेय् महळ् = राक्षसी (पूतना)
वीड = नष्ट करने के लिए
वेय्य कोंगै = भयावह स्तन
ऐय = सूक्ष्म
वाय् अमुदं = मुखामृत
अमुदं = अमृत (यह संस्कृत शब्द का तमिल रूप है)

भावार्थ एवं व्याख्या

हे भगवान नारायण! आप स्वर्णमाला से अलंकृत स्तनयुक्त गोपमाता यशोदा के पुत्र कृष्ण के रूप में अवतरित हुए। अपने श्रीचरणों से आपने कंस के द्वारा भेजे गये शकटासुर को ठोकर मारकर नष्ट किया। आपने कृत्रिम माता बनकर आयी भयानक राक्षसी पूतना का विषमय स्तन्यपान कर दूध के साथ-साथ उसके प्राणों को भी हर लिया। (आततायियों के शत्रु) आपने स्वर्णिम चूड़ियों से अलंकृत करोंवाली गोप कन्याओं के प्यार के अधीन हो उनके मुखामृत का पान किया। यह कैसा विचित्र है!

एक ओर भगवान नारायण ने माता यशोदा के वात्सल्य के अधीन होकर बालकृष्ण के रूप में लीलाएँ कीं; उन्होंने ही बालकृष्ण से युवक कृष्ण बनकर गोप कन्याओं के स्नेह का रसानुभव किया। वे अधर्मियों तथा आततायियों के संहारक थे। शकटासुर तथा राक्षसी पूतना के प्राण हरकर उन्होंने इस तथ्य को पुष्ट किया।

"विनाशाय च दुष्कृताम्...संभवामि युगे युगे" (भगवद् गीता 4-8)

(पापात्माओं के नाश के लिए मैं समय-समय पर अवतरित होता हूँ।)

के द्वारा भगवान कृष्ण उपर्युक्त सिद्धान्त को ही प्रमाणित करते हैं।

सैंतीस

भक्त आष्वार् भगवान नारायण के विभिन्न अवतारों–कृष्ण, वराह तथा वामन एवं उनकी लीलाओं पर मुग्ध हैं।

कायत्त नीळ् विळंकनि उदिर्त्तु एदिर्न्द पूंकुरुन्तम्
शाय्त्तु मा पिळन्द कैत्तलत्त कण्णन् एन्बराल्
आयच्चि पालै उण्डु मण्णै उण्डु वेण्णै उण्डु पिन्
पेय्च्चि पालै उण्डु पण्डोर् एन माय वामना!

विशिष्ट शब्द एवं उनकी व्याख्या

विळम् कनि = विळंकनि = बेल फल; कपित्थ फल

कुरुन्तम् = जंगली नीबू

मा = घोड़ा; सन्दर्भानुसार 'असुर केशी' का अर्थ लिया जाता है जो घोड़े के रूप में था

पण्डु = प्राचीन काल में; कल्प के आरम्भ में

भावार्थ एवं व्याख्या

भगवान नारायण ने कृष्णावतार में फलों से भरे हुए कपित्थ वृक्ष के फलों को गिराकर रास्ते पर खड़े रहे पुष्प भरित जंगली नीबू के वृक्ष को तोड़ा था और घोड़े के रूप में आये केशी के शरीर को अपने हाथों से दो भागों में फाड़ डाला था। उन्होंने गोप माता यशोदा का स्तन्य-पान किया था; माँ के द्वारा रखे गये मक्खन को भी खाया था; राक्षसी पूतना के विषैले स्तन्य के साथ-साथ उसके प्राणों को भी हर लिया था। उन्होंने प्रलय काल में सारी भूमि को उदरस्थ कर लिया था; उसके बाद कल्प के आदि में वराहावतार लेकर भूमि की रक्षा की थी और वामनावतार में उन्होंने उसी भूमि को राजा बलि से दान में लिया था। इस प्रकार भगवान नारायण की तमाम लीलाओं पर आष्वार् आश्चर्य करते हैं।

यहाँ भक्त आष्वार् भगवान नारायण द्वारा कृष्णावतार में की गयी लीलाओं का वर्णन कर रहे हैं। वे लीलाएँ

इस प्रकार हैं। कृष्ण ने कपित्थ वृक्ष के रूप में आये असुर का नाश करने के लिए बछड़े के रूप में आये वत्सासुर को उछालकर वृक्ष पर फेंका जिससे दोनों असुरों का संहार हुआ। सुन्दर पुष्पों द्वारा आकर्षित कर कृष्ण को मारने के लिए जंगली नीबू के वृक्ष के रूप में आये असुर का भी, उस वृक्ष को उखाड़कर कृष्ण ने संहार किया। उन्होंने अश्व के रूप में आये असुर केशी का भी मुँह फाड़कर उसे नष्ट किया।

उन्होंने माता यशोदा का स्तन्यपान किया और उनके द्वारा रखा गया मक्खन भी चोरी से खाया।

उन्होंने कृत्रिम माता बनकर आयी राक्षसी पूतना का विषैला स्तन्य पान कर उसके प्राणों को भी हर लिया।

प्रलयकाल में भगवान नारायण सारी भूमि को उदरस्थ कर वटपत्रशायी शिशु बनकर विद्यमान थे। उन्होंने सृष्टि के आरम्भ में वराह बनकर भूमि की रक्षा की और भूमि को बाहर लाकर प्रतिष्ठापित किया। वामनावतार में राजा बलि से भूमि दान में लेकर उसके बन्धन से भूमि की रक्षा की।

इन लीलाओं के द्वारा भक्त आऴ्वार् भगवान नारायण के विभिन्न गुणों–धर्म की रक्षा, अधर्म का नाश, स्नेहियों के प्रति वात्सल्य एवं करुणा और अन्यायियों तथा आततायियों का नाश–का स्मरण कर रहे हैं।

अड़तीस

भक्त आऴ्वार् भगवान नारायण की लीलाओं का स्मरण कर पुलकित हो रहे हैं।

कडम कलन्द वन् करि मरुप्पु ओशित्तु ओर् पोय्कैवाय्
विडमृ कलन्द पाम्बिन् मेल् नडम् पयिन्र नाथने!
कुडम् कलन्द कूत्तनाय कोण्डल् वण्ण! तण् तुषाय्
वडम् कलन्द मालै मार्ब! कालनेमि कालने!

विशिष्ट शब्द एवं उनकी व्याख्या

करि = हाथी; प्रसंगानुसार 'कुवलयापीड़' हाथी का अर्थ लिया जाता है। 'करि' संस्कृत शब्द है।
मरुप्पु = दंत; सींग; कडम् = मदजल
विडम् = विष; यह संस्कृत शब्द 'विष' का तमिल प्रयोग है।
पाम्बु = सर्प; प्रसंगानुसार 'कालिय सर्प' का अर्थ लिया जाता है।
नडम् = नर्तन
कुडम् = घड़ा; घट
कुडम् कलन्द कूत्तनाय = घट नृत्य करनेवाला
कोण्डल् वण्ण = मेघ-वर्ण का
वडम् = माला
मालै = प्रसंगानुसार 'वन माला' (वैजयन्ती माला) का अर्थ लिया जाता है।

भावार्थ एवं व्याख्या

हे भगवान नारायण! आपने कृष्णावतार में मदजल युक्त सबल हाथी कुवलयापीड़ का दांत तोड़कर उसका संहार किया। जमुना नदी में विष भरे कालिय सर्प का गर्व भंग कर उसके फण पर नृत्य किया आपने। गोप समुदाय में घट नृत्य करनेवाले हे नीलमेघ श्यामल भगवान नारायण! वक्षस्थल पर तुलसीमाला के साथ वैजयन्ती माला धारण किये हुए एवं असुर कालनेमि के संहारक हे भगवान नारायण! आपकी लीलाएँ अपार हैं; अद्भुत हैं।

कुवलयापीड़, कालिय सर्प, कालनेमि आदि दुष्टों का भगवान नारायण एक ओर विनाश करते हैं तो दूसरी ओर नीलमेघ श्यामल कृष्ण के रूप में गोपवृन्द के साथ घटनृत्य कर आश्रितवत्सलता का निरूपण करते हैं। यहाँ भगवद्गीता का श्लोक–

"परित्राणाय साधूनां विनाशाय च दुष्कृताम्
धर्मसंस्थापनार्थाय संभवामि युगे-युगे ।।" (4-8)

स्मरणीय है।

(उक्त श्लोक का तात्पर्य इस प्रकार है–साधुओं की रक्षा तथा अन्यायियों का विनाश करने के लिए, इस प्रकार धर्म का संस्थापन करने के निमित्त मैं हर युग में अवतार लेता हूँ।)

उनतालीस

भक्त आष्वार् पुनः भगवान नारायण की विशिष्ट लीलाओं का स्मरण कर उनपर आश्चर्य कर रहे है।

वेर्पेडुत्तु वेलै नीर् कलक्किनाय्, अदन्रियुम
वेर्पेडुत्तु वेलै नीर् वरम्बु कट्टि, वेलैशूष्
वेर्पेडुत्त इञ्जि शूष् इलंकै कट्टु अषित्त नी
वेर्पेडुत्तु मारि कात्त मेघवण्णन् अल्लैये?

विशिष्ट शब्द एवं उनकी व्याख्या

'वेर्पु' का शब्दार्थ है 'पर्वत'। प्रसंगानुसार विभिन्न पर्वतों का अर्थ लिया जाता है।
प्रथम चरण में–वेर्पु = मन्दर पर्वत
द्वितीय चरण में–वेर्पु = नानाविध छोटे-बड़े पर्वत
तृतीय चरण में–वेर्पु = त्रिकूट पर्वत
चतुर्थ चरण में–वेर्पु = गोवर्धन पर्वत
वेलै = समुद्र, वरम्बु = बाँध, कट्टु = दुर्ग
वेलै शूष् = समुद्र की खाई से घिरा हुआ
इञ्जि = दीवार; घेरा
मारि = वर्षा

भावार्थ एवं व्याख्या

हे भगवान नारायण! मन्दर पर्वत की सहायता से आपने समुद्र का मंथन किया। पर्वतों से शिलाओं को लाकर वानरों की सहायता से आपने (रामावतार में) लंका द्वीप के मार्ग पर रहनेवाले समुद्र में बाँध बनाया। लंका में समुद्र से घिरे हुए त्रिकूट पर्वत पर विश्वकर्मा द्वारा बनाये गये दुर्ग की दीवारों को आपने नष्ट किया। हे भगवान नारायण! आपने नीलमेघ श्यामल कृष्ण के रूप में अवतार लेकर गोवर्धन पर्वत को छत्र की तरह उठाकर मूसलाधार वर्षा से गायों, बछड़ों, गोपों, गोपियों आदि की रक्षा की
(आपकी ये सारी लीलाएँ कितनी अद्भुत हैं!)

भगवान नारायण ने देवताओं से लेकर मनुष्यों तथा अन्य तमाम जीवराशियों तक अर्थात् सारे ब्रह्माण्ड की रक्षा करने के लिए अमृत मंथन, गोवर्धन पर्वत का धारण, लंका एवं रावण आदि राक्षसों का नाश आदि

विभिन्न लीलाएँ कीं। जहाँ भगवान नारायण ने इन्द्र आदि देवताओं के हित के लिए अमृत मंथन में सहायता दी वहीं उन्होंने इन्द्र के प्रकोप से मूसलाधार वर्षा से पीड़ित सारे वृन्दावनवासियों की रक्षा करते हुए इन्द्र के अहंकार को नष्ट भी किया। इन दोनों लीलाओं के मूल में भगवान का आश्रितवात्सल्य भाव ही परिलक्षित है।

चालीस

भक्त आष्वार् भगवान नारायण के स्नेहमय स्वरूप तथा आश्रितों के प्रति उनकी अपार कृपा को प्रतिपादित करनेवाली उनकी कुछ अन्य लीलाओं का स्मरण कर उनपर पुनः आश्चर्य करते हैं।

आनै कात्तु ओर् आनै कोन्रदु अदन्रि आयर् पिळ्ळैयाय्
आनै मेय्त्ति आनेय् उण्डि अन्रु कुन्रम् ओन्रिनाल्
आनै कात्तु मैयरिक् कण् मादरार् तिरत्तुमुन्
आनै अन्रु शेन्रडर्त्त मायम् एन्न मायमे?

विशिष्ट शब्द एवं उनकी व्याख्या

प्रस्तुत पद में 'आनै' शब्द का चमत्कारिक प्रयोग हुआ है। उनके भिन्न-भिन्न अर्थों को देखें।
प्रथम चरण में–आनै = गजेन्द्र और कुवलयापीड़
द्वितीय चरण में–आनै = गायें (आ = गाय)
आनेय् = गाय के दूध से बना घी
तृतीय चरण में–आनै = गायें (द्वितीय चरण के समान)
चतुर्थ चरण में–आनै = ऋषभ
कुन्रम् = पर्वत (गोवर्धन पर्वत)
मै = आँखों में लगाया जानेवाला अंजन; सुरमा
मादर् = स्त्री; प्रसंगानुसार 'देवी नप्पिन्नै'

भावार्थ एवं व्याख्या

भगवान नारायण ने मगर के ग्राह से भक्त गजेन्द्र की रक्षा की; गोप बालक कृष्ण बनकर, मारने के लिए कंस के द्वारा भेजे गये हाथी कुवलयापीड़ का संहार किया। कृष्णावतार में भगवान ने गायों को चराया; गाय के दूध से बने घृत का सेवन किया; क्रुद्ध इन्द्र के द्वारा प्रेषित मूसलाधार वर्षा से, गोवर्धन पर्वत को छत्र की तरह उठाकर गायों, गोपालकों आदि की रक्षा की। साथ ही अंजन की रेखा से अलंकृत नयनों से युक्त देवी नप्पिन्नै को पाने के लिए उन्होंने सात ऋषभों का संहार किया।
भगवान की ये सारी विशेष लीलाएँ कितनी आश्चर्यमय हैं!
भगवान भक्तवत्सल हैं। गोपकुल में जन्म लेकर उन्होंने भक्ति पूरित गोपालकों, वृन्दावनवासी पशु-पक्षियों और अन्याय जड़-चेतन वस्तुओं के स्नेह के अधीन होकर उन सबकी रक्षा की। स्नेह-रंजित देवी नप्पिन्नै को पाने के लिए शर्त के रूप में निर्धारित सात ऋषभों का संहार किया और प्रेमस्वरूपा नप्पिन्नै को प्राप्त किया।
भक्त प्रिय भगवान नारायण की ऐसी अन्याय लीलाओं पर भक्त आष्वार् आश्चर्यचकित हैं।

इकतालीस

मायापति मायामय भगवान नारायण की समस्त लीलाओं पर जो उनके संकल्प मात्र से सम्पन्न होती हैं, पुनः भक्त आष्वार् आश्चर्य व्यक्त करते हैं।

आयन् आहि आयर् मंगै वेय तोळ् विरुम्पिनाय्
आय निन्नै यावर् वल्लर् अम्बरत्तोडु इम्बराय्
माय! माय मायै कोल्? अदन्रि नी वहुत्तलुम्
माय मायमाक्किनाय् उन् मायम् मुट्रुम मायमे!

विशिष्ट शब्द एवं उनकी व्याख्या

आयन् = गोपालक
आयर् मंगै = गोपकुल में उत्पन्न देवी नप्पिन्नै
अम्बरत्तोडु = अम्बरम् = आकाश; अतः आकाश स्थित या स्वर्ग में रहनेवाले ब्रह्मा आदि देवताओं से लेकर
इम्बराय् = यहाँ पृथ्वी पर रहनेवालों में
माय! = मायामय अथवा आश्चर्यमय शक्ति युक्त परमात्मा
माय मायै = परिवर्तनशील प्रकृति से उत्पन्न अज्ञान
वहुत्तलुम् = सृष्टि करने के बावजूद
माय = नष्ट हो
मायम् = प्रकृति में स्थिर रहना
मायम् मुट्रुम् = समस्त संकल्प
मायम् = अद्भुत

भावार्थ एवं व्याख्या

हे भगवान नारायण! आप गोप बालक कृष्ण बनकर अवतरित हुए; फिर गोपकुल में उत्पन्न देवी नप्पिन्नै को अपना बनाया। श्रीवैकुण्ठ में नित्य निवास करनेवाले परमात्मा आपने सामान्य मानव का स्वरूप लिया और वृन्दावनवासी गोप कन्या नप्पिन्नै से विवाह किया—यह कितना बड़ा आश्चर्य है! भगवान मानव के रूप में जो लीला करते हैं उसके मूल में विद्यमान कारण को ब्रह्मा आदि देवताओं से लेकर मनुष्यों तक में कौन समझ सकते हैं?

हे अद्भुत शक्तियुक्त परमात्मा! इस प्रकार आपको न समझ पाना परिवर्तनशील प्रकृति से उत्पन्न अज्ञान के कारण नहीं! क्योंकि सर्वज्ञ भी आपको समझ नहीं सकते। आप ही चेतन मानवों को इन्द्रियाँ, अंतःकरण आदि प्रदान कर अपनी उपासना का मार्ग बताते हैं। परन्तु जब मानव इसके विपरीत अपनी वासनाओं के कारण जाता है तब उसका संहार कर आप ही प्रकृति में उसे विलीन कर देते हैं। इस प्रकार सृष्टि, स्थिति एवं लय के आधार आप ही हैं एवं आप ही के संकल्प से ये सब होते हैं। आपका यह संकल्प कितना आश्चर्यमय है!

भगवान नारायण कृपापूर्वक सांसारिकों को इन्द्रियाँ, वासनाएँ, मन, अहंकार आदि प्रदान कर उनको सन्मार्ग पर ले जाने का प्रयास करते हैं। परन्तु सांसारिक लोग सन्मार्ग छोड़ अन्यान्य विषयों में लीन होकर गलत मार्ग पर चलने लगते हैं। तब भगवान नारायण ही उन्हें प्रकृतिज पूर्वस्थिति में लाकर खड़ा कर देते हैं। यह भगवान की मायामय लीला है।

इस प्रकार भगवान नारायण को समस्त ब्रह्माण्ड की सृष्टि, स्थिति एवं लय के आधार के रूप में जब आष़्वार् प्रस्तुत करते हैं तब 'परिपाडल्' का तृतीय पद स्मरण हो आता है; जैसे–

"मुदल् मुरै इडै मुरै कडैमुरै तोष़िलिल्
पिरवाय् पिरप्पिलै पिरप्पित्तोर् इलैये।"

(भगवान नारायण सृष्टि, स्थिति एवं संहार के आधार हैं; किन्तु उनका न कोई जन्म है न ही कोई जनक है!) इससे प्राचीन काल से दक्षिण भारत में निरन्तर चली आनेवाली वैष्णव भक्ति-दर्शन-परम्परा सिद्ध होती है।

बयालीस

भगवान नारायण की अद्भुत लीलाओं का वर्णन करते हुए भक्त आष़्वार् आश्चर्य व्यक्त करते हैं। वस्तुतः भक्त हृदय के लिए जो भगवान की सर्वशक्तिमत्ता पर अपने आप को अर्पित कर चुका है, उक्त सभी लीलाएँ आश्चर्य के कारण नहीं है; वरन् भगवान की सर्वमयता के प्रमाण हैं।

वेरु इशैन्द शेक्कर् मेनि नीरणिन्द पुन् शडै
शीरु तिंगळ् वैत्तवन् कै वैत्त वन् कपाल् मिशै
ऊरु शेंकुरुदियाल् निरैत्त कारणन् तनै
एरु शेन्रडर्त्त ईश! पेशुकूशम् इन्रिये ।।

विशिष्ट शब्द एवं उनकी व्याख्या

शेक्कर = (क्रोध से) लाल
नीर् = विभूति; भस्म
शडै = 'जटा' संस्कृत शब्द का तमिल प्रयोग है।
तिंगळ् = चन्द्र
कपाल् मिशै = कपाल में
शेंकुरुदि = लाल रक्त
एरु अडर्त्त = ऋषभों का संहार करनेवाला
ईश = ईश्वर–संस्कृत शब्द का तमिल प्रयोग है।
कूशम् = कूच्चम् = संकोच

भावार्थ

भक्त आष़्वार भगवान से निम्नलिखित प्रश्न का उत्तर देने की प्रार्थना कर रहे हैं। जब रुद्र अर्थात् शिवजी को संहारक तथा ब्रह्मा को सृष्टिकर्ता कहा जाता है तब भगवान नारायण को सृष्टि, स्थिति तथा संहार–इन तीनों के कारणभूत कहना कितना उचित होगा? वास्तव में इसी प्रश्न में उत्तर भी विद्यमान है। भक्त आष़्वार् का प्रश्न इस प्रकार है–

रुद्र अर्थात् शिवजी संहारक हैं; अतः उनका रक्तिम शरीर है जिस पर भस्म लगा हुआ है। जटाधारी शिवजी चन्द्रचूड हैं। वे ब्रह्म-हत्या पाप के कारण कर में कपाल लिये हुए भिक्षा याचन करते रहे; शिवजी जब भिक्षा माँगते हुए आये तब भगवान विष्णु ने अपने शरीर से रक्त बहाकर उस कपाल में भर दिया (तब रक्त की गरमी के कारण कपाल टूट गया; इस प्रकार शिवजी शाप मुक्त हुए।)

सात ऋषभों का संहार कर देवी नप्पिन्नै को प्राप्त करनेवाले हे भगवान नारायण! उपर्युक्त प्रकार से शिवजी के हाथ के कपाल को अपने रक्त से भरने का कारण, बिना संकोच के, हमें बताइये।

भक्त आष्वार् के लिए भगवान नारायण ब्रह्मा, विष्णु एवं शिव के तीनों रूपों के आधारभूत परब्रह्म के रूप में हैं। शिवजी को शापमुक्त कर रक्षित किया भगवान नारायण ने। अतः भगवान नारायण शिवजी के भी नियामक हैं—रक्षक हैं; शिवजी उनके द्वारा रक्षित हैं। (वे ब्रह्मा के जनक तो हैं ही); इस प्रकार परम भागवत आष्वार् ने भगवान नारायण के ब्रह्मत्व को प्रतिष्ठित किया।

तैंतालीस

भगवान नारायण की विभिन्न लीलाओं का वर्णन कर भक्त आष्वार् प्रस्तुत पद में यह सिद्ध करते हैं कि भगवान नारायण समस्त जगत अर्थात् ब्रह्माण्ड के कारणभूत आदिदेव हैं।

वेज् चिनत्त वेष्वेण् मरुप्पोशित्तु उरुत्तमा
कञ्जनैक् कडिन्दु मण् अळन्दु कोण्ड कालने!
वञ्जनत्तु वन्द पेयुच्चि आविपालुळ् वांगिनाय्!
अञ्जनत्त वण्णनाय आदिदेवन् अल्लैये?

विशिष्ट शब्द एवं उनकी व्याख्या

वेष़म् = हाथी; प्रसंगानुसार 'कुवलयापीड़'

वेण् मरुप्पु = शुभ्र दंत

मा कञ्जन् = सशक्त कंस

वञ्जनत्तु = छल से

आवि = प्राण

कालने = (काल् = चरण) श्रीचरण युक्त परमात्मा!

काल = यम; प्रसंगानुसार राजा बलि के लिए काल या यम की तरह विद्यमान; यह अर्थ भी हो सकता है।

अञ्जनत्त वण्णनाय = अंजन की तरह श्याम वर्ण के

आदि देवन् = आदि भगवान (नारायण)

भावार्थ एवं व्याख्या

हे भगवान नारायण! आपने भयंकर क्रोध से मारने के लिए आये हाथी कुवलयापीड़ का शुभ्र दंत तोड़कर उसका संहार किया। आपने क्रुद्ध तथा सबल कंस का वध किया और छल से माँ बनकर आयी राक्षसी पूतना के स्तन्यपान के साथ-साथ उसके प्राण भी हर लिये। आपने ही तो वामनावतार में सारी पृथ्वी को अपने पादों से नाप लिया था! (आप ही तो राजा बलि के काल अथवा यम के रूप में वामन बनकर आये!)

श्याम वर्ण के आप ही तो समस्त जगत के कारणभूत आदि भगवान या आदि देव हैं!

इस प्रकार भक्त आष्वार् कृष्णावतार तथा वामनावतार में भगवान नारायण द्वारा की गयी लीलाओं का वर्णन कर यह स्थापित करते हैं कि वे ही आदि देव हैं; समस्त जगत अर्थात् ब्रह्माण्ड के नियामक हैं।

चवालीस

चारों युगों के नियामक भगवान नारायण को भूलोकवासी लोग कैसे भूल गये! इस बात पर भक्त आऴ्वार् को दुख है; आश्चर्य भी है।

पालिन् नीर्मै शेम्पोन् नीर्मै पाशियिन् पशुम् पुरम्
पोलुम् नीर्मै पोर् पुडैत् तटत्तु वण्डु विण्डुला
नील नीर्मै एन्रिवै निरैन्द कालम् नान्गुमाय्
मालिन् नीर्मै वैयकम् मरैत्तदु एन्न नीर्मैये?

विशिष्ट शब्द एवं उनकी व्याख्या

नीर्मै = स्वभाव, गुण; प्रसंगानुसार 'रंग'
पोन् = स्वर्ण
पाशि = काई
तटत्तु = ताल में स्थित
वण्डु = भ्रमर
विण्डु उला = पंख फैलाकर उड़नेवाला
कालम् नान्गु = चार क़ाल; चार युग (कृत, त्रेता, द्वापर एवं कलि)
वैयकम् = भूलोक; भूलोकवासी

भावार्थ एवं व्याख्या

चार युगों—कृत, त्रेता, द्वापर तथा कलि युगों के चार वर्ण स्वीकृत हैं। कृतयुग का वर्ण है सफ़ेद; त्रेतायुग का वर्ण है स्वर्णिम; द्वापर युग का वर्ण है काई की ऊपरी परत का वर्ण 'हरीतिमा'; कलियुग का वर्ण है सुन्दर ताल में पंख फैलाकर उड़ने के लिए प्रस्तुत भ्रमरों का श्याम वर्ण। इन चारों वर्णों के चार युगों के निर्वाहक हैं भगवान नारायण जो सर्वसुलभ हैं।

परन्तु भक्त आऴ्वार् अंत में प्रश्न करते हैं कि भूलोक में रहनेवाले लोग भगवान नारायण की उस सर्वसुलभता की ओर क्यों उदासीन हैं?

भक्त आऴ्वार् को इस बात का दुख है कि मानव क्यों भगवान के सौलभ्य-भाव से दूर हैं!

सत्व, रजस् एवं तम—इन गुणों की आनुपातिक स्थिति के अनुसार हर युग का रंग स्वीकृत है। इन विभिन्न रंगों में हर युग में भगवान नारायण अवतार लेकर आते हैं और जन-जीवन से जुड़े रहते हैं। मानव-मात्र के लिए सुलभ भगवान नारायण हर युग में जन-हित या लोक हित का कार्य करते हैं। परन्तु आऴ्वार् को, भगवान नारायण से आँख बचाकर नाना प्रकार के देवी-देवताओं की ओर आकर्षित होनेवाले जन-सामान्य के निरर्थक जीवन पर दुख है।

पैंतालीस

अनिर्वचनीय भगवान नारायण भक्तों के भक्त हैं; भक्त-विरोधियों से दूर हैं—इस प्रकार भिन्न-भिन्न रूपों में भगवान नारायण को देखकर भक्त आऴ्वार् आश्चर्य करते हैं।

मण्णुळाय् कोल्? विण्णुळाय् कोल्? मण्णुळे मयंगि निन्रु
एण्णुम् एण् अहप्पडाय् कोल्? एन्न मायै? निन् तमर्
कण्णुळाय् कोल्? शेयै कोल्? अनन्तन् मेल् किडन्द एम्
पुण्णिया? पुनम् तुषाय् अलंकल् अम् पुनितने!

विशिष्ट शब्द एवं उनकी व्याख्या

एण् = विचार; संख्या
तमर् = बंधु; प्रिय; भक्त
कण्णुळाय् = आँखों में हैं
शेयै = शेयन् = दूर रहने वाले
अनन्तन् = आदिशेष
एम् पुण्णिया = मेरे लिए आधार; मेरे पुण्यफल से प्राप्य भगवान
अलंकल् = माला
पुनितने = हे परम पावन!

भावार्थ एवं व्याख्या

आदिशेष की शय्या पर विराजमान एवं तुलसी माला से अलंकृत हे परम पावन भगवान नारायण! आप विभिन्न अवतार लेकर पृथ्वी पर आये। आप श्रीवैकुण्ठ में देवताओं के निर्वाहक रहे। आप धरती पर भ्रम में पड़े हुए सांसारिकों के चिन्तन से दूर रहे अर्थात् उनके लिए दुर्लभ रहे। आप अपने भक्तों की आँखों में (या भक्तों के बहुत पास) रहे और आश्रित-विरोधियों से बहुत दूर रहे।
मेरे पुण्य फल के रूप में प्राप्य हे भगवान नारायण! यह कैसा आश्चर्य है?
भक्त वत्सल भगवान भक्तों के पास हैं तो भक्त-विरोधियों से बहुत दूर हैं। विषय-वासनाओं में लिप्त सांसारिकों के चिन्तन से बाहर अर्थात् उनके लिए दुर्लभ हैं। वे धर्मरक्षा तथा अधर्म-नाश के लिए पृथ्वी पर विभिन्न अवतार लेकर आये। यह बात भगवद्गीता में इस प्रकार प्रतिपादित है–

"धर्मसंस्थापनार्थाय संभवामि युगे-युगे।" (4-8)

जब भक्त आष्वार् कहते हैं कि भगवान भक्तों की आँखों में हैं तब उनका अभिप्राय यही है कि भगवान भक्तों के नितान्त निकट हैं। इसी बात को हिन्दी के मध्यकालीन सन्त कवि कबीरदास की वाणी में इस प्रकार देखते हैं–

"नैनों बीच नबी है।"

छियालीस

भक्त आष्वार् भगवान नारायण से प्रार्थना करते हैं कि वे उनको जन्म-मृत्यु के बन्धनों से मुक्त करें और भगवत् प्राप्ति का पथ दर्शाएँ।

तोड्डु पेट्र तण् तुषाय अलंकल् आड्डु शेन्नियाय्!
कोड्डु पट्रि आषि एन्दि अञ्चिरैप्पुळ ऊर्दियाल्
नाड्डु पेट्र नन्मै नण्णम् इल्लैयेनुम्, नायिनेन्
वीड्डु पेट्रु इरप्पोड्डुम् पिरप्परुक्कुम् आ शोले।।

विशिष्ट शब्द एवं उनकी व्याख्या

तोडु = पुष्प दल; पंखड़ी
शेन्नि = सिर; केश
कोडु = शंख; प्रसंगानुसार पांचजन्य शंख
आषि = चक्र; प्रसंगानुसार सुदर्शन चक्र
पुळ् = पक्षी; प्रसंगानुसार गरुड़
ऊर्दि = वाहन
नाडु = देश; प्रसंगानुसार देशवासी; लोग
नण्णम् इल्लै = प्राप्त नहीं
नायिनेन् = कुत्ते की तरह नीच मैं
वीडु = मोक्ष
इरप्पु-पिरप्पु = मृत्यु-जन्म

भावार्थ एवं व्याख्या

विकसित तुलसी माला से अलंकृत केश युक्त हे भगवान नारायण! पांचजन्य शंख एवं सुदर्शन चक्र लिये हुए गरुड़ वाहन पर सवार हे परमात्मा! दूसरे पुण्यात्माओं को प्राप्त दर्शन आदि सुख भले ही मुझे प्राप्त न हुए हों; फिर भी कुत्ते की तरह नीच मुझ पर ऐसी कृपा कीजिए कि मुझे मोक्ष प्राप्त हो; मृत्यु तथा जन्म के बन्धन से मुक्ति मिले; अर्थात् कृपया मुझे सांसारिकता से मुक्ति का मार्ग बताइये।

भक्त आष्वार् को इस बात का खेद है कि उन्हें अन्य पुण्यात्माओं की तरह निकट रहकर शंख-चक्रधारी तथा गरुड़ पर सवार भगवान नारायण के दर्शन करने का सौभाग्य नहीं मिला। अपने ऊपर उन्हें दुख होता है; वे अपने आपको कुत्ते की तरह नीच मानते हैं; क्योंकि कुत्ता हर जगह प्रवेश करता है और लोग उसे भगाते हैं, एवं दुतकारते हैं। उसी तरह भक्त भी पहले इधर-उधर जाता था और दूसरों से अपमानित होता था। अतः वे अपनी नीचता का अनुभव करते हुए भगवान से प्रार्थना करते हैं कि मुझे ऐसा रास्ता दिखाइये जिस पर चलकर मैं मोक्ष प्राप्त कर सकूँ अर्थात् मुझे भगवत्प्राप्ति हो और भव-बन्धन अर्थात् जीवन तथा मृत्यु के बन्धन से मुक्ति मिले; जन्म-जन्मान्तर अर्थात् आवागमन के चक्र से छुटकारा प्राप्त हो।

सैंतालीस

भक्त आष्वार् भगवान नारायण से प्रार्थना करते हैं कि वे उनको ऐसे स्थल की जानकारी दें जहाँ वे भगवान का आश्रय ग्रहण कर सकें; क्योंकि भगवान के आवास-स्थल एक नहीं; अनेक हैं और उन्हें समझ पाना सामान्यतम व्यक्ति के लिए संभव नहीं है।

कारोडु ओत्त मेनि नंकळ् कण्णम! विण्णिन् नाथने!
नीरिडत्तु अरावणैक् किडत्ति एन्बर्, अन्रियुम्
ओरिडत्तै अल्लै एल्लै इल्लै एन्बर् आदलाल्
शेर् विडत्तै नायिनेन् तेरिन्दु इरैञ्जु मा शोले ।।

विशिष्ट शब्द एवं उनकी व्याख्या

विण्णिन् नाथन = देवताओं के नाथ या स्वामी
नीर् इडत्तु = (दुग्ध) समुद्र में
अरा अणै = शेष शय्या
एल्लै इल्लै = असीम; असंख्य
इरैञ्जुम् आ = आश्रय लेने या स्तवन करने का उपाय

भावार्थ एवं व्याख्या

हे नील मेघ श्यामल भगवान कृष्ण! हे स्वर्गस्थ देवताओं के स्वामी! वेदों के ज्ञाता विद्वान लोग कहते हैं कि आप दुग्ध समुद्र में आदिशेष की शय्या पर विराजमान हैं; यह भी कहते हैं कि आप एक स्थल पर नहीं हैं; सर्वत्र विराजमान हैं और आपके आवास स्थल असीम एवं असंख्य हैं। मैं तो नीच अज्ञानी व्यक्ति रहा; मुझे यह जानकारी नहीं है कि आपका आश्रय कहाँ ग्रहण करूँ और किस स्थल पर मैं आपका स्तवन करूँ। कृपया मुझे समझाएँ कि मैं कहाँ और कैसे आपकी शरण में रहकर स्तवन कर सकूँ।
भगवान नारायण सर्वान्तर्यामी हैं; सर्वात्म हैं; वेदविदों का कहना है कि वे श्रीवैकुण्ठ में निवास करते हैं; वे क्षीर समुद्र में शेषशय्या पर विराजमान हैं। जैसे हरिवंश पुराण एवं विष्णु सूक्तम् में कहा गया है—

"एष नारायणः श्रीमान् क्षीरार्णवनिकेतनः।" (113-62)
"तद् विष्णोः परमं पदं सदा पश्यन्ति सूरयः" (विष्णु सूक्तम्)

(श्रीपति नारायण क्षीरसमुद्र में निवास करते हैं (हरिवंश पुराण)—यह भगवान विष्णु का पदम पद अर्थात् श्रीवैकुण्ठ है जहाँ भगवान के दर्शन निरन्तर देवता लोग करते रहते हैं) (विष्णु सूक्तम्)।
अजन्मा होने के बावजूद परमात्मा नाना रूपों में जन्म लेते हैं; उनके अवतारों का रहस्य केवल वेदवित् जानते हैं जैसे पुरुष सूक्तम में कहा गया है—

"अजायमानो बहुधा विजायते; तस्य धीराः परिजानन्ति योनिम्।" (सूक्त 8-9)

इस प्रकार नाना स्थलों में भगवान नारायण का आवास है। वे सर्वत्र रहते हैं; सभी में आत्मा के रूप में स्थित हैं। आष्वार् अपनी दीनता तथा अज्ञान का निवेदन करते हुए भगवान से याचना करते हैं कि वे उनको ऐसी जगह बताएँ जहाँ पहुँच वे उनका आश्रय ग्रहण कर उनका स्तवन कर सकें।

अड़तालीस

सर्वगत एवं सर्वात्ममय भगवान नारायण आदिदेव हैं; सबके सर्जक एवं रक्षक वे ही हैं। भगवान नारायण की इस सर्वमयता पर भक्त आष्वार् प्रस्तुत पद में प्रकाश डालते हैं।

कुन्रिल् निन्रु वानिरुन्दु नीळ् कडल् कडन्दु मण्
ओन्रु शेन्रदु ओन्रै उण्डदु ओन्रिडन्दु पन्रियाय्
नन्रु शेन्र नाळ वट्रुळ् नल्लुयिर् पडैत्तु अवर्कु
अन्रु तेवु अमैत्तु अळित्त आदिदेवन् अल्लैये?

विशिष्ट शब्द एवं उनकी व्याख्या

कुन्रु = पहाड़ी; प्रसंगानुसार तिरुमलै अर्थात् तिरुपति या श्रीवेंकट पर्वत
वान् = आकाश; प्रसंगानुसार स्वर्ग या श्रीवैकुण्ठ
कडल् = समुद्र; प्रसंगानुसार दुग्ध समुद्र
मण् = पृथ्वी
पन्रि = वराह
नन्रु शेन्र नाळ् = वराह कल्प
उयिर् = प्राण; चेतन; मानव
तेवु = देवता (संस्कृत शब्द 'देव' का तमिल रूप है 'तेवु')

भावार्थ एवं व्याख्या

हे भगवान नारायण! आप श्रीवेंकट पर्वत पर खड़ी मुद्रा में विराजमान हैं; श्रीवैकुण्ठ में पूर्ण सौन्दर्य के साथ स्थित हैं; और दुग्ध समुद्र में शयन मुद्रा में योग निद्रा में रहते हैं। आपने ही वामनावतार में सारी भूमि को नाप डाला था; महा प्रलय काल में भूमि की रक्षा करने के लिए उसे उदरस्थ कर लिया था; बाद में वराहावतार में उस भूमि को खोदकर बाहर लाये थे; आपने ही मनुष्यों की सृष्टि की और उनकी प्रवृत्ति के अनुसार विभिन्न देवताओं का भी सर्जन किया ताकि वे अपनी प्रवृति के अनुरूप उनका पूजन कर सकें। इस प्रकार सबका कल्याण करनेवाले आदिदेव अर्थात् सर्वेश्वर एवं सारे जगत के कारणभूत आप ही तो हैं!
भक्त आष्वार् के इस कथन के मूल में उनकी यह कामना स्पष्ट है कि नाना प्रकार से भगवान नारायण ने जब सभी तरह के मनुष्यों, देवताओं आदि की सृष्टि की और विभिन्न अवसरों पर उनके हित के लिए भिन्न-भिन्न रूपों में स्वयं अवतरित हुए तब वे उनकी भी इच्छा की पूर्ति करते हुए उन्हें कृपापूर्वक यह बताएँ कि वे कहाँ और कैसे उनकी शरण लें और उनका स्तवन करें।

उनचास

भक्त आष्वार् प्रस्तुत पद से लेकर आगे के कतिपय पदों तक प्रसिद्ध वैष्णव स्थल श्रीरंगम के मन्दिर तथा वहाँ विराजमान भगवान नारायण अर्थात् श्रीरंगनाथ के वैभव के आनन्दानुभव का वर्णन करते हैं।

कोण्डै कोण्ड कोदै मीदु तेनुलावु कूनि कून्
उण्डै कोण्डु अरंग ओट्टि उळ् महिष्न्द नाथनूर्
नण्डै उण्डु नारै पेर वाळै पाय नीलमे
अण्डै कोण्डु केण्डै मेयुम् अन्तण् नीर् अरंगमे।।

विशिष्ट शब्द एवं उनकी व्याख्या

कोण्डै = केश, कोदै = पुष्प माला
तेन् = मधु; शहर; प्रसंगानुसार 'भ्रमर' का अर्थ लिया जाता है।
कूनि = कुबड़ी; प्रसंगानुसार 'मंथरा' का अर्थ लिया जाता है।
कून = कूबड़
नाथन् ऊर् = नाथनूर — प्रभु का प्रदेश; प्रसंगानुसार श्रीराम का प्रदेश अथवा वास स्थल

नण्डु = केकड़ा, नारै = सारस
वाळै = केण्डै = मछलियों के प्रकार
नीलमे = श्याम वर्ण की कुमुदिनी (पुष्प)
अरंगमे = श्रीरंगम क्षेत्र
अरंग = धंसाते या पैठाते हुए

भावार्थ

पूर्व पद में भक्त आष्वार् ने भगवान नारायण से प्रार्थना की कि वे उनको वह स्थल बताएँ जहाँ वे उनकी शरण ग्रहण कर सकें और उनका स्तवन कर सकें। भगवान ने भक्त को अपने वैभव स्थल श्रीरंगम के दर्शन करा दिये तब भक्त आष्वार् श्रीरंगम के वैभव पर मुग्ध होकर उसका वर्णन करने लगे।
यह वही स्थल है जहाँ हमारे प्रभु श्रीराम ने कृपापूर्वक अपना आवास बनाया। श्रीराम के बचपन की लीला का वर्णन करते हुए आष्वार् कहते हैं कि श्रीराम ने धनुष पर गोली चढ़ाकर कुबड़ी मंथरा के कूबड़ पर चलाया तो वह कूबड़ भीतर धंस गया था। उस श्रीराम का वास स्थल श्रीरंगम कितना गौरवपूर्ण है; देखिये। यहाँ चारों तरफ शीतल जल धारा बहती रहती है। उसमें इधर-उधर केकड़े को निगलकर सारस पक्षी उनके भार के कारण धीरे-धीरे चल रहे हैं। उन पक्षियों को देखकर भय के कारण कुछ मछलियाँ उछल रही हैं। उस समय कुछ और प्रकार की मछलियाँ श्याम वर्ण के कुमुदिनी पुष्प की आड़ में छिपी रहती हैं; इस प्रकार वे मछलियाँ सारस पक्षी से निर्भय होकर उसी आड़ में घूमती रहती हैं।

व्याख्या

इस प्रकार के प्राकृति के सौन्दर्य के कारण आकर्षक श्रीरंगम तीर्थ पर भक्त आष्वार् मुग्ध हैं। क्योंकि वह उनके प्रभु श्रीराम का आवास-स्थल है। प्रभु ने मानव मात्र के हित के लिए कृपापूर्वक धरती पर श्रीरंगम स्थल में अपना आवास बनाया। यह प्राकृतिक दृष्टि से अत्यन्त सुन्दर स्थल है। आष्वार् ने भक्ति पूर्वक प्राकृतिक सौन्दर्य का जो वर्णन किया है वह वाच्यार्थ के अनुसार श्रीरंगम के बाह्य सौन्दर्य का प्रतिपादक है और लक्ष्यार्थ के अनुसार दार्शनिक तत्त्व का अभिद्योतक भी है। वह लक्ष्यार्थ इस प्रकार है।
केकड़ा शब्द, स्पर्श आदि विषयों का द्योतक है। उसे निगलनेवाला सारस पक्षी उक्त विषयों की वासनाओं से आक्रान्त जीव है। सारस पक्षी अपने द्वारा निगले हुए केकड़े के वज़न के कारण धीरे-धीरे चलता है तो वह वासनाओं से प्रभावित जीव के दैहिक अभिमान, अहंकार आदि के कारण उसकी मंथर गति का परिचय कराता है। सारस पक्षी से डरकर उछलनेवाली मछलियाँ उन मुमुक्षुओं का संकेत कराती हैं जो अहंकार-ग्रस्त लोगों से भयभीत होकर अपने प्रयासों तथा साधनाओं पर निर्भर रहते हैं। आगे जब आष्वार् कहते हैं कि दूसरी मछलियाँ इन सबसे बचते हुए कुमुदिनी-पुष्पों की आड़ में छिपी रहती हैं तो उपर्युक्त दोनों प्रकार के लोगों से हटकर भगवान नारायण का आश्रय ग्रहण कर उन्हीं की शरण का आधार लेनेवाले प्रपन्न भक्तों का सांकेतिक अर्थ प्राप्त होता है।
इस प्रकार श्रीरंगम का पवित्र स्थल और वहाँ का भगवान नारायण अर्थात् श्रीरंगनाथ का मन्दिर आध्यात्मिक, आधिदैविक तथा आधिभौतिक तापों से ग्रस्त जीवों को उन तापों से मुक्त करनेवाला पावन तीर्थ है।

पचास

भक्त आऴ्वार् पुनः श्रीरंगम के सौन्दर्य का वर्णन प्रस्तुत पद में करते हैं।

वेण्तिरैक् करुंकडल् शिवन्दु वेव, मुन्नोर् नाळ्
तिण् तिरल् शिलैक्कै वाळि विट्ट वीरर् शेरुम् ऊर्
एण् दिशैक् कणंगळुम् इरैञ्जियाडु तीर्थ नीर्
वण्डिरैत्त शोलै वेलि मन्नु शीर् अरंगमे ।।

विशिष्ट शब्द एवं उनकी व्याख्या

तिरै = वीचि
तिण् तिरल् = सशक्त; अत्यन्त शक्तियुक्त
शिलै = धनुष; प्रसंगानुसार शाङ्र्ग धनुष का अर्थ लिया जाता है।
वाळि = बाण; तीर
आण् पिळ्ळै = पुरुष; प्रसंगानुसार 'श्रीरामचन्द्र' का अर्थ लिया जाता है।
एण् दिशै = आठ दिशाएँ
कणंगळुम् = जनसमूह
तीर्थ नीर् = पावन जल
वेलि = बाड़; घेरा, शोलै = उद्यान

भावार्थ एवं व्याख्या

श्रीरंगम क्षेत्र भगवान श्रीराम का निवास स्थल है जिन्होंने त्रेतायुग में शुभ्र वीचियों से आकर्षक श्याम वर्ण के जलयुक्त समुद्र को शाङ्र्ग धनुष से बाण चलाकर बाणाग्नि से रक्तिम वर्ण का बना दिया था और उसे सुखाकर पूर्णतः पाट दिया था (ताकि रावण की लंका में प्रवेश करने में सुविधा हो)। वहाँ आठों दिशाओं से नाना प्रकार के लोग आकर पावन नदी में स्नान करते हैं और भगवान नारायण अर्थात् श्री राम के चरणों में समर्पित होते हैं। श्रीरंगम तीर्थ सुन्दर उद्यानों से घिरा हुआ है जो भ्रमरों की मधुर ध्वनि से शब्दित हैं।
यहाँ 'नाना प्रकार के लोग' के लिए आऴ्वार् ने 'जन समूह' (कणंगळुम्) का प्रयोग कर अर्थार्थी, मुमुक्षु, जन्म एवं चरित्र से उत्तम लोग आदि विभिन्न वर्गों के लोगों की ओर संकेत किया है।
साथ ही 'तीर्थ नीर' (पावन जल) का प्रयोग कर आऴ्वार् ने कावेरी आदि पवित्र नदियों की ओर संकेत किया है। श्रीरंगम क्षेत्र पवित्र है; सुन्दर है; भ्रमरों से व्याप्त पुष्प मण्डित उद्यानों से घिरा हुआ है; पवित्र कावेरी नदी के कारण अपार प्राकृतिक सौन्दर्य से भरा हुआ है और सबसे बढ़कर भगवान नारायण का आवास स्थल है।

इक्यावन

पुनः भक्त आऴ्वार् भगवान श्रीरंगनाथ अर्थात् नारायण के तीर्थ 'श्रीरंगम' की प्रशस्ति प्रस्तुत पद में कर रहे हैं।

शरंगळैत् तुरन्दु विल् वळैत्तु इलंकै मन्नवन्
शिरंगळ् पत्तु अरुत्तु उदिर्त्त शेल्वर मन्नु पोन्निडम्
परन्दु पोन् निरन्दु नुन्दि वन्दलैक्कुम् वार् पुनल्
अरंगम् एन्बर् नान्मुहत्तु अयन् पणिन्द कोयिले ।।

विशिष्ट शब्द एवं उनकी व्याख्या

विल् = धनुष; प्रसंगानुसार 'शाङ्र्ग धनुष' अभिप्रेत है।
इलंकै मन्नवन् = लंकापति रावण
शिरंगळ् = सिर (संस्कृत शब्द का तमिल प्रयोग है।)
शेल्वर् = प्रभु श्री रामचन्द्र
अलैक्कुम् वार् पुनल् –लहराता हुआ, कावेरी का जल प्रवाह
नान्मुहत्तु = नान्मुखन् = चतुर्मुख ब्रह्मा
अयन् = संस्कृत शब्द 'अज' का तमिल प्रयोग है। अर्थ है अजन्मा अर्थात् अन्य जीवराशियों की तरह जिनका जन्म नहीं हुआ है।
कोयिल् = मन्दिर

भावार्थ एवं व्याख्या

यह पावन स्थल श्रीरंगम है जहाँ भगवान नारायण अर्थात् श्रीरंगनाथ दाशरथि का आवास है जिन्होंने अपने शाङ्र्ग धनुष से बाण चलाकर लंकाधीश रावण के दसों सिरों को काटकर गिरा दिया था। वह ऐसा दिव्य प्रदेश है जहाँ स्वर्ण, रत्न, मोती आदि उत्तम वस्तुओं को छितराते हुए लहराती कावेरी नदी की जल धारा प्रवाहित हो रही है और जहाँ अजन्मा चतुर्मुख ब्रह्मा भगवान नारायण के आश्रय में आते हैं।
भक्त आष्वार् भक्तों के आश्रय स्थल के रूप में और दासों के दास भगवान नारायण के परमप्रिय दिव्य प्रदेश के रूप में श्रीरंगम क्षेत्र की प्रशस्ति गाते हैं।
भौतिक वस्तुओं की बहुलता तथा आध्यात्मिक तत्त्व की गम्भीरता श्रीरंगम क्षेत्र की विशेषताएँ हैं।

बावन

भक्त आष्वार् समृद्ध तथा ज्ञान संम्पन्न श्रीरंगम क्षेत्र की पुनः प्रशस्ति गा रहे हैं।

पोट्रै उट्र मुट्रल् यानै पोर् एदिर्त्तु वन्ददै
पट्रि उट्रु मट्रदन् मरुप्पु ओशित्त पाहनूर्
शिट्रु एयिट्रु मुट्रल् मूंगिल् मून्रु दण्डर् ओन्रिनर्
अट्र पट्रर् शुट्रि वाषुम् अन्तण् नीर् अरंगमे।

विशिष्ट शब्द एवं उनकी व्याख्या

पोट्रै = चट्टान
यानै = हाथी; प्रसंगानुसार 'कुवलयापीड़' अभिप्रेत है।
मरुप्पु = दंत
पाहन् ऊर् = पाहनूर् = महावत का वास स्थल
पाहन् = महावत; ऊर् = प्रदेश; वास स्थल
एयिट्रु = दाँत
मूंगिल् = बाँस
मून्रु दण्डर् = त्रिदंडी संन्यासी

त्रिदंड = बाँस के तीन दंडों को एक में बाँधकर बनाया हुआ दण्ड जो वाणी, मन और शरीर तीनों को संयमित करने का प्रतीक है। त्रिदंडी संन्यासी वह है जिसने वाणी, मन और शरीर का संयमन किया हो और इसके प्रमाण के रूप में त्रिदंड धारण करता हो।

ओन्रिनर् = भगवद् भक्त; भक्तिलीन

अट्र पट्रर् = संग-त्यक्त संन्यासी

शुट्रि –(मन्दिर के चारों तरफ़) घूमते हुए

अन्तण् नीर् = अम् तण् नीर् = सुन्दर और शीतल जल प्रवाह

भावार्थ एवं व्याख्या

पिछले तीन पदों में भक्त आष्वार् ने भगवान नारायण के रामावतार की प्रशस्ति गायी और यहाँ से लेकर दो पदों में उनके कृष्णावतार की लीलाओं की प्रशस्ति गा रहे हैं।

यह श्रीरंगम भगवान कृष्ण का आवास-तीर्थ है जिन्होंने चट्टान पर खड़े होकर युद्ध करने के लिए आये हाथी कुवलयापीड़ को पकड़कर महावत की तरह हाथी के मर्म प्रदेश को समझकर उसके दंत को तोड़ डाला था। उस श्रीरंगम तीर्थ में छोटे-छोटे दाँतों की तरह दिखनेवाली पोरवाले बाँस के बने त्रिदंड को धरनेवाले, भगवद् ध्यान एवं भक्ति में लीन तथा संग-त्यक्त संन्यासी लोग सभी अवस्थाओं में घूमते हुए वास करते हैं। वह प्राकृतिक दृष्टि से सुन्दर, शीतल जलप्रवाह के साथ नितराम् आकर्षक है।

भक्त आष्वार् ने यहाँ भगवान कृष्ण को महावत की तरह कहा है। इसका कारण यही है कि जैसे महावत को हाथी का मर्म-प्रदेश भली-भाँति विदित रहता है और वह उसके मर्म-स्थान पर प्रहार कर उसे नियन्त्रित करता है वैसे ही भगवान कृष्ण ने भी कुवलयापीड़ के मर्मस्थान पर प्रहार कर उसके दंत को तोड़कर उसे मार डाला। श्रीरंगम क्षेत्र में त्रिदंडी संन्यासी लोग विषय-वासनाओं से दूर भगवद् ध्यान में लीन रहकर, भगवान के सान्निध्य में रहना ही जीवन का चरम लक्ष्य मानकर जीवन व्यतीत करते हैं। श्रीरंगम क्षेत्र भगवान नारायण का परम पावन तीर्थ है जहाँ सांसारिक भक्त लोग, संन्यासी तथा जीवन्मुक्त लोग भगवदाराधन में लगे रहते हैं।

इस प्रकार के त्रिदंडी वैष्णव संन्यासी लोग तमिल प्रदेश में बहुत प्राचीन काल से चारों दिशाओं में व्याप्त रहे। इस तथ्य का निरूपण प्राचीन तमिल व्याकरण ग्रन्थ 'तोल्काप्पियम्' के निम्नलिखित सूत्र से होता है।

"नूले करहम् मुक्कोल् मणैये
आयुं कालै अन्तणर्कु उरिय।" (3-9-70)

(यहाँ 'मुक्कोल्' एवं 'अन्तणर्कु'(अर्थात् त्रिदंड एवं ब्राह्मण) द्वारा उन ब्राह्मणों का उल्लेख किया गया है जो त्रिदंड धारण करते हैं।)

तिरपन

शिवजी के भी सहायक तथा रक्षक भगवान कृष्ण (नारायण) के आवास श्रीरंगम तीर्थ का वर्णन आष्वार् के प्रस्तुत पद में देखिये।

मोडियोडु इलच्चैयाय शापम् एय्दि मुक्कणान्
कूडु सेनै मक्कळोडु कोण्डु मण्डि वेञ्चमत्तु
ओड वाणन् आयिरम् करम् कषित्त आदि माल्
पीडु कोयिल् कूडु नीर् अरंगम् एन्र् पेरदे ।।

विशिष्ट शब्द एवं उनकी व्याख्या

मोडि = काळी देवी
इलच्चै = संस्कृत शब्द 'लज्जा' का तमिल प्रयोग है।
शापम्, सेनै = संस्कृत शब्द 'शाप', 'सेना' के तमिल प्रयोग हैं।
वाणन् = बाणासुर
आयिरम् करम् = हज़ार हाथ
आदि माल् = आदि कारणभूत भगवान नारायण (प्रसंगानुसार कृष्ण)
अरंगम् एन्र् पेर् अदु = वह श्रीरंगम नाम का प्रदेश है।

भावार्थ एवं व्याख्या

श्रीरंगम का यह बृहत् मन्दिर तमाम जगत के कारणभूत श्रीकृष्ण का आवास स्थल है जो शीतल जलस्रोत अथवा कावेरी से आप्लावित है। बाणासुर के युद्ध में से जब शापग्रस्त, इस कारण लज्जित शिवजी, देवी काळी तथा गणपति, कार्तिकेय–इन दोनों पुत्रों और सेना के साथ भाग निकले थे, तब बाणासुर के सहस्र करों को भगवान कृष्ण ने काट डाला था। इस प्रकार शिवजी एवं दूसरे देवताओं के रक्षक भगवान नारायण मानव-मात्र के हित के लिए धरती पर श्रीरंगम तीर्थ के मन्दिर में आकर विराजमान हैं।

यहाँ शापग्रस्त एवं लज्जित शिवजी का उल्लेख कर भक्त आष्वार् ने ब्रह्म-हत्या शाप से कपाल धारण करते हुए घूमनेवाले और इस कारण लज्जा का अनुभव करनेवाले शिवजी की ओर संकेत किया है। यहाँ मत्स्य पुरणा का निम्नलिखित श्लोक मननीय है।

"तदा निरपराधस्य शिरश्छिन्नं त्वया मम।
तस्माच्छापसमायुक्तः कपाली त्वं भविष्यसि।।"

(मत्स्यपुराण–182; 85-86)

(ब्रह्मा ने कहा कि निरपराध मेरा सिर तुम्हारे हाथों छिन्न हुआ। अतः मैं तुमको कपाली बनकर भिक्षुक के रूप में घूमने का शाप देता हूँ।)

चौवन

कोवरी नदी द्वारा आप्लावित श्रीरंगम क्षेत्र में आवास करनेवाले श्रीरंगनाथ अर्थात् भगवान नारायण के रामावतार की लीला तथा कावेरी नदी की भगवत्सेवा का वर्णन भक्त आष्वार् के प्रस्तुत पद में देखिये।

इलैत्तलैच् चरम् तुरन्दु इलंकै कट्टु अषित्तवन्
मलैत्तलैप् पिरन्दु इषिन्दु वन्दु नुन्दु चन्दनम्
कुलैत्तु अलैत्तु इरुत्तु एरिन्द कुंकुमक् कुषम्बिनोडु
अलैत्तोषुहु काविरि अरंग मेय अणणलै।।

विशिष्ट शब्द एवं उनकी व्याख्या

इलैत्तलै = पत्ते की तरह नोकवाला
चरम् = तीर; 'शर'–संस्कृत शब्द का तमिल प्रयोग है।

कट्टु = खाई
मलै = पर्वत; प्रसंगानुसार 'सहयाद्रि' अभिप्रेत है।
मलैत्तलै = पर्वत शिखर
नुन्दु चन्दनम् = चन्दन के वृक्षों को बहाकर
कुंकुमक् कुष़म्बिनोडु = कुंकुम रस के साथ
अरंगमेय अण्णल् = श्रीरंगवासी स्वामी (भगवान रंगनाथ)
काविरि = कावेरी नदी

भावार्थ एवं व्याख्या

श्रीरंगनाथ अर्थात् श्रीरामचन्द्र अद्‌भुत श्रीरंगम क्षेत्र में निवास करनेवाले आश्रित वत्सल स्वामी हैं। आततायियों के संहारक श्रीरामचन्द्र ने पत्ते की तरह नोकवाले बाण चलाकर लंका की खाई को नष्ट कर पाट दिया था। श्रीरंगम क्षेत्र कावेरी नदी से आप्लावित है। कावेरी नदी सह्याद्रि पर्वत से निकलती है; नीचे की ओर तेज़ी से चन्दन वृक्षों को उखाड़कर बहाते हुए आगे बढ़ती है और कुंकुम लताओं को तोड़कर कुंकुम रस के साथ लहराती हुई मधुर-शीतल जल धारा से श्रीरंगम क्षेत्र को सर्वदा आप्लावित किये हुए रहती है।
कावेरी नदी का मानवीकृत स्वरूप यहाँ द्रष्टव्य है। ऐसा प्रतीत होता है कि कावेरी श्रीरंगनाथ के प्रति भक्ति--गद्‌गद होकर, चन्दन, कुंकुम आदि से वातावरण को सुगन्धित तथा शीतल बनाकर भगवान की सेवा में लगी हुई है। कावेरी भगवान की सेवा के लिए सह्याद्रि से उतरकर श्रीरंगम क्षेत्र में आयी है। भगवान श्रीरंगनाथ भी दुग्ध समुद्र से चलकर कावेरी की भक्ति के अधीन हो श्रीरंगम क्षेत्र में आये हुए हैं। भाव-गद्‌गद भक्त और भक्तवत्सल भगवान नारायण के अन्योन्याश्रित सम्बन्ध को भक्त आष़्वार् का प्रस्तुत पद व्याख्यायित करता है।

पचपन

भगवान नारायण आश्रित वत्सल हैं; भक्तों के प्रति उनका अपार स्नेह है और वे भक्त को कृपापूर्वक आत्मीय बना लेते हैं। भगवान की इस कृपा पर भक्त आष़्वार् मुग्ध हैं।

मन्नु या मलर्क् किष़्त्ति वैय मंगै मैन्दनाय्
पिन्नुम् आयर् पिन्नै तोळ् मणम् पुणर्न्ददु अन्‍रियुम्
उन्न पादम् एन्न चिन्तै मन्न वैत्तु नल्‌हिनाय्
पोन्नि शूष़् अरंगम् मेय पुण्डरीकन् अल्‌लैये?

विशिष्ट शब्द एवं उनकी व्याख्या

मलर् = पुष्प; प्रसंगानुसार कमल पुष्प अभिप्रेत है।
मन्नु = जन्म लेनेवाली
किष़्त्ति = अधिकार युक्त नारी; यहाँ लक्ष्मी अभिप्रेत है।
वैय मंगै = भू देवी
मैन्दन् = पति; पुरुष; युवा
आयर् = पिन्नै = गोप कन्या देवी नप्पिन्नै

तोळ् = भुजा
एन्न चिन्तै = मेरे अंतस्तल में
नल्हिनाय् = (आपने) कृपा की
पोन्नि = कावेरी नदी
अरंगम् मेय = श्रीरंग क्षेत्र में निवास करनेवाले
पुण्डरीकन् = कमल; भगवान नारायण के अंग कमलवत् हैं। अतः उन्हें 'पुण्डरीकन' कहा गया है।

भावार्थ एवं व्याख्या

भक्त आष़्वार् भक्ति-गद्गद स्थिति में कहते हैं कि हे भगवान नारायण! आपने कमलासना लक्ष्मी देवी, भूमि देवी और गोप कन्या नप्पिन्नै देवी के साथ अविभक्त रूप में रहते हुए अपने श्रीचरणों को मेरे अंतस्तल में निरन्तर बनाये रखने की कृपा की। आप ही तो कावेरी नदी से आवृत श्रीरंगम क्षेत्र में निवास करनेवाले मेरे स्वामी हैं जिनके सारे अंग पुण्डरीकवत् हैं अर्थात् जिनके लोचन, कर, मुख एवं पाद कमल के समान हैं।
यहाँ मध्यकालीन रामभक्त सन्त कवि तुलसीदास जी का निम्नलिखित पद मननीय है। (ऐसी ही अभिव्यक्ति पद 30 और 32 में भी हुई है।)

"श्रीरामचन्द्र कृपालु भज मन हरण भवभय दारुणम्
नव कंज लोचन कंज मुख कर कंज पद कंजारुणम्।।"

प्रस्तुत पद में भगवान नारायण के आश्रित वात्सल्य के महत्तम गुण तथा कृपालुता का निरूपण हुआ है।

छप्पन

भक्त आष़्वार् पद 56 से 61 तक कुंभकोणम् तीर्थ में शयन मुद्रा में विराजमान भगवान नारायण की स्तुति कर रहे हैं।

इलंकै मन्नन् ऐन्तोडु ऐन्तु पैन्तलै निलत्तुह
कलंक अन्रु शेन्रु कोन्रु वेन्रि कोण्ड वीरने!
विलंगु नूलर् वेदनावर् नीतियान केळ्वियार्
वलं कोळक् कुडन्तैयुळ् किडन्त मालुम् अल्लैये?

विशिष्ट शब्द एवं उनकी व्याख्या

ऐन्तोडु ऐन्तु = पाँच के साथ पाँच अर्थात् दस
विलंगु = पशु; यहाँ 'शरीर' अभिप्रेत है।
नूलर् = यज्ञोपवीत धारण किये हुए ब्राह्मण
नावर् = ना = जिह्वा; नावर् = जिह्वा युक्त
वेद नावर् = वे ब्राह्मण जिनकी जिह्वा में वेद हैं अर्थात वेदपाठी
केळ्वियार् = उपदेश प्राप्त ब्राह्मण लोग
वलम् = शब्दार्थ है 'दायीं तरफ़'; प्रसंगानुसार 'परिक्रमा' का अर्थ लिया जाता है।
कुडन्तै = 'कुंभकोणम्' तीर्थ

भावार्थ एवं व्याख्या

हे भगवान नारायण! आपने रामावतार में लंका में जाकर राक्षसराज रावण के दसों सिरों को भूमिगत किया; उसे आतंकित कर उसका संहार किया। ऐसे शूर-वीर एवं विजयी हे राम! आप ही तो वेदपाठी, यज्ञोपवीत धारी तथा ज्ञान सम्पन्न ब्राह्मणों की पूजा, परिक्रमा तथा नमन स्वीकार करने के लिए कुंभकोणम् तीर्थ में आकर शयन मुद्रा में विराजमान हैं!

भक्त वत्सल परमात्मा नारायण वेदपाठी, वैदिक कर्मानुष्ठान करनेवाले तथा आचार्यों से भगवदाराधन का उपदेश प्राप्त भक्तों के प्रति कृपापूर्वक धरती पर आकर कुंभकोणम् तीर्थ में शयन मुद्रा में विराजमान हैं। रावण-वध का उल्लेख कर कुंभकोणम् तीर्थ में भगवान नारायण के विराजमान होने का वर्णन करते हुए भक्त आष़्वार् यह निरूपित कर रहे हैं कि भगवान भक्तों अर्थात् आश्रितों के मार्ग पर आनेवाली बाधाओं को दूर कर उनके पूजन को स्वीकार करने के लिए कृपापूर्वक धरती पर पधारे हैं। यह भक्तवत्सल भगवान नारायण की अनुग्रह शक्ति का प्रमाण है।

वेदपाठियों का वर्णन करते हुए भक्त आष़्वार् यह सिद्ध करते हैं कि तत्कालीन समाज में वेदज्ञान से सम्पन्न वेदपाठी पूजा, यज्ञ आदि अनुष्ठान करते हुए चारों तरफ़ परिव्याप्त थे। तत्कालीन तमिल समाज में वैष्णव धर्म का व्यापक प्रचलन आष़्वार् के इस वर्णन से प्रमाणित होता है।

सत्तावन

भक्त आष़्वार् पुनः कुंभकोणम् तीर्थ में विराजमान भगवान नारायण एवं उनके रामावतार की लीलाओं की प्रशस्ति गा रहे हैं।

शंगु तंगु मुन्कै नंगै कोंगै तंकल् उट्रवन्
अंगम् मंग अन्रु शेन्रु अडर्त्तु एरिन्द आषि़यान्
कोंगु तंगु वार् कुष़ल् मडन्तैमार् कुडैन्द नीर्
पोंगु तण् कुडन्तैयुळ् किडन्त पुण्डरीकने!

विशिष्ट शब्द एवं उनकी व्याख्या

शंगु = शंख की बनी चूड़ी
नंगै = स्त्री, प्रसंगानुसार सीताजी अभिप्रेत हैं।
अंगम् = शरीर; यह संस्कृत शब्द है।
आषि़यान् = समुद्र की भाँति श्याम वर्ण के श्रीरामचन्द्र अथवा समुद्र की भाँति, दर्शकों का श्रम दूर करनेवाले श्री रामचन्द्र
कोंगु = सुगन्ध, कुष़ल् = केश
मडन्तैमार = स्त्रियाँ
किडन्त = शयन-मुद्रा में विद्यमान

भावार्थ एवं व्याख्या

हे भगवान नारायण! रामावतार में आपने यह निर्णय किया कि शंख की बनी चूड़ियाँ पहनी हुई देवी सीताजी को अपनाने की काम वासना से अभिभूत राक्षस रावण का शरीर नष्ट हो; इस कारण लंका पहुँचकर उससे

युद्ध किया और उसका संहार किया। समुद्र की भाँति दर्शकों का श्रम दूर करनेवाले श्याम वर्ण के हे रामचन्द्र! पंकज की तरह सुन्दर मुख, नयन, कर तथा चरणयुक्त हे भगवान नारायण! उमड़ती जल धारा से प्लावित कुंभकोणम् तीर्थ में जहाँ सुगन्धित दीर्घ केशयुक्त स्त्रियाँ स्नान करती हैं और इससे तीर्थ भी सुगन्धित हो जाता है, शयन मुद्रा में आप ही तो विराजमान हैं।

प्रस्तुत पद में भक्त आष्वार् ने भगवान श्रीरामचन्द्र के लिए 'पुण्डरीक' शब्द का प्रयोग कर पंकजवत् अतिशय सुन्दर एवं भक्त-हृदय को आह्लादित करनेवाले भगवान की ओर संकेत किया है, साथ ही उन्होंने रावण-संहार के द्वारा आततायी के अन्याय अर्थात् अधर्म का नाश करनेवाले भगवान नारायण के आश्रित वत्सल स्वरूप का भी चित्रण किया है।

अट्ठावन

पिछले दो पदों में भगवान नारायण के रामवतार की लीलाओं का वर्णन किया गया था; अब प्रस्तुत पद में और आगे के पद में भी मुख्यतया कृष्णावतार की लीलाओं का वर्णन किया जा रहा है।

मरं केड नडन्तु अडर्त्तु मत्तयाने मत्तहत्तु
उरं केडप् पुडैत्तोर् कोम्बु ओशित्तु उहन्त उत्तमा!
तुरंगम् वाय् पिळन्दु मण् अळन्त पाद! वेदियर्
वरं कोळक् कुडन्तैयुळ् किडन्त मालुम् अल्लैये?

विशिष्ट शब्द एवं उनकी व्याख्या

मरं = वृक्ष; प्रसंगानुसार यमलार्जुन वृक्ष अभिप्रेत है।
मत्तहत्तु = मस्तक में; यह संस्कृत शब्द 'मस्तक' का तमिल प्रयोग है।
उरं = बल; शक्ति, कोम्बु = दंत
उहन्त = प्रसन्न, उत्तमा = श्रेष्ठ पुरुष; यह संस्कृत शब्द है।
तुरंगम् = अश्व; प्रसंगानुसार अश्व के रूप में आये असुर केशी का अर्थ लिया जाता है।
माल् = परमात्मा नारायण; भक्तवत्सल भगवान

भावार्थ एवं व्याख्या

भगवान नारायण ने कृष्णावतार में घुटनों के बल चलते हुए यमलार्जुन वृक्षों को उखाड़ दिया था; मदमत्त गज कुवलयापीड़ को वश में लाकर, और उसके मस्तक पर आघात कर जिससे कि उसका बल नष्ट हो जाये, उसके अद्भुत दंत को तोड़ डाला था। अपनी इन लीलाओं से स्वयं प्रसन्न भगवान कृष्ण ने घोड़े के रूप में आये असुर केशी का मुँह फाड़कर उसका भी संहार कर दिया था। अपनी इन लीलाओं से आह्लादित हे पुरुषोत्तम भगवान नारायण! आपने वामनावतार में राजा बलि से तीन पगों की भूमि दान में लेकर सारी भूमि को नाप डाला था। आप ही तो वेदविदों की इच्छाएँ पूरी करने के लिए कुंभकोणम् तीर्थ में आकर पधारे हुए भक्त-वत्सल हैं?

असुरों अथवा राक्षसों अर्थात् आततायियों के लिए भगवान जहाँ अतिशय कठोर हैं वहाँ आश्रितों तथा भक्तों के लिए वे अत्यन्त कोमल हैं और अनुग्रही हैं; भक्तों के प्रति इसी कृपालुता के कारण भगवान नारायण ने राजा बलि के चंगुल से धरती को मुक्त किया; उसके लिए उनको अपना आकार छोटा कर देना पड़ा और राजा बलि के सामने भिक्षा माँगने का नगण्य कार्य भी करना पड़ा। ऐसा कार्य करने में उन्हें हीनता का आभास नहीं हुआ।

क्योंकि धर्मरक्षण तथा अधर्म-नाश उनका लक्ष्य है।
वे भगवान नारायण कुंभकोणम् तीर्थ में वेदवित् भक्तों के प्रति अनुग्रहपूर्वक आकर पधारे हैं।

उनसठ

भक्त आष़्वार् प्रस्तुत पद में कुंभकोणम् तीर्थ में विराजमान भगवान नारायण की प्रशस्ति गा रहे हैं।

शालिवेलि तण् वयल् तडम् किडंगु पूम्पोष़िल्
कोल माड नीडु तण् कुडन्तै मेय कोवला!
कालनेमि वक्करन् करन् मुरन् शिरम् अवै
कालनोडु कूड विल् कुनित्त विर्कै वीरने!

विशिष्ट शब्द एवं उनकी व्याख्या

शालि वेलि = धान की फ़सलों के लिए बनायी गयी बाड़
वयल् = खेत
किडंगु = खाई
पूम्पोष़िल् = पुष्प मंडित उद्यान
माडम् = प्रासाद
कोवला! = हे कृष्ण! (संस्कृत शब्द 'गोपाल' का तमिल प्रयोग है)
वक्करन् = असुर दंतवक्र (यह शिशुपाल का भाई था जिसे भगवान कृष्ण ने मारा था।)
करन् = संस्कृत शब्द 'खर' का तमिल प्रयोग जिसका अर्थ है 'भयंकर'
मुरन् = असुर मुर जिसका संहार कृष्ण ने किया था
विर्कै = विल् + कै = विल् = धनुष कै = हाथ
विल + कै = विर्कै = धनुर्धर
कुनित्त = कुंचित

भावार्थ एवं व्याख्या

धान की फसलों की रक्षा के लिए बनी बाड़ से घिरे हुए खेतों, खाइयों और पुष्प-मंडित उद्यानों से भरित ऊँचे-ऊँचे सुन्दर प्रासादों से युक्त कुंभकोणम् तीर्थ में निवास करनेवाले हे भगवान कृष्ण! अपने बाणों से कालनेमि, दंतवक्र तथा भयावह मुर—इन तीनों असुरों का सिर काटकर उनको यमलोक पहुँचा देनेवाले हे धनुर्धर भगवान कृष्ण!
(भक्त-वत्सल आप ही तो हैं!)
द्वापर युग में अवतरित भगवान कृष्ण की लीलाओं का वर्णन करते हुए प्रस्तुत पद में भक्त आष़्वार् कलियुग में भक्तों तथा दासों का कष्ट दूर करने के लिए कुंभकोणम् तीर्थ में आकर निवास करने की भगवत्कृपा की ओर संकेत कर रहे हैं। द्वापर युग में भगवान कृष्ण की लीलाओं का प्रधान लक्ष्य आश्रित वात्सल्य तथा आश्रित विरोधियों का नाश रहा है। कलियुग में भी भक्तों एवं आश्रितों के प्रति अनुग्रहपूर्ण भगवान नारायण (कृष्ण) धर्मसंस्थापन के निमित्त भक्ताधीन हो कुंभकोणम् तीर्थ में आकर विराजमान हैं।

साठ

भक्त प्रिय भगवान नारायण भक्तों के प्रति अनुग्रहपूर्वक धरती पर विभिन्न तीर्थों में आकर विराजमान हैं। भक्त आष़्वार् प्रस्तुत पद में दो तीर्थों—श्रीवेंकट पर्वत तथा कुंभकोणम् की विशेषताओं का वर्णन कर रहे हैं जहाँ क्रमशः भगवान नारायण खड़ी मुद्रा में तथा शयन-मुद्रा में विराजमान हैं।

शेषुम् कोषुम् पेरुम् पनि पोष़िन्तिड उयर्न्दवेय्
विषुन्तु उलर्न्तु एषुन्तु विण् पुडैक्कुम् वेंकटत्तुळ् निन्रु
एषुन्तु इरुन्तु पोरुन्तु पून्योषिल् तषैक् कोषुम्
शेषुन्तडम् कुडन्तैयुळ् किडन्त मालुम् अल्लैये?

विशिष्ट शब्द एवं उनकी व्याख्या

वेय् = बाँस, पनि = हिम; बरफ़
शेषुम् तडम् = जल-भरित सरोवर
प्रस्तुत पद में प्रयुक्त विभिन्न विशेषण एवं क्रियाएँ—शेषुम् = हरा भरा; कोषुम् = स्थूल; पुष्ट
पेरुम् पनि = घना हिम उयर्न्द = ऊँचा
पोष़िन्तु = बरसकर विषुन्तु = गिरकर उलर्न्तु = सूखकर
एषुन्तु = उठकर; ऊपर उठकर, पुडैक्कुम् = टकराता हुआ
इरुन्तु = स्थिर होकर; नीचे आकर
पोरुन्तु = (इस प्रकार) जीते हुए
तषै = पत्तियों से भरा हुआ
तेन् = मधु; प्रसंगानुसार 'मधु-मक्खी' अभिप्रेत है।

भावार्थ एवं व्याख्या

भक्त आष़्वार् भगवान नारायण से पूछते हैं कि आप श्रीवेंकट पर्वत में खड़ी मुद्रा में हैं और कुंभकोणम् तीर्थ में शयन मुद्रा में हैं। आप इस प्रकार दोनों स्थितियों में हैं तो इसका कारण भक्तों एवं आश्रितों के प्रति आपका अनुग्रह ही तो है!

यहाँ भक्त आष़्वार् दोनों तीर्थों का वर्णन कर रहे हैं। वह इस प्रकार है—

श्रीवेंकट पर्वत पर जो ऊँचे-ऊँचे बाँस के पेड़ हैं वे घनी हिम-वर्षा के भार से गिर जाते हैं और सूर्य की किरणों का स्पर्श पाकर पुनः सूखकर, उठकर इस प्रकार खड़े हो जाते हैं कि मानो आकाश को टकरा जाते हों। श्रीवेंकट पर्वत पर भगवान नारायण का अर्चावतार खड़ी मुद्रा में है।

कुंभकोणम् तीर्थ जल-भरित सरोवरों से भरा हुआ है। उनके चारों ओर पुष्प-मंडित उद्यान फैले हुए हैं। उन उद्यानों में पूर्ण विकसित पुष्प मधु मिश्रित हैं जिन पर मधु-मक्खियाँ बैठकर मधु पान करती हैं और मस्त होकर ऊपर उड़ती हैं, फिर नीचे उतरकर पुनः पुष्पों पर आकर बैठती हैं। क्योंकि वे चंचल हैं; वे सघन मधु-धारा में सर्वदा के लिए न बैठ पाती हैं और मधु-लालसा के कारण पुष्पों को न छोड़ पाती हैं; अतः वे मधुपान कर मस्ती में ऊपर उड़ती हैं और फिर मधुपान करने नीचे आती हैं। मधु-मक्खियों की यह भ्रम-स्थिति कुंभकोणम् क्षेत्र के प्राकृतिक सौन्दर्य और उसके व्यापक प्रभाव का परिणाम है।

इस तीर्थ में भगवान नारायण शयन मुद्रा में हैं। इस प्रकार भगवान नारायण धरती पर आकर भक्त-हित के लिए कृपापूर्वक दोनों तीर्थों में दो विभिन्न मुद्राओं में विराजमान हैं।

इस प्रकार इन तीर्थों में भगवान के सान्निध्य के कारण जब तमाम जड़-चेतन वस्तुएँ परमानन्द का अनुभव कर रही हैं तब तापत्रय से पीड़ित मनुष्य को ब्रह्मानन्द की प्राप्ति होने में क्या सन्देह है? अर्थात् निःसन्देह मनुष्य को भगवदनुग्रह तथा परिणामस्वरूप परमानन्द प्राप्त होगा ही—यह भक्त आऴ्वार् का सुनिश्चय है।

इकसठ

कुंभकोणम् तीर्थ में शयन मुद्रा में भगवान नारायण स्थित हैं। उनके श्रीचरणों पर समर्पित भक्त आऴ्वार् के प्रति भगवान की कोई प्रतिक्रिया नहीं हो रही है। इस मौन स्थिति को देखकर आऴ्वार को यह शंका होती है कि भगवान समग्र धरती को नापने (वामनावतार में) और पृथ्वी को खोदकर बाहर लाने में (वराहवतार में) हुई थकावट के कारण तो मौन नहीं हैं! भगवान से आऴ्वार् के भक्ति-परवश प्रश्न को प्रस्तुत पद में देखिये।

नडन्त काल्हळ् नोन्तवो? नडुंग ज्ञालम् एनमाय्
किडन्त मेय् कुलुंगवो? विलंगुमाल् वरैच्चुरम्
कडन्त काल् परन्त काविरिक्करैक् कुडन्तैयुळ्
किडन्तवारु एषुन्तिरुन्तु पेशु वाषि केशने!

विशिष्ट शब्द एवं उनकी व्याख्या

नोन्तवो? = क्या व्यथित हैं?
ज्ञालम् = पृथ्वी
एनम् = वराह
मेय् = शरीर
विलंगु = बाधा
माल् वरै = बृहत् पर्वत
चुरम् = वन; मरुभूमि
करै = तट; किनारा
केशने! = केशव!
वाषि! = जय हो!; मंगल हो!

भावार्थ एवं व्याख्या

हे केशव! हे भगवान नारायण! बड़े-बड़े पहाड़ों, वनों (अथवा मरु भूमियों) आदि की बाधाओं को पार करती हुई प्रवाहित होनेवाली कावेरी नदी के तट पर स्थित कुंभकोणम् तीर्थ में आप शयन मुद्रा में स्थित हैं; कृपया उठिये और इस प्रकार निरन्तर शयन मुद्रा में रहने का कारण बताइये।
इसका कारण वामनावतार में सारी धरती को नापने से हुई पीड़ा तो नहीं है? या इसका कारण रामावतार में वन-वनांतरों, पर्वतों आदि पर वनवास काल में पैदल चलने से हुआ श्रम या थकावट तो नहीं है? या जब भूमि देवी पाताल में काँपती हुई बिना किसी रक्षक के पड़ी रहीं तब वराह के रूप में जाकर भूमि देवी को (पृथ्वी को) सुरक्षित आप बाहर ले आये; उससे हुआ श्रम तो आपकी इस शयन-स्थिति का कारण नहीं है? आपकी कृपा सर्वदा बनी रहे! जय हो! जैसे भगवान भक्त के प्रति कारुण्य भाव से उसका हित ही सर्वदा सोचते हैं वैसे ही भक्त भी भगवान के कष्टों की याद कर पीड़ित होता है। यह भक्त-हृदय की भक्ति-गद्गद स्थिति है।

भक्त आष्वार् को लगता है कि कोमल, मधुर एवं शीतल कावेरी नदी की धारा से पादों तथा पूरे शरीर की थकावट तो दूर होनी चाहिए; फिर भी भगवान यदि शयन मुद्रा में ही स्थित हैं तो उस गहरी थकान का क्या कारण हो सकता है!

भक्त का हृदय यह भी सोचता है कि कहीं यह अर्चावतार की योगनिद्रा अर्थात् समाधि की स्थिति तो नहीं है!

अन्त में भगवान के मंगल की कामना करते हुए भक्त हृदय कहता है कि इस भगवत् स्वरूप की जय हो!

भक्त भगवान का प्यारा है; उसकी भक्ति भगवान के प्रति तन्मयासक्ति है; अतः वह भगवान के हित की चिन्ता करता हुआ, भगवान के सतत सान्निध्य की अभिलाषा की अभिर्व्यक्ति करता है।

बासठ

कुंभकोणम् तीर्थ में शयनमुद्रा में भगवान नारायण के रहने के कारण पर चिन्ता करनेवाले भक्त-हृदय को प्रतीत होता है कि कोमल शरीरयुक्त भगवान थके-माँदे शायद शयन कर रहे हों। फिर वे जब तिरुक् कुरुंकुडि क्षेत्र में हिरण्यकशिपु का वक्ष-स्थल विदीर्ण करनेवाले नृसिंहावतार के रूप में खड़ी मुद्रा में भगवान के दर्शन करते हैं तो पुनः उनका भक्त-हृदय भय का अनुभव करता है।

करण्डम् आडु पोय्कैयुळ् करुम्बनैप् पेरुम्पषम्
पुरण्डु वीष़ वाळै पाय् कुरुंकुडि नेडुन्तकाय्!
तिरण्ड तोळ् इरणियन् शिनं कोळ् आहम् ओन्रैयुम्
इरण्डु कूरु शेय्दु उहन्त सिंगम् एन्पदु उन्नैये?

विशिष्ट शब्द एवं उनकी व्याख्या

करण्डम् = चील
पनै पष़म् = ताड़ फल
वाळै = मछली
कूरु कुडि = तिरुक् कुरुं कुडि क्षेत्र (श्री कुरुं कुडि क्षेत्र)
नेडुं तकाय् = श्रेष्ठ गुण सम्पन्न (परमात्मा)
शिनम् कोळ् आहम् = क्रोध से प्रभावित शरीर
कूरु = भाग, टुकड़ा
सिंगम् = सिंह; यह संस्कृत शब्द का तमिल प्रयोग है।

भावार्थ एवं व्याख्या

श्री कुरुं कुडि क्षेत्र के सरोवर में चीलें घूमती रहती हैं। उक्त सरोवर के तट पर रहनेवाले ताड़ वृक्षों से श्याम वर्ण के बड़े-बड़े ताड़ फल जल में गिरते हैं। सरोवर में रहनेवाली मछलियाँ ताड़ के फलों को भ्रम से चील समझकर डर के मारे छलाँग मारती हैं। उस श्री कुरुं कुडि क्षेत्र में विराजमान हे सर्वगुणसम्पन्न परमात्मा! क्या आप ही को लोग, सशक्त भुजाओं से युक्त हिरण्यकशिपु के क्रोधमय शरीर को दो टुकड़ों में विदीर्ण करनेवाले नृसिंह कहते हैं?

ताड़ फलों को भ्रम से चील समझकर मछलियाँ डरती हैं और छलाँग मारकर इधर-उधर उछलती फिरती हैं। क्योंकि चीलें मछलियों को खा लेती हैं। उसी तरह श्री कुरुं कुडि क्षेत्र में रहनेवाले लोग भ्रान्त सांसारिकों के बीच में विद्यमान भगवान के सन्दर्भ में भ्रम से यही सोचकर भीत होते हैं कि आगे क्या होनेवाला है! वे लोग

यही विचार कर डरते हैं कि कोमल एवं सुकुमार शरीर युक्त भगवान नारायण कहाँ और वज्रवत् कठिन भारी शरीर युक्त दानव हिरण्यकशिपु कहाँ? जैसे विष्णु पुराण में कहा गया है–

"क्व यौवनोन्मुखीभूत-सुकुमारतनुर्हरिः।
क्व वज्रकठिनाभोगि-शरीरोऽयं महासुरः।।" (5-20-48)

(यह श्लोक भगवान कृष्ण (नारायण) के कोमल-सुकुमार शरीर के साथ असुर चाणूर के वज्रवत् कठोर शरीर की तुलना करता है।)

भक्त आष़्वार् प्रस्तुत पद में भगवान के वात्सल्य तथा कारुण्य और इस तथ्य को समझे बिना चेतन प्राणियों के अंतस्तल में भगवान की शक्ति के बारे में विद्यमान भ्रम पर आश्चर्य करते हैं।

तिरसठ

भक्त आष़्वार् प्रस्तुत पद में भ्रममय अज्ञ लोगों के प्रति भी भगवान नारायण के सौशील्य पर आश्चर्य करते हैं।

नन्रिरुन्तु योग नीति नण्णुवार्कळ् चिन्तैयुळ्
शेन्रिरुन्तु तीविनैकळ् तीर्त्त देवदेवने!
कुन्रिरुन्त माडनीडु पाटकत्तुम् ऊरकत्तुम्
निन्रु इरुन्तु वेह्कणैक् किडन्ततेन्न नीर्मैये?

विशिष्ट शब्द एवं उनकी व्याख्या

योग नीति = ध्यान योग का मार्ग
नण्णुवार्कळ् = प्राप्त करने के इच्छुक लोग
चिन्तै = हृदय; चिन्ता; विचार
तीविनैकळ् = बुरे कर्म
कुन्रु = छोटा पर्वत; पहाड़ी
* पाटकम् = तिरुप् पाटकम् तीर्थ जहाँ भगवान आसीन मुद्रा में हैं।
* ऊरकम् = तिरु ऊरकम् तीर्थ जहाँ भगवान खड़ी मुद्रा में हैं।
* वेह्कणै = तिरु वेह्कणै तीर्थ जहाँ भगवान शयन मुद्रा में हैं।
नीर्मै = सौशील्य

भावार्थ एवं व्याख्या

हे देवादि देव भगवान नारायण! उचित योगासन में स्थित रहकर ध्यान योग करते हुए आपको प्राप्त करने की इच्छा करनेवाले योगियों के अंतस्तल में प्रवेश कर उनके तमाम पापों को दूर करने का आपका सौशील्य अद्भुत है। छोटे-छोटे पर्वतों की भाँति विद्यमान ऊँचे-ऊँचे प्रासादों से व्याप्त तिरुप् पाटकम्, तिरु ऊरकम् और तिरु वेह्कणै तीर्थों में क्रमशः आसीन, खड़ी तथा शयन मुद्राओं में उपस्थित रहने का आपका सौन्दर्य कितना गौरवपूर्ण है!

अष्टांग योग के साधना मार्ग पर चलकर भगवान को प्राप्त करने की इच्छा करनेवाले योगियों के अंतस्तल में प्रवेश कर वहाँ विद्यमान अविद्या, विषय-वासनाओं तथा कर्मसंग आदि निरसन करनेवाले परमात्मा के

*ये तीनों तीर्थ कांचीपुरम में हैं। तिरु वेह्कणै ही तिरुवेह्का है।

कृपाभाव की ओर यहाँ आष्वार् का संकेत है।

साधना के पूर्व विषय-वासनाओं के प्रति योगियों की, आसक्ति की जो विषम-स्थिति रही उसके प्रति भगवान ध्यान दिये बिना उनकी साधनाओं का फल उन्हें प्रदान करते हैं। यह उनका सौशील्य है।

पूर्वपद में आष्वार् ने भगवान की शक्ति को न समझने के भ्रम में चकरानेवाले जिन सांसारिकों का उल्लेख किया था उन लोगों के प्रति भी भगवान कृपालु हैं—इस तथ्य का संकेत करते हुए आष्वार् आगे बताते हैं कि भगवान उदारतापूर्वक तिरुप् पाटकम्, तिरु ऊरकम तथा तिरु वेह्कणै तीर्थों में आकर यह सोचते हुए सम्भवतः विराजमान हैं कि वे सांसारिक लोग भगवान के सान्निध्य में कभी तो आयेंगे और भगवदनुग्रह के प्रसाद के अधिकारी होंगे।

भगवान नारायण का मानव-मात्र के प्रति इतना गहन सौशील्य भाव है कि वे स्वयं भक्त के पास जाते हैं, उसके हृदय में स्थित नीच प्रवृत्तियों अर्थात् दुर्भावनाओं को दूर करते हैं और उसे अपनी कृपा के अधिकारी बनाते हैं। आष्वार् ने तीनों तीर्थों में विभिन्न मुद्राओं में भगवान के उपस्थित रहने का उल्लेख कर यह सिद्ध किया है कि भगवान कृपापूर्वक मानव-मात्र की प्रतीक्षा में रत हैं।

चौंसठ

पूर्व पद में भक्त आष्वार् ने मानव-मात्र के प्रति भगवान नारायण के सौशील्य-भाव को निरूपित करते हुए कहा कि भगवान मानव-मन में भक्ति का संचार करने के लिए उक्त तीन तीर्थों में विभिन्न मुद्राओं में विराजमान हैं। उसी सौशील्य-भाव को आष्वार् अब अपने ऊपर भी लागू कर लेते हैं। अज्ञान के वातावरण में मेरे अंतस्तल में भी भक्ति-भावना प्रतिष्ठित करने के लिए भगवान विभिन्न तीर्थों में विराजमान हुए; जब अज्ञान हटा और भक्ति की स्थापना हुई तब मेरे हृदय-मन्दिर में भगवान पधारे और बाह्य रूप से विभिन्न तीर्थों में जिन मुद्राओं में विराजमान थे उन मुद्राओं में मेरे हृदय-मन्दिर में भी अनुग्रहपूर्वक विराजमान हुए। इस भक्ति-गद्‌गद स्थिति का विवरण प्रस्तुत पद में देखें।

निन्‌रतु एन्तै ऊरहत्तु इरुन्ततु एन्तै पाटकत्तु
अन्‌रु वेह्कणैक् किडन्ततु एन् इलात मुन्नेलाम्
अन्‌रु नान् पिरन्तिलेन् पिरन्त पिन् मरन्तिलेन्
निन्‌रतुम् इरुन्ततुम् किडन्ततुम् एन् नेञ्जुळे।।

विशिष्ट शब्द एवं उनकी व्याख्या

एन्तै = मेरे स्वामी

एन् इलात मुन्नेलाम् = जब मैं नहीं था तब अर्थात् पूर्वकाल में जब मैं भगवान के प्रति उन्मुख नहीं था।

पिरन्तिलेन् = मेरा जन्म नहीं हुआ था

पिरन्त पिन् = जन्म होने के बाद

मरन्तिलेन् = मैंने विस्मृत नहीं किया

नेञ्जुळे = अंतस्तल में

भावार्थ एवं व्याख्या

भगवान नारायण तिरुऊरकम् तीर्थ में खड़े थे; तिरुपाटकम् तीर्थ में आसीन थे और तिरु वेह्का में शयन मुद्रा में थे। ये तीनों स्थितियाँ मेरे जन्म के पहले थीं। तब मेरा जन्म नहीं हुआ था। जब मेरा जन्म हुआ तब

भगवान की उन स्थितियों को मैं भूला नहीं। पहले उपर्युक्त तीनों तीर्थों में जिन स्थितियों में भगवान विराजमान थे उन्हीं स्थितियों में अब वे मेरे अंतस्तल में विराजमान हैं।

आऴ्वार् कहते हैं कि जब मेरा जन्म नहीं हुआ था तब भगवान बाह्य रूप से तीर्थों में रहे। अर्थात् जब मैं अज्ञान की स्थिति में अर्थात् चेतनता के अभाव की स्थिति में था तब वह मेरा वास्तविक जीवन नहीं था; वह जीवन अज्ञान-तम से आक्रान्त था; भगवान की सत्यमयता की स्मृति के अभाव से अभिभूत था। इसी बात को तैत्तिरीय उपनिषत् में कहा गया है कि ब्रह्म ज्ञान के अभाव में व्यक्ति नहीं के बराबर है। ब्रह्म ज्ञान होने पर व्यक्ति का अस्तित्व सुनिश्चित होता है।

"असन्नेव स भवति असद् ब्रह्मेति वेद चेत्।
अस्ति ब्रह्मेति चेद्वेद। सन्तमेनं ततो विदुः।। (आनन्दवल्ली-6)

आऴ्वार् जब कहते हैं कि मेरा जन्म हो जाने पर भगवत्स्मृति निरन्तर रहती है; भगवान को मैंने कथमपि विस्मृत नहीं किया तब यह स्पष्ट होता है कि सत्य का ज्ञान हो जाने पर—चेतनता अर्थात् चैतन्य ज्ञान का विकास हो जाने पर विस्मृति की कतई सम्भावना नहीं रहती। भगवान की कृपा तथा अनुग्रह से ही ज्ञान का विकास होता है जो भक्ति के रूप में परिणमित होता है। यही बात गीता के निम्नलिखित श्लोक से स्पष्ट होती है।

"सर्वस्य चाहं हृदि सन्निविष्टो
मत्तः स्मृतिः ज्ञानमपोहनं च।" (15-16)

(मैं ही सबके अंतस्तल में आसीन हूँ। मैं ही स्मृति, ज्ञान तथा विस्मृति का कारण हूँ।)

भगवान नारायण भक्त को अपना बनाने के लिए पहले उसके अंतस्तल से अज्ञान-तम को हटाते हैं; फिर उसमें भक्ति का संचार कराते हैं। यही भगवान की अनुग्रह-शक्ति है। भगवान के अनुग्रह से भक्त का जन्म होता है और उसी अनुग्रह के परिणामस्वरूप वह भक्ति-गद्‌गद होता है और भगवान की भक्ति में मग्न रहता है। यह भक्त का समर्पण भाव है। भगवान और भक्त का यह अन्योन्याश्रित भक्ति-सम्बन्ध है।

पैंसठ

भगवान नारायण को अपने अंतस्तल में पाकर भक्त आऴ्वार् आश्चर्य तथा परमानन्द का अनुभव कर रहे हैं।

निर्पदुम् ओर् वेर्पहत्तु इरुप्पम् विण् किडप्पतुम्
नर्पेरुन् तिरैक् कडलुळ् नानिलात मुन्नेलाम्
अर्पुतन् अनन्त शयनन् आदिभूतन् माधवन्
निर्पतुम् इरुप्पतुम् किडप्पतुम् एन् नेञ्जुळे।।

विशिष्ट शब्द एवं उनकी व्याख्या

विण् = आकाश; प्रसंगानुसार 'श्रीवैकुण्ठ' अभिप्रेत है।

तिरै कडल् = लहराता समुद्र; प्रसंगानुसार 'दुग्ध समुद्र' अभिप्रेत है।

वेर्पहत्तु = पर्वत में; प्रसंगानुसार 'श्रीवेंकट पर्वत में' अभिप्रेत है।

अर्पुतन्, अनन्तशयनन् आदिभूतन्, माधवन् = ये संस्कृत शब्दों–अद्‌भुत, अनन्त शयन (अर्थात् शेषशायी), आदिभूत तथा माधव = के तमिल प्रयोग हैं।

अर्पुतन् = ज्ञान, शक्ति आदि अद्भुत गुणों से युक्त भगवान
आदिभूतन् = जगत् के कारणभूत भगवान
माधवन् = भगवान विष्णु का नाम है।

भावार्थ एवं व्याख्या

हे भगवान नारायण! आप श्रीवेंकट पर्वत में खड़ी मुद्रा में हैं। श्रीवैकुण्ठ में आसीन मुद्रा में हैं और दुग्ध समुद्र में शयन मुद्रा में हैं। पहले इस प्रकार की मुद्राओं में उक्त बाह्य स्थलों पर आप विराजमान थे। यह उस समय की स्थिति थी जब मैं सांसारिकता में डूबा हुआ था अर्थात् अज्ञान की स्थिति में था। (अर्थात् जब मैं 'अहं' से मुक्त नहीं था।) परन्तु आपकी कृपा एवं अनुग्रह से मैं अब यह पहचान गया हूँ कि अब आप उक्त तीनों मुद्राओं में मेरे अंतस्तल में विराजमान हैं।

सांसारिकता से मुक्त होकर जब भक्त-हृदय भगवद् भक्ति से आप्लावित होता है तब उसे तमाम तीर्थों का अनुभव अपने ही हृदय में होता है। भगवान भी भक्त के प्रिय होकर उसके अंतस्तल में आकर विराजमान होते हैं। जब भक्त अहंता-विहीन होता है तब बाहर-भीतर सर्वत्र भगवान की ही अनुभूति होती है। यही तथ्य हिन्दी के मध्यकालीन सन्त कवि कबीरदास की निम्नलिखित उक्ति में भी पाया जाता है।

"जब मैं था तब हरि नाहीं; अब हरि हैं, हम नाहीं।"

अहंकार विमुक्त आष़्वार् के अंतस्तल में भगवान विराजमान हैं। भगवान को भी तीर्थों से ज़्यादा भक्त हृदय अतीव प्रिय है। आष़्वार् की इसी अभिव्यक्ति को हम नम्माष़्वार् की कृति 'पेरिय तिरुवन्तादि' के पद 68 में भी देख सकते हैं। वह पद इस प्रकार है।

"कल्लुम् कनैकडलुम वैकुन्त वानाडुम्
पुल्लेन्रु ओषि़न्तन कोल्?"

(भक्त-हृदय की तुलना में श्रीवेंकट पर्वत, दुग्ध समुद्र, श्रीवैकुण्ठ, गगन-स्थित परमपद आदि तृण की तरह अति सामान्य हो गये।)

छियासठ

भगवद् भक्ति तथा भगवद्नुग्रह के द्वारा, सांसारिकता से मुक्त होकर मोक्ष प्राप्त करना अर्थात् भगवन्मय होना संभव है; फिर भी मानव इस भक्ति-मार्ग को क्यों नहीं स्वीकारता है? भक्त आष़्वार् को इस बात का अपार दुख है।

इन्रु शादल् निन्रु शादल् अन्रि यारुम् वैयहत्तु
ओन्रि निन्रु वाषु़तल् इन्मै कण्डु नीचर् एन् कोलो
अन्रु पार् अळन्त पाद पोदै उन्नि वानिन् मेल्
शेन्रु शेन्रु देवराय् इरुक्किलात वण्णमे?

विशिष्ट शब्द एवं उनकी व्याख्या

शादल् = मृत्यु
इन्मै = अनस्तित्व; अस्तित्व का अभाव
नीचर् = अधम, अज्ञानी; (यह संस्कृत शब्द है।)

पार् = लोक
पाद पोदै = कमलवत् श्रीचरण
शेन्रु शेन्रु = जाकर, जाकर; प्रसंगानुसार अभिप्रेत है–"चलने का मार्ग और लक्ष्य अथवा मंजिल"
देवराय् = अमरों के रूप में
वण्णम् एन् कोलो? = कारण क्या होगा?

भावार्थ एवं व्याख्या

मानव मात्र के जीवन का यथार्थ क्या है! जन्मते ही कुछ लोग मर जाते हैं; कुछ लोग शत वर्ष तक जीवित रहकर मर जाते हैं। यहाँ तक कि इस प्रकार के क्षणिक जीवन विहीन ब्रह्मादि देवता भी कल्प के आदि में जन्म लेकर कल्प के अन्त में समाप्त हो जाते हैं। जीवन की इस अनित्यता अथवा अनस्तित्व की जानकारी के बिना सांसारिकता में आसक्त नीच अर्थात् अज्ञानी लोग (वामनावतार में) समस्त लोकों को नाप लेनेवाले भगवान नारायण के पादकमलों का ध्यान करते हुए भगवदाराधन के द्वारा भगवान के परम पद श्रीवैकुण्ठ में जाकर अमरों के मध्य में रहने के सौभाग्य से वंचित रह जाते हैं।
पृथ्वी पर शाश्वत जीवन किसी का नहीं है। कुछ लोग पैदा होते ही मर जाते हैं और कुछ लोग पूर्णायु रहकर गुज़र जाते हैं। ब्रह्मा आदि देवताओं का भी शाश्वत जीवन नहीं है। वे भी कल्प के आदि में आते हैं और कल्प के अन्त में चले जाते हैं। अर्थात् किसी का जीवन नित्य नहीं है। जैसे नम्माष़्वार् ने भी 'तिरुवाय् मोषि' में कहा है–

"अन्रु मुदल् इन्रु अरुदिया
वाष़्न्तार्कळ् वाष़्न्ते निर्पर् एन्बदिल्लै। (4-1-6)

(शुरू से अन्त तक जीनेवाले जीते ही रहेंगे यह नहीं हो सकता है।)
लेकिन नश्वर जीवन की इस स्थिति में भगवान नारायण के श्रीचरणों की भक्ति एवं आराधना कर उनके सान्निध्य में रहने के सौभाग्य से क्यों कोई वंचित रहे? मानव-मात्र के प्रति भक्त आष़्वार् का यह करुणामय सन्देश है।

सड़सठ

पूर्व पद में भक्त आष़्वार् ने मानव-मात्र के अज्ञान तथा आत्म विस्मरण पर अपना दुख व्यक्त किया। किन्तु मानव-मात्र का उद्धार कैसे हो! आराधन के मार्ग पर चलकर ब्रह्मानुभव की प्राप्ति कैसे की जाये! आष़्वार् प्रस्तुत पद से शुरू कर पद 73 तक इस बात पर प्रकाश डालते हैं।

चण्डमण्डलत्तिनूडु शेन्रु वीडु पेट्रु मेल्
कण्डु वीडु इलात कादल् इन्बम् नाळुम् एय्तुवीर्।
पुण्डरीक पाद पुण्य कीर्ति नुञ्चेवि मडुत्तु
उण्डु नुम् उरुविनैत् तुयरुळ् नींगि उय्म्मिनो।।

विशिष्ट शब्द एवं उनकी व्याख्या

चण्ड मण्डलम् = प्रचंड मंडल; सूर्य मंडल
संस्कृत में सूर्य को 'चंडांशु' कहा जाता है।

कादल् इन्बम् = भक्ति का सुख
नुम् चेवि = नुञ्चेवि = आपके कान
पुण्डरीक पाद पुण्य कीर्ति = ये संस्कृत शब्द हैं।
अर्थ है = भगवान के कमलवत् चरणों का यश
उरुविनैत् तुयर् = कर्मफल से होनेवाला दुख

भावार्थ एवं व्याख्या

भक्त आष्वार् मुमुक्षुओं को सम्बोधित कर उनके उज्जीवन का मार्ग बता रहे हैं।
प्रचंड सूर्य मंडल से होते हुए परम पद प्राप्त कर शाश्वत भक्ति के फलस्वरूप निरन्तर भगवत्कैंकर्य का सौभाग्य प्राप्त करने की इच्छा करनेवाले है मुक्तिकामी लोगो!
कमलचरण भगवान नारायण की पवित्र प्रशस्तियों का श्रवण करने के अद्भुत आनन्द का अनुभव कर अपने पाप कर्मों के परिणामस्वरूप हुए कष्टों से मुक्ति प्राप्त कीजिए; इस प्रकार अपना उद्धार कीजिए। (भगवान नारायण कृपालु हैं; उसी तरह भगवद् भक्त आष्वार् भी कृपालु हैं। अतः सामान्य मानव को आत्मोद्धार करने का, कृपापूर्वक मार्ग दिखा रहे हैं।)
यहाँ भक्त आष्वार् श्रवण भक्ति की विशेषता का वर्णन कर रहे हैं। मानव नित्य जीवन में होनेवाले पाप कर्मों में उलझे रहते हैं। इन उलझनों का परिणाम अपार कष्ट ही है। उससे मुक्ति या उद्धार कैसे हो? आष्वार् इसका मार्ग बताते हुए भगवान नारायण की प्रशस्ति-गाथाओं का श्रवण करने का सन्देश दे रहे हैं। जब आष्वार् सूर्य मंडल के मध्य में से होते हुए परम पद में पहुँचने की बात करते हैं तो अज्ञान के अंधकार से दूर ज्ञान के प्रकाश के द्वारा सत्य का—ब्रह्म का परिज्ञान होने का संकेत प्राप्त होता है। यह प्रतीकात्मक अभिव्यक्ति ऋग्वेद के निम्नलिखित मन्त्र के अनुरूप है।

"उद् वयं तमसस्परि ज्योतिष्पश्यन्त उत्तरम्।
देवं देवत्रा सूर्यमगन्म ज्योतिरुत्तमम्" (1-50-10)

(उस उच्चतर ज्योति अर्थात् सूर्य को निरन्तर देखते हुए जो सबको भासमान करता है और जो तमाम प्रकार के अंधकारों से परे है, सर्वोत्तम ज्योतिपुंज देवादि देव के दर्शन करें।)

अड़सठ

भक्त आष्वार् मानव-मात्र को समझाते हैं कि सत्वगुण, रजोगुण एवं तमोगुण से व्याप्त प्राकृतिक जीवन की समस्याओं से बचने का एकमात्र मार्ग राजसिक तथा तामसिक गुणों से दूर सत्वगुण-सम्पन्न होना और भक्तिपूर्वक भगवान की आराधना तथा स्तुति करना ही है।

मुत्तिरत्तु वाणियत्तु इरण्डिल् ओन्रु नीचर्कळ्
मत्तराय् मयंगुहिन्रदु इट्टु अदिल् इरन्तु पोन्तु
एत्तिरत्तुम् उय्वतोर् उपायमिल्लै, उय् कुरिल्
तोत्तुरुत्त तण् तुष़ाय नन् मालै वाष़्त्ति वाष़्मिनो।।

विशिष्ट शब्द एवं उनकी व्याख्या

मुत्तिरत्तु = तीन प्रकार का (सत्व, रज, तम गुणों से युक्त)
वणियम् = फल
मत्तराय् = मस्त होकर; 'शरीर को ही आत्मा' समझने का भ्रम युक्त होकर
मयंगुहिन्रदु = भ्रमित स्थिति में हैं।
उय्वदु = उज्जीवित होना; उद्धार करना
तोत्तु = पुष्प गुच्छ
नल् माल् = नन् माल् = सौशील्य आदि गुणों से युक्त भगवान नारायण
वाष्मिनो = जीवन गुज़ारिये
वाष्त्ति = प्रशस्ति कर; स्तुति कर

भावार्थ एवं व्याख्या

सत्व, रज, तम—इन गुणों से अभिभूत प्राकृतिक जीवन में रजोगुण तथा तमोगुण से प्राप्य फलों की कामना करनेवाले अधम लोग उन कर्मफलों का भोग कर पुनः-पुनः जन्म-जन्मांतरों के क्रम से चलकर शरीर को ही आत्मा समझने के भ्रम में चक्कर काटते रहते हैं। आत्मा के वास्तविक स्वरूप के ज्ञान से विरहित होकर वे लोग मोहमय जीवन-यापन करते रहते हैं। अतः इस भ्रमित जीवन के भंवर से बचने का कोई रास्ता नहीं है। अगर वे इस समस्यापूर्ण जीवन से उज्जीवित होना चाहें तो उनको चाहिए कि वे तुलसी माला से अलंकृत एवं सौशील्य, सौलभ्य आदि गुणों से युक्त भगवान नारायण की स्तुति एवं आराधना में अपना जीवन व्यतीत करें। सत्वगुण सम्पन्न होकर भगवदाराधन में निमग्न लोग ही शाश्वत आनन्द के भागी होते हैं। परमात्म-भक्ति से ही वे परमानन्द के अधिकारी होते हैं। जैसे तैत्तिरीय उपनिषत् में कहा गया है—

"एष हि एव आनन्दयाति।" (II-7)

उनहत्तर

नानाविध देवताओं की शरण लेना छोड़कर भगवान नारायण के आश्रय में पहुँचे और जन्म-मृत्यु बन्धन से मुक्त हों—मानव मात्र को भक्त आष्वार् का यह महत्त्वपूर्ण सन्देश है।

काणिलुम् उरुप्पोलार् शेविक्कु इनात कीर्तियार्
पेणिलुम् वरन्तर मिडुक्कु इलात देवरै
आणम् एन्रु अडैन्तु वाषुम् आदर्काळ्! एम् आदि पाल्
पेणि नुम् पिरप्पेनुम् पिणक्कु अरुक्क किट्रिरे ।।

विशिष्ट शब्द एवं उनकी व्याख्या

उरु = स्वरूप
आणम् = शरण
आदर् = अज्ञानी
पिणक्कु = झाड़-झंखाड़

भावार्थ एवं व्याख्या

भक्त आष्वार् नानाविध देवताओं की शरण लेने का प्रयास करनेवाले अज्ञानियों को समझाते हैं।
ब्रह्मा, रुद्र आदि देवता लोग बाह्य रूप से विकृत हैं। उनकी कथाएँ सुनने लायक नहीं हैं; विकारग्रस्त हैं और उनमें शरणार्थियों को अपेक्षित वर प्रदान करने की शक्ति नहीं है; अतः उनको त्याग दीजिये और समस्त जगत के कारणभूत हमारे भगवान नारायण का आश्रय ग्रहण कीजिये जिससे कि आप जन्म अर्थात् सांसारिकता के झाड़-झंखाड़ को तोड़ सकेंगे।
भक्त आष्वार् के लिए भगवान नारायण पर ब्रह्म हैं और उन्हें छोड़कर शेष तमाम देवता लोग क्षुद्र हैं; क्योंकि वे स्वयं कर्मज हैं और कर्मफल भोक्ता हैं। जैसे विष्णु पुराण में कहा गया है–

"अन्ये तु पुरुष व्याघ्र! चेतसो ये व्यपाश्रयाः।
अशुद्धास्ते समस्तास्तु देवाद्याः कर्मयोनयः।।" (6-7-76)

इसका यह अर्थ नहीं लेना है कि आष्वार् अन्य देवताओं का विरोध करते हैं। केवल इतना समझ लेना है कि 'नारायण सूक्तम्' के सिद्धान्त 'नारायण परं ब्रह्म तत्वं नारायणः परः के अनुसार परब्रह्म नारायण के प्रति आष्वार् प्रतिबद्ध हैं; जैसे हिन्दी के मध्यकालीन सन्त कवि तुलसीदास एवं सूरदास के लिए क्रमशः श्रीराम तथा श्रीकृष्ण परब्रह्म हैं जो अखिल ब्रह्माण्ड के कारणभूत हैं और सर्वव्यापी, सर्वात्म तथा सर्वगत हैं। गीता में भी तो भगवान कृष्ण ने कहा है–

"सर्वधर्मान् परित्यज्य मामेकं शरणं व्रज।" (18-66)

(सभी धर्मों का परित्याग कर केवल मेरी शरण में आओ।)
मानव-मात्र को मुक्ति अर्थात् जन्म बन्धन से मोक्ष प्रदान करने की क्षमता केवल भगवान नारायण में है– आष्वार् का यह सिद्धान्त प्राचीन काल से तमिल प्रदेश में प्रचलित वैष्णव धर्म का मूलभूत तत्त्व है। जैसे 'परिपाडल' के पन्द्रहवें पद में कहा गया है–

"नारु इणर्त् तुषायोन् नल्हिन् अल्लदै
एरुदल् एळिदो वीरु पेरु दुरक्कम्।"

(भगवान नारायण के सिवाय अन्य कोई, मोक्ष प्रदान नहीं कर सकता।)

सत्तर

प्रस्तुत पद में भी भक्त आष्वार् अन्य सभी देवताओं की तुलना में भगवान नारायण की अपरिमेयता तथा शक्तिमत्ता का वर्णन कर रहे हैं।

कुन्दमोडु शूलम् वेल्कल् तोमरंकळ् तण्डु वाळ्
बन्दमान देवर्कळ् परत्तु वानकम् उर
वन्द वाणन् ईर् ऐज़ूरु तोळ्कळैत् तुणित्त नाळ्
अन्द अन्द आकुलम् अमररे अरिवरे ।।

विशिष्ट शब्द एवं उनकी व्याख्या

कुन्दम् = बर्छी
शूल = शूल

वेल् = शल्य या शलाका
तोमरम् = सोंटा या लाठी
तण्डु = दंड या गदा
वाळ् = खड्ग या कृपाण
वानकम् = आकाश-स्थित आवास
बन्दमान देवर्कळ् = भीड़ बनकर आये देवता लोग
ईर् ऐज़ूरु = दो पाँच सौ = सहस्र; हज़ार
आकुलम् = आकुलता; व्याकुलता

भावार्थ एवं व्याख्या

श्रीकृष्ण–बाणासुर युद्ध में बाणासुर की सहायता के लिए रुद्र अर्थात् शिवजी आये और उनके साथ विभिन्न देवता लोग भी बर्छी, शूल, शल्य, सोंटा, गदा, खड्ग आदि शस्त्रों को लेकर आये। परन्तु कृष्ण के सामने कोई देवता टिक नहीं सके। वे सब हारकर इधर-उधर चारों दिशाओं में भटकते हुए गगन-स्थित अपने-अपने आवास में लौट गये। उसके बाद युद्ध करने आये बाणासुर की हज़ार भुजाओं को श्रीकृष्ण ने काट डाला। उसे देखकर रुद्र आदि देवता अपनी कमज़ोरी और हीनता का अनुभव कर अतिशय व्याकुल हुए। उस व्याकुलता को वे देवता ही समझ पायेंगे!

भगवान कृष्ण अर्थात् भगवान नारायण पुरषोत्तम हैं; देवादि देव हैं; अनादि-अनन्त परब्रह्म हैं। उनकी अपार शक्ति से अज्ञात होकर बाणासुर युद्ध में शिवजी, अन्य देवताओं की सहायता के साथ कृष्ण से भिड़ने आया। परन्तु रुद्र आदि समस्त देवता मुँह की खाकर भाग गये। तब बाणासुर की हज़ार भुजाओं को काटकर भगवान कृष्ण ने अपनी सर्वशक्तिमयता का परिचय कराया।

इससे भगवान नारायण का सर्वेश्वरत्व सिद्ध हुआ। भगवान कृष्ण की अपरिमेयता, अनादित्व, अनन्तत्व आदि का निरूपण विष्णु पुराण के निम्नलिखित श्लोक में हुआ है।

"कृष्ण कृष्ण जगन्नाथ! जाने त्वां पुरुषोत्तमम्।
परेशं परमात्मानं अनादि निधनं परम्।।" (5-33-41)

प्रस्तुत पद में पुनः भक्त आष़्वार् ने भगवान नारायण के परब्रह्मत्व को बाणासुर-युद्ध के द्वारा सिद्ध किया है।

इकहत्तर

ब्रह्मा, शिव आदि सारे देवता भगवान नारायण की तुलना में निर्बल हैं। भगवान नारायण ही सारे जगत के आदिदेव हैं। इस तथ्य को भक्त आष़्वार् प्रस्तुत पद में बाणासुर कथा द्वारा पुनः विश्लेषित कर रहे हैं।

वण्डुलावु कोदै मादर् कारणत्तिनाल् वेहुण्डु
इण्ड वाणन् ईर् ऐज़ूरु तोळ्कळैत् तुणित्त नाळ्
मुण्डन् नीरन् मक्कळ् वेप्पु मोडि अंगि ओडिडक्
कण्डु नाणि वाणनुक्कु इरंगिनान् एम् मायने!

विशिष्ट शब्द एवं उनकी व्याख्या

कोदै = पुष्प माला
नाळ् = दिन
मुण्डन् = मुंडित सिरवाला
नीरन् = विभूतिधारी
मक्कळ् = पुत्र; प्रसंगानुसार कार्तिकेय आदि पुत्र
वेप्पु = ज्वर रोग देवता
मोडि = काळि
अंगि = अग्नि
इरंगिनान् = सहानुभूति की

भावार्थ एवं व्याख्या

पुष्प मालाओं से अलंकृत अपनी पुत्री उषा के कारण क्रुद्ध बाणासुर के सहस्र करों को भगवान कृष्ण ने काट डाला। तब मुंडित सिर वाले और विभूतिधारी रुद्र ने कार्तिकेय आदि पुत्रों, ज्वर देवता, काळी या दुर्गा, अग्नि आदि के साथ आकर कृष्ण के साथ युद्ध किया; पर हार गये; उसके बाद वे सब पीठ दिखाकर भागने लगे। तब हमारे भगवान कृष्ण ने लज्जित होकर बाणासुर पर कृपा की और दो कंधों को काटे बिना छोड़ दिया। यहाँ कृष्णावतार की लीला का प्रसंग वर्णित है। बाणासुर की पुत्री उषा और कृष्ण के पौत्र अनिरुद्ध ने जब गांधर्व विवाह कर लिया था तब बाणासुर प्रसन्न होने के बजाय अपने सहस्र करों के गर्व से कृष्ण के साथ युद्ध करने आया; तब बाणासुर के प्रति कृपालु रुद्र की सहायता के लिए उनके पुत्र, अग्नि आदि देवता, काळी अथवा दुर्गा आदि कृष्ण के विरुद्ध युद्ध करने आये। किन्तु बाणासुर के हज़ार हाथों को कृष्ण ने जब काट डाला तब रुद्र और उनकी सेना पीठ दिखाकर भागने लगी। उस समय भगवान कृष्ण को लज्जा का अनुभव हुआ। क्योंकि उनको लगा कि ऐसे पीठ दिखाकर भागनेवाले कायरों से युद्ध करने का क्या महत्त्व है! (अतः उन्हें लज्जा हुई।)

भगवान नारायण कृपालु हैं। जब विरोधी भी शक्तिहीन हो जाता है और उसके साथी-सहायक भी उसका साथ छोड़ देते हैं तब भगवान उसके प्रति कृपालु होकर उसकी रक्षा करते हैं। जब भगवान बाणासुर का वध किये बिना और उसके दो कंधों को काटे बिना उसे छोड़ देते हैं तब भगवान का करुण भाव स्पष्टतः परिलक्षित होता है। पुराणों में रुद्र देवता को आम तौर पर जटाधारी के रूप में दर्शाया गया है; साथ ही उनको मुंडित सिरवाले के रूप में भी दिखाया गया है। इन दोनों रूपों में पुराणों के अनुसार रुद्र देवता भगवान नारायण के साधक भक्त के रूप में वर्णित हैं। विष्णु पुराण में कहा गया है कि रुद्र देवता की प्रार्थना पर भगवान नारायण अर्थात् कृष्ण ने बाणासुर के प्रति कृपा दर्शायी और रुद्र से कहा कि आपने बाणासुर को रक्षा का जो वचन दिया वह मेरा भी वचन है और मैं आपके वचन को असत्य नहीं होने दूँगा।

"तत् प्रसीदाभयं दत्तं बाणस्यास्य मया प्रभो।
तत्त्वया नानृतं कार्यं यन्मया व्याहृतं वचः।।...
मया दत्तवरो दैत्यः ततस्त्वां क्षामयाम्यहम्।
इत्युक्तः प्राह गोविन्दः शूलपाणिमुमापतिम्।
त्वया यदभयं दत्तं तद्दत्तं अखिलं मया।
मत्तोऽविभिन्नमात्मानं द्रष्टुमर्हसि शंकर।।" (5-33-43-47)

बहत्तर

भगवान नारायण सभी देवताओं के आदि हैं; अधिपति हैं; वैदिक ऋचाओं द्वारा प्रमाणित हैं। यही सत्य है; शेष सभी बातें असत्य हैं।

पोदिल् मंगै भूतलक् किष़त्ति देवी अन्‌रियुम्
पोदु तंगु नान्‌मुखन् मकन् अवन् मकन् शोलिल्
मादु तंगु कूरन् एरदु ऊर्दि एन्‌रु वेदनूल्
ओदुहिन्‌रतु उण्‌मै अल्‌लतु इल्‌लै मट्‌रु उरक्किले।।

विशिष्ट शब्द एवं उनकी व्याख्या

पोदु = पुष्प; प्रसंगानुसार 'पद्‌म' पुष्प अभिप्रेत है।
पोदिल् मंगै = पद्‌मासना लक्ष्मी देवी
भू तलक् किष़त्ति = भूमंडल की अधिष्ठात्री 'भूदेवी'
मादु तंगु कूरन् = देवी पार्वती को आधा शरीर देनेवाले; अर्धनारीश्वर
एरदु ऊर्दि = ऋषभ वाहन शिवजी
मट्‌रु उरैक्किल् = इसके विपरीत यदि कहा जाये तो

भावार्थ एवं व्याख्या

भगवान नारायण को आदिदेव के रूप में प्रमाणित करते हुए भक्त आष़्वार् कहते हैं कि पद्मासना देवी लक्ष्मी और भूमंडल की अधिष्ठात्री भूदेवी–दोनों भगवान नारायण की देवियाँ हैं। भगवान नारायण के नाभि कमल में उत्पन्न होनेवाले चतुर्मुख ब्रह्मा उनके सुपुत्र हैं। पार्वती देवी को अपने शरीर का आधा अंश देनेवाले ऋषभवाहन रुद्र भगवान नारायण के पौत्र हैं–यही सत्य है। अन्य शैवागमों में इस तत्त्व के विरुद्ध कहा गया सारा सिद्धान्त असत्य है।

भक्त आष़्वार् के प्रस्तुत पद द्वारा भगवान नारायण का सर्वमयत्व प्रतिपादित है।

भगवान नारायण की जो-जो विशेषताएँ यहाँ बतायी गयी हैं वे सब निम्नलिखित वैदिक मन्त्रों के अनुरूप हैं; जैसे–

"ह्रीश्च ते लक्ष्मीश्च पत्न्यौ" (पुरुष सूक्तम्)

(लक्ष्मी देवी तथा भूदेवी भगवान नारायण की देवियाँ हैं।)

"पद्मे स्थितां पद्मवर्णां तामिहोपह्वये श्रियम्।" (श्री सूक्तम्)

(पद्मासना, पद्मवर्णा लक्ष्मीदेवी से प्रार्थना करता हूँ।)

भगवान नारायण के पुत्र ब्रह्मा और पौत्र रुद्र के बारे में जानकारी के लिए विष्णु पुराण के भाग I के अध्याय-2, 5, 7 और 8 देखें।

उपर्युक्त प्रमाणों से यही सिद्ध होता है कि भगवान नारायण देवादिदेव हैं; ब्रह्मा, रुद्र आदि देवताओं तथा समस्त ब्रह्माण्ड के आदि पुरुष हैं।

तिहत्तर

भगवान नारायण के अनुग्रह के बिना भगवद् भक्ति का प्रसाद किसी को नहीं मिल सकता है। रामावतार की लीलाओं के द्वारा भक्त आऴ्वार् प्रस्तुत पद में उपर्युक्त सिद्धान्त का निरूपण करते हैं।

मरम् पोदच् चरम् तुरन्तु वालि वीष़ मुन्नोर् नाळ्
उरम् पोदच् चरम् तुरन्त उम्बराळि एम्पिरान्
वरम् कुरिप्पिल् वैत्तवर्कु अलातु वानम् आळिलुम्
निरम्बु नीडु भोगम् एत्तिरत्तुम् यार्कुम् इल्लैये।।

विशिष्ट शब्द एवं उनकी व्याख्या

मरम् = वृक्ष; प्रसंगानुसार 'सात साल वृक्ष' अभिप्रेत हैं।
चरम् = तीर; बाण (यह संस्कृत शब्द 'शर' का तमिल प्रयोग है।)
वालि = वानर राज वालि जो सुग्रीव का बड़ा भाई था।
उरम् = छाती; वक्ष; यह संस्कृत शब्द 'उर' का तमिल प्रयोग है।
उम्बर् आळि = अमरों के अधिपति
कुरिप्पु = अंतस्तल
नीडु भोगम् = दीर्घ काल तक का भोग; कैंकर्य करने का सुख

भावार्थ एवं व्याख्या

त्रेतायुग में हमारे स्वामी भगवान नारायण ने रामावतार में सात साल वृक्षों को एक ही बाण से तोड़ डाला था और इसके द्वारा सुग्रीव के अंतस्तल में अपनी शक्तिमत्ता का विश्वास जगाया था। उन्होंने तीर चलाकर सुग्रीव के भाई वालि को मार गिराया था। सुग्रीव के प्रति यह श्रीराम का अनुग्रह था। इससे स्पष्ट है कि जब तक भगवान का अनुग्रह प्राप्त नहीं हो, तब तक भक्ति-प्रसाद अथवा भगवान के कैंकर्य-सुख की प्राप्ति किसी को नहीं हो सकती चाहे वह कितना भी बड़ा क्यों न हो अथवा ब्रह्मलोक आदि लोकों का शासक भी क्यों न हो।

बड़े भाई वालि ने शासन का अधिकार हाथ में लेकर छोटे भाई सुग्रीव को पदच्युत कर दिया था। तब श्रीराम ने अपने भक्त एवं मित्र सुग्रीव को, वालि का वध कर राज्याधिकार दिलाया था। सुग्रीव भक्त था; उसे श्रीराम का अनुग्रह प्राप्त था। अतः सुग्रीव को उसकी भक्ति का प्रसाद प्राप्त हुआ।

भगवान का अनुग्रह ही एकमात्र विशेष साधन है जिससे मानव के अंतस्तल में भक्ति का संचार हो सकता है। अनुग्रह तथा भक्ति परस्पर सापेक्ष हैं।

भगवान नारायण के कैंकर्य का सुख उसी को प्राप्त होगा जो भगवान का भक्त है; और वही भक्ति का अधिकारी होगा जिसे भगवदनुग्रह प्राप्त हो। अतः इन दोनों में अन्योन्याश्रय सम्बन्ध है।

चौहत्तर

पापों एवं उनके दुष्परिणामों से बचने और भक्ति को ही भगवत् प्राप्ति का साधन एवं साध्य स्वीकार करने का परिणाम क्या होगा? देखिये उत्तर।

अरिन्तु अरिन्तु वामनन् अडियिणै वणंकिनाल्
शेरिन्तु एषुन्त ज्ञानमोडु शेल्वमुम् शिरंतिडुम्।
मरिन्तु एषुन्त तेण्तिरैयुळ् मन्नु मालै वाषूत्तिनाल्
परिन्तु एषुन्तु तीविनैकळ् पट्रु अरुतल् पान्मैये।।

विशिष्ट शब्द एवं उनकी व्याख्या

अरिन्तु अरिन्तु = समझकर; प्रसंगानुसार उपाय तथा उपेय या कारण तथा कार्य के रूप में समझकर
शेल्वम् = भक्ति की सम्पन्नता
तिरै उळ् मन्नु = लहराते क्षीर समुद्र में नित्य वास करनेवाले
तीविनैकळ् = तमाम पाप तथा उनके फल

भावार्थ एवं व्याख्या

वामन के रूप में अवतरित भगवान नारायण के श्रीचरणों को उपाय तथा उपेय अर्थात् साधन तथा साध्य के रूप में स्वीकार कर उनका स्तवन करने पर देह-ज्ञान से परे आत्म-ज्ञान तथा भक्ति का अपार लाभ होगा। लहराते क्षीर समुद्र में शयन करनेवाले भगवान नारायण की स्तुति करने पर अंतस्तल में परिव्याप्त पाप और उनके परिणाम स्वयमेव नष्ट हो जाएँगे।

भक्त आष्वार् की स्थापना यह है कि भगवान नारायण के श्रीचरणों को ही उपाय तथा उपेय समझकर उन्हीं में अपने को समर्पित किया जाए तो ज्ञान तथा भक्ति की गहन उपलब्धि होगी। अंतस्तल में परिव्याप्त पाप जब हट जायेंगे तब भगवत्कैंकर्य के लिए अपेक्षित उपकरण 'भक्ति' का विकास होगा। अतः भगवान के श्रीचरणों को ही प्राप्य तथा प्रापक स्वीकार करने पर समस्त पाप धुल जायेंगे और ज्ञान-भक्तिमय कैंकर्य का लाभ होगा। जैसे भगवद्गीता में कहा गया है–

"सर्वधर्मान् परित्यज्य मामेकं शरणं व्रज।
अहं त्वा सर्वपापेभ्यो मोक्षयिष्यामि मा शुचः।" (18-66)

(सभी धर्मों का परित्याग कर केवल मेरी शरण में आओ; मैं तुमको सभी पापों से मुक्त करूँगा। किसी प्रकार की चिन्ता मत करो।)

भगवान के श्रीचरणों में समर्पण से मानव-मात्र को आत्मज्ञान तथा भक्ति की प्राप्ति होगी। यह अत्यन्त महत्त्वपूर्ण स्थिति है। यदि यह संभव नहीं हो तो भगवान की केवल स्तुति की जाए; इससे आत्मा को घेरे हुए रहनेवाले तमाम पाप नष्ट हो जाएँगे और सारी वासनाओं से मुक्ति मिल जायेगी।

संक्षेप में, ज्ञान तथा भक्ति से निवृत्ति का मार्ग प्रशस्त होगा और निवृत्ति मार्ग से अर्थात् पाप-कर्मों से दूर हट जाने पर ज्ञान तथा भक्ति का विकास होगा और भगवत्सेवा की प्रवृत्ति बढ़ेगी। ये दोनों स्थितियाँ अन्योन्याश्रित हैं।

पचहत्तर

प्रपत्ति की पराकाष्ठा का निरूपण करते हुए भक्त आष्वार् यह समझाते हैं कि भगवान नारायण के अनुग्रह मात्र से भगवत्प्राप्ति होगी। नानाविध कर्मों के मार्ग से ध्यानस्थ होकर भक्ति की गम्भीरतम अनुभूति अर्थात् शरणागति की स्थिति में पहुँचने पर ही भगवान नारायण की प्राप्ति हो सकेगी। भगवदनुग्रह से भक्ति-साधना तथा भगवत् प्राप्ति के सिद्धान्त यहाँ से प्रारम्भ कर पद 81 तक प्रतिपादित किये गये हैं।

ओन्रि निन्रु नल् तवम् शेयदु ऊषि ऊषि तोरेलाम्
निन्रु निन्रु अवन् गुणंकळ् उळ्ळि उळ्ळम् तूयराय्
शेन्रु शेन्रु देव देवर् उम्बर् उम्बर्, उम्बराय्
अन्रि एंकळ् शेंकण् मालै यावर् काण वल्लरे?

विशिष्ट शब्द एवं उनकी व्याख्या

ऊषि = कल्प काल; युग

उम्बर् उम्बर् उम्बराय् = क्रम क्रम से उत्कृष्ट स्थिति में पहुँचकर अर्थात् परा भक्ति, पर ज्ञान तथा परमा भक्ति की क्रमपूर्ण उदात्त स्थिति तक पहुँचकर

भावार्थ एवं व्याख्या

निश्चल मन से फल की प्रतीक्षा किये बिना युग-युगांतर तक साधना करते हुए भगवान नारायण के गुणों का अनुसंधान कर और विशुद्ध मन से ध्यान स्थिति तक पहुँचकर क्रमिक रूप से परा भक्ति, पर ज्ञान तथा परमा भक्ति तक पहुँचे बिना देवदेव तथा पंकजाक्ष भगवान नारायण के सम्पूर्ण दर्शन कौन कर पायेगा? (उत्तर–कोई नहीं!)

भक्त आष्वार् मान-मात्र को समझा रहे हैं कि भगवान नारायण को पाने का मार्ग क्या है।

निश्चल तथा पवित्र मन से निष्काम कर्म अर्थात् साधना का मार्ग स्वीकार किया जाये। कर्म, कर्मफल एवं कर्त्ता के अहंकार–ममकार का परित्याग कर भगवान के गुणों का ध्यान किया जाये। इस प्रकार कर्मयोग, ध्यानयोग तथा भक्तियोग का अनुपालन करते हुए परा भक्ति, पर ज्ञान तथा परमा भक्ति की स्थिति तक क्रमिक रूप से पहुँचा जाये। तभी भगवत् प्राप्ति सम्भव हो सकती है। किन्तु इन तमाम साधनाओं के बावजूद पूर्ण दर्शन अर्थात् पूर्ण भगवत् प्राप्ति तभी हो सकती है जब भगवान का अनुग्रह हो।

योग साधनाओं के द्वारा भगवान ध्यातव्य हैं, प्राप्य हैं अर्थात् निदिध्यासितव्य हैं। आष्वार् ने इसी बात को 'नल्तवम्' कहकर प्रतिपादित किया है। बृहदारण्यक उपनिषत् में भी यही सिद्धान्त इस प्रकार कहा गया है–

"तमेतं वेदानुवचनेन ब्राह्मणा विविदिषन्ति
यज्ञेन, दानेन तपसाऽनाशकेन।" (4-4-22)

(ब्रह्मज्ञानी लोग इस परमात्मा को वेदाध्ययन, ज्ञान, यज्ञ, दान तथा निष्काम तपस्या के द्वारा जानना चाहते हैं।)

भगवद्गीता में भी यही तथ्य इस प्रकार विश्लेषित है।

"यज्ञदानतपः कर्म न त्याज्यं कार्यमेव तत्।
यज्ञो दानं तपश्चैव पावनानि मनीषिणाम्।।" (18-5)

(यज्ञ, दान एवं तपस्या का कथमपि परित्याग नहीं किया जाना चाहिए; उनका पालन अत्यावश्यक है। क्योंकि उनके द्वारा मनीषी पावन होते हैं।)

ऐसे सिद्ध मनस्वियों के द्वारा ही परमात्मा ज्ञातव्य हैं। पवित्र मन से की जानेवाली योग साधनाओं के द्वारा भगवद् ध्यान में लीन होकर साधक भक्त परमा भक्ति का अधिकारी होता है। फिर भी इसमें पूर्णता तभी होगी जब भगवान का अनुग्रह हो। भगवान अनुग्रहपूर्वक भक्त को आत्मदर्शन कराएँ–यही सबसे बड़ी उपलब्धि है, बजाय इसके कि भक्त अपनी साधना के बल पर भगवान के दर्शन करने का प्रयास करे।

छिहत्तर

इन्द्रिय वासनाओं पर नियन्त्रण कर केवल ज्ञान मार्ग के द्वारा, गहन भक्ति के बिना ज्योतिस्वरूप भगवान नारायण को प्राप्त करना सुलभ नहीं है। इस तथ्य को आष़्वार् के प्रस्तुत पद में देखें।

पुन् पुल वषि़ अडैत्तु अरक्किल् इलच्चिनै शेयदु
नन् पुल वषि़ तिरन्तु ज्ञान नर् चुडर् कोळीइ
एन्पिल् एळ्हि नेञ्जुरुहि उळ् कनिन्तु एषुन्ततोर्
अन्बिल् अन्रि आषि़यानै यावर् काण वल्लेर?

विशिष्ट शब्द एवं उनकी व्याख्या

पुल वषि़ = पुलन् वषि़ = शब्द, स्पर्श, रूप, रस एवं गंध, इन विषय वासनाओं में इन्द्रियों की आसक्ति का मार्ग
अरक्कु इलच्चिनै शेयदु = लाख की मोहर लगाकर
चुडर् कोळीइ = ज्योति जगाकर
एन्पिल् एळ्हि = अस्थियों से बना शरीर पिघलकर
कनिन्तु = परिपक्व होकर (कनि = फल)
अन्बिल् अन्रि = भक्ति के सिवाय

भावार्थ एवं व्याख्या

पंचेन्द्रियों को शब्द, स्पर्श आदि विषय-वासनाओं के मार्ग पर चलने से रोककर, उस मार्ग को सर्वथा बंद कर ताकि बाराताएँ पुनः सिर न उठा सकें, भगवद् भक्ति का मार्ग खुला रखा जाये और उस मार्ग को ज्ञान-ज्योति से प्रकाशमय किया जाये। उस ज्योतिर्मय मार्ग पर चलते हुए शरीर के शिथिल होने की चिन्ता किये बिना गद्‌गद भाव से भगवान नारायण के प्रति परमा भक्ति की अद्‌भुत साधना की जाये। ऐसी प्रपत्तिमय भक्ति के सिवाय सृष्टि की रक्षा के लिए सुदर्शन चक्र धारण करनेवाले भगवान नारायण के दर्शन करने में कौन समर्थ होगा!

प्रस्तुत पद में भक्त आष़्वार् भगवान नारायण को प्राप्त करने के लिए उपयुक्त मार्ग दिखाते हैं। वह मार्ग इस प्रकार है।

जो लोग अपनी साधना से भगवान नारायण को पाना चाहते हैं वे सबसे पहले विषय-वासनाओं में इन्द्रियों की आसक्ति का त्याग करें। अनन्तर भगवद् ध्यान अथवा भगवत्प्रेम का लक्ष्य बना लें। तदनन्तर साधना मार्ग से प्रपत्तिमय भक्ति की राह पर चलें और वह भक्ति क्रम-क्रम से विकसित होकर पराभक्ति एवं परज्ञान से होते हुए परमा भक्ति की शीर्षस्थ स्थिति पर पहुँचे। तभी भक्त-वत्सल भगवान नारायण प्राप्त होंगे और उनका अनुग्रह शरणागत भक्त को प्राप्त होगा।

परमा भक्ति की पराकाष्ठा तक पहुँचने के लिए भक्त या साधक को काफी लम्बा रास्ता तय करना होगा। इस रास्ते पर जब वह अग्रसर होगा तब सबसे पहले उसे अपनी पंचेन्द्रियों को विषय-वासनाओं से मुक्त करना होगा। क्योंकि वासनाएँ इतनी बलवती होती हैं कि बड़े-बड़े ज्ञानी भी उनके आकर्षणों से बच नहीं पाते। जैसे मनुस्मृति में कहा गया है–

"बलवानिन्द्रियग्रामो विद्वांसमपि कर्षति।" (मनुस्मृति, 2-215)

भक्त आष़्वार् ने विषय-वासनाओं से दूर होने की बात करते हुए इस बात पर ज़ोर दिया है कि वासना-मार्ग को सर्वथा बंद किया जाये ताकि वे पुनः सिर न उठा सकें। इसके लिए उन्होंने एक विशिष्ट अभिव्यक्ति का

प्रयोग किया है; जैसे, चोरों से घर-बार को बचाने के लिए घर के बाहर बड़ा ताला लगाकर उस ताले पर लाख की मोहर लगायी जाती थी ताकि कोई उस घर में प्रवेश न कर सके। उसी प्रकार आष्वार् ने कहा है कि पहले विषय-वासनाओं के मार्ग को बंद किया जाये; अनन्तर उस मार्ग पर ताला लगाकर लाख की मोहर लगा दी जाये ताकि वासनाएँ पुनः लौट न पायें। 'ताला लगाकर लाख की मोहर लगाने' से गहन भक्ति साधना अभिप्रेत है।

सतहत्तर

पिछले दो पदों में भक्त आष्वार् ने कहा कि योग-साधनाओं के बल पर प्रपत्तिमयी भक्ति का मार्ग स्वीकार करने से भगवान नारायण प्राप्त होंगे और उनके अनुग्रह का प्रसाद मिलेगा। प्रस्तुत पद से लेकर पाँच पदों तक इतिहास-पुराणों की परम्परा के आधार पर भक्ति-गद्‌गद होकर जगत के कारणभूत एवं सर्वान्तर्यामी भगवान नारायण को प्राप्त करने की प्रक्रिया का विश्लेषण किया जा रहा है।

एट्टुम् एट्टुम् एट्टुमाय् ओर् एषुम् एषुम् एषुमाय्
एट्टुम् मूनरुम् ओनरुम् आहि निन्र् आदि देवनै
एट्टिनाय भेदमोडु इरैञ्जि निन्रु अवन् पेयर्
एट्टेषुत्तुम् ओदुवार्कळ् वल्लर् वानम् आळवे।।

विशिष्ट शब्द एवं उनकी व्याख्या

एट्टुम् एट्टुम् एट्टुमाय् = 8 + 8 + 8 = 24
चौबीस अचेतन तत्त्व बनकर
मूल प्रकृति, महत्, अहंकार, मन; चर्म, आँख, कान,
नाक और मुँह–ये पाँच ज्ञानेन्द्रियाँ; वाक् हाथ, पैर,
पायु और उपस्थ–ये पाँच कर्मेन्द्रियाँ; शब्द, स्पर्श, रूप, रस और गंध–ये पाँच तन्मात्र;
पृथिवी, अप्, तेजस्, वायु, आकाश–ये पाँच भूत = 24 जड़ अर्थात् अचेतन तत्त्व
एषुम् एषुम् एषुमाय = एषु = 7 (सात)
यहाँ तीन बार 'सात' का प्रयोग हुआ है। इससे * सात द्वीप, उनको उठानेवाले * सात पर्वत तथा उक्त द्वीपों की सीमाओं के रूप में रहनेवाले * सात समुद्र अभिप्रेत हैं।
एट्टु मूनरु, ओनरु = 8 + 3 + 1 = 12; द्वादश आदित्य; धाता, अर्यमा, मित्र, शुक्र, वरुण, अंश, भग, विवस्वान, पूषा, सविता, त्वष्टा और विष्णु (महाभारत, आदिपर्व, अध्याय 65, पद 15)
एट्टिनाय भेदमोडु = अष्टांग नमस्कार
एट्टेषुत्तुम् = अष्टाक्षर मन्त्र 'ओम् नमो नारायणाय'

---

* सात द्वीप = जम्बू, प्लक्ष, शाल्मलि, कुश, क्रौंच, शाक और पुष्कर
* सात पर्वत = हिमवान, हेमकूट, निषध, नील, श्वेत, श्रृंगी और मेरु
* सात समुद्र = लवण समुद्र, इक्षु समुद्र, सुरा समुद्र, घृत समुद्र, दधि समुद्र, दुग्ध समुद्र और जल समुद्र
(विष्णु पुराण 2-2-5 से 10 तक)

भावार्थ एवं व्याख्या

सर्वेश्वर भगवान नारायण सर्वमय हैं; सर्वान्तर्यामी हैं। वे ही 24 अचेतन पदार्थों की आत्मा बनकर उन्हें समवेत रूप से चेतन बनानेवाले हैं। वे ही सात द्वीपों, उनके आधारभूत सात पर्वतों तथा उनकी सीमाओं के रूप में विद्यमान सात समुद्रों अर्थात् अखिल ब्रह्माण्ड और उसमें रहनेवाली तमाम जीवराशियों तथा बारह आदित्यों के भी कारणभूत हैं।

इस सर्वमय परमात्मा भगवान नारायण को साष्टांग नमस्कार कर प्रार्थना करते हुए अष्टाक्षर मन्त्र 'ओम् नमो नारायणाय!' का स्तवन करनेवाले परम भागवत भक्त ही परमपद प्राप्त करने के अधिकारी हैं।

प्रस्तुत पद में परमात्मा नारायण को 24 अचेतन पदार्थों के आधार के रूप में बताकर भक्त आऴ्वार् ने इस दार्शनिक तथ्य को प्रतिपादित किया है कि वे पदार्थ परमात्मा के शरीर हैं और परमात्मा उनकी आत्मा हैं और वे ही उनके अस्तित्व को सिद्ध करते हैं। इस प्रकार अखिल ब्रह्माण्ड के कारण के रूप में विद्यमान भगवान नारायण भूर्लोक, भुवर्लोक तथा स्वर्गलोक और उनमें रहनेवाले ब्रह्मा आदि देवताओं, समस्त जीव राशियों एवं जड़-चेतन पदार्थों के आधार और कारण हैं।

इस सर्वमय और सर्वाधार भगवान नारायण की मनसा, वाचा और कर्मणा भक्ति करनेवाले परम भागवत भक्त ही परमपद के अधिकारी होते हैं।

इसी दार्शनिक तत्त्व को 'परिपाडल' के तीसरे पद की निम्नलिखित अभिव्यक्तियों में पाते हैं।

"अनैत्तुम् नी अनैत्तिन् उट् पोरुळुम नी"

(तू ही सब है और सबके अंतर्निहित आत्मा तू है।)

"मरुपिरप्परुक्कुम् माशिल् शेवडि"

(आपके श्रीचरण जन्म-जन्मान्तर से मुक्त करेंगे। अर्थात् मोक्ष, दूसरे शब्दों में परमपद प्रदान करेंगे।)

अठहत्तर

भगवान नारायण के श्रीचरणों का आश्रय लेकर अपार भक्तिमय स्थिति में अष्टाक्षर मन्त्र का पाठ करनेवाले भक्त मोक्ष अर्थात् परमपद के अधिकारी होंगे। आऴ्वार् के इस सुनिश्चित सिद्धान्त को उनके प्रस्तुत पद में देखें।

शोर्विलाद कादलाल् तोडक्कु अरा मनत्तराय्
नीर् अरावणैक् किडन्त निन्मलन् नलंकषल्
आर्वमोडु इरैञ्जि निन्रु अवन् पेयर् एट्टेषुत्तुम्
वारमाह ओदुवार्कळ् वल्लर् वानम् आळवे।।

विशिष्ट शब्द एवं उनकी व्याख्या

निन्मलन् = संस्कृत शब्द 'निर्मल' का तमिल रूप है जिसका अर्थ है 'पवित्र' या 'पावन'
कष़ल् = श्रीचरण
आर्वमोडु = रुचि के साथ; भक्ति के साथ
वरमाह = प्रेमपूर्वक
वल्लर् = सशक्त; समर्थ

भावार्थ एवं व्याख्या

जो भक्त क्षीरसमुद्र में विद्यमान शेषशायी भगवान नारायण के श्रीचरणों की भक्तिपूर्वक स्तुति करते हुए अपार स्नेह के साथ परिपूर्ण मन से अष्टाक्षर मन्त्र 'ओम् नमो नारायणाय' का पाठ करते हैं वे ही परमपद के अधिकारी होंगे अर्थात् उन्हीं को मोक्ष प्राप्त होगा।

भक्त को चाहिए कि वह शेषशायी भगवान नारायण का आश्रय ग्रहण करे; अष्टाक्षर मन्त्र का पाठ कर भगवान और अपने बीच के गहन सम्बन्ध को समझे और निरन्तर भगवत्प्रेम अर्थात् गहन भक्ति में लीन रहे; तब उसे भगवान की सेवा या कैंकर्य करने का सौभाग्य प्राप्त होगा।

भगवान के प्रति सर्वदा तथा सर्वथा प्रेममूलक भक्ति करने से मोक्ष-प्राप्ति होगी—आष्वार् का यह सिद्धान्त छान्दोग्य उपनिषत् के निम्नलिखित वक्तव्य के अनुरूप है।

"आहारशुद्धौ सत्त्वशुद्धिः, सत्त्वशुद्धौ ध्रुवा स्मृतिः
स्मृतिलम्भे सर्वग्रन्थीनां विप्रमोक्षः।।" (7-26-2)

(शुद्ध आहार या भोजन से मन शुद्ध होता है; मन की शुद्धि पर आत्मध्यान की सतत स्मृति होती है जिससे अज्ञानजनित समस्त ग्रन्थियों अर्थात् बन्धनों से मुक्ति होती है।)

पवित्र मन से तथा भक्तिमय अंतस्तल से निरन्तर अष्टाक्षर मन्त्र 'ओम् नमो नारायणाय' का ध्यान, जपन तथा उच्चारण करने से सर्वोत्तम भगवदाश्रय प्राप्त होगा। यह भक्ति की पराकाष्ठा की स्थिति है।

उन्नासी

भगवान नारायण के प्रति गम्भीर परम भक्ति करनेवाले शरणागत भक्त ही को मोक्ष-फल प्राप्त होता है।

पत्तिनोड्डु पत्तुमाय् ओर् एषिनोड्डु ओर् ओन्बदाय्
पत्तिनाल् दिशैक्कण् निन्र् नाड्डु पेट्र् नन्मैयाय्
पत्तिनाय तोट्रमोड्डु ओराट्रल् मिक्क आदिपाल्
पत्तराम् अवर्कु अलादु मुत्ति मुट्रल् आहुमे।।

विशिष्ट शब्द एवं उनकी व्याख्या

पत्तु = दस, पत्ति = संस्कृत शब्द 'भक्ति' का तमिल रूप है।

पत्तिनोड्डु पत्तुमाय् = दस दिशाएँ और दस दिक्पालक बनकर;

दस दिशाएँ इस प्रकार हैं—उत्तर, दक्षिण, पूर्व और पश्चिम = 4
दक्षिण-पूर्व, दक्षिण-पश्चिम, पूर्वोत्तर और पश्चिमोत्तर = 4
ऊपर और नीचे की दिशाएँ = 2
10

दस दिक्पालक इस प्रकार हैं—इन्द्र, अग्नि, यम, निर्ऋत, वरुण, वायु, कुबेर, ईश, ब्रह्मा एवं अनंत (आधार : अमरकोश 1-3-2)

ओर् = अनुपम, सर्वश्रेष्ठ

एषु = सात, ओन्बदु = नौ

एषु = यहाँ सप्त स्वर अभिप्रेत हैं जो इस प्रकार हैं : निषाद, ऋषभ, गांधार, षड्ज, मध्यम, दैवत तथा पंचम
आधार : अमर कोश

"निषादर्षभ गांधार षड्ज मध्यम दैवताः।
पंचमश्चेत्यमी सप्त तन्त्री कंठोत्थिताः स्वराः ।।"

(अमर कोश 1-7-1)

ओन्बदाय् = नव रस के रूप में

नव रस इस प्रकार हैं—

श्रृंगार, हास्य, करुण, रौद्र, वीर, भयानक, बीभत्स, अद्भुत एवं शान्त

पत्तु = दस; नाल् = चार = कुल चौदह

पत्तु नाल् दिशैक्कण् = चौदह लोकों में (ऊपर के सात लोक तथा धरती के नीचे के सात लोक; अधिक जानकारी के लिए विष्णुपुराण का भाग-II, अध्याय 5 और 7 देखें।)

पत्तिनाय तोट्रमोडु = दस रूपों अर्थात् अवतारों में आकर

आट्रल् = श्रेष्ठ गुण अथवा शक्ति

पत्तराम् अवर्कु अलादु = भक्तों से इतर लोगों को

भावार्थ एवं व्याख्या

भगवान नारायण सर्वात्म हैं; सबके आधार हैं और सभी रूपों में विद्यमान हैं। इस बात की व्याख्या करते हुए भक्त आष़्वार् कहते हैं कि भगवान दसों दिशाओं तथा दिक्पालकों, संगीत के सप्त स्वरों और साहित्य के नव रसों तथा चौदहों लोकों में विद्यमान चेतन वस्तुओं के रूप में तथा उन वस्तुओं के लिए अपेक्षित शब्द, स्पर्श, रूप, रस, गंध आदि विषयों को अंतर्निहित करते हुए दस प्रकार के अवतार लेकर पृथ्वी पर आते हैं। उस अनुग्रहशील भगवान के प्रति भक्ति करनेवाले भागवतों को छोड़ अन्यों को मोक्ष-फल कैसे मिलेगा? भगवान नारायण दस प्रकार के अवतार लेकर पृथ्वी पर आये। अर्थात् इन्द्रियों के लिए अगोचर परमात्मा सांसारिकों के हित के लिए गोचर अवतार लेकर आये ताकि उनके साथ सांसारिकों का गहन भक्ति-सम्बन्ध हो सके। इसी कारण आष़्वार् 'तोट्रमोडु' शब्द का प्रयोग किया है। 'तोट्रम्' का अर्थ है 'स्वरूप'; रूपविहीन परमात्मा लोकहित के लिए सरूप अवतार लेकर पृथ्वी पर आते हैं जिससे कि सांसारिक लोग परमात्मा से गुणमय आत्मीय सम्बन्ध स्थापित कर सकें।

अस्सी

भगवान नारायण के कृष्णावतार में धेनुकासुर का वध कर अपनी आश्रित-वत्सलता का प्रदर्शन किया। उस भगवान नारायण के श्रीचरणों का आश्रय लेनेवाले भक्तों को ही परमपद की प्राप्ति होगी और भगवान का कैंकर्य-लाभ होगा।

वाशियाहि नेशमिन्रि वन्दु एदिर्त्त धेनुकन्
नाशमाहि नाळ् उलप्प नन्मैशेर् पनंकनिक्कु
वीशिमेल् निमिर्न्द तोळिन् इल्लैयाक्किनाय् कष़्र्कु
आशैयाम् अवर्कलाल् अमरराहल् आहुमे।।

विशिष्ट शब्द एवं उनकी व्याख्या

वाशि = संस्कृत शब्द 'वाजि' का तमिल प्रयोग है। 'वाजि' का अर्थ है अश्व; प्रसंगानुसार अश्व जाति का

'खच्चर' अभिप्रेत है।

धेनुकम् = धेनुकासुर (खच्चर रूपी असुर) (भागवत पुराण, स्कन्ध-10)

नाळ् उलप्प = जीवन समाप्त करने के लिए

पनंकनि = ताड़ फल

अमरर् आहल् = देवता बनना; देव-तुल्य बनना

भावार्थ एवं व्याख्या

श्रीकृष्ण को मारने के लिए खच्चर के रूप में आया धेनुकासुर। उसका संहार करने के लिए भगवान कृष्ण ने अपार भुजबल से उसे पकड़कर ताड़ फलों के गुच्छों पर पटका।

उस भगवान कृष्ण के श्रीचरणों का भक्तिपूर्वक आश्रय लेनेवाले भक्तों को छोड़ क्या कोई दूसरा व्यक्ति देवता-तुल्य बन सकेगा?

आश्रित-वात्सल्य भाव से आश्रित-विरोधियों का नाश करनेवाले भगवान नारायण अर्थात् कृष्ण के श्रीचरणों में निज को समर्पित करनेवाले परम भागवत भक्त को ही परम पद प्राप्त होगा और उसी को भगवान का कैंकर्य करने का सुख भी मिलेगा।

संक्षेप में, शरणागति अर्थात् प्रपत्तिपरक भक्ति ही भक्त को भगवान का सान्निध्य प्राप्त करायेगी और उसी से भक्त को परमपद में देवताओं की तरह भगवान की सेवा करने का श्रेष्ठतम सन्दर्भ प्राप्त होगा।

इक्यासी

भक्त आष्वार् लोकहित की दृष्टि से श्रीवेंकट पर्वत (तिरुमलै) में आकर विराजमान भगवान नारायण के श्रीचरणों पर अपने आपको अर्पित करते हुए आत्मोद्धार करने का उपदेश मानव मात्र को दे रहे हैं।

कडैन्त पार्कडल् किडन्तु कालनेमियैक् कडिन्तु
उडैन्त वालि तन्दनुक्कु उदव वन्दु इरामनाय्
मिडैन्त एष़ मरंकळुम् अडंग एय्दु वेंकटम्
अडैन्त माल पादमे अडैन्तु नाळुम् उय्म्मिनो!

विशिष्ट शब्द एवं उनकी व्याख्या

कडैन्त = (अमृत प्राप्त करने के लिए) मथित

एषु मरंकळ् = सात साल वृक्ष (जिनको एक ही बाण से श्रीराम ने छिन्न कर दिया था।)

उय्म्मिन् = उज्जीवित हो जाइए; आत्मोद्धार कर लीजिए

भावार्थ एवं व्याख्या

भक्त आष्वार् मानव-मात्र को समझा रहे हैं कि वह श्रीवेंकट पर्वत में विराजमान भगवान नारायण के श्रीचरणों में अपने को सर्मपित कर उज्जीवित हो अर्थात् आत्मोद्धार कर ले। आष्वार् आश्रित-वत्सल भगवान नारायण की कृपालुता तथा भक्तों के प्रति उनके अनुग्रह की महिमा का उदाहरण देते हुए कहते हैं कि भगवान ने देवताओं के रक्षण के लिए अमृत के निमित्त समुद्र मंथन के समय कूर्मावतार लेकर अपनी पीठ पर मन्दर पर्वत को उठाकर मंदर पर्वत को दुग्ध समुद्र में धंसने से बचाया। भविष्य में देवताओं को कोई

कष्ट न हो–इस कारण उनके हित का विचार करते हुए भगवान दुग्ध समुद्र में आकर विराजमान हुए। भगवान ने कृष्णावतार में देवताओं और समस्त जगत को त्रस्त करनेवाले राक्षस कालनेमि का संहार किया। भगवान नारायण ने रामावतार में भाई वालि के आतंक से त्रस्त एवं पदच्युत वानरराज सुग्रीव की सहायता की; सुग्रीव के अंतस्तल में विश्वास जगाने के लिए एक ही बाण से सात साल वृक्षों को छिन्न कर दिया था। कूर्मावतार में भगवान नारायण ने देवताओं की रक्षा की; भविष्य में देवताओं के हित के लिए दुग्ध समुद्र में योगनिद्रा की मुद्रा में विराजमान हुए। फिर रामावतार में भगवान ने मित्र एवं वानरराज सुग्रीव की सहायता की। वही भगवान नारायण भक्तों एवं आश्रितों के प्रति कृपालुता के कारण श्रीवेंकट पर्वत में आकर विराजमान हुए हैं। भक्त आऴ्वार् मानव को श्रीवेंकटाद्रि में विराजमान भगवान नारायण के श्रीचरणों में समर्पण भाव से भक्ति कर आत्मोद्धार करने का सन्देश दे रहे हैं। इस प्रकार भक्त आऴ्वार् ने प्रपत्तिमूलक भगवत्कैंकर्य की महिमा का प्रतिपादन किया है। इसी कैंकर्य सेवा की प्रशस्ति करते हुए नम्माऴ्वार् ने भी 'तिरुवाय् मोऴि' में कहा है–

"शुडरडि तोऴुदु एऴु" (1-1-1)

(भगवान नारायण के ज्योतिर्मय श्रीचरणों का सेवन कर आत्मोद्धार कर लो।)

प्रस्तुत पद में भक्त आऴ्वार् की प्रपत्तिपरक अभिव्यक्ति "माल पादमे अडैन्तु नाळुम् उय्म्मिनो" (भगवान नारायण के श्रीचरणों की शरण में पहुँचकर सर्वदा कैंकर्य-सेवा करते हुए आत्मोद्धार कर लीजिये) वैष्णव धर्म के मूलभूत शरणागति तत्त्व की संक्षिप्त परिभाषा निरूपित कर रही है।

प्रस्तुत पद में उल्लिखित राक्षस कालनेमि वही राक्षस था जिसका जन्म बाद में उग्रसेन के पुत्र 'कंस' के रूप में हुआ जिसका संहार भगवान कृष्ण के हाथों हुआ।

श्रीवेंकट पर्वत की विशेष महिमा का उल्लेख प्रस्तुत पद के मूल में है। वह महिमा इस प्रकार है–यही वह पर्वत है जहाँ भगवान नारायण आश्रित भक्तों के प्रति अनुग्रहपूर्वक विराजमान हैं और यही वह स्थल है जहाँ भक्त को भगवान के श्रीचरणों में प्रपन्न होकर कैंकर्य-भाव से रहना है।

बयासी

भक्त आऴ्वार् ने पूर्व पदों में मानव-मात्र को प्रपत्तिपरक भक्ति का संदेश दिया। अब आगे के कतिपय पदों में भगवान नारायण के साथ संवाद के माध्यम से आऴ्वार् भक्ति की गौरव-गाथा प्रस्तुत कर रहे हैं।

एत्तिरत्तुं ओत्तु निन्रु उयर्न्द उयर्न्द पेट्रियोय्!
मुत्तिरत्तु मूरि नीर् अरावणैत् तुयिन्र निन्
पत्तुरुत्त चिन्तैयोडु निन्रु पाशम् विट्टवर्कु
एत्तिरत्तुम् इन्बम् इंगुम्, अंगुम् एंगुम् आहुमे।।

विशिष्ट शब्द एवं उनकी व्याख्या

तिरम् = प्रकार, विधान, जाति

मुत्तिरत्तु मूरि नीर् = तीन प्रकार के जलों अर्थात् नदी-जल, स्रोत-जल एवं वर्षा-जल के समवाय से बना व्यापक समुद्र; प्रसंगानुसार दुग्ध समुद्र

पत्तु = भक्ति

पत्तु उरुत्त चिन्तै = भक्ति पूरित अंतस्तल

पाशम् = बंधन, विषयासक्ति
इन्बम् = सुख; प्रसंगानुसार भगवदनुभव का आनन्द
इंगुम्, अंगुम्, एंगुम् = यहाँ, वहाँ और सर्वत्र; प्रसंगानुसार सांसारिक जीवन में, अमर लोक में और अन्य सभी स्थानों में

भावार्थ एवं व्याख्या

भक्त आष्वार् भगवान नारायण को सम्बोधित कर रहे हैं।
देव, मनुष्य, पशु तथा स्थावर–इन चारों जातियों में अवतार लेने अर्थात् सजातीय होने के बावजूद ईश्वरीयता आदि अपने विशिष्ट गुणों से युक्त हे भगवान नारायण! नदी-जल, स्रोत-जल एवं वर्षा-जल से बने व्यापक दुग्ध-समुद्र में शेषशायी बन विराजमान आपके प्रति विषय-वासनाओं की आसक्ति त्यागकर गहन भक्ति-गद्गद हृदय से अनुरक्त रहनेवाले भागवत भक्त सांसारिक जीवन में और अमर लोक में रहते समय तथा अन्य सभी स्थानों में आपके अनुग्रह, कृपा तथा सान्निध्य के आनन्द के अधिकारी होंगे।
अर्थात् विषय-संग का त्याग कर भगवान नारायण के श्रीचरणों में सर्वथा समर्पित भक्त हर स्थिति में और इह-पर लोकों में परमानन्द के पात्र होंगे।

तिरासी

पूर्व पद में कहा गया कि भागवत भक्तों को इहलोक और परलोक में अर्थात् सर्वत्र परमानन्द प्राप्त होगा। प्रस्तुत पद में भक्त आष्वार् का कहना है कि मोक्ष-सुख भी सांसारिक जीवन में रहते हुए भगवान नारायण के श्रीचरणों में निरन्तर भक्ति करने से प्राप्त होनेवाले आनन्द की बराबरी नहीं कर सकता।

मट्टुलावु तण्तुषाय् अलंकलाय् पुलन् कषल्
विट्टु वीष्वु इलाद भोगम् विण्णिल् नण्णि एरिनुम्
एट्टिनोडु इरण्डेनुम् कयिट्रिनाल् मनन्तनैक्
कट्टि वीडु इलादु वैत्त कादल् इन्बम् आहुमे!

विशिष्ट शब्द एवं उनकी व्याख्या

मट्टु = मधु; शहद
पुलन् = इन्द्रिय
वीष्वु = पतन; परिवर्तन
भोगम् = सुखानुभूति; प्रसंगानुसार 'मोक्ष-सुख'
यह संस्कृत शब्द 'भोग' का तमिल प्रयोग है।
एट्टिनोडु इरण्डु = 8 + 2 = 10 तमिल में दस को 'पत्तु' कहा जाता है। 'भक्ति' को भी पत्ति या पत्तु कहा जाता है। यह भक्त कवि का प्रयोग–वैलक्षण्य है।
कयिट्रिनाल् = पाश या रस्सी से
वीडु इलादु = बिना किसी अन्तराल के
कादल् इन्बम् = भक्ति का आनन्द

भावार्थ एवं व्याख्या

मधु भरित तुलसी माला से अलंकृत हे भगवान नारायण! इन्द्रियों द्वारा अनुभोग्य आपके श्रीचरणों को छोड़कर, परमपद में पहुँचकर भले ही हम अनन्त मोक्ष-सुख प्राप्त करें; फिर भी क्या वह मोक्ष-सुख विषय-वासनाओं से मुक्त भक्ति-पाश से बंधे मन से आपके श्रीचरणों में प्रपन्न होने पर प्राप्त होनेवाले भक्ति सुख के समान हो सकता है!

अर्थात् इह लोक में भगवान के श्रीचरणों में प्रपत्ति भाव से समर्पित होने पर जो भक्ति-सुख प्राप्त होता है वह अनुपम है; परमपद में प्राप्त होनेवाला अमर मोक्ष-सुख भी उनकी तुलना में अत्यन्त सामान्य है।

इसी बात को नम्माष़्वार ने भी अपनी कृति 'तिरुवाशिरियम्' के दूसरे पद में इस प्रकार कहा है—नाना प्रकार के बाह्य तथा आन्तरिक सुख, यहाँ तक कि मोक्ष भी प्राप्त हो; फिर भी भगवान नारायण के ध्यान से भक्ति-गद्‌गद स्थिति में प्राप्त होनेवाली सुखानुभूति की तुलना में वे सब तुच्छ हैं; अर्थात् प्रपत्तिमूलक भक्ति से प्राप्त होनेवाला आनन्द सर्वोपरि है।'

चौरासी

सांसारिक जीवन में रहते हुए भगवद् भक्ति का अनुभव करने के बावजूद भक्त-मन को ऐसा प्रतीत होता है कि उसकी भक्ति इतनी गहन तथा व्यापक नहीं है कि भगवान उस पर अनुग्रह करे। उसे यह भी मालूम नहीं होता है कि भगवान उससे क्या करवाना चाहते हैं; उसे संसार-चक्र में ही उलझे रखना चाहते हैं अथवा अपने श्रीचरणों में प्रपन्न परम भागवत भक्त बनाये रखना चाहते हैं। देखिये प्रस्तुत पद में भक्त आष़्वार् की इस शंकाकुल मानसिक स्थिति को।

पिन् पिरक्क वैत्तनन् कोल्, अन्रि निन्रु तन् कष़्कुं
अन्बुरैक्क वैत्त नाळ् अरिन्तनन् कोल्, आष़्यान्
तन् तिरत्तोर् अन्बिला अरिविलाद नायिनेन्
एन् तिरत्तिल् एन् कोल् एम्पिरान् कुरिप्पिल् वैत्तते।।

विशिष्ट शब्द एवं उनकी व्याख्या

कुरिप्पिल् = अंतस्थल में; चिन्तन में
अन्बु = स्नेह; प्यार; भक्ति
नायिनेन् = कुत्ते की तरह नीच (मैं)
एन् तिरुत्तु = मेरे सम्बन्ध में
तन् तिरत्तु = अपने सम्बन्ध में

भावार्थ एवं व्याख्या

मेरे नाथ अर्थात् स्वामी भगवान नारायण ने मेरे बारे में क्या सोचा है! क्या वे चाहते हैं कि मैं जन्म-जन्मान्तर के भँवर में फँसा रहूँ? क्या उन्होंने उस दिन का संकल्प किया है जब मैं उनके श्रीचरणों में प्रपन्न होकर भक्ति-मार्ग से परमपद में पहुँचकर मोक्ष-लाभ प्राप्त करूँ?

सुदर्शन चक्रधारी भगवान नारायण ने भक्ति एवं विवेक-ज्ञान से विरहित, श्वान की तरह नीच व्यक्तित्व-वाले मेरे सम्बन्ध में क्या सोचा है?

भक्त-मन चिन्ताग्रस्त है; शंकाकुल है। वह जानना चाहता है कि भगवान नारायण उसे जन्म-मृत्यु के चक्र में

ही रहने देंगे अथवा अपने श्रीचरणों में समर्पित परम भक्त बनने का अवसर प्रदान करेंगे।

भक्त आऴ्वार् यहाँ अपनी नीचता की तुलना श्वान के साथ करते हैं। क्योंकि उनका मन पहले कुत्ते की तरह इधर-उधर भटकता रहा; कहीं भी और किसी भी सिद्धान्त में अटल रहे बिना वे नाना स्थितियों से गुज़रते रहे। उन्हें हर जगह दुतकार ही मिली जो श्वान की स्थिति है। परन्तु अब भक्त मन भगवान नारायण के ध्यान में मग्न है और चाहता है कि वह भगवान के श्रीचरणों में सर्वदा प्रपन्न होकर रहे।

इसीलिए भक्त-मन शंकाग्रस्त होकर सोचता है कि भगवान उसको किस स्थिति में—विषयासक्त स्थिति में अथवा प्रपन्न स्थिति में रखना चाहेंगे।

पचासी

भक्त आऴ्वार् भगवान नारायण से प्रार्थना करते हैं कि वे उनके मन को भक्ति मार्ग से विलग भव-सागर में डूबने न दें।

नच्चरा अणैक् किडन्त नाथ पादपोदिनिल्
वैत्त चिन्तै वांगुवित्तु नींगु विक्क नीयिनम्
मेय्त्तन् वल्लै आदलाल् अरिन्तनन् निन् मायमे
उय्त्तु निन् मयक्किनिल् मयक्कल् एन्नै मायने।।

विशिष्ट शब्द एवं उनकी व्याख्या

नच्चु = विष
पादपोदिनिल् = चरणकमल में (पोदु = पुष्प)
चिन्तै = मन; विचार
मयक्कु = विषय-वासनाओं में आसक्त करना

भावार्थ एवं व्याख्या

हे शेषशायी सर्वेश्वर भगवान नारायण! आपके श्रीचरणों में समर्पित मेरे अंतस्तल को वहाँ से हटाकर विषय-वासनाओं की ओर आकर्षित कराने की आपकी मायामय-शक्ति को मैं जानता हूँ। किन्तु हे, मायापति! मैं आपकी शरण में आया हूँ। मुझे आप पुनः सांसारिकता अर्थात् विषय-वासनाओं के पाश में बँधकर रहने की भ्रममय स्थिति में फँसने मत दीजिये।

भगवान नारायण को भक्त आऴ्वार् ने 'मायापति' शब्द से सम्बोधित किया है क्योंकि 'प्रकृति' भगवान की माया है। त्रिगुणात्मिका विषय-वासनाओं से युक्त प्रकृति भगवान की शक्ति से अनुप्राणित है।

उस प्रकृति के बन्धन में बँधकर रहनेवाला मानव-मन भगवद् भक्ति से कोसों दूर चला जाता है। अतः मायापति से भक्त की प्रार्थना है कि वे उनको भक्ति में ही लीन रहने दें और माया के बन्धन में न बँधने दें।

मायापति भगवान के बारे में भगवद्गीता का निम्नलिखित श्लोक मननीय है।

"दैवी ह्येषा गुणमयी मम माया दुरत्यया।
मामेव ये प्रपद्यन्ते मायायेतां तरन्ति ते।।" (भगवद् गीता 7/14)

(त्रिगुणात्मिका मेरी माया अपार है अर्थात् कोई उसका अतिक्रमण नहीं कर सकता। किन्तु जो लोग प्रपन्न होकर मेरी शरण में आते हैं वे इस माया को अतिक्रमित करते हैं।)

छियासी

भगवान नारायण से भक्त की शिकायत है कि निरन्तर आपका ध्यान करते रहने के बावजूद आप मुझे क्यों मुक्ति प्रदान नहीं करते। यह भक्त-हृदय की भावुकतापूर्ण स्थिति है।

शाडु शाडु पादने! शलं कलन्त पोय्कै वाय्
आडु अरविन् वन्पिडर् नडम् पयिन्र नाथने!
कोडु नीडु कैय! शेय्य पाद नाळुम् उळ्ळिनाल्
वीडनाह मेय् शेयाद वण्णम् एन् कोल् कण्णने!

विशिष्ट शब्द एवं उनकी व्याख्या

शाडु = शकटासुर; नष्ट करना
शलम् कलन्त = विष मिश्रित
पोय्कै = नदी; प्रसंगानुसार 'यमुना नदी' अभिप्रेत है।
आडु अरवु = नर्तन करनेवाला सर्प; प्रसंगानुसार 'कालिय' सर्प
कोडु = शंख; प्रसंगानुसार 'पांचजन्य शंख'
उळ्ळिनाल् = हृदय से; चिन्तन या ध्यान से
वीडनाह = वीडन् + आह = मुक्त के रूप में
वीडु = मुक्ति; मोक्ष
वीडन् = मुक्त
मेय् = सच; सचमुच; वास्तव में

भावार्थ एवं व्याख्या

हे भगवान कृष्ण! आपने अपने श्रीचरणों से धक्का देकर शकटासुर का संहार किया। यमुना नदी की विषैली जलधारा में सरकते कालिय सर्प का अहंकार नष्ट कर उसके फण पर आपने नर्तन किया। आप पांचजन्य शंख को सर्वदा धारण किये हुए हैं। मैं आपके श्रीचरणों में निरन्तर समर्पित रहा हूँ। फिर भी आपने मुझे भवसागर से मुक्त क्यों नहीं किया?

भगवान नारायण (अर्थात् कृष्ण) से भक्त आष्वार् की यह शिकायत है कि आप तो शकटासुर, कालिय सर्प आदि विरोधियों की अहंता का संहार करनेवाले हैं। फिर भी आप मेरी विषय-वासनाओं का नाश क्यों नहीं करते? अर्थात् मुझे विषय-आसक्ति से छुड़ाकर मोक्ष का अधिकारी क्यों नहीं बनाते?

भक्त आष्वार् को इस बात का विश्वास है कि भगवान कृष्ण सभी जीवराशियों में भक्ति की चेतना जगाकर उन्हें मुक्ति प्रदान करने के लिए अवतरित हुए। भव-बाधाओं का नाश एवं भक्ति का विकास कर भक्त मानव को मोक्ष का अधिकारी बनाना उनका लक्ष्य है। फिर भी भक्त आष्वार् के सन्दर्भ में उन्होंने ऐसा क्यों नहीं किया? आष्वार् भगवान नारायण से यह प्रश्न कर रहे हैं; यह भक्त-हृदय की स्वाभाविक शंकाकुल स्थिति है।

सत्तासी

भक्त को पूर्ण विश्वास है कि भगवान नारायण सर्वदा उनकी रक्षा करेंगे। इसलिए वे किसी और शक्ति पर विश्वास नहीं करते; क्योंकि 'अन्यथा शरणं नास्ति;' 'रक्षिष्यतीति विश्वासः'—भक्त हृदय की प्रपत्ति का आधार यही विश्वास है।

नेट्रि पेट्र कण्णन् विण्णिन् नाथनोडु पोदिन् मेल्
नट्रवत्तु नाथनोडु मट्रुम् उळ्ळ वानवर्
कट्र पेट्रियाल् वणंगु पाद नाथ वेद निन्
पट्रलाल् ओर् पट्रुम् अट्रदु उट्रिलेन् उरैक्किले।।

विशिष्ट शब्द एवं उनकी व्याख्या

कण्णन् = कण् = आँख; नयन
कण्णन् = नयन-युक्त
नेट्रि = माथा; मस्तक
विण्णिन् नाथन् = आकाश लोक अर्थात् देवलोक का स्वामी इन्द्र
पोदिन् मेल् नाथन् = पद्मनाभ ब्रह्मा
पेट्रि = पद्धति; ढंग; रीति
वेद नाथ = वेदों द्वारा प्रतिपाद्य स्वामी
पट्रु = आश्रय; लगाव; सम्बन्ध
उट्रिलेन् = स्पर्श नहीं करूँगा (उट्रु = स्पर्श)

भावार्थ एवं व्याख्या

हे भगवान नारायण! त्रिनयन रुद्र, देवलोक के स्वामी देवेन्द्र, पद्मनाभ एवं तपस्वी ब्रह्मा तथा शेष तमाम देवता लोग अपनी-अपनी रीति से आपके श्रीचरणों का आश्रय ग्रहण करते हैं। आप वेदों द्वारा प्रतिपाद्य एवं सबके स्वामी हैं। मैंने आपका आश्रय छोड़ किसी दूसरे के आश्रय के बारे में कभी नहीं सोचा था। मुझे केवल आपका विश्वास है। मेरे लिए कोई दूसरी शरण नहीं है।
अर्थात् 'गोप्तृत्व वरणम्'* (मुक्ति के लिए केवल भगवदनुग्रह अर्थात् भगवत्कृपा पर विश्वास करना) की सुनिर्णीत धारणा मेरे अंतस्तल में अटल है। (*अहिर्बुध्न्य संहिता, अध्याय 37; श्लोक 28)
ब्रह्मा, रुद्र आदि तमाम देवताओं ने परमात्मा नारायण के श्रीचरणों की शरण ग्रहण की है। भगवान नारायण उन सबके स्वामी हैं। जैसे श्वेताश्वर उपनिषत् में कहा गया है–

"तमीश्वराणां परमं महेश्वरं, तं देवतानां परमं च दैवतम्।" (6/7)

(वह तमाम ईश्वरों का ईश्वर अर्थात् महेश्वर है और वह तमाम देवताओं का देवता अर्थात् देवदेव है।)
प्रस्तुत पद में भक्त आष़्वार् की अनन्य भक्ति अर्थात् अनन्यगतित्व का प्रतिपादन हुआ है जो भगवद्गीता की निम्नलिखित प्रस्थापना के अनुरूप है।

"अनन्याश्चिन्तयन्तो मां ये जनाः पर्युपासते।
तेषां नित्याभियुक्तानां योगक्षेमं वहाम्यहम् ।।" (9/22)

(भगवान कृष्ण कहते हैं, "जो लोग किसी और का विचार किये बिना केवल मेरी उपासना करते हैं उनकी सुरक्षा एवं कल्याण का भार मैं वहन करता हूँ।)

अट्ठासी

भक्त आष़्वार् की, 'अनन्यगतित्व' की, प्रस्थापना प्रस्तुत पद और परवर्ती पद में भी निरूपित है।

वेळ्ळै वेलै वेर्पु नाट्टि वेळ्ळेयिट्रु अरावळाय्
अळ्ळलाक् कडैन्द अन्रु अरुवरैक्कोर् आमैयाय्
उळ्ळ नोय्हळ् तीर् मरुन्दु वानवर्कु अळित्त एम्
वळ्ळलारै अन्रि मट्रोर् देय्वम् नान् मदिप्पने।।

विशिष्ट शब्द एवं उनकी व्याख्या

वेळ्ळै वेलै = शुभ्र दुग्ध समुद्र
वेर्पु = पर्वत; प्रसंगानुसार 'मंदर पर्वत'
एयिट्रु = दांतवाला
अरावु = सर्प; प्रसंगानुसार 'वासुकि'
वरै = पर्वत
आमै = कूर्म
मरुन्दु = दवा; प्रसंगानुसार 'अमृत'
वळ्ळलार् = उदार (परमात्मा)

भावार्थ एवं व्याख्या

दुग्ध समुद्र में मन्दर पर्वत को मथनी बनाकर और शुभ्र दांतवाले वासुकि सर्प को रस्सी के रूप में पर्वत के चारों तरफ़ घुमाकर तीव्र गति से जब सुरासुरों द्वारा मंथन किया जाने लगा तब पर्वत समुद्र में धंसने लगा तो उसे धंसने न देने के लिए भगवान विष्णु अर्थात् नारायण ने कूर्म के रूप में अवतार लेकर उसे अपनी पीठ पर उठाया; इस प्रकार अमृत उपलब्ध होने में सहायता की जिससे कि देवता लोग कष्टों से बच सकें। उस उदारचेता भगवान नारायण को छोड़ क्या मैं किसी और देवता का आदर करूँगा?
अमृत प्राप्त करने के लिए सुरासुरों ने मिलकर जो समुद्र मंथन किया था उसकी कहानी के लिए विष्णु पुराणा (I/9) और महाभारत (आदि पर्व; अध्याय 17) देखें।
भगवान नारायण आश्रितों के उद्धारक हैं। जब देवताओं ने उनका आश्रय ग्रहण किया तब भगवान ने उदारतापूर्वक उनकी सहायता की और अमृत प्राप्त करने में जो-जो बाधाएँ आयीं उन सबका निराकरण कर देवताओं को अमृत उपलब्ध कराया।
भक्त आष़्वार् उस भक्त-वत्सल भगवान नारायण को छोड़ किसी और देवता का आश्रय कैसे स्वीकार करेंगे?

नवासी

अनन्य भाव से केवल आश्रित-रक्षक भगवान नारायण की भक्ति करने के अपने निर्णय को भक्त आष़्वार् पुनः दोहरा रहे हैं।

पार् मिहन्त भारम् मुन् ओषि़च्चुवान् अरुच्चुनन्
तेर् मिहुत्तु मायमाक्कि निन्रु कोन्रु वेन्रि शेर्

मारतर्कु वान् कोड्डुत्तु वैयम् ऐवर् पालताम्
शीर् मिहुत्त निन्नलाल् ओर् देय्वम् नान् मदिप्पने।।

विशिष्ट शब्द एवं उनकी व्याख्या

पार् = भूमि
भारम् = भार; वज़न; यह मूलतः संस्कृत शब्द है
अरुच्चुनन् = अर्जुन
तेर् = रथ
मारतर्कु = महारथी दुर्योधन आदि कौरवों को
वान् = आकाश; स्वर्ग; प्रसंगानुसार 'वीर स्वर्ग'
ऐवर् = पाँच पाण्डव

भावार्थ एवं व्याख्या

बहुत पहले धरती के अपार भार को नष्ट करने के लिए भगवान नारायण कृष्ण के रूप में (महाभारत युद्ध में) अर्जुन के रथ के सारथी बने; नाना प्रकार की मायामय लीलाएँ कर वैरियों का नाश किया; विजेताओं के रूप में आत्माभिमान करनेवाले कौरवों का नाश कर उन्हें वीर स्वर्ग पहुँचाया और पाँचों पाण्डवों को पृथ्वी का सारा साम्राज्य उपलब्ध कराकर उन्हें यशस्वी बनाया।
उस आश्रित-वत्सल भगवान नारायण को छोड़ (आष्वार् कहते हैं,) मैं और किस देवता का आदर करूँगा?
भक्तों की रक्षा करना भगवान नारायण का धर्म है। उस धर्म के पालन के लिए भगवान ने विभिन्न प्रकार की मायामय लीलाएँ कीं; अधर्मी आततायी दुर्योधन आदि कौरवों का नाश कर, भूमि-भार को दूर किया और धर्मरक्षक पाण्डवों की सहायता की; उन्हें राज्य का अधिकार दिलाया।
भगवान की आश्रितवत्सलता इन लीलाओं से प्रमाणित हुई।
भक्त आष्वार् कहते हैं कि आश्रित-वत्सल एकमात्र भगवान नारायण आश्रयणीय हैं।

नब्बे

पद 87 से लेकर पूर्व पद तक भक्त आष्वार् ने 'अन्यथा शरणं नास्ति' के तत्व की व्याख्या करते हुए अनन्यगतित्व की स्थापना की। प्रस्तुत पद में आष्वार् अपनी अकिंचनता का निवेदन करते हुए यह निरूपित करते हैं कि भगवान को प्राप्त करने के लिए उनके श्रीचरणों में समर्पित होने के सिवाय कोई दूसरा उपाय नहीं।

कुलंकळाय ईर् इरण्डिल् ओन्रिलुम् पिरन्दिलेन्
नलंकळाय नर्कलैकळ् नालिलुम् नविन्रिलेन्
पुलंकळ् ऐन्दुम् वेन्रिलेन् पोरियिलेन् पुनित! निन्
इलंकु पादम् अन्रि मट्रोर् पट्रिलेन् एम् ईशने!

विशिष्ट शब्द एवं उनकी व्याख्या

कुलंकळ् = ब्राह्मण, क्षत्रिय, वैश्य, शूद्र—ये चार वर्ण
ईर् इरण्डु = चार (दो का द्विगुणित रूप)

नर् कलैकळ् नालिलुम् = श्रेष्ठ चार वेदों में
पुलंकळ् ऐन्दुम् = आँख, कान, नाक, जिह्वा, त्वचा–ये पाँच इन्द्रियाँ
पोरि = शब्द, स्पर्श, रूप, रस, गंध–ये पाँच विषय
पोरि का अर्थ इन्द्रिय भी है।
पट्रु = सम्बन्ध; उपाय
इलंकु = तेजोमय

भावार्थ एवं व्याख्या

हे पावन पुरुषोत्तम मेरे स्वामी! ब्राह्मण, क्षत्रिय आदि चार वर्णों में से किसी भी वर्ण में मेरा जन्म नहीं हुआ है। धर्म का प्रतिपादन करनेवाले चारों वेदों का मैंने अध्ययन नहीं किया है। शब्द, स्पर्श आदि पंच विषय-वासनाओं से आसक्त आँख, कान, नाक, जिह्वा, त्वचा–इन पाँचों इन्द्रियों पर मैंने विजय नहीं पायी है अर्थात् विषयासक्त होकर–इन्द्रियों के वशीभूत होकर निकृष्ट जीवन यापन कर रहा हूँ। ऐसी परिस्थिति में मुझ अकिंचन के लिए मुक्ति का मार्ग आपके तेजोमय श्रीचरणों की भक्ति अर्थात् उनमें समर्पण के सिवाय कोई दूसरा नहीं है।

भक्त को अपनी दुर्बलताओं का परिज्ञान है। उनको इस बात का दुख है कि वे चार वर्णों में से किसी भी वर्ण में क्यों नहीं जन्मे? उचित वर्ण में जन्मे होते तो वेदों का अध्ययन करने का सौभाग्य मिलता! वे वेदाध्ययन न करने से वेदार्थ को नहीं समझ सके और वेदोक्त रीति से अनुष्ठान कर इन्द्रियों पर नियंत्रण भी न कर सके; इसके विपरीत विषय-वासनाओं के प्रति आकृष्ट होकर भव-सागर में डूबे रहे। उनके सामने इस आपत्ति से बचने का एकमात्र उपाय है; वह है भगवान के श्रीचरणों में भक्तिमय समर्पण।

इस पद में परम भागवत भक्त आऴ्वार् द्वारा प्रतिपादित प्रपत्तिपरक भक्ति का सार संक्षेप में इस प्रकार है। भक्त का भले ही उत्कृष्ट वर्ण में जन्म नहीं हुआ हो; फलस्वरूप उसे वेदाध्ययन कने का सद्भाग्य प्राप्त नहीं हुआ हो और इस कारण वेद प्रतिपादित कर्मों तथा सिद्धान्तों की जानकारी न होने से विषय-वासनाओं के प्रति उसकी इन्द्रियासक्ति का निराकरण नहीं हुआ हो; फिर भी भगवान के प्रति आसक्ति और भगवच्चरणों में अनुरक्ति ही ऐसे साधन हैं जिनसे मुक्ति का मार्ग प्रशस्त हो सकता है।

इक्यानबे

भगवान ही भक्त के सर्वस्व हैं। अतः भक्त यही चाहता है कि भगवान उससे कभी विलग न हों। क्योंकि भगवान को छोड़कर भक्त का न कोई निर्वाहक है और न ही कोई आत्मीय बंधु।

पण्णुलावु मेन्मोऴिप् पडैत्तडंकणाळ् पोरुट्टु
एण्णिला अरक्करै नेरुप्पिनाल् नेरुक्किनाय्
कण्णलाल् ओर् कण्णिलेन कलन्त शुट्रम् मट्रिलेन्
एण्णिलाद माय! निन्नै एन्नुळ् नीक्कल् एन्रुमे ।।

विशिष्ट शब्द एवं उनकी व्याख्या

पण् = स्वर; राग; संगीत
मेन् मोऴि = मृदु वचन

पडै = खड्ग (की भाँति चमकीला)
कणाळ् = नयनवाली; प्रसंगानुसार 'सीताजी'
नेरुप्पिनाल् = आग से; प्रसंगानुसार 'बाणाग्नि' से
कण् = नयन; आँख; प्रसंगानुसार 'पथप्रदर्शक'
शुट्रम् = बंधु-बांधव
नीक्कल् = नहीं हटाना; अलग नहीं करना।

भावार्थ एवं व्याख्या

हे भगवान नारायण! आपने सीताजी की रक्षा करने के लिए, जिनकी वाणी संगीतमय तथा मधुर है, और जिनके नयन खड्ग की तरह तेजोमय एवं तीक्ष्ण हैं, असंख्य राक्षसों का, शर-वर्षा कर शराग्नि से संहार किया था। केवल आप ही मेरे निर्वाहक हैं; मेरे कोई दूसरे बन्धु-बान्धव नहीं हैं। अद्भुत शक्ति-सम्पन्न हे मेरे स्वामी! अपने को मुझसे कभी अलग मत कीजियेगा।
भक्त भगवान के नित्य सान्निध्य की कामना करता है। जैसे सीताजी की रक्षा के लिए भगवान ने राक्षसों पर शर-वर्षा की थी वैसे ही भगवान से भक्त की प्रार्थना है कि वे उसको भी स्वीकार कर सांसारिकता के बन्धन से मुक्त करें और कभी अपने को उससे अलग न करें अर्थात् वह कभी इधर-उधर भटक भी जाए तो भी भगवान उसका परित्याग न करें।

बयानबे

शरणागत भक्त भगवान नारायण से अभय-दान की माँग करता है।

विडैक् कुलंकळ् एष् अडर्त्तु वेन्रि वेर् कण मादरार्
कडिक् कलंत तोळ् पुणर्न्त कालि आय वेलै नीर्
पडैत्तु अडैत्तु अदिर् किडन्तु मुन् कडैन्तु निन् तनक्कु
अडैक्कलम् पुहुन्त एन्नै अञ्जल् एन्न वेण्डुमे ।।

विशिष्ट शब्द एवं उनकी व्याख्या

विडै = ऋषभ, एष् = सात
वेल = शूल
मादरार् = महिला; प्रसंगानुसार 'देवी नप्पिन्नै'
अञ्जल् = मत डरो

भावार्थ एवं व्याख्या

हे भगवान नारायण! आपने सृष्टि के प्रारंभ में लहराते व्यापक समुद्र की सृष्टि की; रामावतार में आपने (रावण-युद्ध के पहले) समुद्र में बाँध बनाया; लोक हित के लिए आपने क्षीर-सागर में अपना आवास बनाया और देवताओं की रक्षा के लिए अमृत उपलब्ध कराने के निमित्त समुद्र मंथन किया और उसमें विविध प्रकार से देवताओं की सहायता की। आपने कृष्णावतार में विभिन्न वर्गों के सात ऋषभों को जीतकर सुन्दर तीक्ष्ण नयनोंवाली देवी नप्पिन्नै को प्राप्त किया। हे गोपाल कृष्ण! मैं आपकी शरण में आया हूँ; अनन्य शरण मुझे आप 'मा भीः' कहकर अपनाने का अनुग्रह करें।

यहाँ भक्त आष़्वार् भगवान नारायण के सर्वव्यापित्व, स्नेहाधीनता और आश्रित वत्सलता का परिचय दे रहे हैं। भगवान नारायण ने सबसे पहले समुद्र की सृष्टि की। जैसे मनुस्मृति में कहा गया है, 'भगवान ने विभिन्न प्रकार की सृष्टियों के पहले संकल्प मात्र से समुद्र का सृजन किया। उसके बाद अण्ड-ब्रह्माण्ड का सृजन हुआ।'

"सोऽभिध्याय शरीरात्स्वात् सिसृक्षुः विविधाः प्रजाः।
अप एव ससर्जादौ तासु बीजमवासृजत्।" (1-8)

लोकहित के लिए परमपद में विराजमान भगवान ने क्षीर-समुद्र में अपना आवास बनाया। वहाँ रहते हुए देवताओं के अनुरोध पर समुद्र-मंथन में सहायता दी (विष्णु पुराण, 1-9-65)। उसी समुद्र में लंका में प्रवेश करने के पहले भगवान ने बाँध बनाया ताकि रावण तथा अन्य दैत्यों से जगत की रक्षा हो तथा देवी सीता को रावण के चंगुल से बचाया जा सके।

भगवान नारायण ने कृष्णावतार में महाभारत युद्ध के अवसर पर अर्जुन से कहा कि "हे अर्जुन! तमाम धर्मों अर्थात् विषयों का परित्याग कर केवल मेरी शरण ग्रहण करो; मैं तुमको सभी पापों से—तमाम कष्टों से मुक्त करूँगा; तुम कथमपि मत डरो; किसी बात की चिन्ता मत करो; अर्थात् मैं तुम्हारा निर्वाहक तथा रक्षक हूँ।"

"सर्वधर्मान् परित्यज्य मामेकं शरणं व्रज।
अहं त्वा सर्वपापेभ्यो मोक्षयिष्यामि मा शुचः।" भगवद्गीता–18-66

भक्त आष़्वार् उसी बात की याद करते हुए भगवान से प्रार्थना करते हैं कि मैं आपकी शरण में आया हूँ। मुझे केवल आपकी शरण का भरोसा है। जैसे आपने अर्जुन को सांत्वना तथा विश्वास देकर भय मुक्त किया था वैसे ही अनन्य शरण होकर आये हुए मुझे भी अपने अनुग्रह से भव-सागर से भय-मुक्त कीजिये। यह भक्त-वत्सल भगवान नारायण से परम भागवत भक्त की, अभय प्रदान करने की अधिकारपूर्ण याचना है।

तिरानबे

भक्त आष़्वार् भगवान नारायण के श्रीचरणों में समर्पित होकर उनकी स्तुति करते हुए उनके अनुग्रह की याचना कर रहे हैं।

शुरुम्बु अरंगु तण् तुषाय् तुदैन्तलर्न्द पादमे
विरुम्बि निन्रु इरैंजु वेर्कु इरंगु अरंगवाणने!
करुम्बिरुन्द कट्टिये! कडल् किडन्त कण्णने!
इरुम्बु अरंग वेंचरम् तुरन्त विल् इरामने!

विशिष्ट शब्द एवं उनकी व्याख्या

शुरुम्ब = भ्रमर, तुदैन्तु = स्पर्श करने पर
अरंग वाणन् = श्रीरंगपति
करुम्बु = ईख
इरुम्बु = लोहा
वेंचरम् = तीक्ष्ण शर; बाण
विल् = धनुष

भावार्थ एवं व्याख्या

ईख की तरह मधुर व्यक्तित्व के हे भगवान नारायण! दुग्ध समुद्र में योग निद्रा में स्थित भक्ति सुलभ हे कृष्ण अर्थात् भगवान नारायण! लोहे की तरह सशक्त वैरियों पर तीक्ष्ण शर-वर्षा करनेवाला धनुष धारण करनेवाले हे भगवान श्री रामचन्द्र! हे श्रीरंगपति! भ्रमरों से व्याप्त तुलसी माला से अलंकृत आपके श्रीचरणों में सर्मपित होकर स्तुति करनेवाले मेरे प्रति कृपापूर्वक अनुग्रह करें।

पूर्व पद में भक्त आष़्वार् ने भगवान नारायण से अभय दान की याचना की थी। प्रस्तुत पद में आष़्वार् भगवान के अनुग्रह की याचना कर रहे हैं जिससे कि वह विषय-वासनाओं से दूर पूर्ण समर्पण के साथ भगवान के ध्यान तथा स्तवन में सर्वदा मग्न रहे।

श्रीरंग तीर्थ भगवान नारायण का परम पावन स्थल है; वहाँ भगवान उसी मुद्रा में स्थित हैं जिस मुद्रा में क्षीर समुद्र में विराजमान हैं; वे भक्तवत्सल हैं; आश्रितों-विरोधियों के संहारक हैं; आश्रितों अर्थात् भक्तों के विरोधियों को अपने विरोधियों की तरह मानते हैं; भक्त-रक्षक भगवान नारायण भक्तों के प्रति सर्वदा कृपालु हैं। अतः भगवान नारायण से परम भक्त आष़्वार् की याचना है कि वे उन्हें अपनी कृपा से अनुगृहीत करें।

चौरानबे

भगवान नारायण सर्वमय हैं; सर्वात्म हैं; तमाम जीव राशियों, उनकी सृष्टि, स्थिति तथा लय के कारण भगवान स्वयं हैं; कर्म, कर्मफल, चेतन-अचेतन वस्तुएँ, सारा ब्रह्माण्ड आदि सबके आधार भगवान हैं। यहाँ कोई वस्तु या तत्त्व स्वतंत्र नहीं है; सब भगवान के अधीन हैं। अतः भक्त आष़्वार् का कहना है कि यदि भगवान नारायण का अनुग्रह प्राप्त हो तो सारी सिद्धियाँ प्राप्त होंगी। इस आशय का आष़्वार् का प्रस्तुत पद देखिये।

ऊनिन् मेय आवि नी उरक्कमोडु उणर्च्चि नी
आनिल् मेय ऐन्तुम् नी अनट्रुळ् निन्र् तूय्मै नी
वानिनोडु मण्णुम नी वळम् कडर् पयनुम् नी
यानुम् नी अदन्रि एम् पिरानुम् नी इरामने!

विशिष्ट शब्द एवं उनकी व्याख्या

ऊन् = शरीर, आवि = प्राण

उरक्कम् = निद्रा, उणर्च्चि = जागृति

आन् = गाय

ऐन्दु = पाँच; प्रसंगानुसार गाय से सम्बन्धित पाँच वस्तुएँ–

गाय का गोबर, गोमूत्र, गाय का दूध, दही और घी जो पंच गव्य कहलाते हैं।

कडल् = समुद्र, पयन् = लाभ; फल

कडल् पयन् = समुद्र से उत्पन्न अमृत, रत्न आदि

यान् = मैं

वान् = आकाश, मण् = भूमि

भावार्थ एवं व्याख्या

हे भगवान नारायण! हे श्रीराम! आप ही सब कुछ हैं। शरीर में स्थित और शरीर को धारण करनेवाले पाँच

प्रकार के प्राण--प्राण, अपान, व्यान, उदान तथा समान--आप ही के अधीन हैं। अतः शरीर की स्थिति तथा लय--दोनों आप के ही संकल्प से होते हैं। निद्रा एवं जागृति भी आप ही के अधीन हैं। (निद्रा तमोगुण की अतिशयता के कारण होनेवाली अज्ञान-स्थिति की सूचक है। इसके विपरीत 'जागृति' अतिशय सत्वगुण के कारण होनेवाली ज्ञान-स्थिति की सूचक है।) गायों से होनेवाले पंचगव्य और उनकी शुद्धि भी आपके ही अधीन हैं। आकाश और पृथ्वी भी आपके ही अधीन हैं। (आकाश से परमपद तथा पृथ्वी से संसार का अर्थ लिया जाता है।) अर्थात् जीवों को आकर्षित करनेवाली सांसारिकता और मुक्त जीवन में प्राप्त होनेवाला परमपद--दोनों आप ही के अधीन हैं। व्यापक समुद्र से उत्पन्न होनेवाला अमृत तथा रत्न आदि भी आपके ही अधीन हैं। मैं भी आप ही के अधीन हूँ। इस प्रकार अलग-अलग विश्लेषण करते हुए मैं इतना कह सकता हूँ कि मेरे स्वामी, मेरे निर्वाहक भी आप ही हैं।

इस प्रकार भक्त आऴ्वार् अखिल ब्रह्माण्ड के कारणभूत भगवान नारायण की सर्वमयता की व्याख्या करते हुए यह सिद्ध करते हैं कि इस ब्रह्माण्ड में स्थित सारे तत्व-चेतन एवं अचेतन, स्थावर एवं जंगम, चर-अचर, तमाम वस्तुएँ, अनेक गुण, गुण जनित प्रवृत्तियाँ, इत्यादि भगवान नारायण के अधीन हैं; वे सब भगवान के संकल्प से ही होते हैं। इन सबका कोई स्वातंत्र्य नहीं है।

भक्त स्वयं भगवान का दास है। वह भी सांसारिकता में बँधा हुआ है। उसके अंतस्तल में भगवान के प्रति आसक्ति का संचार करनेवाले भी भगवान हैं। अतः भक्त आऴ्वार् का कहना है कि भगवान ही उनके स्वामी अर्थात् निर्वाहक हैं।

यहाँ एक प्रश्न यह उठ सकता है कि अखिल ब्रह्माण्ड को भगवान नारायण के अधीन कहने के बावजूद भक्त आऴ्वार् पंचगव्य का विशेष उल्लेख क्यों कर रहे हैं। इसका उत्तर निम्न प्रकार हो सकता है।

समस्त चेतन पदार्थों में मानव, विशेषकर ब्राह्मण के बाद पवित्र मानी जाती हैं गाय और उससे उद्भूत होनेवाली पाँच वस्तुएँ। साथ ही यह भी स्वीकृत है कि उक्त वस्तुएँ अन्य वस्तुओं तथा वातावरण को परिशुद्ध करती हैं। यह प्रतीकात्मक अभिव्यक्ति है। जो-जो वस्तुएँ पवित्र समझी जाती हैं और जिनके सम्पर्क से अन्य वस्तुएँ या तत्त्व पवित्र हो जाते हैं उन सबके प्रतिमान के रूप में पंच-गव्य का उल्लेख किया गया है। ऐसी विशिष्ट वस्तुएँ भी भगवान नारायण के संकल्प के अधीन हैं।

पंचानबे

भक्त का हृदय भगवत्कृपा के कारण वासनाओं से विरत होकर बंधमुक्त हो केवल भगवान नारायण की भक्ति में लीन रहता है और रहेगा। परन्तु भक्त का कहना है कि भगवान भले ही उसकी उपेक्षा करें और उसके अंतस्तल में विषयासक्ति को बढ़ा दें फिर भी वह भगवान नारायण को छोड़कर किसी और देवता की शरण में नहीं जायेगा।

अडक्करुम् पुलन्कळ् ऐन्दु अडक्कि आशैयाम् अवै
तोडक्करुत्तु वन्दु निन् तोषि़र्कण् निन्र् एन्नै नी
विडक्करुदि मेय् शेयादु मिक्कु ओर् आशै आक्किलुम्
कडल् किडन्त निन्नलाल् ओर् कण्णिलेन् एम् अण्णले!

विशिष्ट शब्द एवं उनकी व्याख्या

आशै = आसक्ति; इच्छा

तोषि़ल् = कार्य; प्रसंगानुसार भगवत्कार्य अर्थात् कैंकर्य
पिक्कु ओर् आशै = विषय-वासनाओं के प्रति आकर्षण या आसक्ति
कण्णिलेन् = ध्यान नहीं दूँगा; विचार नहीं करूँगा; नहीं अपनाऊँगा

भावार्थ एवं व्याख्या

हे मेरे स्वामी भगवान नारायण! पंचेन्द्रियों को नियंत्रित कर और विषय-वासनाओं की आसक्ति का त्याग कर अपना कैंकर्य करने में आपने ही मुझे लगाया।

आपकी कृपा से इन्द्रियों पर मैंने विजय पायी और भक्तिपूर्वक आपकी शरण ग्रहण की। किन्तु यदि इस स्थिति में अन्त तक मुझे स्थिर किये बिना आप मेरी उपेक्षा करते और मेरा साथ छोड़ देते जिससे कि मैं पुनः विषयान्तरों में आसक्त हो जाऊँ, तो भी मैं क्षीर समुद्र में विराजमान आपको छोड़कर किसी और देवता की शरण में नहीं जाऊँगा।

'आनुकूल्यस्य संकल्पः' * (भगवद् ध्यान में लीन रहना)
और 'प्रातिकूल्यस्य वर्जनम्' * (भगवद् ध्यान अथवा भक्ति से इतर स्थितियों का निराकरण)
–यह भक्त आऴ्वार् की सुनिश्चित स्थापना है। भगवान भले ही भक्त की उपेक्षा करें जिसके कारण भक्त पुनः इन्द्रिय-ग्राम का शिकार बनने के लिए बाध्य हो जाय; फिर भी भक्त की भगबान के प्रति गम्भीर आसक्ति कभी नहीं घट सकती; वह भगवान नारायण की शरण त्यागकर किसी और देवता की शरण में नहीं जा सकता। उसकी गहन भक्ति उसे भव-सागर की ओर कथमपि प्रत्यावर्तित नहीं होने देगी।

छियानबे

प्रस्तुत पद में भक्त आऴ्वार् भगवान नारायण से प्रार्थना करते हैं कि वे उन पर ऐसा अनुग्रह करें कि वे सांसारिक बन्धनों को तोड़कर उनके श्रीचरणों पर समर्पित हों।

वरंबिलाद माय माय! वैयम् एषुम् मेय्म्मैये
वरंबिल् ऊषि् एत्तिलुम् वरंबिलाद कीर्तियाय्
वरंबिलाद पल् पिरप्पु अरुत्तु वन्दु निन् कष़ल्
पोरुन्दुमा तिरुन्द नी वरं चेय् पुण्डरीकने!

विशिष्ट शब्द एवं उनकी व्याख्या

वरंबु = सीमा
वरंबु इलाद = असीम
ऊषि़ = युग; कल्प
माय = 1. प्रकृति तत्त्व जिनके नियंत्रक हैं भगवान नारायण
2. आश्चर्यमय ज्ञान, शक्ति आदि गुणों से युक्त भगवान नारायण
कीर्ति = यश (कीर्ति संस्कृत शब्द है)

भावार्थ एवं व्याख्या

असंख्य स्वरूपों और महत्तत्त्व, अहंकार आदि अपार विकारों से युक्त प्रकृति तत्त्व के नियंत्रक और

* अहिर्बुध्न्य संहिता, अध्याय 37; श्लोक 28

नानाविध ज्ञान, शक्ति आदि गुणों से युक्त हे कमलनयन (पुण्डरीकाक्ष)! सातों लोकों के लोगों द्वारा असंख्य युग-युगान्तरों तक स्तवन किये जाने के बावजूद उनके लिए अगम्य कीर्तिमान हे भगवान नारायण! मैं नानाविध जन्म-जन्मान्तरों का बन्धन तोड़कर, आपके श्रीचरणों में समर्पित होकर उन्हीं में आसक्त रहूँ–ऐसी कृपा मुझ पर करें।

भगवान नारायण की भक्ति में लीन आष़्वार् उनके श्रीचरणों में सर्वदा समर्पित होकर रहने का वर माँगते हैं भगवान से। नानाविध जन्मों का बन्धन टूट जाये; वह केवल भगवत्कृपा का पात्र बनकर रहे; भगवान के श्रीचरणों की शरण ग्रहण कर निरन्तर भक्ति-रस में मग्न रहे–यही भक्त आष़्वार् की एकमात्र कामना है। सर्वशक्तिमान भगवान नारायण से भक्त आष़्वार् की यही याचना है। मूल प्रकृति तथा उसके तमाम तत्त्वों पर भगवान का नियंत्रण है। वे सब अपार ज्ञान एवं शक्ति से सम्पन्न भगवान नारायण के अधीन हैं। भक्त आष़्वार् उपर्युक्त दोनों प्रकार से भगवान को इसलिए सम्बोधित कर रहे हैं कि उक्त प्रकृति के बंधनों से मुक्त होने के उद्देश्य से भगवान के श्रीचरणों में समर्पित जीवों को उनसे छुड़ाने में सशक्त केवल भगवान नारायण हैं; वे ही उनके एकमात्र अवलंब हैं जो ज्ञानमय हैं एवं शक्तिसम्पन्न हैं।

भगवान नारायण से भक्त आष़्वार् की याचना का सार इस प्रकार है।

मनुष्य नानाविध जन्मों के चक्र में उलझा रहता है। अनादि काल से यह क्रम चलता रहता है। हालाँकि आत्मा अजन्मा है और शाश्वत है, फिर भी मनुष्य अपने कर्मों के परिणामस्वरूप असंख्य जन्मों से गुज़रता रहता है। उन परिवर्तनशील जन्म-जन्मान्तरों से गुज़रते रहने की दुखद स्थिति से बचाकर भगवान नारायण अपने श्रीचरणों में निरन्तर उसे शरण प्रदान करें।

भले ही भक्त आष़्वार् भगवान से अपनी रक्षा की याचना कर रहे हैं फिर भी वह याचना मानव-मात्र की ओर से है। भगवान नारायण की कृपा दृष्टि समस्त जीव-राशियों पर पड़े; सभी उनके अनुग्रह के अधिकारी हों–यही भक्त आष़्वार् की याचना का लक्ष्य है।

सत्तानबे

भक्त आष़्वार् व्याधिग्रस्त शरीर का बन्धन त्यागकर भगवान नारायण का दास्य स्वीकार करते हुए आत्मोद्धार करने का उचित मार्ग जानना चाहते हैं। इस सम्बन्ध में सर्वशक्तिमान भगवान से आष़्वार् की प्रार्थना प्रस्तुत पद में देखिये।

वेय्य आषि़ शंकु दण्डु विल्लुम् वाळुम् एन्दु शीर्
कैय! शेय्य पोदिल् मादु शेरु मार्ब! नाथने!
ऐयिलाय आक्कै नोय् अरुत्तु वन्दु निन् अडैन्दु
उय्यदोर् उपायम् नी एनक्कु नल्ह वेण्डुमे ।।

विशिष्ट शब्द एवं उनकी व्याख्या

आषि़ = सुदर्शन चक्र
शंकु = शंख; पांचजन्य शंख
दण्डु = दण्ड; कौमोदकी गदा
विल् धनुष; शाङ्र्ग धनुष
वाळ् = खड्ग; नंदक खड्ग

(ये पाँचों भगवान विष्णु के शस्त्र हैं)
मादु = देवी; प्रसंगानुसार लक्ष्मी अर्थात् श्रीदेवी
ऐ = कफ; श्लेष्मा
आक्कै = शरीर
नोय् = व्याधि; बीमारी
उय्वदु = उद्धार करना; बचना; उज्जीवित होना
उपायम् = उपाय; रास्ता (यह संस्कृत शब्द है)

भावार्थ एवं व्याख्या

सुदर्शन चक्र, पांचजन्य शंख, कौमोदकी गदा, शाङ्‌र्ग धनुष और नन्दक खड्‌ग हाथ में लिये हुए हे भगवान नारायण! पद्मासना श्रीदेवी को अपने वक्षस्थल में धारण करनेवाले हे मेरे स्वामी! कफ आदि के आश्रय स्थल अर्थात् व्याधि ग्रस्त शरीर का त्याग कर, आपकी शरण में आकर मैं उज्जीवित हो सकूँ—इसका उचित उपाय बताने की कृपा करें।

भगवान नारायण के आश्रित रक्षकत्व को सिद्ध करने के लिए आष़्वार् यहाँ भगवान के विभिन्न आयुधों का उल्लेख कर रहे हैं। भगवान शक्ति सम्पन्न हैं। श्रीदेवीयुत भगवान नारायण भक्त के माता-पिता की तरह स्नेह या वात्सल्य से पूरित हैं। भगवान भक्त अर्थात् दास के स्वामी हैं। वे ही भक्त की प्रार्थना सुन सकते हैं और उसकी रक्षा कर सकते हैं। भक्त की अभिलाषा है कि वह देहासक्ति का परित्याग कर भगवान के श्रीचरणों में भक्ति कर उज्जीवित हो सके; परन्तु उसे वहाँ पहुँचने का उपाय ज्ञात नहीं है। अतः वे भगवान से ही प्रार्थना कर रहे हैं कि वे उन्हें उस उपाय से अवगत करायें जिससे कि वह स्वयं अपना उद्धार कर सके।

अट्ठानबे

भक्त आष़्वार् भगवान नारायण से जन्म-मृत्यु अर्थात् भव-बाधाओं से मुक्त होकर भगवत्कैंकर्य का परमानन्द प्राप्त करने का उपाय पूछ रहे हैं।

मरम् तुरन्तु वञ्जम् माट्रि ऐम्पुलन्कल् आशैयुम्
तुरन्तु निन् कण् आशैये तोडर्न्तु निन्र् नायिनेन्
पिरन्तु इरन्तु पेरिडरच् चुषिक्कण् निन्रु नींगुमा
मरन्तिडादु मट्रेनक्कु माय! नलह् वेण्डुमे ।।

विशिष्ट शब्द एवं उनकी व्याख्या

मरम् = क्रोध
वञ्जम् = वंचना; धोखा; विश्वासघात
(यह संस्कृत शब्द का तमिल प्रयोग है)
ऐम्पुलन्कळ् = पाँच इन्द्रियाँ
आशै = आसक्ति
निन् कण् आशै = आपके प्रति भक्ति
नायिनेन् = श्वान; कुत्ता; प्रसंगानुसार 'नीच दास'

पेरिडर् = पेर् इडर् = बड़ी समस्या
चुषिक्कण् = भंवर
मट्रु = दूसरा; प्रसंगानुसार 'कैंकर्य सेवा' अभिप्रेत है।
नल्ह वेण्डुम् = देने की कृपा करें।

भावार्थ एवं व्याख्या

हे अद्भुत शक्तियुक्त भगवान नारायण! मैं आपका दास क्रोध एवं वंचना छोड़कर और विषय वासनाओं में पंचेन्द्रियों की आसिक्त का त्याग कर, निरन्तर बढ़ती हुई आपकी भक्ति में लीन हूँ। बस, आप मुझ पर ऐसी कृपा करें कि मैं जन्म-मृत्यु के भयानक कष्टों के भँवर से बच पाऊँ और आपका निरन्तर कैंकर्य करता रहूँ। भक्त आष्वार् सांसारिकता अर्थात् विषय-वासनाओं में आसक्ति छोड़कर भगवद् भक्ति में मग्न रहते हैं। फिर भी उन्हें इस बात का भय रहता है कि कहीं पुनः उन्हें सांसारिक जीवन-मृत्यु के चंगुल में न फँसना पड़े; वे पुनः भव-बाधाओं के शिकार न हो जायें। वे केवल यह चाहते हैं कि भगवान नारायण का कैंकर्य अर्थात् दास्य सेवा करने का उनका सैभाग्य बना रहे। इसके लिए वे भगवान से निवेदन करते हैं कि वे दास भक्त को न भूलें और उस पर अपनी कृपा निरन्तर बरसाएँ।

निन्यानबे

भक्त आष्वार् की भगवान नारायण से याचना है कि भले ही यमदूत मुझे मेरे पूर्वकृत पाप कर्मों का परिणाम भुगतने के लिए बाध्य करें; फिर भी आप मुझे अपने से अलग न करें। बस, इतना अनुग्रह कीजिये कि मैं आपकी शरण में ही रहूँ।

काट्टिनान् शेय् वल्विनैप पयन् तनाल् मनन्तनै
नाट्टि वैत्तु नल्ल वल्ल शेय्य एण्णिनार् एनक्
केट्टतन्रि एन्नदु आवि पिन्नै केळ्व! निन्नोडुम
पूट्टि वैत्त एन्नै निन्नुळ् नीक्कल् पूवै वण्णने!

विशिष्ट शब्द एवं उनकी व्याख्या

वल् विनै = उग्र पाप कर्म
पयन् = फल, परिणाम
नल्ल वल्ल = नल्ल अल्ल = बुरे कर्म
निन्नोडुम् पूट्टि वैत्त = आपके साथ बाँधकर रखा गया
आवि = प्राण; प्रसंगानुसार 'आत्मा'
पिन्नै केळ्व = देवी नप्पिन्नै के प्रियतम कृष्ण
पूवै वण्णन् = 'काया' पुष्प की तरह जामुनी रंग का

भावार्थ एवं व्याख्या

हे देवी नप्पिन्नै के प्रियतम भगवान कृष्ण! 'काया' पुष्प की तरह जामुनी रंग के हे भगवान! यमदूत मुझे सर्वदा मेरे पूर्वकृत भयानक पाप कर्मों की याद दिलाते हैं और उन कर्मों के फलों का अनुभव करने के लिए मेरे अंतस्तल को प्रेरित करते हैं—इस प्रकार वे मुझे पाप-फलों के रूप में नानाविध कष्टों का शिकार बनाने

का प्रयास करते हैं। यह बात मैंने शास्त्रों द्वारा जानी है और ज्ञानियों द्वारा सुनी है। फिर भी मैंने अपनी आत्मा को आपके साथ बाँधकर रखा है अर्थात् अपने आपको मैंने आपको समर्पित कर रखा है। कृपया मुझे आप अपने से अलग मत कीजिएगा; सर्वदा अपनी शरण में रहने का सौभाग्य मुझे दीजिएगा।

यहाँ भक्त आष्वार् के कथन के मूल में भगवान नारायण की भक्त-वत्सलता पर भक्त हृदय के सम्पूर्ण विश्वास की झाँकी मिलती है। भक्त ने अपने भक्ति-पूर्व काल में नानाविध पाप-कर्म किये हों और यम किंकर लोग भक्त को उसके पाप-कर्मों तथा उनके फलों की याद दिलाते हुए कहते हों कि आपको ये फल भुगतने ही होंगे और उनसे आप बच नहीं सकेंगे। फिर भी भक्त का भगवान से कहना है कि उसका अंतस्तल भगवान के श्रीचरणों में समर्पित है। अतः भगवान से उसकी प्रार्थना है कि वे शरणागत की रक्षा करें और अपने चरणों से उसे अलग न करें।

हो सकता है कि भक्त आष्वार् भगवद्गीता में भगवान कृष्ण द्वारा अर्जुन को दिये गये वचन का स्मरण दिला रहे हों—

"सर्वधर्मान् परित्यज मामेकं शरणं व्रज।
अहं त्वा सर्वपापेभ्यो मोक्षयिष्यामि मा शुचः।।" (18-66)

(सभी धर्मों का परित्याग कर तुम मेरी शरण में आ जाओ। तब मैं तुम्हें सभी पापों तथा उनके फलों से मुक्त करूँगा; तुम किसी बात की चिन्ता मत करो।)

सौ

भगवान नारायण से भक्त आष्वार् याचना करते हैं कि वे उन्हें कृपापूर्वक अपने श्रीचरणों में भक्ति का वर प्रदान करें। भक्त आष्वार् का यह भी कहना है कि इस प्रकार जब भगवान उन्हें भक्ति अर्थात् समर्पण का प्रसाद प्रदान करेंगे तब उससे वे केवल अपना ही नहीं, बल्कि अन्यान्य नीच व्यक्तियों का भी उद्धार होने देंगे। भक्त की इस परोपकार वृत्ति की व्याख्या प्रस्तुत पद में देखिये।

पिरप्पिनोडु पेरिडर् चुषिक्कण् निन्रुम् नींगुम् अहदु
इरप्प वैत्त ज्ञान नीचरैक् करैक्कोडु एट्रुमा
पेरर्करिय निन्न पाद भत्तियान पाशनम्
पेरर्करिय मायने! एनक्कु नल्ह वेण्डुमे।।

विशिष्ट शब्द एवं उनकी व्याख्या

पेरिडर् = बड़ा कष्ट
चुषिक्कण् = संसार चक्र
इरप्प वैत्त = छिपाकर रखनेवाले
ज्ञान नीचर् = ज्ञानी होने का अभिमान करनेवाले नीच लोग
(यह संस्कृत शब्द का तमिल रूप है)
पेरर्करिय = पेरर्कु अरिय = दुर्लभ
पत्ति = भक्ति (यह संस्कृत शब्द का तमिल रूप है)
पाशनम् = नौका

भावार्थ एवं व्याख्या

भक्त आष़्वार् प्रस्तुत पद में भगवान नारायण से प्रार्थना कर रहे हैं कि वे उन्हें दुर्लभ भवसागर को पार करने के लिए भक्ति की नौका प्रदान करने की कृपा करें।

आपके अनुग्रह के बिना निज प्रयास से अप्राप्य हे भगवान नारायण! जन्म इत्यादि नानाविध दुःख प्रदान करनेवाले संसार चक्र से बचने के लिए अपेक्षित वेदशास्त्रोक्त तत्त्वों तथा विधि-विधानों को विस्मृत कर अपने आपको सर्वज्ञ समझने का अभिमान करनेवाले ज्ञानशून्य व्यक्तियों को भी मैं भव-सागर के पार पहुँचा सकूँ; इसके लिए मुझे अपने श्रीचरणों में भक्ति रूपी दुर्लभ नौका प्रदान करने की कृपा करें।

भगवान से भक्त आष़्वार् भगवद् भक्ति की याचना कर रहे हैं। भगवान के श्रीचरणों में भक्ति अथवा प्रपन्नता एक ऐसी नौका है जो अज्ञानियों को भी भव-सागर के पार पहुँचा सकेगी। आष़्वार् की याचना के दो परिणाम हैं; एक तो वे उस प्रपत्ति-नौका के द्वारा स्वयं भवार्णव के पार पहुँचेंगे और दूसरा है उसकी सहायता से ज्ञान का अभिमान करनेवाले अज्ञानियों को भी भव-सागर के उस पार पहुँचाया जा सकेगा। जैसे हिन्दी के मध्यकालीन सन्त कवि कबीरदास ने कहा, "पोथी पढ़ि पढ़ि जग मुवा, पंडित भया न कोइ"। इस प्रकार ज्ञानार्जन करने के बावजूद पंडित लोग सांसारिकता में डूबे हुए रहते हैं और सर्वज्ञ होने का अभिमान करते हैं; परन्तु हैं वे अज्ञानी। आष़्वार् को सबके हित की चिन्ता है। इसलिए भगवान नारायण से भक्ति रूपी नौका की भिक्षा माँग रहे हैं जिससे न केवल वे स्वयं उद्धार पा सकेंगे, बल्कि सर्वज्ञ होने के अभिमानी अज्ञानी लोगों का भी उद्धार कर पाएँगे।

यहाँ भक्त आष़्वार् की परोपकार-भावना का परिचय प्राप्त होता है।

भगवत्कृपा के बिना भक्ति संभव नहीं है। बिना भक्ति के किसी भी अन्य साधन से—जैसे श्रवण, मनन, ध्यान आदि द्वारा भगवत्कृपा प्राप्त नहीं हो सकती। इसी तत्त्व को कठोपनिषत् का निम्नलिखित मन्त्र प्रस्तुत करता है।

"नायमात्मा प्रवचनेन लभ्यो, न मेधया न बहुना श्रुतेन।
यमैवेष वृणुते तेन लभ्यः, तस्यैव आत्मा विवृणुते तनूं स्वाम् ।।"

(कठोपनिषत् 1-2-23)

इस प्रकार भक्ति एवं भगवत्कृपा में अन्योन्याश्रय सम्बन्ध है। यही कारण है कि भक्त आष़्वार् भगवान नारायण से भक्ति-नौका की माँग कर रहे हैं। इस माँग के मूल में भगवत्कृपा की भी याचना है। अर्थात् भगवान की कृपा तथा भक्ति, दोनों भगवदनुग्रह से ही प्राप्य हैं।

एक सौ एक

भक्त आष़्वार् भगवान नारायण से प्रार्थना कर रहे हैं कि वे उनके मन को इधर-उधर भटकने न दें और केवल अपने श्रीचरणों में एकान्त भक्ति का वर प्रदान करें।

इरन्तु उरैप्पतु उण्डु वाष़ि एम नीर् निरत्तमा
वरन्तरुम् तिरुक्कुरिप्पिल् वैत्तताहिल् मन्नु शीर्
परन्त चिन्तै ओन्रि निन्रु निन्न पाद पंकयम्
निरन्तरम् निनैप्पताह नी निनैक्क वेण्डुमे ।।

विशिष्ट शब्द एवं उनकी व्याख्या

एम नीर् = व्यापक समुद्र
'एमम्' = संस्कृत शब्द 'क्षेम' का तमिल प्रयोग है। इसका वाच्यार्थ है 'मंगल' या कल्याण।
लक्ष्यार्थ के रूप में 'बृहत्', 'व्यापक' या 'मंगलमय' का अर्थ लिया जा सकता है।
निरत्तु + अमा = निरत्तमा, वर्णयुक्त बन्धु
अमा = अम्मान् (अर्थात् 'बन्धु') का संक्षिप्त रूप है।
तिरुक्कुरिप्पु = आपके मन में
परन्त चिन्तै = विषय-वासनाओं में निमग्न मेरे अंतस्तल में
ओन्रि निन्र् = एकाग्र होकर
निन्न पाद पंकयम् = आपके पाद पंकज
पंकयम् = संस्कृत शब्द 'पंकज' का तमिल प्रयोग है।
नी निनैक्क वेण्डुमे = आप कृपा करें
निरन्तरम् = सर्वदा (यह संस्कृत शब्द है।)

भावार्थ एवं व्याख्या

समुद्रवत् नील वर्ण के हे भगवान नारायण! हे मेरे आत्मीय बन्धु! याचना के रूप में आपसे मेरा एक निवेदन है। हे भगवान! आपकी जय हो! आपका तो स्वभाव है भक्तों को श्रेष्ठ वर प्रदान करना। यदि आपके मन में मुझ दास को कोई वर प्रदान करने का विचार हो तो बस इतनी कृपा कीजिए कि चारों तरफ़ इधर-उधर घूमता रहनेवाला मेरा मन एकाग्र होकर केवल आपके पाद-पंकज का निरन्तर ध्यान करता रहे।

भक्त आष़्वार् को भली-भाँति मालूम है कि भगवान नारायण भक्तों के प्रिय हैं; भक्तों का हित उनका लक्ष्य है। साथ ही उनको इस बात की भी चिन्ता है कि वे स्वयं अनादि काल से विषय-वासनाओं में आसक्त होकर नीच कर्मों में उलझे रहे हैं; अतः भगवान उनकी प्रार्थना का कहीं तिरस्कार न कर दें। अतः वे भगवान का ध्यान अपनी ओर आकृष्ट करने के लिए पहले उनकी जय-जयकार करते हैं और तदनन्तर प्रार्थनापूर्वक निवेदन करते हुए कहते हैं, 'बाह्यासक्तियों में विलीन उनका मन भगवान से विलग न हो और इधर-उधर न भटके; केवल उनके श्रीचरणों में समर्पित हो और उन्हीं का भक्तिपूर्वक ध्यान करता रहे।

एक सौ दो

भक्त आष़्वार् भगवान नारायण से निवेदन करते हैं कि मैं आपके श्रीचरणों की शरण में आया हूँ; कृपया बताएँ कि मेरे शरीर तथा शरीर के वासना-सम्बन्धों को आप कब और कैसे दूर करेंगे।

विळ्वु इलाद कादलाल् विळंगु पादप् पोदिल् वैत्तु
उळ्ळुवेनदु ऊन नोय् ओषिक्कुमा तेषिक्कुम नीर्
पळ्ळिमाय! पन्रियाय वेन्रि वीर! कुन्रिनाल्
तुळ्ळु नीर् वरम्बु शेयद तोन्रल् ओन्रु शोल्लिडे ।।

विशिष्ट शब्द एवं उनकी व्याख्या

विळ्वु इलाद = अखंड

कादलाल् = भक्ति से
उळ्ळुवेनदु = (श्रीचरणों को ही शरण के रूप में) समझनेवाले मेरे
ऊन नोय् = शरीर की व्याधि या शरीर के रूप में रहनेवाली व्याधि
तेषि़क्कुम् नीर् = गरजता समुद्र
पन्ऱि = वराह; सुअर; शूकर
वेन्ऱि वीर = जयी वीर
तुळ्ळु नीर् = उछलता; लहराता समुद्र
वरम्बु = बाँध
तोन्ऱल् = राजकुमार

भावार्थ एवं व्याख्या

दुग्ध समुद्र में शयन करनेवाले हे मायापति भगवान नारायण! वराहवतार लेकर भूमि की रक्षा करनेवाले हे जयशील परमात्मा! लहराते और उछलते समुद्र में बाँध बनानेवाले हे भगवान श्रीराम! मैं अखण्ड भक्ति से आपके चरण-कमलों में समर्पित होकर उन्हीं की शरण के ध्यान में सर्वदा निमग्न रहता हूँ। इस स्थिति में मेरी शारीरिक व्याधि को अर्थात् वासनाओं में आसक्त मेरे शरीर को—शरीर की वासनापरकता को कब और कैसे आप दूर करेंगे—मुझे कृपापूर्वक बनाएँ।

आष़्वार् ने नानाविध भौतिक फलों की आकांक्षा छोड़कर निरन्तर भगवान नारायण के श्रीचरणों की शरण ग्रहण करने की प्रक्रिया को 'अखण्ड भक्ति' कहा है।

आष़्वार् ने यहाँ शरीर को व्याधि कहा है; उनके अनुसार वासनासक्त शरीर काम, क्रोध आदि से अभिभूत होकर भौतिक पीड़ाओं से आक्रान्त होने से स्वयं व्याधि है अथवा विभिन्न व्याधियों से पीड़ित है।

संक्षेप में आश्रित-वत्सल, भक्त-रक्षक तथा अद्भुत पराक्रमी भगवान नारायण से भक्त आष़्वार् प्रार्थना करते हुए निवेदन करते हैं कि वे अपने श्रीचरणों में उनकी अखण्ड भक्ति को शाश्वत बनाये रखें और शारीरिक वासना-व्याधि को पूर्णतः निरस्त करें।

एक सौ तीन

शारीरिक वासनासक्ति को निरस्त करने की प्रार्थना करने के बाद भक्त आष़्वार् भगवान से निवेदन करते हैं कि कम-से-कम वे उन्हें निरन्तर नाम-संकीर्तन करने की विधि तथा मार्ग बताने की कृपा करें।

तिरुक्कलन्तु शेरु मार्ब! देव देव देवने!
इरुक्कलन्त वेद नीतियाहि निन्ऱ निन्मला!
करुक्कलन्त कालमेघ मेनियाय! निन् पेयर्
उरुक्कलन्तु ओषि़विलादु उरैक्कुमारु उरै शेये ।।

विशिष्ट शब्द एवं उनकी व्याख्या

तिरु = श्रीदेवी
देव देव देवन् = ब्रह्मा आदि देवताओं तथा अमरों के नाथ अर्थात् स्वामी
इरुक्कलन्त वेद नीति आहि निन्ऱ = ऋग्वेद के साथ जुड़े हुए चारों वेदों द्वारा प्रतिपादित (इरुक् = ऋक्)

निन्मला = हे निर्मल!

करुक्कलन्त = विद्युत के प्रकाश से जुड़ा हुआ

कालमेघ मेनि = नीलमेघवत् शरीर

उरु = रूप-सौन्दर्य

ओषि़विलादु = निरन्तर

उरै शेय् = कृपा करें

भावार्थ एवं व्याख्या

श्रीदेवी को वक्ष-स्थल में धारण करनेवाले हे भगवान नारायण! ब्रह्मादि देवताओं तथा अमरों के हे स्वामी! ऋग्वेद आदि चारों वेदों द्वारा प्रतिपादित हे निर्मल परमात्मा! विद्युत की कांति के साथ चमकते नीलमेघ की तरह नील वर्ण के हे तेजोमय गोपाल कृष्ण! मुझे यह बताने की कृपा करें कि मैं आपके रूप-सौन्दर्य के दर्शन करते हुए (ध्यानस्थ स्थिति में) आपका नाम-संकीर्तन कैसे करूँ।

भगवान के नामों का संकीर्तन भक्ति की एक महत्त्वपूर्ण विधा है। नाम-संकीर्तन तब विशिष्ट होता है जब उन नामों द्वारा प्रतिपादित भगवान के स्वरूपों के दर्शन ध्यानस्थ स्थिति में किये जाते हैं।

भगवान नारायण वेदों द्वारा प्रतिपादित निर्मल तत्त्वों के सार हैं। इस बात का प्रमाण है निम्नलिखित वेदमंत्र।

"य आत्मा अपहत पाप्मा विजरो विमृत्युः विशोकः
विजिघत्सः अपिपासः सत्यकामः सत्यसंकल्पः सोऽन्वेष्टव्यः।"

(छान्दोग्य उपनिषत् 8-7-1)

(आत्मा निष्कलंक है; जरारहित है; मृत्यु एवं शोक रहित है; भूख और प्यास से मुक्त है; उत्तम इच्छाओं तथा संकल्पों से युक्त है। उस आत्मा का अन्वेषण किया जाय।)

पूर्वपद में भक्त आष़्वार् ने भगवान नारायण से वासनासक्ति से मुक्त होने का मार्ग पूछा; अब प्रस्तुत पद में मानसिक रूप से भगवान के स्वरूपों के दर्शन करते हुए उन स्वरूपों के प्रतिपादक नामों का संकीर्तन करने की विधि पूछ रहे हैं।

एक सौ चार

भक्त आष़्वार् भगवान नारायण से प्रार्थना करते हैं कि वे उनपर ऐसी कृपा करें कि वे उनके श्रीचरणों में पूर्ण समर्पण भाव से निरन्तर ध्यान लगाये हुए रहें।

कडुं कबंधन् वक्करन् खरन् मुरन् शिरम् अवै
इडन्तु कूरु शेयद पल् पडैत्तडक्कै मायने
किडन्तु इरुन्तु निन्र्रियंगु पोदुम् निन्न पोर्कष़ल्
तोडर्न्तु विळ्विलाददु ओर् तोडर्च्चि नलह वेण्डुमे ।।

विशिष्ट शब्द एवं उनकी व्याख्या

कबंधन्, खरन् = ये दोनों असुर श्रीराम के हाथों मारे गये

मुरन् = यह असुर भगवान विष्णु के हाथों मारा गया

वक्करन् = दंतवक्र असुर जो शिशुपाल का भाई था और कृष्ण के हाथों मारा गया

शिरम् अवै = सिरों को
पल् पडै तडक्कै = नानाविध शस्त्रों को करों में लिये हुए
किडन्तु इरुन्तु निन्रु इयंगु = लेटे हुए, बैठे हुए, खड़े हुए और चलते हुए
पोर्कष़ल् = स्वर्णिम अर्थात् सुन्दर श्रीचरण
तोडर्च्चि = सम्बन्ध; प्रसंगानुसार ध्यान स्थिति

भावार्थ एवं व्याख्या

कबन्ध, दंतवक्र, खर, मुर आदि क्रूर असुरों के सिरों को काटकर उनका संहार करनेवाले हे भगवान नारायण! नाना प्रकार के शस्त्रों को करों में लिये हुए अद्भुत लीलाएँ करनेवाले हे मायापति! कृपया मुझ पर ऐसा अनुग्रह करें कि चाहे आप किसी भी स्थिति में—लेटे हुए, बैठे हुए, खड़े हुए और चलते हुए—रहें, हर स्थिति में मैं आपके सुन्दर श्रीचरणों का निरन्तर ध्यान करता रहूँ।

भगवान नारायण ने अपने विभिन्न अवतारों में असंख्य असुरों-आततायियों का संहार किया था। इस बात का स्मरण करते हुए भक्त आष़्वार् भगवान को सम्बोधित कर रहे हैं; क्योंकि उनकी भगवान से यही याचना है कि वे उसी प्रकार भक्त के अनेकानेक पापों को नष्ट करें।

भक्त की एकमात्र इच्छा है कि वह भगवान के श्रीचरणों का सर्वदा, निरन्तर ध्यान करता रहे; इस इच्छा की पूर्ति भगवदनुग्रह से ही सम्भव है; अतः भक्त आष़्वार् भगवान से उनके अनुग्रह की याचना कर रहे हैं।

एक सौ पाँच

भक्त आष़्वार् भगवान नारायण के दर्शन-सुख की कामना करते हैं।

मण्णै उण्डु उमिष़्न्तुपिन् इरन्तु कोण्डु अळन्तु मण्
कण्णुळ् अल्लदु इल्लै येन्र वेन्र कालम् आयिनाय्!
पण्णै वेन्र इन् शोल् मंगै कोंगै तंगु पंकयक्
कण्ण! निन्न वण्णम् अल्लदु इल्लै एण्णुम् वण्णमे ।।

विशिष्ट शब्द एवं उनकी व्याख्या

मण् = मिट्टी प्रसंगानुसार 'भूमि'
उण्डु = खाकर; निगलकर
उमिष़्न्तु = उगलकर
इरन्तु = (भिक्षा के रूप में) प्राप्त कर
अळन्तु = नापकर
पण् = संगीत; सुर
पंकयक् कण्ण! = हे पंकजाक्ष भगवान नारायण!
(पंकय = संस्कृत शब्द 'पंकज' का तमिल रूप है)
एण्णुम् वण्णम् = ध्यान करने योग्य सौन्दर्य या स्वरूप
निन्न् वण्णम् = आपका सौन्दर्य

भावार्थ एवं व्याख्या

भक्त आष्वार् भगवान नारायण की विभिन्न विचित्र लीलाओं का स्मरण कर रहे हैं।

भगवान ने प्रलयकाल में भूमि की रक्षा करने के लिए भूमि को निगल लिया था; बाद में प्रलय के पश्चात् उन्होंने उस भूमि को बाहर लाकर प्रतिस्थापित किया था। उन्होंने वामनावतार लेकर राजा बलि से तीन पगों की भूमि दान में माँगकर प्राप्त की थी; फिर तत्काल बृहत् आकार लेकर चौदहों लोकों को नाप लिया था। भूमि सहित तमाम लोकों का अस्तित्व एवं रक्षा भगवान के कृपा-कटाक्ष के बिना सम्भव नहीं है—भगवान की उपर्युक्त सारी लीलाओं का कारण यही है। समस्त चेतन-अचेतन वस्तुओं के विकारों का कारण है काल जो भगवान नारायण के अधीन है। सारी जीव राशियाँ काल के अधीन हैं—अतः जन्म-मृत्यु के वशीभूत होकर काल के नियंत्रण में रहनेवाले जीवों के लिए भगवत्कृपा के बिना काल पर विजय प्राप्त करने का कोई दूसरा उपाय नहीं है।

सप्त स्वरों को मात करनेवाली मधुर वाणी से युक्त श्रीदेवी के साथ भगवान नारायण सर्वदा अविभक्त होकर विराजमान हैं।

उस भगवान नारायण को सम्बोधित करते हुए भक्त आष्वार् निवेदन करते हैं कि हे पंकज नयन भगवान नारायण! केवल आपका रूप-सौन्दर्य ध्यान-योग्य है। अतः मैं केवल आपके उस रूप-सौन्दर्य के दर्शन-सुख की कामना करता हूँ।

यहाँ भक्त-हृदय की, आत्म-निवेदन की स्थिति मननीय है।

एक सौ छह

भक्त आष्वार् एक ओर भगवान नारायण के रूप-सौन्दर्य के ध्यान में मग्न रहते हैं और दूसरी ओर भगवान के विशिष्ट गुण 'आश्रित वात्सल्य' अर्थात् आश्रित-रक्षण की प्रशस्ति गाने में आनन्दानुभव करते हैं।

करुत्तु एदिर्त्त कालनेमि कालनोडु कूड अन्रु
अरुत्त आषि शंगु दण्डु विल्लुम् वाळुम् एन्तिनाय!
तोरुक्कलन्त ऊनम् अहृदु ओषिक्क अन्रु कुन्रम् मुन्
पोरुत्त निन् पुहष्क्कु अलाल् ओर् नेशमिल्लै नेञ्जमे ।।

विशिष्ट शब्द एवं उनकी व्याख्या

करुत्तु –क्रोधी

कालन् = यम; प्रसंगानुसार यम लोक

आषि, शंगु, दण्डु, विल्, वाळ् = सुदर्शन चक्र, पांचजन्य शंख, कौमोदकी गदा, शाङ्र्ग धनुष, नन्दक खड्ग (ये पाँचों आयुध भगवान नारायण के हैं।)

तोरु = गाय इत्यादि

ऊनम् = कठिनाई; आफत

कुन्रम् = पहाड़; पहाड़ी; प्रसंगानुसार गोवर्धन पर्वत

नेशम् = मित्रता, प्यार; प्रसंगानुसार 'आदर'

अहृदु = अदु = वह

भावार्थ एवं व्याख्या

हे भगवान नारायण! पूर्वकाल में आपने अपने पंचायुधों के द्वारा क्रोधी असुर कालनेमि के सिरों को काटकर उसे यमलोक पहुँचाया था। उन पंचायुधों को (आश्रित रक्षण के लिए) सर्वदा अपने करों में आप सर्वदा धारण किये हुए हैं। आपने गायों, गोपालको आदि की कठिनाइयों को तत्काल दूर करने के लिए सबके सामने गोवर्धन पर्वत को छाते की तरह उठा लिया था। आपके इस आश्रित वात्सल्य अर्थात् आश्रित रक्षण के गुण को छोड़कर किसी और गुण के प्रति मेरा अंतस्तल आकर्षित नहीं होता।
संक्षेप में, भगवान नारायण के आश्रित-वात्सल्य के प्रति भक्त आऴ्वार् समर्पित हैं।

एक सौ सात

भक्त आऴ्वार् अधर्मियों का नाश कर धर्म की रक्षा करनेवाले भगवान नारायण के श्रीचरणों में समर्पित हैं।

काय् शिनत्त काशि मन्नन् वक्करन् पवुण्डिरन्
माशिनत्त मालिमान् सुमालि केशी धेनुकन्
नाश मुट्रु वीऴ् नाळ् कवर्न्द निन् कऴ्कलाल्
नेश पाशम् एत्तिरत्तुम् वैत्तिडेन् एन् ईशने!

विशिष्ट शब्द एवं उनकी व्याख्या

शिनम् = क्रोध
शिनत्त = क्रोधी
काय् शिनत्त = अत्यंत क्रोधी
काशि मन्नन् = काशी का राजा जो सात्विक धर्मिष्ठ लोगों को मारता रहा; इसका संहार भगवान ने किया।
वक्करन् = असुर दंतवक्र जो शिशुपाल का भाई था; जब कृष्ण-रुक्मिणी विवाह के समय वह युद्ध करने आया तो कृष्ण के हाथों मारा गया।
पवुण्डिरन् = पौंड्रक वासुदेव जो कारूष प्रदेश का राजा था। उसने अपने को असली वासुदेव घोषित करते हुए कृष्ण के पास एक दूत के द्वारा यह सन्देश पहुँचाया कि मैं असली वासुदेव हूँ। अतः अपने राजकीय चिन्हों तथा वस्त्रों का परित्याग कर तुम मेरे पास आओ और मेरी पूजा करो। इससे क्रुद्ध होकर कृष्ण ने उससे युद्ध किया और उसे मार डाला।
माली और सुमाली = इन दोनों दानवों ने जब देवलोक पर हमला किया तब भगवान विष्णु के हाथों मारे गये।
केशी = कंस के द्वारा कृष्ण को मारने के लिए भेजा गया राक्षस जो घोड़े का रूप लेकर आया और कृष्ण के द्वारा मारा गया।
धेनुकन् = धेनुकासुर
नाशम् = नाश (यह संस्कृत शब्द का तमिल रूप है)
नाळ् = दिन; समय; जीवन
नेश पाशम् = भक्ति का पाश

भावार्थ एवं व्याख्या

हे मेरे स्वामी भगवान नारायण! आपने अतिशय क्रोधी काशी राज, दंतवक्र और पौंड्रक वासुदेव, क्रोधी

माली तथा सुमाली, असुर केशी तथा धेनुक का संहार कर उनकी जीवन-लीला समाप्त कर दी थी। आपके दिव्य श्रीचरणों के सिवाय किसी और वस्तु के साथ मैं भक्ति का सम्बन्ध स्थापित नहीं करूँगा।

आष्वार् ने यहाँ भक्ति की तुलना पाश से की है। पाश तो रज्जु है जो बाँधता है; पाश बन्धन कठोर होता है। वास्तव में भगवान के श्रीचरणों में भक्त हृदय की अनुरक्ति तीव्र या अत्यन्त दृढ़ होती है अर्थात् भक्त-हृदय सख्ती से कसा हुआ होता है। अतः भक्ति की दृढ़ता पर ज़ोर देने के लिए 'भक्ति पाश' का प्रयोग किया गया है।

भक्त आष्वार् ने अपनी भक्ति की गम्भीरता का परिचय देते हुए उन विभिन्न असुरों तथा आततायियों का उल्लेख किया है जिनका भगवान ने धर्म रक्षा तथा आश्रित-रक्षण के निमित्त संहार किया था। इस अभिव्यक्ति की व्याख्या इस प्रकार है। भक्ति के मार्ग में बाधाओं के रूप में आनेवाली वासनाओं तथा विभिन्न पाप कर्मों का नाश कर दास भक्त आष्वार् के अंतस्तल में भक्ति भाव को प्रतिष्ठित करनेवाले केवल भगवान नारायण हैं। जैसे असुरों आदि का नाश कर भगवान, धर्म की रक्षा अर्थात् धर्म स्थापना करते हैं वैसे ही वे पाप-कर्मों तथा विषयासक्ति का नाश कर भक्त-हृदय में भक्ति को प्रतिष्ठापित करते हैं।

एक सौ आठ

भक्त के लिए भक्ति से बढ़कर कोई उत्तम प्राप्य वस्तु नहीं हो सकती। मोक्ष भी भक्ति की तुलना में कोई महत्त्व नहीं रखता। सायुज्य पद से प्राप्त होनेवाले आनन्द से अधिक महत्त्व रखता है उस आनन्दानुभव का चिन्तन। अर्थात् भगवत्प्राप्ति से अधिक आनन्द प्राप्त होता है भगवत्प्राप्ति की अनुभूति तथा तदर्थ की जानेवाली भक्ति के रसास्वादन से। इस तत्त्व को देखिये भक्त आष्वार् के प्रस्तुत पद में।

केडिल् शीर् वरत्तिनाय्क् केडुम वरत्तु अयन् अरन्
नाडिनोडु नाट्टम् आयिरत्तन् नाडु नण्णिनुम्
वीडदान भोगम् एयदि वीट्टिरुन्त पोदिलुम्
कूडुम् आशै अल्लदोनरु कोळ्वनो कुरिप्पिले ।।

विशिष्ट शब्द एवं उनकी व्याख्या

अयन् = ब्रह्मा; संस्कृत शब्द 'अज' का तमिल प्रयोग
अरन् = शिवजी; रुद्र; संस्कृत शब्द 'हर' का तमिल प्रयोग
नाट्टम् = दृष्टि; आँख
नाट्टम् आयिरत्तन् = हज़ार आँखों वाला इन्द्र
नण्णिनुम् = प्राप्त करने पर भी
वीडु = मोक्ष
कुरिप्पिल् = अंतस्तल में
कूडुम् आशै अल्लदु = आपसे मिलने (अर्थात् सायुज्य पद याने एकरूप होने) की इच्छा के सिवाय

भावार्थ एवं व्याख्या

भक्त आष्वार् की भक्ति का गम्भीरतम स्वरूप देखिये। भक्त आष्वार् भगवान नारायण से निवेदन करते हैं–हे भगवान नारायण! सृष्टिकर्ता ब्रह्मा ने आपकी कृपा से अपार शाश्वत सम्पन्नता का वर प्राप्त किया और शिवजी अर्थात् रुद्र ने सृष्टि का संहार करने का वर प्राप्त किया। भले ही मुझे उन दोनों के लोकों के साथ सहस्त्रनयन इन्द्र का भी लोक प्राप्त हो जाय और भले ही असीम मोक्ष-भोग भी मुझे मिल जाय; फिर भी

मैं आपसे सायुज्य अर्थात् एक रूप होने की इच्छा के सिवाय क्या कोई दूसरी इच्छा करूँगा?
(उत्तर है—नहीं।)
भक्त आष़्वार् का यह दृढ़ निश्चय है कि उन्हें न ब्रह्म लोक, न शिव लोक और न इन्द्रलोक चाहिए और न ही मोक्ष-भोग का आनन्द। उन्हें चाहिए केवल परम भक्ति अर्थात् सायुज्य भक्ति की अनुभूति का आनन्द। यह भक्ति की पराकाष्ठा की स्थिति है।

एक सौ नौ

भक्त भगवान का दास होता है; भक्त-हृदय अहंकार-ममकार से मुक्त होकर केवल भक्ति की याचना करता है। ज्ञान के आकर वेदों तथा वेद वित् मुनि-मर्हर्षियों की तुलना में अपने को वह तुच्छ समझता है और उन सबकी देखा-देखी स्वयं भगवान की स्तुति करने लगता है। इस तत्त्व की झलक प्रस्तुत पद में मिलती है।

शुरुक्कुवारै इन्ऱिये शुरुंगिनाय् शुरुंगियुम्
पेरुक्कुवारै इन्ऱिये पेरुक्कम् एयदु पेट्ऱियोय्!
शेरुक्कुवार्कळ् तीक्कुणंकळ् तीर्त्त देव देवनेन्ऱु
इरुक्कुवाय् मुनिक्कणंकळ् एत्त यानुम् एत्तिनेन् ।।

विशिष्ट शब्द एवं उनकी व्याख्या

शुरुंगु = संकुचित होना; सिकुड़ना
शुरुक्कु = संकुचित करना; सिकोड़ना
पेरुक्कु = बढ़ाना; व्यापक बनाना
पेट्ऱि = स्वभाव, प्रकृति
शेरुक्कुवार्कळ् = अहंकारी बनकर जीनेवाले (राजा बलि जैसे लोग)
तीक्कुणंकळ् = बुरे गुण (अहंकार, ममकार आदि)
इरुक्कु वाय् मुनिक्कणंकळ् = वेदपाठ करनेवाले मुनि-मर्हर्षियों का समुदाय
एत्त = स्तुति करते हुए

भावार्थ एवं व्याख्या

हे भगवान नारायण! चेतन जीव अपने कर्मफल के रूप में किसी विशेष परिस्थिति में संकुचित होते हैं और कभी व्यापक भी होते हैं। लेकिन आप आश्रित रक्षण के निमित्त अपने ही संकल्प से पहले वामन बने और बाद में त्रिविक्रम बन गये। आपने भूलोक आदि समस्त लोकों को अपने कब्ज़े में लेकर इन्द्र आदि देवताओं और सारी चेतन जीव-राशियों को कष्ट प्रदान करनेवाले अहंकारी राजा बलि से दान में भूमंडल को, वामन बनकर प्राप्त किया। अनन्तर त्रिविक्रम बनकर बृहत् आकार लिया और राजा बलि के अहंकार और ममकार को नष्ट किया (और इन्द्र आदि देवताओं एवं जीव-राशियों को अपना-अपना स्थान दिलाया)।
अतः ऋग्वेद आदि वेद और वेदवित् मुनि-मर्हर्षियों का समूह देवदेव अर्थात् सर्वेश्वर कहकर आपकी स्तुति करते हैं। उनकी देखा-देखी मैं भी आपकी स्तुति करता हूँ। वरना मेरी क्या हस्ती है! मैं तो अज्ञानी ठहरा! मैं आपकी विशेषताओं के बारे में क्या जानूँ? बस, वेदों और वेदज्ञों को आपकी स्तुति करते देखकर मैं भी उनका अनुकरण कर लेता हूँ।
प्रस्तुत पद में भक्त आष़्वार् भगवान नारायण के आश्रित-वात्सल्य और आश्रित-रक्षण का एक ओर परिचय देते हैं और दूसरी ओर अपनी अज्ञानता और अपात्रता की ओर संकेत करते हैं।

एक सौ दस

भक्त आष्वार् करुणामय भगवान नारायण से याचना करते हुए यह निवेदन करते हैं : "अनादि काल से सांसारिकता में निमग्न रहने के बावजूद मैं वेदों तथा वेदविदों का अनुकरण करते हुए आपकी स्तुति कर रहा हूँ; अतः मैं क्षम्य हूँ; आपकी क्षमा का अधिकारी हूँ। कृपया मुझ पर अपनी क्षमाशीलता का अनुग्रह बरसाएँ।"

तूयनायुम् अन्रियुम् शुरुम्बुलावु तण् तुष़ाय्
माय निन्नै नायिनेन् वणंगि वाष्त्तुम् ईदेलाम्
नीयुम् निन् कुरिप्पिनिल् पोरुत्तु नलकु वेलैनीर्
पायलोड्डु पत्तर् चित्तम् मेय वेलै वण्णने ।।

विशिष्ट शब्द एवं उनकी व्याख्या

तूयन् = परिशुद्ध
शुरुम्बु = भ्रमर
वेलैनीर् = समुद्र जल
पायलोड्डु = शय्या के साथ
पत्तर् = भक्त (संस्कृत शब्द 'भक्त' का तमिल प्रयोग है।)
चित्तम् = चित्त; अंतस्तल (यह संस्कृत शब्द है)
वेलैवण्णन् = समुद्र जल की तरह नील वर्ण के (भगवान नारायण)

भावार्थ एवं व्याख्या

हे भ्रमर-मंडित तुलसी माला धारी भगवान नारायण! दुग्ध समुद्र की शयन मुद्रा में भक्तों के अंतस्तल में आकर निवास करनेवाले हे नीलवर्ण के भगवान! मैं आपका दास हूँ; श्वान की तरह नीच प्रवृत्ति का हूँ। मैं शुद्ध भी हूँ और अशुद्ध भी हूँ। दोनों रूपों से मैं आपकी स्तुति कर रहा हूँ। आप तो क्षमाशील हैं; अपने कारुण्यभाव से मुझे अनुग्रहपूर्वक क्षमा प्रदान करें।

यहाँ भक्त आष्वार् शुद्ध एवं अशुद्ध, दोनों रूपों में अपना परिचय दे रहे हैं। क्योंकि शुद्ध मन से जब वे भगवान की स्तुति करते हैं तब वे शुद्ध हैं; परन्तु सांसारिकता अर्थात् अहंकार-ममकार से आवृत होने के कारण अशुद्ध भी हैं। इसीलिए वे भगवान से प्रार्थना करते हैं कि चाहे वे शुद्ध हों या अशुद्ध; पावन हों या अपावन; किन्तु दोनों स्थितियों में वे भगवान का स्तवन करते हैं। अतः वे क्षम्य हैं; क्षमाशील होने के कारण भगवान का धर्म है कि वे उन्हें क्षमा करें।

यहाँ यह प्रश्न उठ सकता है कि एक ही व्यक्ति अशुद्ध एवं शुद्ध, दोनों रूपों में कैसे हो सकता है। इसका उत्तर इस प्रकार है।

सांसारिक विषय-वासनाओं में आसक्त होने से भले ही वह अशुद्ध या अपावन हो; फिर भी भगवान को समझने और भगवान के प्रति भक्ति करने से वह शुद्ध या पावन हो जाता है। जैसे, याज्ञवलक्य स्मृति में कहा गया है–

"क्षेत्रज्ञस्य ईश्वरज्ञानात् विशुद्धिः परमा मता।" (3-34)

भगवान नारायण के कारुण्य भाव के प्रमाण के रूप में भक्त आष्वार् उनको सम्बोधित करते हुए कहते हैं कि दुग्ध समुद्र में शयन मुद्रा में विराजमान भक्त वत्सल करुणामय भगवान भक्तों की भक्ति से आकृष्ट

होकर उनके अंतस्तल में आकर निवास करते हैं। अतः आऴ्वार् भगवान के कारुण्य भाव का स्मरण करते हुए याचना करते हैं कि भगवान उनकी नीचता पर ध्यान न दें; बल्कि उन्हें क्षमा प्रदान करें।

एक सौ ग्यारह

भक्त आऴ्वार् प्रस्तुत पद में पुनः भगवान नारायण के कारुण्यभाव तथा क्षमाशीलता का स्मरण करते हुए उनसे प्रार्थना करते हैं कि वे उनके दोषों को दोष नहीं, परन्तु गुणों के रूप में समझें।

वैदुनिन्नै वल्लवा पषित्तवर्कुम् मारिल् पोर्
शेय्दु निन्न शेट्र तीयिल् वेन्दवर्कुम् वन्दुनै
एय्दल् आहुम् एन्बर् आदलाल् एम्माय! नायिनेन्
शेय्द कुट्रम् नट्रमाहवे कोळ् ज्ञालनाथने!

विशिष्ट शब्द एवं उनकी व्याख्या

वैदु = गालियाँ देकर; अपशब्दों का प्रयोग कर
वल्लवा = भरसक; जहाँ तक या जितना हो सके
पषित्तवर्कुम् = निन्दा करनेवालों को भी
पोर् = युद्ध
शेट्र ती = शेट्रम ती = क्रोध की आग
एम्माय! = मेरे स्वामी मायामय भगवान!
ज्ञालनाथने! = सर्वलोकों के नाथ अर्थात् संरक्षक!
कुट्रम = दोष
नट्रम् = गुण

भावार्थ एवं व्याख्या

हे मायामय भगवान नारायण! हे मेरे स्वामी! शिशुपाल आदि दानवों ने आपके विरुद्ध, जितना हो सके, अपशब्दों का प्रयोग किया। भारी युद्ध कर आपके क्रोध की आग में वालि आदि नष्ट हुए। फिर भी आपने उन तमाम वैरियों को भी मुक्ति प्रदान की। आततायियों के प्रति भी आपके इस वात्सल्य गुण की प्रशस्ति ऋषियों ने गायी है। अतः हे सर्वलोक संरक्षक भगवान नारायण! मैं नीच अवश्य हूँ; परन्तु आपका दास हूँ। अतः कृपया मेरे दोषों को भी गुणों के रूप में स्वीकार करें।

भगवान नारायण की भक्त वत्सलता में परम भागवत भक्त आऴ्वार् का सम्पूर्ण विश्वास है। उनको इस बात का भी विश्वास है कि भगवान अपने कारुण्य भाव से भक्त के दोषों की चिन्ता नहीं करेंगे; वरन् केवल भक्त की प्रपत्ति पर ध्यान देंगे और उस पर अपनी कृपा बरसाएँगे।

एक सौ बारह

पिछले दो पदों में आऴ्वार् ने विषय-वासनाओं में अपनी अनुरक्ति के लिए भगवान नारायण से क्षमा माँगी और दोष-ग्रस्त अपने जीवन के प्रति दुख करते हुए दोषों को गुणों के रूप में मानकर अपने प्रति अनुग्रह करने की याचना की। प्रस्तुत पद में आऴ्वार् अपने मन को समझाते हैं कि जीवन नश्वर है। मालूम नहीं कि

वह कब खत्म हो जायेगा। अतः वह जीवन के शेष दिन भगवान नारायण के श्रीचरणों में समर्पण भाव से भक्ति करते हुए गुज़ारे।

वाळ्कळाहि नाळ्कळ् शेल्ल नोय्मै कुन्रि मूप्पु एय्दि
माळुम् नाळदु आदलाल् वणंगि वाष्त्तेन् नेञ्जमे।
आळदाहुम् नन्मै एन्रु नन्गुणर्न्ददु अन्रियुम्
मीळ्विलाद भोगम् नलह् वेण्डुम् माल पादमे।

विशिष्ट शब्द एवं उनकी व्याख्या

नोय्मै = व्याधि; बीमारी
कुन्रि = अशक्त होकर; क्षीण होकर
मूप्पु = वृद्धावस्था; बुढ़ापा
माळुम् = मृत्यु का
आळदु नन्मै आहुम् = (भगवान का) दास बना रहना श्रेयस्कर होगा
माल पादम् = भगवान नारायण के श्रीचरण
भोगम् = कैंकर्य सुख ('भोग' संस्कृत शब्द है)
मीळ्वु इलाद = मीळ्विलाद = जहाँ से सांसारिकता में पुनः आना नहीं होगा

भावार्थ एवं व्याख्या

रे मन! दिन घटते जा रहे हैं; समय जीवन को तलवार की तरह काटता जा रहा है। शरीर बीमारियों से ग्रस्त होकर क्षीण हो रहा है; वृद्धावस्था में पहुँचकर मरने का समय आ गया है। अतः अब तुम भगवान नारायण के श्रीचरणों की भक्ति-भाव से स्तुति करो; साथ ही यह भी समझ लो कि भगवान नारायण की दास्यता ही महत्त्वपूर्ण पुरुषार्थ है; उसको निभाते हुए तुम भगवच्चरणों का स्तवन करो।

क्योंकि भगवान नारायण के श्रीचरण ही कैंकर्य अर्थात् सेवा का आनन्द हमें प्रदान करेंगे जिससे कि हमें नश्वर सांसारिक जीवन में पुनः आना न पड़े।

भक्त आष्वार् के इस कथन के मूल में जीवन्मुक्ति का तत्त्व निहित है। वासनाओं से मुक्त होकर, भगवान की भक्ति में निमग्न रहकर जो व्यक्ति भगवदनुरक्ति का आनन्द-लाभ करता है वह जीवन्मुक्त है; मुमुक्षु है; भक्ति के द्वारा वह भगवान नारायण के सान्निध्य में पहुँच जाता है जहाँ से वह कथमपि वासनासक्तिपूर्ण क्षणिक जीवन में लौट नहीं आता। यह तत्त्व छान्दोग्य उपनिषत् के निम्नलिखित मन्त्र में व्याख्यायित है।

"स खल्वेवं वर्तयन् यावदायुषं ब्रह्मलोकं
अभिसंपद्यते न च पुनरावर्तते न च पुनरावर्तते।" (8-15-1)

एक सौ तेरह

भक्त मन को यह शंका होती है कि श्रीचरणों की सेवा का आनन्द हमें कैसे मिलेगा; हम तो काफी समय तक अहंकार-ममकार के चंगुल में फँसे रहे। तब आष्वार् उसे समझाते हैं कि केवल भगवान के अनुग्रह से ही वह आनन्द प्राप्त होगा। अतः भगवान नारायण के श्रीचरणों में समर्पित होकर उनके कारुण्य भाव का ध्यान करो।

शलम् कलन्द शेंचडैक् करुत्तकंडन् वेण् तलै
पुलन् कलंग उण्ड पातकत्तन् वन् तुयर् केड
अलंगल् मार्विल् वासनीर् कोडुत्तवन् अडुत्त शीर्
नलं कोळ् मालै नण्णुम् वण्णम् एण्णु वाषि नेञ्जमे!

विशिष्ट शब्द एवं उनकी व्याख्या

शलम् = जल; प्रसंगानुसार 'गंगाजल'
शलम् संस्कृत शब्द 'जल' का तमिल प्रयोग है।
शेंचडै = लाल रंग की जटा
करुत्त कंडन् = नील कंठ
वेण् तलै = शुभ्र वर्ण का कपाल
पातकत्तन् = पातकी (पाप किया हुआ)
पातक = पाप; यह संस्कृत शब्द है।
वासनीर् = सुगंधित जल; प्रसंगानुसार सुगंधित रक्त
नण्णुम् वण्णम् = प्राप्त करने का उपाय; प्रसंगानुसार 'भगवान का अनुग्रह'
एण्मु = सोचो; ध्यान करो

भावार्थ एवं व्याख्या

रे मन! तुम्हारी जय हो!
भगवान नारायण ने गंगाधर, रक्तिम जटाधारी, नीलकंठ और ब्रह्म-हत्या पाप के कारण ब्रह्मा के सिर का कपाल लिये हुए भिक्षा माँगते फिरनेवाले रुद्र देवता का दुख दूर करने के लिए अपने वक्ष-स्थल के पावन रक्त से उनका कपाल भर दिया था; (इससे रुद्र शापमुक्त हुए।) इस प्रकार आश्रित रुद्र देवता की भगवान नारायण ने अनुग्रहपूर्वक रक्षा की थी। अतः रे मन! तुम भी सर्वगुण सम्पन्न आनन्दमय भगवान का सान्निध्य प्राप्त करने के लिए उनकी अनुग्रह-शक्ति का ध्यान करते रहो।
भक्त आष्वार् अपने मन को समझाते हैं कि भगवान नारायण को प्राप्त करने का मार्ग केवल उनका अनुग्रह है। जैसे भगवान नारायण ने अहंकार-ग्रस्त रुद्र को भी अनुग्रहपूर्वक ब्रह्महत्या पाप से मुक्त किया था उसी प्रकार हमारे अहंकार-ममकार को भी वे अवश्य दूर करेंगे; अतः वह भगवदनुग्रह का निरन्तर ध्यान करता रहे। अर्थात् भगवान बाह्य प्रयासों से नहीं, परन्तु भक्तिपूर्वक ध्यान करने से प्रपन्न भक्त को प्राप्त होंगे; उनकी कृपा तथा अनुग्रह से भक्त, भगवान के सान्निध्य का अधिकारी होगा।

एक सौ चौदह

भक्त आष्वार् अपने मन को पुनः समझाते हुए कहते हैं कि वह भगवान नारायण के श्रीचरणों में समर्पित हो और निरन्तर उनकी स्तुति करता रहे।

ईनमाय एट्टुम् नीक्कि एदमिन्रि मीदु पोय्
वानम् आळ वल्लैयेल् वणंगि वाष्त्तु एन् नेञ्जमे!
ज्ञानमाहि ज्ञायिराहि ज्ञानमुट्रुम् ओरेयिट्रु
एनमाय् इडन्द मूर्ति एन्दै पादम् एण्णिये ।।

विशिष्ट शब्द एवं उनकी व्याख्या

ईनमाय = हीन; नीच (ईनम् संस्कृत शब्द 'हीन' का तमिल प्रयोग है।)
एट्टुम = आठों (प्रवृत्तियाँ)
आठ नीच प्रवृत्तियाँ इस प्रकार हैं–
काम, क्रोध, लोभ, मोह, मद, मात्सर्य, अज्ञान एवं असूया
निम्न प्रकार से भी आठ प्रवृत्तियाँ हो सकती हैं–
अविद्या अर्थात् अज्ञान, पुण्य-पाप कर्म, विषय-वासना, उसमें अभिरुचि, दैहिक सम्बन्ध, और तापत्रय–आध्यात्मिक, आधिभौतिक तथा आधिदैविक।
एदम् = कष्ट; समस्या
मीदु पोय् = क्रम क्रम से उच्च स्थिति में पहुँचकर
वानम् आळ वल्लैयेल् = यदि परमपद अर्थात् मोक्ष का अनुभव करना चाहो तो
ज्ञानम् = ज्ञान (संस्कृत शब्द)
ज्ञायिरु = सूर्य
ज्ञालम् = भूमि
एयिट्रु– दाँत पर
एनम् = वराह
मूर्ति = स्वरूप (संस्कृत शब्द)

भावार्थ एवं व्याख्या

रे मन! यदि तुम काम, क्रोध आदि नीच मानसिक प्रवृत्तियों को दूर कर, तमाम सांसारिक दुखों से मुक्त होकर क्रमशः उच्चतर स्थिति में पहुँच मुक्ति का अनुभव करना चाहो तो आत्मज्ञान प्रदान करनेवाले, सूर्य की तरह बाह्य इन्द्रियगत ज्ञान प्रदान करनेवाले और वराहवतार लेकर प्रलय जल के भीतर धँसी हुई भूमि को अपने दाँत पर उठाकर बाहर लाकर प्रतिस्थापित करनेवाले दिव्य स्वरूपी भगवान नारायण के श्रीचरणों का ध्यान करते हुए उनका स्तवन करो।

यहाँ आऴ्वार् भगवान नारायण की स्तुति करने का मार्ग बता रहे हैं। पहले काम, क्रोध आदि विषय-वासनागत हीन प्रवृत्तियों का निरसन किया जाय; इससे तमाम सांसारिक दुखों से मुक्ति मिलेगी। तदनन्तर क्रमशः भक्ति की उदात्त स्थिति में पहुँचा जा सकता है और तब उस व्यक्ति के लिए मोक्ष का पथ खुल जाता है। वह मुक्तात्मा कर्मबंधन से मुक्त होकर पूर्ण स्वतन्त्र हो जाता है। यह बात छान्दोग्य उपनिषत् में इस प्रकार बतायी गयी है।

'स स्वराट् भवति' (7-25-2)

यदि मन इस स्थिति में पहुँचना चाहे तो उसे भगवान नारायण के श्रीचरणों में पूर्ण प्रपन्न भाव से समर्पित होना है। तब वह भगवदनुग्रह का पात्र होगा। उसी अनुग्रह के परिणामस्वरूप मन बाह्य सांसारिकता की नश्वरता से अवगत होगा और साथ ही अज्ञान से मुक्त होकर आत्मज्ञान भी प्राप्त करेगा। संक्षेप में भगवान के अनुग्रह से विषय वासनाओं की हीन प्रवृत्तियों से परिचित होकर भक्त-मन आत्मानुभव की स्थिति में पहुँचेगा।

इसीलिए भक्त आऴ्वार् ने भगवान के लिए कहा है कि वे भक्त-मन को आत्मज्ञान प्रदान करनेवाले हैं और बाह्य वस्तुओं एवं प्रवृत्तियों की तमावृत स्थिति से सूर्य की तरह परिचित करानेवाले हैं।

आष़्वार् ने प्रलय जल से भूमि को बाहर लानेवाले वराहावतार का उल्लेख कर इस तथ्य का संकेत किया है कि इसी प्रकार भगवान हमें भी संसार-सागर से बाहर लायेंगे।
इस निर्णय के साथ भक्त आष़्वार्, मन को भगवान नारायण के श्रीचरणों का स्तवन करने की शिक्षा दे रहे हैं।

एक सौ पन्द्रह

भगवान नारायण भक्त के प्रति अतिशय कृपालु हैं। माता-पिता आदि नाना रूपों में आकर भक्त को वे अपना बना लेते हैं। लेकिन अज्ञानी मन इस तथ्य से अज्ञात है और विषयासक्ति के कारण सांसारिकता में उलझकर दुख सागर में डूबा रहता है। उस अविवेकी मन को भक्त आष़्वार् समझा रहे हैं।

अत्तनाहि अन्नैयाहि आळुम् एम्पिरानुमाय्
ओत्तु ओव्वाद पल् पिरप्पु ओषित्तु नम्मै आट्कोळ्वान्
मुत्तनार् मुकुन्दनार् पुहुन्दु नम्मुळ् मेविनार्
एत्तिनाल् इडर्कडल् किडत्ति एषै नेञ्जमे!

विशिष्ट शब्द एवं उनकी व्याख्या

अत्तन् = पिता, अन्नै = माता
एम्पिरान् = मेरे स्वामी
ओत्तु = एक समान होनेवाला
ओव्वाद = नाना रूपों में विद्यमान
पल् पिरप्पु = जन्म-जन्मान्तर
मुत्तनार् = मुक्त
मुकुन्दनार् = मोक्षप्रद
एत्तिनाल् = क्यों
इडर्कडल् = दुखों का सागर
किडत्ति = डूबे या गिरे पड़े हो

भावार्थ एवं व्याख्या

रे मन! सांसारिक सम्बन्धों से मुक्त और मोक्षप्रद भगवान नारायण समान एवं विषमतापूर्ण नानाविध जन्मों से बचाकर हमें स्वीकार करने के लिए माता-पिता, स्वामी आदि विविध रूपों में हमारे अंतस्तल में आकर विराजमान हैं। ऐसी स्थिति में हे अज्ञानी मन! तुम क्यों दुखसागर में डूबे पड़े हो?
भक्त आष़्वार् जब अपने मन को समझा रहे हैं कि भगवदनुग्रह के रहते तुम्हें दुख नहीं करना है, तब महाभारत युद्ध स्थल में भगवान कृष्ण ने अर्जुन का उत्साह बढ़ाते हुए निम्नलिखित शब्दों में जो सांत्वना दी थी वह स्मरणीय है।

"अहं त्वा सर्वपापेभ्यो मोक्षयिष्यामि, मा शुचः" (18-66)

(मैं तुमको सभी पापों से मुक्त करँगा; तुम किसी बात की चिन्ता मत करो अर्थात् तुम बिलकुल दुख मत करो।)
भगवान के लिए प्रिय केवल भक्त होता है। भक्त को जन्म-जन्मान्तरों से वही बचाते हैं। वही भक्त को पिता बनकर ज्ञान, माता बनकर स्नेह अर्थात् वात्सल्य एवं स्वामी बनकर अनुग्रह प्रदान करते हैं। भक्त के लिए

भगवान ही सर्वेसर्वा हैं और विभिन्न प्रकार के रिश्तों में उसके साथ वही रहते हैं। इसी तथ्य की ओर तिरुमंगै आष्वार् ने भी अपनी कृति 'पेरिय तिरुमोषि' में संकेत करते हुए कहा है–

"एम्पिरान् एन्तै एन्नुडैच् चुट्रम्
एनक्कु अरशु एन्नुडै वाष्नाळ्..." (1-1-6)

(भगवान नारायण हमारे लिए स्वामी हैं, पिता हैं, सगे-सम्बन्धी हैं, आत्मीय हैं और जीवन अर्थात् प्राण हैं।) तमाम चेतन जीव-राशियाँ ज्ञान-स्वरूपी हैं; अतः उस दृष्टि से समान हैं; साथ ही वे देवता, मनुष्य, पशु इत्यादि विभिन्न रूपों में जन्म-जन्मांतरों में उलझे रहते हैं। इन सारी उलझनों से केवल भगवान नारायण ही बचाते हैं और बचा सकते हैं।

भगवान नारायण के लिए आष्वार् ने 'मुक्त' तथा 'मुकुन्द'–इन दो विशेषणों का प्रयोग किया है। भगवान नारायण सर्वग तथा सर्वात्म हैं; अतः वे किसी विशिष्ट प्रकार के सांसारिक सम्बन्ध से मुक्त हैं। वे स्वयं मुक्त हैं और तमाम जीव-राशियों को मोक्ष प्रदान करते हैं; अतएव वे 'मुकुन्द' हैं, 'मुकुन्द' शब्द की व्युत्पत्ति इस प्रकार है–

मुः = मुक्ति, कुः = भूमि

अतः "मुकुम् ददाति इति मुकुन्दः" अर्थात् 'मोक्षभूमि प्रदान करनेवाला' होता है। भगवान भक्त जनों को मोक्ष प्रदान करते हैं।

उनके अनुग्रह के रहते भक्त-मन क्यों दुखी हो और सांसारिकता से क्यों चिन्ताग्रस्त हो?

एक सौ सोलह

भक्त आष्वार् को इस बात का पूरा विश्वास है कि जब भगवान नारायण ने उन्हें स्वीकार कर लिया है तब यम देवता भी उन्हें भगवान से अलग कर उनके पाप-कर्मों के बारे में नहीं सोचेंगे।

मारु शेय्द वाळ् अरक्कन् नाळ् उलपप् अन्रिलंगै
नीरु शेय्दु शेन्रु कोन्रु वेन्रि कोण्ड वीरनार्
वेरु शेय्दु तम्मुळ् एन्नै वैत्तिडामैयाल् नमन्
कूरु शेय्दु कोण्डिरन्द कुट्रम् एण्णवल्लने?

विशिष्ट शब्द एवं उनकी व्याख्या

मारु शेय्द = वैरी बनकर
अरक्कन् = राक्षस रावण
नाळ् उलप्प = जीवन नष्ट हो जाए; इस कारण
नीरु शेय्दु = भस्म बनाकर
वीरनार् = वीर श्री रामचन्द्र
नमन् = यम देवता
इरन्द कुट्रम् = पूर्वकृत पाप
एण्ण वल्लने = ध्यान कर सकेंगे?/सोच सकेंगे?

भावार्थ एवं व्याख्या

प्रस्तुत पद में भक्त आष्वार् भक्ति की महिमा का वर्णन कर रहे हैं।

भगवान नारायण ने रामावतार लेकर, वैरी बनकर शस्त्र हाथ में लिये हुए आये रावण का संहार किया और रावण की लंका को राख कर उस पर विजय पायी। उस भगवान रामचन्द्र ने मुझ दास को अनुग्रहपूर्वक स्वीकार कर लिया है। उस स्थिति में क्या यम देवता भी मुझे भगवान से अलग कर मेरे पूर्वकृत पापों के बारे में सोच सकेंगे?

(उत्तर है—नहीं।)

अर्थात् यम देवता द्वारा भी भगवान नारायण के भक्तों का कोई अहित नहीं हो सकेगा।

भले ही मैंने विभिन्न पाप-कर्म किये हों; फिर भी जब मैं भगवान नारायण अर्थात् श्रीरामचन्द्र की शरण में भक्तिपूर्वक पहुँच गया हूँ और भगवान ने शरणागत मुझ भक्त को स्वीकार कर लिया है तब यम देवता भी मुझे भगवान की भक्ति से दूर नहीं कर सकेंगे और मुझे अपने पूर्वकृत पाप-कर्मों का परिणाम भुगतने नहीं देंगे।

भगवान नारायण भक्त के प्रति कृपालु हैं; करुणामय हैं। जब भक्त शरणार्थी बनकर भगवान के श्रीचरणों में पहुँच जाता है तब भगवान अपने धर्म की रक्षा करते हुए भक्त को शरण प्रदान करेंगे जिससे कि वह भक्त पापमुक्त हो जाता है। तब भक्त को भगवान से अलग करने का हर प्रयास विफल हो जाता है और यम देवता भी उस भक्त के विरुद्ध कोई कार्रवाई नहीं कर सकेंगे। भक्त के प्रति भगवत्कृपा का यह वैशिष्ट्य है।

एक सौ सत्रह

भक्त आष़्वार् को इस बात का सम्पूर्ण विश्वास है कि परब्रह्म भगवान नारायण भक्त का हाथ कभी नहीं छोड़ेंगे और दैहिक बन्धनों से उसे मुक्त कर परमपद के अधिकारी बना देंगे।

अच्चम् नोयोडु अल्लल् पल् पिरप्पु आय मूप्पिवै
वैत्त चिन्तै वैत्त आक्कै माट्रि वानिल् एट्रुवान्
अच्चुतन् अनन्तकीर्ति आदि अन्तम् इल्लवन्
नच्चु नाहणैक् किडन्त नाथन् वेद गीतने ।।

विशिष्ट शब्द एवं उनकी व्याख्या

अच्चम् = भय
नोय् = व्याधि
अल्लल् = मानसिक क्लेश
मूप्पु = जरा, वृद्धावस्था
पिरप्पु = जन्म
चिन्तै = मन
आक्कै = शरीर
वानिल् = परमपद में
अच्चुतन् = अच्युत (यह संस्कृत शब्द 'अच्युत' का तमिल प्रयोग है)
अनन्त कीर्ति = अपार यशस्वी (यह संस्कृत शब्द है)
आदि अन्तम् इल्लवन् = अनादि, अनन्त
वेदगीतन् = वेदों द्वारा प्रतिपाद्य
नच्चु नाहणै = विषैले नाग सर्प—आदि शेष की शय्या

भावार्थ एवं व्याख्या

भय, व्याधि, मानसिक क्लेश, वृद्धावस्था, नानाविध जन्म आदि तमाम स्थितियों, इन स्थितियों का अनुभव करनेवाले मन और इन सबके आश्रयभूत शरीर से मुक्त कर हमें परम पद प्राप्त करानेवाले तो वही हैं जो अच्युत हैं, अनन्त यशस्वी हैं, अनादि एवं अनन्त हैं, आदिशेष की शय्या पर योगनिद्रा स्थिति में विराजमान हैं, तथा सर्वेश्वर एवं वेदों द्वारा प्रतिपाद्य हैं।

संक्षेप में भक्त आष्वार् भगवान नारायण की गुण-गाथा प्रस्तुत करते हुए कहते हैं कि वे ही भक्त को तापत्रय, अज्ञान-अहंकार युक्त मन और इन सबके आधार शरीर अर्थात् उपाधियुक्त एवं वासनाग्रस्त शरीर से मुक्ति प्रदान करनेवाले हैं।

वे अच्युत हैं अर्थात् शरणागत भक्तों को अपने चरणों से अलग नहीं करनेवाले हैं; भक्तरक्षक तथा आश्रितवत्सल के रूप में अपार यशस्वी हैं और वे अनादि एवं अनंत परब्रह्म हैं। वे जड़-चेतनमय समस्त ब्रह्माण्ड के स्वामी हैं और वेदों द्वारा प्रतिपाद्य परमात्मा हैं। जैसे गीता में कहा गया है–'वेदेश्च सर्वैः अहमेव वेद्यः" (15/15)

एक सौ अठारह

भक्त-हृदय भगवान नारायण के श्रीचरणों का आश्रय ग्रहण कर उन्हीं में निरन्तर लीन रहता है। भगवान के पादों में यही निरन्तर आसक्ति अर्थात् तन्मयता, भक्ति की पराकाष्ठा है। भगवान का पाद सेवन तथा दास्य और भगवान के प्रति आत्मनिवेदन–यही तो प्रपत्ति का सर्वांगीण रूप है। प्रस्तुत पद में भक्त आष्वार् इसी तथ्य पर प्रकाश डाल रहे हैं।

शोल्लिलुम् तोषि़र्हणुम् तोड्क्करात अन्बिनुम्
अल्लु नन् पहलिनोड्डु आन माले कालैयुम्
वल्लि नाळ् मलर्क किषत्ति नाथ! पादपोदिनै
पुल्लि उळ्ळम् वीळ् विलादु पूण्डु मीण्डदु इल्लैये।।

विशिष्ट शब्द एवं उनकी व्याख्या

शोल् = वाक्
तोषि़ल् = कर्म
तोडक्करात अन्बु = अछेद्य भक्ति
अल्लिनोडु = रात्रि सहित
मालै = सायं सन्ध्या
पहलिनोडु कालै = दिन सहित प्रातः सन्ध्या
वल्लि नाळ् मलर् किषत्ति नाथ = पद्मजा श्री देवी के नाथ (भगवान नारायण)
पादपोदिनै = पादकमलों को
उळ्ळम् = अंतस्तल, पुल्लि = पहुँचकर
वीळ्वु इलादु = वीळ्विलादु = अविभक्त होकर
मीण्डदु इल्लैये = प्रत्यावर्तित नहीं होता

भावार्थ एवं व्याख्या

हे श्रीपति भगवान नारायण! मेरा अंतस्तल वाक्, कायिक कर्म तथा अनवरत भक्ति से प्रातःकाल से लेकर रात्रि तक

सर्वदा आपके श्रीचरणों का ही आश्रय ग्रहण कर उन्हीं में लीन रहता है और कदापि वहाँ से नहीं हटता। प्रस्तुत पद में भक्त आऴ्वार् भगवान नारायण के प्रति अपनी गहन भक्ति का निवेदन करते हैं।
वाक् द्वारा स्तुति, नाम-संकीर्तन आदि, कायिक कर्म द्वारा पादसेवन, अर्चन, वन्दन, दास्य, आत्मनिवेदन आदि तथा मानसिक रूप से तन्मयासक्ति अर्थात् प्रेममूलक भक्ति का भाव लिया जाता है; इस प्रकार मनसा, वाचा तथा कर्मणा निरन्तर, बिना किसी व्यवधान के परम-भागवत भक्त भगवान के श्रीचरणों में ही अपने को समर्पित किये हुए हैं। यह प्रपत्ति की सर्वोत्तम स्थिति है जहाँ पहुँचकर भक्त-हृदय कभी प्रत्यावर्तित नहीं होता।

एक सौ उन्नीस

भगवान नारायण के प्रति भक्त-हृदय की इस अत्यन्त तीव्र तथा गहन भक्ति का आधार क्या है? इसके उत्तर में आऴ्वार् का निवेदन है कि भगवान का अनुपम सौन्दर्य तथा वात्सल्यमय अनुग्रह ही इस परमा भक्ति का आधार है और स्रोत भी।

पोन्निशूऴ् अरंग मेय पूवै वण्ण! माय! केळ्
एन्नदु आवि एन्नुम् वल् विनैयिनुळ् कोषुत्तेषुन्दु
उन्न पादम् एन्न निन्र् ओण् शुडर्क् कोषु मलर्
मन्न वन्दु पूण्डु वाट्टम् इन्रि एंगुम् निन्रदे ।।

विशिष्ट शब्द एवं उनकी व्याख्या

पोन्नि = नदी; प्रसंगानुसार कावेरी
अरंग मेय – श्रीरंग क्षेत्र में विराजमान
पूवै वण्ण! = 'काया' पुष्प की भाँति जामुनी रंग के हे स्वामी!
आवि = प्राण; आत्मा
ओण् शुडर् = ज्योतिर्मय
कोषु मलर् = विकसित पुष्प की तरह कोमल शरीर
वाट्टम् इन्रि = बिना किसी कमी के; परिपूर्ण रूप से
वल् विनै = कठोर पाप-कर्म

भावार्थ एवं व्याख्या

भगवान नारायण भक्त आऴ्वार् से मानों उनकी गहन भक्ति का कारण पूछने लगे और भक्त-हृदय उसका उत्तर देने लगा। आइये, देखें, भक्त-हृदय क्या कहता है।
कावेरी नदी से परिव्याप्त श्रीरंगम तीर्थ में नित्य वास करनेवाले जामुनी रंग के हे मायामय भगवान नारायण! मेरा निवेदन सुनिएगा। मेरा जीव नानाविध कठोर पाप-कर्मों से ग्रस्त अवश्य रहा है; परन्तु परम भागवत भक्ति-श्रद्धा से आप्लावित मेरा अन्तर्मन आपके ज्योतिर्मय चरण-कमलों में समर्पित है और आपके पुष्प की भाँति कोमल शरीर, स्वरूप, गुणों आदि नाना विभूतियों से परिपूर्ण रूप से अभिभूत है।
भक्त आऴ्वार् का जीव भले ही सांसारिकता के नानाविध-पाप-कर्मों में उलझा हो; फिर भी उनका श्रद्धामय भक्त मन भगवान के शरीर-सौन्दर्य में लीन है; उनके षड्गुणों अर्थात् ज्ञान, शक्ति, बल, ऐश्वर्य, वीर्य, तथा तेज से अभिभूत है और अर्चा मूर्ति के प्रति समर्पित है। इस प्रकार भक्त आऴ्वार् एक ओर पाप-कर्मों से आक्रान्त अपने जीवन का उल्लेख कर अपनी नीचता का विनम्रतापूर्वक निवेदन कर रहे हैं और दूसरी ओर

भगवान के पाद-कमलों में परिपूर्णतः समर्पित अपने श्रद्धामय अन्तर्मन का भी परिचय दे रहे हैं।

एक सौ बीस

पूर्व पद में भक्त आष्वार् ने भगवान नारायण के चरणकमलों में आत्मसमर्पण की बात कही। अब प्रस्तुत पद में वे कहते हैं कि भगवान नारायण कृपालु हैं; वे भक्त के अंतस्तल में स्वयं अपने को स्थापित करते हैं और इससे भक्त अविद्या-माया से मुक्त होकर मोक्ष का अधिकारी होता है।

इयक्करात पल् पिरप्पिल् एन्नै माट्रि, इन्रु वन्तु
उयक्कोळ् मेघवण्णन् नण्णि एन्निलाय तन्नुळे
मयक्किनान् तन् मन्नु शोदि आदलाल् एन् आवि तान्
इयक्कु एलाम् अरुत्तु अराद इन्ब वीडु पेट्रदे ।।

विशिष्ट शब्द एवं उनकी व्याख्या

इयक्कु अराद = क्रमिकता को बनाये रखते हुए; निरन्तर; निरवच्छिन्न
उयक्कोळ् = उद्धार करनेवाला
मेघवण्णन् = मेघ की भाँति श्यामल
मन्नु शोदि = शाश्वत ज्योतिर्मय स्वरूप
मयक्किनान् = घुल गया
आवि = आत्मा
इयक्कु एलाम् = क्रम-क्रम से चले आनेवाले काम, क्रोध आदि तमाम बन्धनों को
इन्ब वीडु = आनन्दमय मोक्ष

भावार्थ एवं व्याख्या

निरन्तर चले आनेवाले जन्म-जन्मान्तरों से मेरा उद्धार करने के उद्देश्य से मेघवत् श्यामल वर्ण के भगवान नारायण ने मेरे अंतस्तल में आकर अपने शाश्वत ज्योतिर्मय स्वरूप को प्रतिष्ठित कर दिया। इससे मेरी आत्मा ने अविद्या, कर्म आदि के बन्धनों को तोड़कर अमर आनन्दमय मोक्ष प्राप्त किया।

परम भागवत भक्त आष्वार् को अपनी भक्ति की सफलता पर विश्वास है। भगवान नारायण भक्त यानी आष्वार् के प्रति करुणामय हैं। अतः उन्होंने उसे नानाविध जन्मों की उलझनों से बचाने के उद्देश्य से उसके अंतस्तल को विषयासक्ति से मुक्त कर वहाँ गम्भीर भक्ति-भाव को प्रतिष्ठित कर दिया है। इसके परिणामस्वरूप अनन्य भक्त आष्वार् की आत्मा ने अविद्या जनित तमाम पाशों को तोड़कर अमर मोक्ष का परमानन्द प्राप्त किया।

इस प्रकार भक्ति की विभिन्न विधाओं का अनुभव करते हुए परम भागवत भक्त आष्वार् करुणामय एवं आश्रित-वत्सल भगवान नारायण के श्रीचरणों में अपने को सम्पूर्ण रूप से समर्पित कर प्रपत्ति की पराकाष्ठा की स्थिति में पहुँच जाते हैं। वही उनके लिए सांसारिकता के जाल से मुक्ति है। अज्ञान जनित वासनाओं एवं कर्मबन्धनों से मुक्त होकर भगवान नारायण का सान्निध्य सुख प्राप्त करने में ही तो मोक्ष है; तन्मयीभूत भक्ति-लीन स्थिति में ही तो परमानन्द है। यही भक्त तिरुमषिशै आष्वार् का साधन एवं साध्य है और उनकी कृति 'तिरुच्चन्द विरुत्तम्' (दिव्य मधुर वृत्त साहित्य) का केन्द्र बिन्दु है।

।। दिव्य मधुर वृत्त साहित्य समाप्त।।